KB174996

진짜 쓰는
실무 엑셀

진짜 쓰는 실무 엑셀

ⓒ 2022 전진권 All Rights Reserved.

1쇄 발행 2022년 2월 15일
18쇄 발행 2024년 9월 27일

지은이 오빠두(전진권)
펴낸이 장성두
펴낸곳 주식회사 제이펍

출판신고 2009년 11월 10일 제406-2009-000087호
주소 경기도 파주시 회동길 159 3층 / **전화** 070-8201-9010 / **팩스** 02-6280-0405
홈페이지 www.jpub.kr / **투고** submit@jpub.kr / **독자문의** help@jpub.kr / **교재문의** textbook@jpub.kr

소통기획부 김정준, 이상복, 안수정, 박재인, 송영화, 김은미, 배인혜, 권유라, 나준섭
소통지원부 민지환, 이승환, 김정미, 서세원 / **디자인부** 이민숙, 최병찬

기획 및 교정·교열 송찬수 / **내지 디자인** 다람쥐 생활 / **표지 디자인** 이민숙
용지 타라유통 / **인쇄** 한길프린테크 / **제본** 일진제책사

ISBN 979-11-91600-70-4(13000)
책값은 뒤표지에 있습니다.

※ 이 책은 저작권법에 따라 보호를 받는 저작물이므로 무단 전재와 무단 복제를 금지하며,
   이 책 내용의 전부 또는 일부를 이용하려면 반드시 저작권자와 제이펍의 서면동의를 받아야 합니다.
※ 잘못된 책은 구입하신 서점에서 바꾸어 드립니다.

제이펍은 여러분의 아이디어와 원고를 기다리고 있습니다. 책으로 펴내고자 하는 아이디어나 원고가 있는 분께서는
책의 간단한 개요와 차례, 구성과 지은이/옮긴이 약력 등을 메일(submit@jpub.kr)로 보내 주세요.

진짜 쓰는

실무 활용도 100%, 핵심만 빠르게 제대로 배운다!

실무 엑셀

유튜브 대표 엑셀 채널, **오빠두**가 알려 주는

엑셀 함수, 보고서 작성, 데이터 분석 노하우!

오빠두(전진권) 지음

Jpub
제이펍

※ 엑셀이 처음이라면

엑셀을 처음 실행해 본다면 다음 동영상 강의부터 시청하시길 추천합니다.

https://youtu.be/M0sOvOebZHA

※ 드리는 말씀

- 이 책에 기재된 내용을 기반으로 한 운용 결과에 대해 저자, 소프트웨어 개발자 및 제공자, 제이펍 출판사는 일체의 책임을 지지 않으므로 양해 바랍니다.
- 이 책에 등장하는 회사명, 제품명은 일반적으로 각 회사의 등록 상표(또는 상표)이며, 본문 중에는 ™, ©, ® 마크 등을 생략하고 있습니다.
- 이 책은 **엑셀 2021 및 M365 최신 버전**의 화면으로 제작되었으나, **엑셀 2010 이후 모든 버전**에서 학습할 수 있습니다.
- 사용자의 운영체제 및 엑셀 버전, 학습 시점에 따라 일부 기능은 지원하지 않거나 책의 내용과 다를 수 있습니다.
- [Alt] 조합 단축키는 주로 키를 순서대로 눌러서 실행합니다.
  동시에 누르는 단축키는 +로, 하나씩 순서대로 누르는 단축키는 →로 구분해서 표시했습니다.
- 예제 파일은 https://bit.ly/jpub_excel 또는 https://bit.ly/jpub_excel_2 에서 다운로드할 수 있습니다.
- 책 내용과 관련된 문의사항은 지은이 혹은 출판사로 연락해 주시기 바랍니다.
  - 지은이: info@oppadu.com
  - 출판사: help@jpub.kr

차례

CHAPTER 01 시작부터 남다른 실무자의 엑셀 활용

CHAPTER 02

실무자라면 반드시 알아야 할 엑셀 활용

CHAPTER
03

보고서가 달라지는 서식 활용법

완성한 엑셀 보고서 공유 및 출력하기

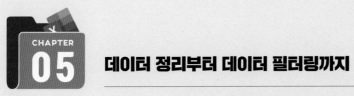

CHAPTER 06

데이터 자동화 및 분석을 위한 표 & 피벗 테이블

CHAPTER

07 엑셀 활용의 10%를 채워 줄 기본 & 필수 함수 익히기

CHAPTER
08

실무에서 필요한 엑셀 데이터 시각화의 모든 것

APPENDIX
부록

한 걸음 더

바쁜 직장인을 위한 8시간 학습 로드맵

이 책은 동영상 강의를 함께 제공하여 여러분이 효율적인 업무 환경을 구축할 수 있도록 돕고 있습니다. 하지만, 바쁜 업무 시간에 쫓겨 모든 내용을 정독할 수 없다면 여기서 추천하는 8시간 학습 로드맵을 이용해 보세요. 오른쪽에 있는 QR 코드를 이용해 8시간 학습 로드맵 강의를 빠르게 시청할 수 있으며, 책과 동영상 강의를 활용하여 하루 4시간씩 이틀만 공부하면 충분합니다.

엑셀 시작하기 | 60분

실무 맞춤 환경 만들기 20분	☑ 업무가 정말 편해지는, 엑셀 필수 설정 4가지 022쪽 023쪽 025쪽 026쪽 ☑ 엑셀의 모든 기능을 단축키로 바꿔 주는 빠른 실행 도구 모음 027쪽
핵심 기본기 20분	☑ 일잘러는 모두 쓰는 엑셀 핵심 기본기 030쪽 031쪽 032쪽 033쪽 ☑ 다양한 상황에 활용하는 찾기 및 바꾸기 기능의 모든 것 034쪽
엑셀 인쇄 설정 5분	☑ 엑셀 인쇄 설정, 어렵지 않아요! 194쪽 196쪽 197쪽 198쪽
실무자 필수 단축키 15분	☑ 엑셀 단축키, 실무에서 꼭 필요한 것들만 모았습니다! 053쪽 054쪽 056쪽 060쪽 062쪽 064쪽

엑셀 동작 파악하기 | 80분

기본 동작 원리 40분	☑ 엑셀 자동 채우기, 실무에서 제대로 사용하는 방법 036쪽 038쪽 ☑ Ctrl + E, 텍스트 가공이 정말 편해지는 빠른 채우기 039쪽 ☑ 알고 보면 간단한 엑셀 날짜/시간 데이터 관리 042쪽 ☑ 함수 활용을 위한 셀 참조 방식, $ 기호만 기억하세요 043쪽 ☑ 엑셀에서 사용하는 4가지 연산자 045쪽
실무자 필수 셀 서식 기초 20분	☑ 셀 서식, 3가지 규칙만 기억하면 됩니다 112쪽 113쪽 115쪽 ☑ 실무에서 자주 사용하는 셀 서식 실전 예제 119쪽 121쪽 123쪽 124쪽

보고서 작성 규칙 5가지 10분	☑ A+ 엑셀 보고서 작성을 위한 5가지 핵심 규칙 `127쪽` `128쪽` `128쪽` `129쪽` `130쪽`
계산 함수와 통계 함수 10분	☑ 엑셀 기초 함수 사용을 위한 초보자 완벽 가이드 `342쪽` `345쪽`

실무 적용하기 | 80분

조건부 서식 활용
25분
	☑ 조건부 서식 기초부터 활용까지
	`135쪽` `137쪽` `140쪽`
	☑ 엑셀 보고서 시각화, 마우스 클릭 3번으로 충분
	`147쪽` `151쪽` `153쪽` `154쪽`

엑셀 보안 강화하기
25분
	☑ 데이터 유효성 검사 실전 활용법
	`179쪽` `183쪽`
	☑ 상황별 시트, 파일 보호하기
	`186쪽` `190쪽`

나만의 목록으로 정렬하기 15분	☑ 엑셀 데이터 정렬의 모든 것 `225쪽` `228쪽`
편리한 엑셀 문서 작업 15분	☑ 업무 시간을 줄여 주는 실무자 핵심 스킬 `075쪽` `078쪽` `080쪽` `082쪽` `084쪽`

함수 정복하기 | 80분

논리, 참조, 집계 함수 20분	☑ 직장인 필수 함수 3가지 `348쪽` `351쪽` `355쪽`

실무 보조 함수
40분
	☑ 문자 추출 및 가공 자동화를 위한 엑셀 함수
	`366쪽` `370쪽` `374쪽` `376쪽`
	☑ 실전 예제로 살펴보는 TEXT 함수의 올바른 사용
	`378쪽`
	☑ 날짜/시간 데이터 관리를 도와 주는 엑셀 함수
	`381쪽` `383쪽`

더욱 강력한 엑셀 2021 신규 함수 20분	☑ VLOOKUP 보다 더욱 중요한 엑셀 신규 함수 3가지 `391쪽` `393쪽` `396쪽` `399쪽`

데이터 분석하기 | 120분

데이터 필터링
35분
	☑ 직장인이 꼭 알아야 할 필터 기능의 모든 것
	`232쪽` `235쪽` `237쪽`
	☑ 필터링 기능을 200% 높여 주는 와일드카드
	`238쪽` `239쪽`

데이터 정리 핵심 규칙 20분	☑ 데이터 구조만 바꿔도, 업무 효율이 쑥쑥! `214쪽` `216쪽` `218쪽` `220쪽`

피벗 테이블 만들기
40분
	☑ 초보자를 위한 피벗 테이블 기본 가이드
	`281쪽` `285쪽` `287쪽`
	☑ 피벗 테이블 매출 분석 실전 예제
	`289쪽` `294쪽`

슬라이서, 시간 표시 막대 25분	☑ 자동화 대시보드 제작을 위한 슬라이서 실전 활용법 `326쪽` `329쪽` `336쪽`

데이터 시각화하기 | 60분

일잘러의 엑셀 문서 10분	☑ 성공하는 직장인을 위한 비즈니스 엑셀 매너 `158쪽` `159쪽` `160쪽` `161쪽`

직장인 실무 차트 5가지
30분
	☑ 데이터 시각화, 핵심 차트 5개만 기억하세요
	`445쪽` `450쪽` `452쪽` `455쪽` `459쪽`
	☑ 엑셀과 그림판으로 시각화 차트 완성도 높이기
	`486쪽`

응용 차트 만들기 20분	☑ 알고 보면 간단한 막대+꺾은선 백분율 혼합 차트 만들기 `462쪽` `467쪽`

"엑셀을 어떤 목적으로 사용하세요?"라는 질문을 받는다면 어떻게 답변하실 건가요? 흔히 자료 관리, 서식 작성 또는 차트 및 보고서 작성과 같은 답변을 할 겁니다. 좀 더 그럴듯하게 표현해 보면 각종 서식 작성부터 데이터 관리(자료 관리), 데이터 시각화(차트 및 보고서 작성)를 모두 엑셀로 처리한다고 답할 수 있습니다. 이 얼마나 다재다능한 프로그램인가요! 수많은 프로그램 중 이 모든 기능을 지원하는 프로그램이 얼마나 있을까요? 아마도 엑셀이 유일무이한 프로그램이 아닐까 생각합니다.

오랜 시간 엑셀은 수많은 발전을 거듭하였고, Office 365에서 Microsoft 365로 브랜드명을 변경하기까지 다양한 기능, 특히 동적 배열 함수가 추가되면서 매크로를 사용하지 않고도 많은 부분을 해결할 수 있도록 개선되었습니다. 이 책에서 소개하는 다양한 실무 활용 기능을 익힌다면 다음과 같은 회사에서 원하는 엑셀 사용 능력을 충분히 뛰어넘을 수 있을 것입니다.

- 방대한 데이터에서 특정 자료를 취합하고 분석하기
- 분석된 자료를 한눈에 보기 좋게 시각화하기
- 반복되는 작업을 효율적으로 개선하기

설치형 엑셀 vs. 구독형 엑셀

대부분 엑셀 프로그램이 설치되어 있겠지만, 새로 구매한다면 설치형 엑셀과 구독형 엑셀 중 선택할 수 있습니다. 설치형 엑셀은 엑셀 2010, 2013, 2016, 2019, 2021과 같이 제품의 라이선스 키를 한 번 구매하면 영구적으로 사용하는 방식입니다. 반면, 구독형 엑셀(Microsoft 365, 이하 M365)은 매월/매년 일정 비용을 지불해야 하지만, 새로운 버전이 출시되었을 때 최신 기능으로 자동 업그레이드됩니다. 이 책에서는 구독형 엑셀인 Microsoft 365를 사용하였으므로, 2022년 2월 기준 엑셀 최신 버전(엑셀 2021)과 같은 화면입니다.

구독형 엑셀은 몇 가지 옵션이 있는데, 그중에서 M365 Family 버전은 연간 119,000원을 납부하여 최대 6명까지 사용할 수 있고, 1인당 1TB(최대 6TB)의 원드라이브 저장소가 제공되어 매우 저렴하게 이용할 수 있습니다. 가장 최근에 발표된 Office 2021과 구독형 M365의 자세한 차이점은 https://support.microsoft.com/ko-kr/에서 'Office 2021 차이점'으로 검색하거나 단축 URL https://bit.ly/m365vs 에서 확인할 수 있습니다.

스프레드시트와 데이터베이스의 이해

엑셀을 사용한 적이 있다면 '시트' 또는 '스프레드시트'라는 단어를 들어 보았을 겁니다. 엑셀은 스프레드시트 프로그램(구글 스프레드시트, 한셀 등) 중 하나로, 엑셀을 잘 사용하려면 스프레드시트의 개념과 그 구조를 이해해야 합니다.

스프레드시트 스프레드시트는 행과 열로 이루어진 데이터 집합체입니다. 각 행과 열이 만나는 지점을 셀(Cell)이라고 부르며, 우리는 셀에 데이터를 입력합니다. 그리고 이 셀이 모여서 하나의 스프레드시트가 완성되는 것이죠.

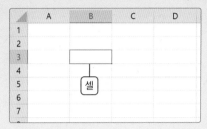

▲ 행과 열이 만나는 지점인 셀, 셀이 모인 스프레드시트

데이터베이스와 엑셀의 7가지 차이 스프레드시트의 구조는 '데이터베이스'에서 전해졌습니다. 데이터를 관리한다는 점에서는 동일하지만, 자세히 살펴보면 데이터 관리 방식에서 큰 차이점이 있습니다.

결론부터 이야기하면 데이터 관리 측면에서는 데이터베이스가 스프레드시트보다 훨씬 유리합니다. 그러므로 스프레드시트의 대표격인 엑셀이 데이터베이스에 비해서 어떤 점이 부족한지 파악하면 이후에 엑셀로 데이터를 관리할 때 부족한 점을 극복하고 더욱 효과적으로 사용할 수 있게 될 것입니다.

- 데이터베이스는 무제한으로 데이터를 입력할 수 있으나 엑셀은 최대 1,048,576개의 행과 16,384개의 열로 제한이 있습니다.

- 데이터베이스는 하나의 시트에서 하나의 표만 관리하지만, 엑셀은 한 시트에서 여러 개의 표를 동시에 관리할 수 있습니다.

▲ 엑셀의 마지막 행과 마지막 열

▲ 엑셀은 하나의 시트에 여러 개의 표를 관리할 수 있습니다.

- 데이터베이스는 필드마다 정해진 형식의 데이터만 입력할 수 있지만, 엑셀은 자유롭게 데이터를 편집할 수 있습니다. 예를 들어, 데이터베이스는 가격 필드의 데이터 형식을 숫자로 지정하면 숫자만 입력할 수 있는 반면, 엑셀은 숫자와 문자를 동시에 입력할 수 있습니다.

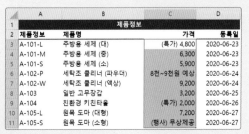

▲ 데이터베이스에서는 잘못된 형식으로 인한 오류를 원천 봉쇄하기 위해 열 단위로 데이터 형식을 지정합니다.

- 데이터베이스는 언제든 값의 신원을 확인할 수 있는 고유 값(Key)을 가지며 이로 인해 중복 값으로 발생하는 문제를 예방할 수 있습니다. 하지만 엑셀은 고유 값을 반드시 요구하지 않습니다.

- 데이터베이스의 고유 값으로 지정된 열은 중복 값을 허용하지 않지만, 엑셀에서는 중복 값을 확인하려면 별도의 조치가 필요합니다.

- 데이터베이스는 사용자별 접근 권한을 제어하고 모든 변경 기록을 남길 수 있으나, 엑셀에서는 사용자별 접근 권한 제어 및 변경 기록 관리가 어렵습니다.

- 데이터베이스는 각 테이블의 관계를 쉽게 형성할 수 있지만, 엑셀은 표/데이터 모델을 사용하거나 파워 쿼리 추가 기능을 이용해야만 데이터 관계를 형성할 수 있습니다.

자, 이제 엑셀을 잘 사용할 일만 남았습니다!

앞서 살펴본 차이점을 보면 엑셀보다 데이터베이스 프로그램을 사용하는 것이 더 유리해 보입니다. 심지어 어떤 이는 "엑셀만큼 데이터 관리에 최악인 프로그램은 없다."고 말하기도 합니다. 그럼에도 현재 10억 명이 넘는 인구가 엑셀을 사용하는 이유는 무엇일까요?

- 첫째, 데이터베이스는 일정 수준 이상의 전문 지식이 필요하며, 지속적인 관리 및 유지 비용이 필요합니다.
- 둘째, 데이터베이스는 데이터 관리만 담당하므로, 보고서 출력 및 시각화를 위한 별도의 프로그램이 필요합니다.
- 셋째, 실무에서 일어나는 대부분의 작업은 엑셀만으로도 충분히 처리할 수 있습니다.

이런 이유로 우리는 필연적으로 엑셀을 사용합니다. 그러니 직장인이라면 데이터베이스에 비해 부족한 부분을 인지하면서 엑셀을 잘 사용할 일만 남았습니다.

이 책에서는 엑셀에 관련된 실무 기능 위주로 다루지만, 여기서 소개하는 데이터 관리 규칙 등을 제대로 이해한다면 향후 파워 쿼리, 파워 피벗 및 파워BI 등의 응용 분야로 더욱 쉽게 확장할 수도 있을 것입니다. 이 책을 통해 여러분이 회사에서 꼭 필요한 인재로 거듭나길 바랍니다. 오빠두엑셀 홈페이지(https://www.oppadu.com/)는 언제나 열려 있으니 책에서 다룬 내용 중 어려운 부분이 있다면 언제든지 문의 글을 남겨 주세요. 여러분의 건승을 기원합니다.

모든 엑셀 사용자를 응원하며

오빠두 전진권 드림

독자 지원 및 예제 파일 안내

궁금한 점은 오빠두엑셀에서 해결하세요!

이 책을 학습하면서 쉽게 해결되지 않는 부분이 있다면 언제든 오빠두엑셀 홈페이지에 방문해 보세요. [엑셀 위키]에서 엑셀과 관련된 거의 모든 정보를 찾아볼 수 있고, [회원 커뮤니티]에서 궁금한 내용을 질문하고 답변을 받을 수 있습니다.

> ### https://www.oppadu.com/

기타 문의 사항이 있거나 오빠두엑셀 홈페이지에서 해결되지 않는 문의가 있다면 info@oppadu.com 또는 help@jpub.kr로 이메일을 보내 주세요. 최대한 빠르게 처리해 드리겠습니다.

오탈자 확인 및 예제 파일은 독자 지원 페이지에서!

책을 보다 오탈자를 발견하셨거나, 다른 분이 발견한 오탈자를 확인하고 싶을 때, 책에 사용된 예제 파일을 다운로드하고 싶을 때 독자 지원 페이지를 이용해 주세요.

> ### https://bit.ly/jpub_excel

예제 파일만 빠르게 다운로드하고 싶다면 https://bit.ly/jpub_excel_2를 이용하세요.

저자는 오랜 시간 대기업에서 직장 생활을 하면서 실무 엑셀을 배웠으며, 현재 엑셀 대표 유튜브 채널을 운영하고 있습니다. 현업과 엑셀 커뮤니티를 운영하면서 쌓은 노하우를 바탕으로 회사에서 진짜 쓰는 엑셀 기초 & 실무 기능을 책으로 엮었으며, 유튜브를 통해 동영상 강의까지 제공합니다.

책과 함께 보는 동영상 강의

아래 링크에 접속하면 책의 목차와 함께 해당 동영상 강의를 무료로 시청할 수 있습니다.

https://www.oppadu.com/진짜쓰는-실무엑셀

유튜브 채널에서 엑셀의 놀라운 기능 확인하기

저자의 유튜브 채널은 대한민국 대표 엑셀 채널로 엑셀의 거의 모든 기능을 소개하고 있습니다. 궁금한 기능이 있다면 구독자 110만 오빠두엑셀 유튜브 채널에서 빠르게 검색해 보세요.

https://www.youtube.com/오빠두Oppadu

시작부터 남다른
실무자의 엑셀 활용

엑셀은 전 세계 수많은 직장인이 사용하는 대표적인 업무 프로그램입니다.

회사가 전쟁터라면 엑셀은 아주 훌륭한 무기가 될 수 있죠.

"회사가 전쟁터라고? 밀어낼 때까지 그만두지 마라. 밖은 지옥이다."

미생이라는 드라마의 명대사 중 하나입니다.

전쟁터와 같은 회사에서 여러분은 엑셀이라는 무기를 완벽하게 준비하고 있나요?

이 책을 시작하는 여러분이라면 준비 단계부터 남다르게 앞서 나갈 수 있을 것입니다.

지금부터 본격적인 실무 엑셀을 익혀 보세요.

※ 엑셀이 처음이라면

엑셀을 처음 실행해 본다면 다음 동영상 강의부터 시청하시길 추천합니다.

https://youtu.be/M0sOvOebZHA

LESSON 01

엑셀 기본 설정 변경으로
맞춤 환경 만들기

온라인 게임을 해 본 경험이 있나요? 본격적으로 게임을 진행하기 전에 기본 환경 설정에서 마우스나 키보드 감도, 화면 해상도 등을 자신의 성향이나 컴퓨터 사양에 맞춰 변경하는 작업부터 시작했을 것입니다. 엑셀도 마찬가지입니다. 업무 환경이나 작업 방식에 맞춘 환경 설정은 실무 엑셀 고수로 거듭나는 밑거름이 될 것입니다.

엑셀 기초 │ 문서의 분위기를 좌우하는 기본 글꼴 설정하기

현재 M365 기준으로 엑셀의 기본 글꼴은 맑은 고딕입니다. 2000년대 초반까지는 굴림체 또는 돋움체를 선호하였지만, 최근에는 맑은 고딕을 주로 사용합니다.

하지만 여전히 굴림체를 선호하는 곳이나 문서(재무제표 등의 회계 관련 문서 및 공문서)도 있으며, 직장 규정에 따라 영어로 된 보고서를 주로 사용하여 영문에 어울리는 Arial 글꼴을 사용하기도 합니다.

▲ 글꼴에 따라 문서의 분위기가 좌우됩니다.

기본 글꼴 변경하기 01-A02.xlsx 예제 파일을 실행 후 실습을 진행합니다. 우선 일회성이라면 글꼴을 변경할 범위를 선택한 후 [홈] 탭-[글꼴] 그룹에서 원하는 글꼴을 선택하면 됩니다.

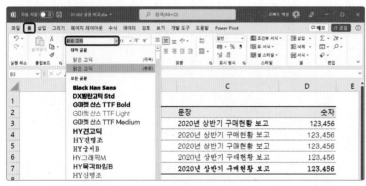

▲ 일회성 글꼴 변경은 [홈] 탭-[글꼴] 그룹에서 변경합니다.

하지만 주로 사용하는 글꼴이 있다면 ❶ [파일] 탭에서 [옵션]을 클릭하여 'Excel 옵션' 대화상자를 열고 ❷ [일반]에서 '새 통합 문서 만들기' 영역에 있는 ❸ [다음을 기본 글꼴로 사용] 옵션을 주로 사용하는 글꼴로 변경합니다.

▲ 기본 글꼴 변경은 'Excel 옵션' 대화상자에서 설정합니다.

TIP 기본으로 제공되는 글꼴이 아닌 별도의 글꼴을 설치해서 사용할 수 있습니다. 하지만 다른 사용자에게 파일을 공유했을 때 공유를 받은 사용자에게 동일한 글꼴이 없다면 의도하지 않은 글꼴로 변경되어 문서의 분위기가 변경될 수 있습니다.

엑셀 기초 | 예상치 못한 피해를 줄이는 자동 저장 설정

컴퓨터 작업 중 예상치 못한 오류로 갑작스럽게 파일이 강제 종료되었던 경험 한 번씩은 있을 것입니다. 엑셀에는 이러한 상황에 대비하여 비정상적으로 종료된 파일을 복구할 수 있는 기능이 포함되어 있습니다. 하지만, 예상치 못한 상황에 대비하여 수시로 파일을 저장하고, 백업 파일을 준비하는 습관을 갖는 것이 좋습니다.

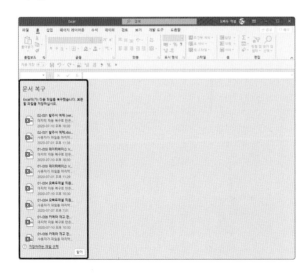

◀ 비정상적으로 종료된 파일이 있으면 엑셀을 다시 실행했을 때 화면 왼쪽에 문서 복구 패널이 열리며 복구할 수 있는 파일 목록이 표시됩니다.

자동 저장 옵션 변경 ❶ [파일] 탭에서 [옵션]을 클릭하여 'Excel 옵션' 대화상자를 열고 ❷ [저장]을 선택해 보면 '통합 문서 저장' 영역에 자동 저장 관련 옵션이 있습니다. ❸ 우선 [자동 복구 정보 저장 간격] 옵션을 변경합니다. 기본 값은 10분이지만, **5분** 간격으로 저장한다면 피해를 좀 더 줄일 수 있습니다.

계속해서 ❹ [자동 복구 파일 위치] 옵션을 확인합니다. 작업 중이던 문서가 갑자기 종료됐을 때 지정한 경로에서 마지막으로 저장된 파일을 확인할 수 있습니다.

TIP 자동 저장 간격은 최소 1분까지 설정할 수 있습니다. 하지만, 저장 간격이 너무 짧으면 문서 작업에 영향을 줄 수 있으므로 적당한 간격으로 설정합니다.

▲ 'Excel 옵션' 대화상자의 파일 저장 관련 옵션

오빠두! 특강

자동 복구 파일 위치에 복구 파일이 없을 때

한 번도 저장한 적 없는 문서라면 자동 복구 파일 위치가 아닌 엑셀의 Unsaved 임시 폴더에 저장될 수 있습니다. 따라서 자동 복구 파일 위치에 복구 문서가 없을 때는 ❶ [파일] 탭에서 [열기]를 클릭한 후 ❷ [최근 항목]을 선택하고 ❸ [저장되지 않은 통합 문서 복구] 버튼을 클릭하여 임시 저장된 문서를 복구할 수 있습니다.

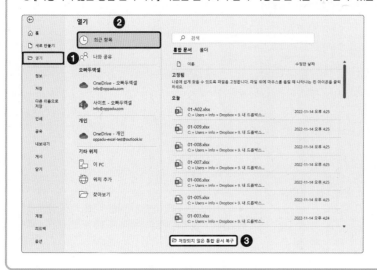

엑셀 기초 자동으로 생성되는 하이퍼링크 설정

셀에 입력된 값이 이메일 주소 또는 웹페이지 주소일 때 엑셀에서는 이를 자동으로 인식하여 하이퍼링크로 변경합니다. 하이퍼링크는 클릭해서 해당 경로로 빠르게 이동하거나 이메일을 작성할 수 있어 유용하지만, 보고서에서는 실상 사용할 일이 많지 않습니다. 오히려 파란색으로 서식이 지정되어 추가 작업을 해야 하는 불편함을 초래하므로 자동 하이퍼링크 기능을 해제한다면 소소하게 작업 속도를 향상시킬 수 있습니다.

설정된 하이퍼링크 제거 자동으로 설정된 하이퍼링크를 제거하려면 ❶ 해당 셀에서 [마우스 우클릭] 후 ❷ [하이퍼링크 제거]를 선택합니다.

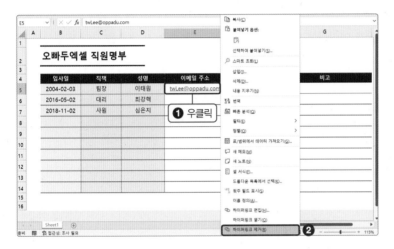

자동 하이퍼링크 설정 해제 자동으로 하이퍼링크가 설정되지 않게 하려면 ❶ [파일] 탭에서 [옵션]을 클릭하여 'Excel 옵션' 대화상자를 열고 ❷ [언어 교정]을 선택합니다. 오른쪽 '자동 고침 옵션' 영역에 있는 ❸ [자동 고침 옵션] 버튼을 클릭하여 '자동 고침' 대화상자가 열리면 ❹ [입력할 때 자동 서식] 탭에서 ❺ [인터넷과 네트워크 경로를 하이퍼링크로 설정]을 체크 해제하면 됩니다.

엑셀 기초 | 언어 자동 고침 설정으로 특수기호 빠르게 입력하기

워드나 파워포인트에서는 글머리 기호 등을 활용하여 손쉽게 특수기호를 사용할 수 있으나 엑셀에서는 특수기호 사용이 쉽지 않습니다. 하지만 자동 고침 옵션을 사용하면 간단합니다. 자동 고침은 특정 내용을 입력하면 미리 설정해 놓은 다른 기호나 텍스트로 자동 변환되는 기능으로, (tel)을 입력하면 ☎로 변환되는 등 기본적으로 설정되어 있는 항목이 있고, 사용자가 추가할 수도 있습니다.

자동 고침 항목 추가 자동 고침 항목을 추가하려면 ❶ [파일] 탭에서 [옵션]을 클릭하여 'Excel 옵션' 대화 상자를 열고 ❷ [언어 교정]을 선택합니다. ❸ '자동 고침 옵션' 영역에 있는 [자동 고침 옵션] 버튼을 클릭하여 '자동 고침' 대화상자를 열고 ❹ [자동 고침] 탭을 보면 [입력]과 [결과]로 구분된 자동 고침 목록이 있습니다. 자동 고침 목록을 추가하려면 ❺ 각 입력란에 입력할 내용과 자동으로 고쳐질 내용을 각각 입력하고 [추가] 버튼을 클릭해 등록합니다.

> **TIP** ㅁ을 입력한 후 [한자]를 누르면 특수문자를 선택해서 입력할 수 있습니다.

오빠두! 특강 · 자동 교정 기호 추천 목록

실무에서 자주 사용하는 특수문자를 편리하게 입력할 수 있도록 오빠두 추천 교정 기호 등록 목록을 정리해 두었습니다.

입력	결과	입력 방법	입력	결과	입력 방법
--→	→	ㅁ + 한자	ㅁ@	a	ㅎ + 한자
⟨-⟩	↔	ㅁ + 한자	ㄷ1	Ⅰ	ㅈ + 한자
ㅁ⟩	▶	ㅁ + 한자	ㄷ2	Ⅱ	ㅈ + 한자
ㅁ⟨	◀	ㅁ + 한자	ㄷ3	Ⅲ	ㅈ + 한자
ㅁㅁ	■	ㅁ + 한자	ㅅ1	ⅰ	ㅈ + 한자
ㅇ1	①	ㅇ + 한자	ㅅ2	ⅱ	ㅈ + 한자
ㅇ2	②	ㅇ + 한자	ㅅ3	ⅲ	ㅈ + 한자
ㅇ3	③	ㅇ + 한자			

위 목록은 예제 파일에 포함된 [Chapter01] 폴더에 있는 **자동교정.xlsm** 매크로 파일을 실행하면 한 번에 등록할 수 있습니다. 자세한 설명은 다음 동영상 강의를 참고하세요.

https://youtu.be/2cmiOCXFO1M

엑셀 기초 · 자주 쓰는 기능을 단축키로 만드는 빠른 실행 도구 모음

엑셀을 사용하다 보면 분명 자주 쓰는 기능인데 단축키가 제공되지 않아 불편할 때가 있습니다. 대표적으로 셀 병합 기능을 예로 들 수 있습니다. 이처럼 자주 사용하는 기능이지만, 단축키로 제공되지 않는다면 빠른 실행 도구 모음에 추가하여 작업 속도를 크게 향상시킬 수 있습니다. 간단한 실습으로 빠른 실행 도구 모음에 셀 병합 기능을 추가하고 단축키로 실행해 보겠습니다.

01 빠른 실행 도구 모음 추가 엑셀의 제목 표시줄 왼쪽에서 ❶ [빠른 실행 도구 모음 사용자 지정] 을 클릭한 후 ❷ [기타 명령] 을 선택합니다.

> **TIP** [빠른 실행 도구 모음 사용자 지정]이 보이지 않을 때는 [자동 저장] 버튼에서 [마우스 우클릭] 후 [빠른 실행 도구 모음 표시]를 선택하면 나타납니다.

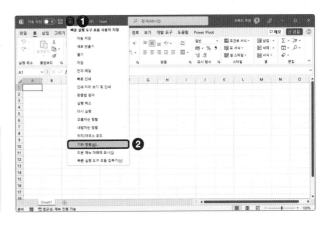

빠른 실행 도구 모음 위치 변경하기

최신 운영체제 및 엑셀 2021 이후 환경에서는 기본 값으로 빠른 실행 도구 모음이 리본 메뉴 아래에 배치됩니다. 빠른 실행 도구 모음이 이전 버전처럼 제목 표시줄에 표시되게 하거나 최신 버전처럼 리본 메뉴 아래에 표시되게 변경하고 싶다면 [빠른 실행 도구 모음 사용자 지정]을 클릭한 후 [리본 메뉴 아래에 표시] 또는 [리본 메뉴 위에 표시]를 선택하여 위치를 옮길 수 있습니다.

◀ 빠른 실행 도구 모음이 리본 메뉴 위에 배치되어 있을 때

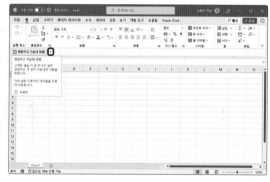

◀ 빠른 실행 도구 모음이 리본 메뉴 아래에 배치되어 있을 때

02 [빠른 실행 도구 모음]이 선택된 상태로 'Excel 옵션' 대화상자가 열리며 왼쪽에는 자주 사용하는 기능이 표시되고, 오른쪽에는 빠른 실행 모음에 등록된 기능이 표시됩니다. ❶ 왼쪽 목록에서 [병합하고 가운데 맞춤]을 찾아 선택한 후 ❷ [추가] 버튼을 클릭합니다.

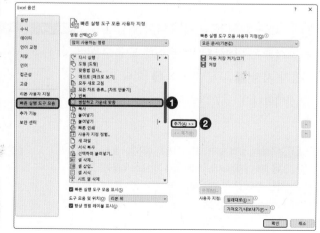

> **TIP** [명령 선택] 옵션에서 **모든 명령**으로 설정하면 엑셀에서 제공하는 모든 기능이 표시됩니다.

03 오른쪽에 있는 빠른 실행 도구 모음 목록에 [**병합하고 가운데 맞춤**]이 추가되었습니다. ❶ 사용하는 빈도에 따라 선택한 후 ❷ 목록 오른쪽에 있는 위/아래 버튼을 클릭하여 순서를 조절합니다. ❸ [확인] 버튼을 클릭하여 등록을 완료합니다.

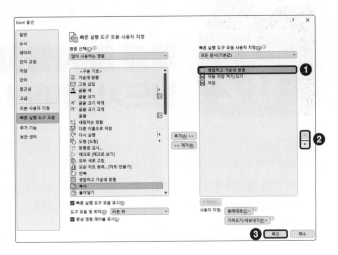

04 엑셀 화면에서 빠른 실행 도구 모음을 보면 추가한 기능이 지정한 순서에 맞춰 아이콘 형태로 배치된 것을 확인할 수 있습니다.

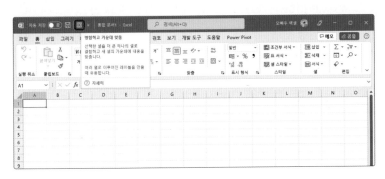

05 **단축키로 실행** 빠른 실행 도구 모음에 추가된 기능은 아이콘을 클릭하거나 단축키로 실행합니다. [Alt]를 누르면 각 기능에 단축키가 표시되며, 배치된 순서에 따라 [Alt]를 누른 후 해당 숫자 키를 눌러 실행할 수 있습니다. 예를 들어 다음과 같은 상황이라면 [Alt] → [1]을 눌러 병합하고 가운데 맞춤을 실행할 수 있습니다.

TIP 빠른 실행 도구 모음에서 특정 기능을 제거하려면 해당 아이콘에서 [마우스 우클릭] 후 [빠른 실행 도구 모음에서 제거]를 선택하거나 'Excel 옵션' 대화상자를 이용합니다.

LESSON 02

엑셀 좀 사용하려면 반드시 알아야 할 엑셀 기본기

셀과 범위, 시트에 대한 설명은 더 이상 책으로 배우지 않아도 될 만큼 충분히 접했을 것입니다. 여기서는 실무에서 엑셀을 다루는 사람이라면 반드시 알아야 할 엑셀 기능을 알아보겠습니다. 전체 실습 과정은 다음 동영상 강의에서 확인할 수 있습니다.

엑셀 기초 | 작업 도중 실수를 되돌리는 실행 취소하기

엑셀 문서 작업 중 복사(Ctrl+C)한 후 붙여넣기(Ctrl+V)한 수식이 예상치 못한 오류 값을 반환하거나 이전에 입력된 내용 중 잘못된 부분이 있어서 실행 전 단계로 되돌려야 하는 상황은 빈번하게 발생하는데요, 이럴 때 실행 취소 기능을 사용합니다.

실행 취소/다시 실행 실행 취소 기능이란 단어 그대로 '현재 작업을 취소하고 이전 작업으로 되돌리는 기능'입니다. 반대로 취소한 작업을 다시 실행할 수도 있습니다. 엑셀 2013 이전 버전에서는 16단계, 엑셀 2016 이후 버전부터는 최대 100단계까지 이전 작업으로 되돌릴 수 있습니다.

- 실행 취소 단축키, Ctrl+Z
- 다시 실행 단축키, Ctrl+Y

> **TIP** 엑셀 2013 이전 버전 사용자는 레지스트리를 변경하여 실행 취소를 100단계까지 늘릴 수 있습니다. 자세한 설명은 https://support.microsoft.com/ko-kr/에서 '실행 취소 단계'로 검색하거나 단축 URL https://bit.ly/excelctrlz에 접속해서 확인할 수 있습니다.

이전 작업 내역 확인 실행 취소 기능을 이용하여 바로 이전 작업을 취소하려면 간단하게 Ctrl+Z를 누르면 됩니다. 하지만 여러 단계를 이전으로 되돌려야 한다면 번거롭게 단축키를 여러 번 누르기 보다는 빠른 실행 도구 모음에 있는 [실행 취소] 아이콘을 활용하면 편리합니다.

빠른 실행 도구 모음에서 [실행 취소] 아이콘 오른쪽에 있는 [펼침] 버튼을 클릭해 보세요. 이전에 실행한 작업 기록을 확인할 수 있고, 원하는 지점을 선택해서 해당 단계로 손쉽게 돌아갈 수 있습니다. 만약 빠른 실행 도구 모음에 [실행 취소] 아이콘이 없다면 [빠른 실행 도구 모음 사용자 지정] 아이콘을 클릭한 후 [실행 취소]에 **체크**한 후 사용하세요.

▲ [실행 취소] 추가하기

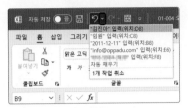

▲ [실행 취소]의 [펼침] 아이콘

> **TIP** 실행 취소 기능으로 되돌릴 수 없는 작업도 있습니다. 대표적으로 시트 추가/삭제, 화면 스크롤 이동, 매크로로 실행된 작업 등은 되돌릴 수 없습니다.

엑셀 기초 | 가독성을 결정하는 행 높이 조절하기

엑셀의 글꼴 크기는 [홈] 탭-[글꼴] 그룹에서 변경할 수 있으며, 기본 값은 **11pt**입니다. 그리고 글꼴 크기가 11pt 일 때 설정되어 있는 각 행의 높이는 **16.5~17.8pt**로 사용 중인 글꼴, 모니터 환경에 따라 다릅니다.

보편적으로 가독성이 가장 좋은 행과 행 사이 간격(행간)은 글자 크기의 1.6배입니다. 하지만 엑셀은 셀 사이에 테두리가 적용된 표 형태로 자료를 입력하므로 1.6배보다 살짝 높은 1.65배가 가장 좋은 행간이라고 할 수 있습니다. 즉, 글꼴 크기가 11pt일 때 가장 좋은 행간은 18pt 정도입니다.

그러므로 엑셀에서 기본 글꼴 크기인 11pt일 때 행 높이를 1.65배인 18pt 정도로 설정한다면 좀 더 여유롭고 가독성 좋은 보고서로 보일 수 있습니다.

▲ 글꼴 크기가 11pt일 때 행 높이 16pt(좌)와 18pt(우)

행 높이 조절 01-A04.xlsx 예제 파일에서 행 높이를 조절하기 위해 ❶ 조절할 행 머리글을 모두 선택하고, [마우스 우클릭] 후 ❷ [행 높이]를 선택하거나 행 머리글과 머리글 사이 경계를 드래그해서 변경합니다. 만약 시트의 모든 행 높이를 일괄 조절하고 싶다면 열 머리글 왼쪽 끝과 행 머리글 가장 위에 있는 [**전체 선택**] 버튼을 클릭한 후 행 높이를 조절하면 됩니다.

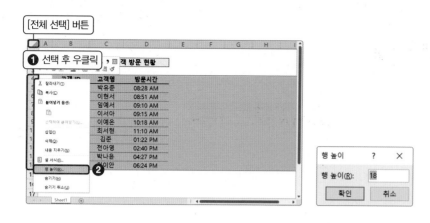

엑셀 기초 · 검산을 더욱 빠르게, 상태 표시줄 200% 활용하기

모든 보고서는 제출하기 전 입력한 데이터가 정확한지 최종 검토하는 작업이 필요합니다. 데이터를 검토하는 방법으로 대개는 피벗 테이블이나 함수를 사용하지만, 검토해야 할 대상의 데이터가 많지 않다면 상태 표시줄을 활용하여 빠르게 검토할 수 있습니다.

시트에서 일정 범위를 선택하면 숫자와 문자를 자동으로 인식하여 상태 표시줄에 **평균, 개수, 합계**가 실시간으로 표시됩니다. 그러므로 숫자를 자주 다루는 실무자라면 수시로 상태 표시줄을 확인하면서 데이터를 검토하여 오류를 최대한으로 줄이는 것이 좋습니다.

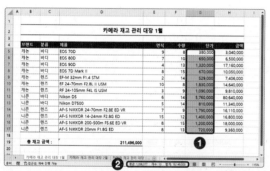

▲ 숫자 데이터를 선택하면 평균, 개수, 합계가 표시되고, 문자 데이터를 선택하면 개수만 표시됩니다.

요약 항목 추가 01-003.xlsx 예제 파일의 [카메라 재고 관리 대장 1월] 시트 탭을 보면 상태 표시줄에 표시되는 기본 요약 항목 평균, 개수, 합계 3가지입니다. 하지만 필요하다면 최댓값과 최솟값 등을 추가할 수 있습니다. ❶ 상태 표시줄에서 [마우스 우클릭] 후 팝업 메뉴에서 ❷ [최대값]과 [최소값]을 각각 선택해 주면 됩니다.

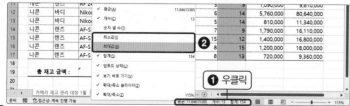

엑셀 기초 | 특정 시트나 특정 시트의 특정 셀로 빠르게 이동하기

수많은 시트가 포함된 엑셀 통합 문서에서 원하는 시트로 빠르게 이동하거나, 자주 참조해서 사용하는 범위 혹은 특정 시트의 특정 셀로 빠르게 이동하고 싶다면 시트 간 빠른 이동 방법과 이름 정의 기능을 알아 놓으면 편리합니다. **Link** 선택한 범위의 머리글을 참조해서 빠르게 이름 정의하는 방법 및 활용법은 **093쪽**을 참고하세요.

특정 시트로 빠르게 이동 01-A04.xlsx 예제 파일처럼 여러 시트가 나열되어 있어서 원하는 시트를 빠르게 찾기 어려울 때는 시트 탭 목록 왼쪽에 있는 ◀▶ 버튼을 이용합니다. ◀▶ 버튼은 현재 화면에서 가려져 보이지 않는 시트 탭이 있을 때만 활성화되며, 버튼을 클릭하면 좌우로 가려진 시트 탭이 하나씩 표시됩니다. 이외에도 다음과 같이 숨겨진 기능을 포함하고 있습니다.

- ◀▶ **에서 마우스 우클릭:** 현재 통합 문서의 모든 시트 목록이 표시된 '활성화' 대화상자가 열립니다. 원하는 시트를 선택해서 빠르게 이동할 수 있습니다.
- **Ctrl + 클릭:** Ctrl 을 누른 채 ◀▶ 을 클릭하면 첫 번째 또는 마지막 시트로 이동할 수 있습니다.

> **TIP** Ctrl + PageUp 을 누르면 이전 시트로, Ctrl + PageDown 을 누르면 다음 시트로 이동할 수 있으며, Ctrl + PageUp 또는 Ctrl + PageDown 을 길게 누르면 첫 번째 또는 마지막 시트로 빠르게 이동할 수 있습니다.

이름 정의 활용 다음과 같은 통합 문서에서 [D19]셀을 자주 확인해야 한다면 ❶ 해당 셀을 선택하고 ❷ 수식 입력줄 왼쪽에 있는 '이름 상자'에 원하는 이름을 입력한 후 Enter 를 눌러 이름으로 정의합니다. 이후 해당 통합 문서의 어느 시트에 있든 이름 상자에 앞서 정의한 이름을 입력하면 [D19]셀로 바로 이동할 수 있습니다.

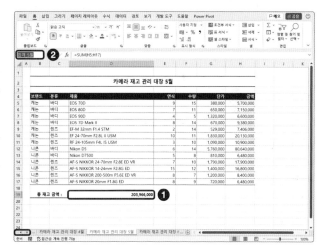

오빠두! 특강 | 이름 정의하기

이름은 하나의 셀뿐만 아니라 일정 범위를 선택하여 정의할 수도 있으며, 다음 사항에 주의해야 합니다.

- 이름은 숫자로 시작할 수 없으며, 띄어쓰기를 포함할 수 없습니다. 숫자로 시작하거나 띄어쓰기를 표현하고 싶다면 언더바를 이용하여 _5월_합계처럼 입력합니다.
- 셀 주소(A1, B1 등)는 이름으로 정의할 수 없습니다.
- 이름 정의 범위는 대소문자를 구분하지 않습니다. 예를 들어, Total과 total은 같은 이름으로 취급됩니다.

엑셀 기초 모든 시트 조회 및 특정 값을 변경하는 찾기 및 바꾸기

시트 안에 데이터가 많을수록 원하는 값이나 셀의 위치를 찾기가 어려워집니다. 정해진 시트와 정해진 범위 안에 규칙적으로 값이 입력되어 있다면 필터 기능을 이용하면 되지만, 그렇지 않다면 **[찾기 및 바꾸기]** 기능 을 사용하여 원하는 값을 찾고, 새로운 값으로 일괄 변경합니다. **Link** 필터 기능은 232쪽 에서, 찾기 및 바꾸기를 활용한 실 전 예제는 082,104쪽 에서 확인할 수 있습니다.

찾기 및 바꾸기 실행 01-A05.xlsx 예제 파일을 실행한 후 ❶ [홈] 탭-[편집] 그룹에서 [찾기 및 선 택]-[바꾸기]를 클릭하거나 Ctrl+H를 누르면 '찾기 및 바꾸기' 대화상자가 열립니다. ❷ [찾을 내용] 입력 란에 현재 입력된 내용을, [바꿀 내용] 입력란에 바꿀 내용을 입력하고 ❸ [바꾸기] 버튼을 클릭하면 하나씩 찾아서 변경됩니다. [모두 바꾸기] 버튼을 클릭하면 일괄 변경됩니다.

> **TIP** [모두 바꾸기] 버튼을 클릭하면 검색 결과를 확인할 수 없어 값이 정확하게 변경되었는지 확인하기 어렵습니다. 그러므로 실 무에서는 반드시 [모두 찾기] 버튼을 클릭하여 검색 결과를 조회한 후 이상이 없을 때 [모두 바꾸기]를 실행하세요.

검색 범위 지정 찾기 및 바꾸기를 실행할 때 기본 범위는 현재 열려 있는 시트로 한정됩니다. 현재 통합 문 서의 모든 시트에서 찾기 및 바꾸기를 실행하고 싶다면 '찾기 및 바꾸기' 대화상자에서 ❶ [옵션] 버튼을 클 릭한 후 ❷ [범위] 옵션을 **통합 문서**로 설정합니다.

> **TIP** 시트에서 특정 범위를 선택한 상태로 [범위] 옵션을 [시트]로 선택했다면 선택 중인 범위에서만 검색이 실행됩니다. 만약 셀 하나만 선택한 상태라면 시트 전체를 대상으로 검색합니다.

특정 서식을 찾아 일괄 변경 찾기 및 바꾸기 기능은 특정 단어뿐만 아니라 지정된 서식을 찾아 다른 서식
으로 변경할 때도 사용합니다. '찾기 및 바꾸기' 대화상자에서 ❶ [찾을 내용]의 [서식] 버튼과 [바꿀 내용]의
[서식] 버튼을 각각 클릭하여 '서식 바꾸기' 대화상자가 열리면 ❷ 원하는 서식을 지정한 후 ❸ [바꾸기] 또는
[모두 바꾸기] 버튼을 클릭합니다.

찾을 서식이 정확하게 어떤 색이나 글꼴인지 파악하기 어렵다면 ❶ [서식] 버튼에 있는 [펼
침] 버튼을 클릭한 후 ❷ [셀에서 서식 선택]을 선택한 다음, ❸ 서식이 적용된 셀을 클릭하면
해당 셀의 서식이 지정됩니다. 또한 찾을 내용이나 바꿀 내용에서 선택한 서식을 변경하려면
[서식 찾기 지우기]를 선택하면 서식을 초기화할 수 있습니다. 찾기 및 바꾸기 전체 실습 과정
은 다음 동영상 강의에서도 확인할 수 있습니다.

https://youtu.be/hlzcAYhmhDA

LESSON 03

엑셀의 기본 동작 원리 이해하기

예제 파일 01－001.xlsx, 01－002.xlsx 간단한 의사 소통에는 반드시 문법이 필요하진 않지만, 정확한 의사 전달을 위해서는 문법에 맞춰 내용을 전달해야 합니다. 엑셀을 사용할 때도 마찬가지입니다. 기본 동작 원리를 이해해야만 이후 복잡한 수식을 처리할 때도 막힘없이 척척 해낼 수 있을 것입니다.

엑셀 기초 많은 데이터를 다룰 때 필수인 자동 채우기 이해하기

자동 채우기는 많은 양의 데이터를 보다 손쉽게 다룰 수 있도록 돕는 엑셀의 핵심 기능 중 하나입니다. 간단히 마우스로 드래그해서 이용할 수 있으며, 자동 채우기에 적용되는 규칙을 파악하면 더욱 다양한 방법으로 응용할 수 있습니다. 자동 채우기 기능과 실습 과정은 다음 동영상 강의에서도 확인할 수 있습니다.

https://youtu.be/C9mqj7dYk3c

자동 채우기 정의 자동 채우기는 입력된 값의 패턴을 분석하여 기준 셀부터 사용자가 드래그한 범위까지 값을 자동으로 채워 주는 기능입니다. 셀 또는 범위를 선택한 후 범위의 오른쪽 끝에 있는 **[자동 채우기 핸들]**로 마우스 커서를 옮깁니다. 커서 모양이 ✚에서 ＋로 바뀌면 원하는 방향으로 드래그해서 자동 채우기를 실행합니다.

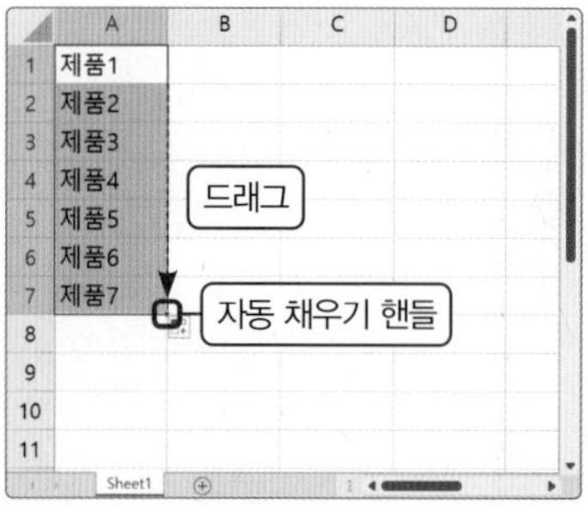

◀ [A1]셀에서 자동 채우기를 실행한 결과

TIP 마우스 커서가 ＋로 바뀌지 않는다면 [파일] 탭에서 [옵션]을 클릭하고 'Excel 옵션' 대화상자에서 [고급]을 클릭한 후 '편집 옵션' 영역에서 [채우기 핸들 및 셀 끌어서 놓기 사용]에 **체크**합니다.

자동 채우기 패턴 파악 자동 채우기 기능은 셀에 입력된 데이터 형식에 따라 적용되는 패턴이 다릅니다. 데이터 형식별 자동 채우기 패턴을 정리한 아래 표를 확인하고, **01-001.xlsx** 예제 파일을 열어 직접 실습해 보세요.

형식	패턴
문자	선택된 범위의 값을 반복해서 출력(=셀 복사)
숫자	• **1개의 셀을 선택했을 때**: 숫자를 반복해서 출력, Ctrl을 누른 채 자동 채우기를 실행하면 1씩 증가 • **2개 이상의 셀을 선택했을 때**: 패턴을 인식하여 자동 채우기, Ctrl을 누른 채 자동 채우기를 실행하면 값이 반복 출력
날짜	입력된 값의 최소 단위(년/월/일)로 패턴을 인식하여 자동 채우기
시간	• **1개의 셀을 선택했을 때**: 시간 단위로 증가 • **2개 이상의 셀을 선택했을 때**: 패턴을 인식하여 자동 채우기
셀 참조	상대 참조라면 자동 채우기 방향으로 참조되는 셀이 한 칸씩 이동
문자/숫자 혼합	문자는 반복되고, 숫자는 1씩 증가하거나 패턴을 인식하여 자동 채우기가 실행되며, 숫자가 2개 이상이라면 마지막 숫자만 변경됩니다(예: 1학년 1반, 1학년 2반, 1학년 3반, …)

자동 채우기 옵션 사용 자동 채우기를 실행하면 자동 채우기한 범위 오른쪽 아래에 **[자동 채우기 옵션]** 아이콘이 표시되고, 이 아이콘을 클릭하면 다음과 같은 팝업 옵션이 표시됩니다.

▲ 자동 채우기 팝업 옵션은 자동 채우기한 형식에 따라 차이가 있습니다.

옵션	설명
셀 복사	패턴 없이 셀의 값을 단순하게 복사하여 자동 채우기를 합니다.
연속 데이터 채우기	엑셀에서 인식한 패턴으로 자동 채우기를 합니다.
서식만 채우기	선택된 셀의 '서식'만 자동 채우기를 합니다.
서식 없이 채우기	선택된 셀의 '값'만 자동 채우기를 합니다.
빠른 채우기	셀의 왼쪽 범위에서 패턴을 인식하여 같은 범주의 값으로 빠른 채우기를 합니다. **Link** 빠른 채우기는 매우 유용한 기능으로 **039쪽**에서 자세히 다룹니다.
일 단위 채우기	'일 단위'로 자동 채우기를 합니다.

옵션	설명
평일 단위 채우기	주말은 제외하고 '평일만' 자동 채우기를 합니다.
월 단위 채우기	'월 단위'로 자동 채우기를 합니다.
연 단위 채우기	'연 단위'로 자동 채우기를 합니다.

엑셀 기초 · 사용자 지정 목록으로 나만의 자동 채우기 패턴 만들기

엑셀로 데이터를 입력할 때 같은 회사 내 직급이나 '하나-둘-셋-넷' 같이 자주 사용하는 패턴으로 빠른
채우기를 실행하고 싶다면 사용자 지정 목록에 해당 패턴을 추가한 후 자동 채우기를 실행합니다. **Link** 데이
터에서 고유 값을 찾고 사용자 지정 목록으로 등록하는 방법은 **228쪽**에서 설명합니다.

01 엑셀에서 임의의 통합 문서를 열고
❶ [파일] 탭에서 [옵션]을 클릭하여 'Excel
옵션' 대화상자를 엽니다. ❷ 왼쪽 메뉴에서
[고급]을 선택하고, ❸ '일반' 영역에 있는 [사
용자 지정 목록 편집] 버튼을 클릭합니다.

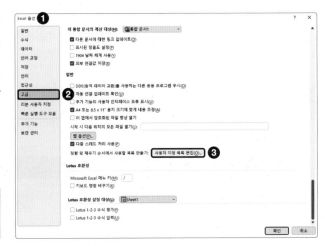

> **TIP** 엑셀 2007 버전 사용자는 [옵션]-[기본 설
> 정]-[사용자 지정 목록 편집]으로 이동합니다.

02 '사용자 지정 목록' 대화상자가 열리면 ❶ [목록
항목] 입력란에 사용할 패턴 목록을 줄 바꿈([Enter])으
로 모두 입력하고 ❷ [추가] 버튼을 클릭하여 사용자 지
정 목록에 추가합니다.

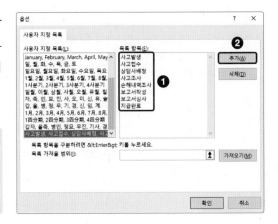

> **TIP** 목록 항목에는 최대 255자까지 입력할 수 있으며, 255
> 자 이상의 목록을 추가하고 싶을 때는 엑셀 시트에 목록을 미리
> 입력해 놓은 후 [가져오기] 버튼을 클릭하여 해당 범위를 선택해
> 서 빠르게 추가할 수 있습니다.

03 사용자 지정 목록을 추가했다면 셀에 추가한 목록 중 하나를 입력한 후 자동 채우기를 실행합니다. 앞서 추가한 목록 순서에 따라 반복적으로 자동 채우기가 실행됩니다.

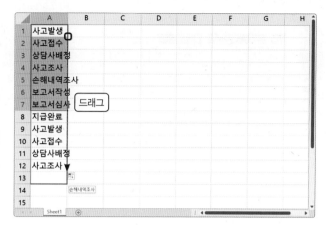

TIP 사용자 지정 목록은 현재 사용 중인 PC의 엑셀에 등록됩니다. 따라서 사용자 지정 목록을 추가하면 다른 통합 문서에서도 동일하게 사용할 수 있습니다.

엑셀 기초 │ 텍스트 관련 함수가 무색해지는 빠른 채우기 엑셀 2013 이후

엑셀에는 다양한 텍스트 편집 함수(LEFT, RIGHT 등)가 있지만, 실무에서 발생하는 대부분의 텍스트 관련 데이터 가공 작업은 빠른 채우기 기능으로 손쉽게 해결할 수 있을 만큼 아주 강력하고 유용한 기능입니다. 빠른 채우기 기능에 대한 설명과 실습 과정은 다음 동영상 강의에서도 확인할 수 있습니다.

https://youtu.be/eMlk546ef2A

빠른 채우기는 엑셀 2013 이후에 추가된 기능으로, 바로 왼쪽 열에 있는 데이터의 패턴을 분석하여 나머지 값을 자동으로 채워 주는 기능입니다. 자동 채우기와 유사하지만 다음과 같은 차이가 있습니다.

구분	자동 채우기	빠른 채우기
패턴 분석	선택한 셀 또는 범위	• 엑셀 2019 이전 버전에는 왼쪽에 입력된 데이터의 패턴을 분석합니다. • 엑셀 2021 이후 버전에서는 왼쪽/오른쪽 상관없이 인접한 데이터의 패턴을 분석합니다.
채우기 방향	가로 또는 세로 방향	세로 방향. 만약 가로 방향으로 입력된 데이터에서 빠른 채우기를 실행해야 한다면 범위를 [복사]–[선택하여 붙여넣기]–[행/열 바꿈] 기능을 실행한 후 사용합니다.

빠른 채우기 실행 빠른 채우기는 기준 셀에 패턴을 인식할 수 있는 예시 값을 입력한 후 단축키 Ctrl+E를 누르면 바로 실행됩니다.

[B]열에서 영문 이름만 추출하는 빠른 채우기 ▶

▲ 빠른 채우기는 인접한 데이터만 인식하기 때문에, 인접한 열이 비어 있다면 사용할 수 없으며 오류 메시지가 나타납니다.

아래와 같은 표에서 [내선번호] 필드를 [연락처] 필드의 뒤 4자리로 채운다면 ❶ [D5]셀에는 [C5]셀에 입력된 연락처의 뒤 4자리인 **8179**를 입력한 후 [D5]셀이 선택된 상태에서 ❷ Ctrl + E 를 누릅니다. 나머지 내선번호가 자동으로 추출됩니다.

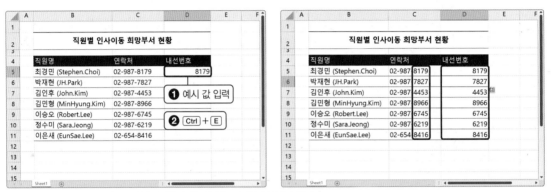

▲ 빠른 채우기를 실행하기 전에는 먼저 패턴을 파악할 수 있는 예시를 입력해야 합니다.

또한 빠른 채우기를 직접 실행하지 않더라도 사용자가 입력하는 데이터가 빠른 채우기 대상이라고 판단되면 엑셀에서 자동으로 인식하여 예상 데이터 목록을 시트 위에 출력하고, 사용자가 Enter 를 누르면 빠른 채우기가 실행됩니다.

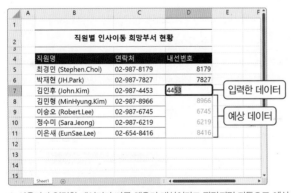

▲ 사용자가 입력한 데이터가 빠른 채우기 대상이라고 판단되면 자동으로 예상 데이터가 표시됩니다.

TIP 빠른 채우기 대상임에도 예상 데이터 목록이 표시되지 않는다면 'Excel 옵션' 대화상자의 [고급]을 선택한 후 '편집 옵션' 영역의 [빠른 자동 채우기]에 **체크**되어 있는지 확인해 봅니다. 체크가 해제되어 있으면 예상 목록이 표시되지 않습니다.

빠른 채우기 응용 01-002.xlsx 예제 파일을 실행한 후 아래 순서에 따라 빠른 채우기(Ctrl+E)를 실행해 보세요. 빠른 채우기의 강력한 기능을 파악할 수 있을 것입니다.

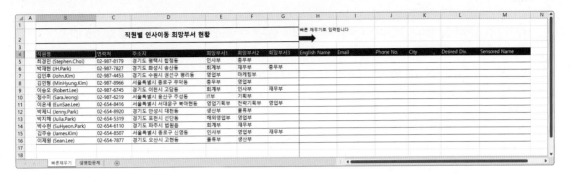

▲ 열별로 패턴의 예시 값을 입력한 후 빠른 채우기를 실행합니다.

- **문자열 추출:** [H5]셀에 Stephen.Choi 입력 후 빠른 채우기를 실행하면 직원명에서 영문명이 추출됩니다. [K5]셀에 **경기도** 입력 후 빠른 채우기를 실행하면 주소지에서 도 정보가 추출됩니다.

- **문자열 추출 및 조합:** [I5]셀에 Stephen.Choi@naver.com 입력 후 빠른 채우기를 실행하면 직원명의 영문명을 참조하여 이메일 주소가 생성됩니다.

- **문자열 일괄 변경:** [J5]셀에 (+82) 2-987-8179 입력 후 빠른 채우기를 실행하면 연락처 번호가 해외 연락처 형식으로 변경됩니다.

- **구분 기호로 여러 셀 합치기:** [L5]셀에 **인사부, 총무부** 입력 후 빠른 채우기를 실행하면 희망부서의 문자열을 합칩니다.

> **TIP** 첫 번째 직원의 패턴만 입력하면 희망부서3의 패턴이 누락됩니다. 따라서 [L6]셀에 두 번째 직원의 희망부서 목록인 **회계부, 재무부, 총무부**를 입력 후 빠른 채우기를 실행합니다.

- **문자열 추출 및 일괄 변경:** [M5]셀에 **최*민**, [M6]셀에 **박*현** 입력 후 빠른 채우기를 실행하면 직원명에서 중간 글자를 별표로 변경합니다.

오빠두! 특강

엑셀 2013 이전 버전에서 함수로 빠른 채우기 기능 대체하기

빠른 채우기 기능은 엑셀 2013 이후 버전에서 사용할 수 있습니다. 만약 2010 이전 버전을 사용 중이거나 빠른 채우기 기능이 제대로 작동되지 않는다면 다음과 같이 각 셀에 함수로 수식을 입력한 후 자동 채우기를 실행합니다.

Link 함수 관련해서는 340쪽부터 자세히 설명합니다.

- [H5]셀: =MID(B5, FIND("(", B5) + 1, LEN(B5) − FIND("(", B5)−1)
- [I5]셀: =H5 & "@naver.com"
- [J5]셀: ="(+82) " & RIGHT(C5, LEN(C5)−1)
- [K5]셀: =LEFT(D5, FIND(" ", D5) − 1)
- [L5]셀: =IF(E5 = "", "", E5) & IF(F5 = "", "", "," & F5) & IF(G5 = "", "", "," & G5)
  (엑셀 2019 이후 버전) =TEXTJOIN(",", TRUE, E5:G5)
- [M5]셀: =LEFT(B5, 1) & "*" & MID(B5, 3, 1)

엑셀 기초 · 알고 보면 간단한 날짜/시간 데이터 이해하기

엑셀을 사용하면서 셀 안에 입력하는 값의 형식은 셀 참조를 포함하여 크게 셀 참조, 문자 형식, 숫자 형식 3가지로 분류할 수 있습니다. 엑셀을 처음 다루더라도 기초 함수를 몇 번만 사용해 보면 셀 참조와 문자 형식까지는 쉽게 이해할 수 있지만, 숫자 형식 중 하나인 날짜와 시간은 어떻게 입력되는지 이해하기 어려울 수 있습니다.

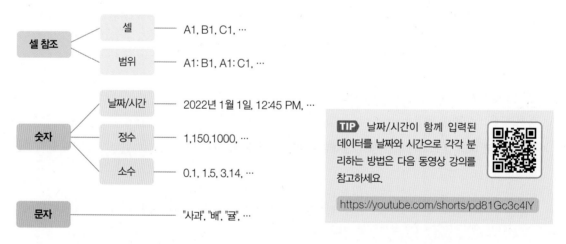

TIP 날짜/시간이 함께 입력된 데이터를 날짜와 시간으로 각각 분리하는 방법은 다음 동영상 강의를 참고하세요.

https://youtube.com/shorts/pd81Gc3c4lY

엑셀에서 사용하는 날짜와 시간은 다음 2가지만 기억하면 아주 쉽게 계산할 수 있습니다.

- 엑셀의 모든 날짜는 1900년 1월 1일(1900/1/1 = 1)을 기준으로 계산됩니다. 그러므로 3을 입력한 후 날짜 형식으로 변경하면 1900/1/3이 되고, 44562를 입력한 후 날짜 형식으로 변경하면 2022/1/1이 됩니다.

- 엑셀은 하루를 1로 계산합니다. 따라서 24시간=1, 12시간=0.5로 계산되며, 1분은 약 0.0007(1/24/60)로 계산됩니다. **Link** 숫자 서식 변경은 118쪽을 참고합니다.

> **TIP** 시간 단위의 숫자 계산이 어렵다면 TIME(시, 분, 초) 함수나 TIMEVALUE("시:분:초") 함수를 이용할 수 있습니다. 예를 들어 =TIME(6, 0, 0)을 입력하면 6:00 AM이 반환되고, Ctrl + Shift + `을 눌러 표시 형식을 일반으로 바꾸면 0.25가 계산됩니다.

엑셀 기초 · 함수 활용을 위한 셀 참조 방식 이해하기

수식을 작성할 때 함수의 형식을 제대로 지키는 것만큼이나 중요한 것을 꼽자면 셀 참조 방식을 이해하는 것입니다. 하나의 셀에서만 결과를 구한다면 셀 참조 방식은 크게 중요하지 않습니다. 하지만 수식 결과를 구한 후 자동 채우기를 실행하거나 복사한 후 다른 셀에 붙여 넣는다면 셀 참조 방식에 따라 전혀 다른 결과가 나타납니다. 셀 참조 방식에 대한 설명과 실습 과정은 다음 동영상 강의에서도 확인할 수 있습니다.

https://youtu.be/8uPWvp8nnx4

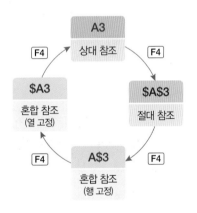

$ 기호는 행/열을 고정할 때 사용하며, 행과 열을 모두 고정하거나 둘 중 하나만 고정할 수 있습니다. 즉, $ 기호 사용에 따라 참조 방식은 상대 참조, 절대 참조, 혼합 참조로 구분되며, 셀 주소에 $ 기호를 직접 입력하거나 셀 주소를 선택 후 F4를 반복해서 누르면 다음과 같이 참조 방식이 변경됩니다.

상대 참조 상대 참조는 =A1, =C6+D6처럼 다른 셀을 참조할 때 셀 주소 앞에 $ 기호가 전혀 포함되지 않는 형식입니다. 01-A09.xlsx 예제 파일에서 아래와 같이 작성한 수식을 복사하거나 자동 채우기를 실행하면 참조한 셀 주소도 함께 바뀝니다.

	2019년 다음상가 직원별 판매현황			커미션
이름	상반기	하반기	매출액	0.1
김세민	192000	167000	=C6+D6	
정다온	113000	107000	=C7+D7	
김진선	136000	167000	=C8+D8	
정희열	161000	125000	=C9+D9	
박단비	100000	155000	=C10+D10	
정진하	114000	100000	=C11+D11	

자동 채우기

> **TIP** 단축키 Ctrl + `을 누르거나 [수식] 탭-[수식 분석] 그룹에서 [수식 표시]를 클릭하면 셀에 입력된 수식을 확인할 수 있습니다.

▲ [E6]셀에 =C6+D6을 입력한 후 자동 채우기를 실행했을 때 각 셀의 수식 변화

절대 참조 =$A$1처럼 열(알파벳)과 행(숫자)에 모두 $ 기호를 붙인 형태로, 수식을 복사하거나 자동 채우기를 실행해도 참조한 셀 주소는 항상 고정됩니다. 예를 들어 아래와 같이 수식을 작성한 후 자동 채우기를 실행하면 절대 참조 부분($F$5)은 고정된 채 상대 참조 부분(E6)만 위치에 따라 변경되는 것을 확인할 수 있습니다.

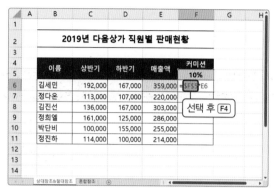

▲ 셀 주소를 선택한 후 F4를 눌러 참조 방식 변경

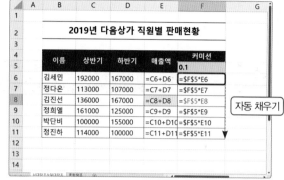

▲ [F6]셀에 =$F$5*E6를 입력한 후 자동 채우기한 결과

혼합 참조 혼합 참조는 행과 열 중 하나만 선택하여 고정하는 방식입니다. 예를 들어 아래와 같이 판매량 대비 커미션 비율을 계산한다면 [C5]셀에 수식을 입력한 후 오른쪽과 아래 방행으로 자동 채우기를 실행해야 합니다. 이때 커미션 비율은 C4→D4→E4→F4로 행은 고정된 채 열이 바뀌어야 하고, 판매량은 B5→B6→B7→B8과 같이 열은 고정된 채 행이 바뀌어야 합니다. 그러므로, [C5]셀에는 =C$4*$B5처럼 혼합 참조 방식으로 수식을 작성합니다.

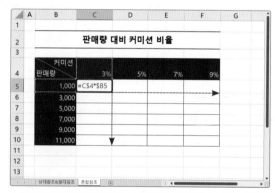

▲ 행 고정 혼합 참조(C$4)와 열 고정 혼합 참조($B5)로 수식을 작성했습니다.

엑셀 기초 | 엑셀에서 사용하는 4가지 연산자 이해하기

엑셀을 사용하는 주된 이유는 무엇일까요? 대부분 주어진 데이터를 계산하거나 집계하는 목적으로 사용할 겁니다. 이러한 목적에 맞게 엑셀에서는 다양한 함수를 제공하고 있으며, 이러한 함수를 제대로 사용하려면 반드시 연산자에 대해 알아야 합니다.

엑셀에서는 산수 시간에 배우는 더하기, 빼기 등의 사칙연산을 포함하여 다양한 연산자가 사용되며, 크게 4가지 종류로 구분할 수 있습니다. 엑셀의 다양한 연산자를 활용한 전체 실습 과정은 다음 동영상 강의에서도 확인할 수 있습니다.

https://youtu.be/r9NscCpxF_g

	연산자	의미	사용 예시	결과
산술 연산자	+	더하기	=1 + 2	3
	−	빼기(또는 음수)	=1 − 2	−1
	*	곱하기	=1 * 2	2
	/	나누기	=1 / 2	0.5
	%	백분율	=1%	0.01
	^	거듭제곱	=2 ^ 2	4
비교 연산자	=	등호	=1 = 2	FALSE(거짓)
	〉	보다 큼	=1 〉2	FALSE(거짓)
	〈	보다 작음	=1 〈 2	TRUE(참)
	〉=	크거나 같음	=1 〉= 2	FALSE(거짓)
	〈=	작거나 같음	=1 〈= 2	TRUE(참)
	〈〉	같지 않음	=1 〈〉 2	TRUE(참)
텍스트 연산자	&	텍스트 연결	=1 & 2	12
참조 연산자	:	범위로 연결	A1:C1	A1~C1 범위
	,	여러 셀/범위를 결합	A1:A2, C1:C2	A1:A2 범위와 C1:C2 범위
	띄어쓰기	두 범위 사이에서 중복된 범위	B1:B5 A3:C3	B3

TIP 참조 연산자는 함수와 함께 사용하는 연산자입니다. 그러므로 이후 함수를 학습하면서 자연스럽게 파악할 수 있을 것입니다.

LESSON 04
엑셀에서 발생하는 모든 오류와 해결 방법 총정리

예제 파일 01-003.xlsx, 01-004.xlsx, 01-005.xlsx   오류가 발생하면 #####이나 #DIV/0! 등이 반환되거나 초록색 삼각형이 표시됩니다. 실무에서 사용하는 기능이나 함수는 대부분 정해져 있어서 오류가 발생하는 주요 상황과 원인을 미리 파악해 두면 이후 문제가 발생했을 때 신속하게 대처할 수 있습니다.

엑셀 기초 │ **셀 왼쪽 위에 초록색 삼각형이 표시되는 이유**

엑셀 작업 중에 셀에 오류 값이 반환되면 그 이유를 명확하게 파악할 수 있습니다. 하지만 초록색 삼각형이 표시된다면 셀에 입력된 값이나 수식이 엑셀의 기본 규칙에 어긋난 상황이라는 정도만 파악할 수 있습니다. 엑셀에 기본으로 적용되는 오류 검사 규칙은 총 10가지이며, 그 중에서 가장 자주 발생하는 원인은 다음 4가지로 압축할 수 있습니다.

https://youtu.be/Xn7S99P9TLc

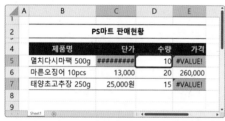

▲ 오류 값이 반환되는 셀의 문제는 명확하지만 초록색 삼각형이 표시될 때는 여러 가능성을 살펴봐야 합니다.

- 수식이 오류를 반환할 때
- 수식에 사용된 영역에 누락된 셀이 있을 때
- 앞에 아포스트로피(')가 있거나 문자 형식으로 입력된 숫자일 때
- 인접한 셀과 일관되지 않는 형태의 수식이 입력됐을 때

위 4가지 오류 중에서도 특히 '문자 형식의 숫자'로 인한 오류는 나머지 상황과 다르게 오류 내용을 인지하기 어렵습니다. 특히 외부 프로그램에서 엑셀 자료를 다운로드하여 사용할 때는 문자 형식의 숫자로 인한 오류가 매우 잦으므로 실무자라면 이에 대한 해결 방법을 반드시 숙지하는 것이 좋습니다. **Link** 숫자처럼 보이는 문자 해결 방법은 051쪽 을 참고하세요.

오류 검사 옵션 아이콘 활용 문자 형식의 숫자로 인한 오류가 아니라면 초록색 삼각형 모양의 오류 표시가 있는 셀을 선택한 후 왼쪽에 표시되는 [오류 검사 옵션] 아이콘을 클릭해서 이유를 파악하고, 해결 방법을 선택할 수 있습니다. 01-003.xlsx 예제 파일의 [카메라 재고 관리 대장 1월] 시트에서 ❶ 총 재고 금액이 입력된 [D19]셀을 선택한 후 ❷ [오류 검사 옵션] 아이콘을 클릭해 봅니다. 팝업 창 가장 위에 '수식에서 인접한 셀 생략'이라고 오류의 원인이 표시됩니다.

재고 금액이 입력된 표(B4:H17)에서 금액의 합계를 계산하기 위해 [D19]셀에 =SUM(H5:H16)을 입력했으나 표의 범위는 17행까지이므로 엑셀에서 이를 오류로 인식한 것입니다. 팝업 창에서 ❸ [수식 업데이트하여 셀 포함]을 선택하면 자동으로 수식이 =SUM(H5:H17)로 변경되면서 오류가 해결됩니다.

	브랜드	분류	제품	연식	수량	단가	금액
4	브랜드	분류	제품	연식	수량	단가	금액
5	캐논	바디	EOS 70D	9	8	380,000	3,040,000
6	캐논	바디	EOS 80D	7	10	650,000	6,500,000
7	캐논	바디	EOS 90D	4	13	1,320,000	17,160,000
8	캐논	바디	EOS 7D Mark II	8	15	670,000	10,050,000
9	캐논	렌즈	EF-M 32mm F1.4 STM	2	14	529,000	7,406,000
10	캐논	렌즈	EF 24-70mm F2.8L II USM	10	8	1,830,000	14,640,000
11	캐논	렌즈	RF 24-105mm F4L IS USM	3	9	1,090,000	9,810,000
12	니콘	바디	Nikon D5	6	14	5,760,000	80,640,000
13	니콘	바디	Nikon D7500	5	14	810,000	11,340,000
14	니콘	렌즈	AF-S NIKKOR 24-70mm F2.8E ED VR	7	9	1,790,000	16,110,000
15	니콘	렌즈	AF-S NIKKOR 14-24mm F2.8G ED	15	12	1,400,000	16,800,000
16	니콘	렌즈	AF-S NIKKOR 200-500m F5.6E ED VR	8	15	1,200,000	18,000,000
17	니콘	렌즈	AF-S NIKKOR 20mm F1.8G ED	8	13	720,000	9,360,000
18							
19		총 재고 금액				211,496,000 ❶	

❷
❸
수식에서 인접한 셀 생략
수식 업데이트하여 셀 포함(U) → 오류 원인
이 오류에 대한 도움말 → 해결 방법
오류 무시
수식 입력줄에서 편집(F)
오류 검사 옵션(O)...

카메라 재고 관리 대장 1월 | 카메라 재고 관리 [

	브랜드	분류	제품	연식	수량	단가	금액
4	브랜드	분류	제품	연식	수량	단가	금액
5	캐논	바디	EOS 70D	9	8	380,000	3,040,000
6	캐논	바디	EOS 80D	7	10	650,000	6,500,000
7	캐논	바디	EOS 90D	4	13	1,320,000	17,160,000
8	캐논	렌즈	EOS 7D Mark II	8	15	670,000	10,050,000
9	캐논	렌즈	EF-M 32mm F1.4 STM	2	14	529,000	7,406,000
10	캐논	렌즈	EF 24-70mm F2.8L II USM	10	8	1,830,000	14,640,000
11	캐논	렌즈	RF 24-105mm F4L IS USM	3	9	1,090,000	9,810,000
12	니콘	바디	Nikon D5	6	14	5,760,000	80,640,000
13	니콘	바디	Nikon D7500	5	14	810,000	11,340,000
14	니콘	렌즈	AF-S NIKKOR 24-70mm F2.8E ED VR	7	9	1,790,000	16,110,000
15	니콘	렌즈	AF-S NIKKOR 14-24mm F2.8G ED	15	12	1,400,000	16,800,000
16	니콘	렌즈	AF-S NIKKOR 200-500m F5.6E ED VR	8	15	1,200,000	18,000,000
17	니콘	렌즈	AF-S NIKKOR 20mm F1.8G ED	8	13	720,000	9,360,000
18							
19		총 재고 금액 :	=SUM(H5:H16)				
20			SUM(number1, [number2], ...)				

▲ [오류 검사 옵션] 아이콘을 이용하면 오류 원인을 파악하고 해결할 수 있습니다.

[오류 검사 옵션] 아이콘은 개별 셀이 아닌 범위를 선택한 상태에서도 사용할 수 있습니다. 시트 내에 발생한 오류가 모두 다르다면 셀별로 오류를 해결해야 하지만, 일정 범위에서 발생한 오류가 모두 같은 이유라면 다음과 같이 범위를 선택한 후 [오류 검사 옵션] 아이콘을 클릭하여 한방에 처리할 수 있습니다. 단, 범위를 지정할 때는 반드시 오류가 발생한 셀부터 선택해야 합니다.

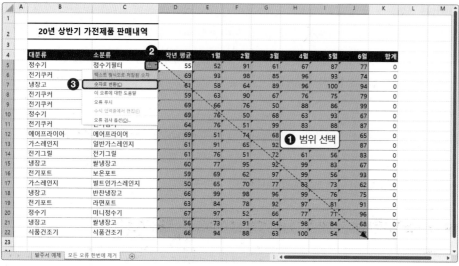

▲ 범위를 지정할 때는 오류가 발생한 셀부터 선택합니다.

오빠두!
특강

초록색 삼각형 표시 강제 제거하기

이미 오류 내용을 다 파악하고 있다면 오류 검사 기능을 비활성화하여 더는 초록색 삼각형이 표시되지 않도록 설정할 수 있습니다. 하지만 오류 검사를 비활성화하면 예상치 못한 문제가 발생해도 파악하기 어려워지므로 권장하지는 않습니다.

오류 검사를 비활성화하려면 ❶ [파일] 탭에서 [옵션]을 클릭하여 'Excel 옵션' 대화상자를 엽니다. ❷ [수식]을 선택한 후 ❸ '오류 검사' 영역에서 [다른 작업을 수행하면서 오류 검사] 옵션을 **체크 해제**하여 비활성화하고, ❹ [확인] 버튼을 클릭합니다. 이후로는 셀에 오류가 발생해도 초록색 삼각형이 표시되지 않습니다.

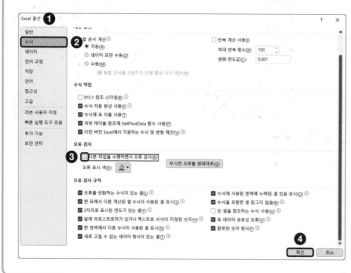

엑셀 기초 **엑셀에서 발생하는 모든 오류 값 정리**

오류 값	발생 원인 및 해결 방법
########	**원인:** 셀에 입력된 값이 숫자이며, 열 너비가 좁아 모든 값을 표시할 수 없을 때 발생합니다. **해결:** 열 너비를 넓히면 해결됩니다.
1E+11	**원인:** 천억 이상의 숫자를 입력하면 서식이 지수 형태로 변경됩니다. **해결:** 천 단위 구분 기호를 표시하여 입력합니다. 참고로 엑셀에서 숫자는 최대 15자리(백조 단위)까지만 표시되며, 그 이상을 입력하면 15자리 이후 숫자는 0으로 내림합니다. 셀 서식을 이용하여 지수 형식의 숫자 표시 문제를 해결할 수 있습니다. 자세한 방법은 동영상 강의를 참고하세요. https://youtu.be/9a65seOjqDc
#NAME?	**원인:** 함수 이름이나 셀 주소(또는 이름 정의 범위)가 정확하지 않을 때 발생합니다. **해결:** 함수 이름이나 셀 주소가 올바르게 입력되었는지 확인하여 수정합니다.
#N/A	**원인:** 참조 함수(VLOOKUP, HLOOKUP 등) 사용 시 찾는 값이 찾을 범위에 없을 때 발생합니다. **해결:** 찾는 값이 범위에 있는지 확인하고, 찾는 값과 찾을 범위에 있는 값의 형식이 일치하는지 확인 후 수정합니다(숫자 1과 문자 1은 다르게 인식됩니다).
#VALUE!	**원인:** 적절하지 않은 값이 함수에 사용될 때 발생하며, =1+사과처럼 숫자와 문자가 혼용되었을 때 발생합니다. **해결:** 계산을 위해 함수에 사용된 값에 문자가 혼용되어 있는지 확인 후 수정합니다.
#REF!	**원인:** 함수에 참조된 셀이나 범위가 삭제되었거나 잘라내기로 이동되어 참조할 수 없을 때 발생합니다. **해결:** #REF 오류는 이전 단계로 돌아가기 하는 것 이외에는 해결 방법이 없습니다. 그러므로 범위를 삭제하거나 잘라서 붙여넣기할 때는 항상 주의하여 작업합니다.
#DIV/0!	**원인:** 숫자를 0 또는 빈 셀로 나눌 때 발생합니다. **해결:** 0이나 빈 셀로 나누지 않도록 수식을 수정합니다.
#NUM!	**원인:** 엑셀에서 다루기에 너무 큰 값을 입력했거나 함수 인수로 올바르지 않은 숫자를 입력할 때 발생합니다. **해결:** 입력된 값이 너무 큰 값은 아닌지, 인수는 올바른지 확인 후 수정합니다.
#NULL!	**원인:** 두 범위의 교차 범위를 참조하는 공백 연산자 사용 시 교차 범위가 존재하지 않을 때 발생합니다(예: =A1:A3 B1:B3). **해결:** 주로 연속된 범위를 지정하면서 연산자인 콜론(:)을 누락하고 공백을 입력해서 발생합니다. 연산자를 확인하여 맞다면 지정한 범위에 교차하는 셀이 있는지 확인 후 수정합니다.
#SPILL! (엑셀 2021, M365 버전)	**원인:** 엑셀 2021과 M365 버전에서 제공하는 동적 배열 함수를 사용할 때 동적으로 반환되는 분산 범위에 다른 값이 입력되어 있으면 발생합니다. **해결:** 분산 범위에 입력된 기존 값을 삭제합니다.
#CALC! (엑셀 2021, M365 버전)	**원인:** 함수에 사용된 배열이 이중으로 묶여 있거나 비어 있을 때 발생합니다. **해결:** 함수에 사용된 인수가 올바르게 입력되었는지 확인 후 수정합니다.

 **실무 활용** **오류 값을 다른 값으로 대체하여 표시하기**

엑셀로 보고서를 작성할 때 #VALUE!나 #N/A 오류 값은 흔하게 볼 수 있습니다. 직접 보고서를 작성하고 수정할 계획이라면 문제없지만, 작성한 보고서를 다른 사용자에게 공유할 예정이라면 누가 사용해도 오류 값이 표시되지 않도록 하는 것이 좋습니다. IFERROR 함수를 사용하면 수식의 결과로 오류 값이 반환될 때 오류 대신 다른 값(대체 값)이 출력됩니다. **Link** IFERROR 함수 사용 방법은 351쪽에서 자세히 소개합니다.

01-004.xlsx 예제 파일을 실행해 보세요. '지역별 조회' 표에서 [지역] 필드에 원하는 지역명을 입력하면 인구와 인구밀도가 검색되도록 VLOOKUP 함수를 사용한 수식 =VLOOKUP($F8, $B$6:$D$22, COLUMNS($F$5:G7), 0)이 입력되어 있으며, [F8]셀에 **충청도**가 입력되어 있습니다. 그러나 참조할 범위 (B6:D22)의 [지역] 필드에는 '충청도'라는 값이 없으므로 #N/A 오류가 반환된 상황입니다.

Link VLOOKUP 함수 사용 방법은 351쪽에서 자세히 소개합니다.

	A	B	C	D	E	F	G	H	I
1									
2		대한민국 지역별 인구 및 인구밀도 (2019년 기준)				▼ 지역별 조회			
4				[단위 : 천명, 명/㎢]				[단위 : 천명, 명/㎢]	
5		지역	인구	인구밀도		지역	인구	인구밀도	
6		서울특별시	9,662	15,964		서울특별시	9,662	15,964	
7		부산광역시	3,373	4,380		경기도	13,238	1,299	
8		대구광역시	2,432	2,753		충청도	#N/A	#N/A	
9		인천광역시	2,944	2,769					
10		광주광역시	1,494	2,980					
11		대전광역시	1,509	2,796					
12		울산광역시	1,147	1,080					
13		세종특별시	331	712					
14		경기도	13,238	1,299					
15		강원도	1,517	90					
16		충청북도	1,626	219					
17		충청남도	2,188	265					
18		전라북도	1,803	223					
19		전라남도	1,773	144					
20		경상북도	2,665	140					

▲ 참조할 범위에 '충청도'라는 명칭이 없어 #N/A 오류가 반환되었습니다.

위 사례와 같이 결과로 오류 값이 반환될 때 공백("")만 표시하려면 IFERROR 함수로 묶고, 대체할 값을 공백으로 지정하면 됩니다. [G8]셀에 입력된 수식을 IFERROR 함수로 묶어서 다음과 같이 변경해 보세요. 오류 값 대신 공백이 표시됩니다.

=IFERROR(VLOOKUP($F8, $B$6:$D$22, COLUMNS($F$5:G7), 0), "")

TIP IFERROR 함수는 =IFERROR(수식, 대체 값) 형식으로 사용합니다. '대체 값' 인수로 공백을 지정하면 향후 검토하는 데 어려움이 생길 수 있습니다. 그러므로 공백 대신 "−" 또는 "**값이 없음**"을 지정하여 오류를 빠르게 파악할 수 있도록 하는 것을 추천합니다.

 **실무 활용** 숫자처럼 보이는 문자를 빠르게 확인하고 해결하기

셀 값이 숫자처럼 보이지만 문자 형태로 지정되면 오류로 인식하여 해당 셀 왼쪽 위에 초록색 삼각형이 표시되어 오류가 있음을 알려 줍니다. 확인할 범위가 넓지 않다면 눈으로 쉽게 찾아 확인할 수 있지만, 데이터 양이 많을 때는 '이동 옵션' 대화상자를 이용하거나 '오류 검사' 대화상자를 이용해 숫자처럼 보이는 문자를 쉽게 찾을 수 있습니다.

이동 옵션 대화상자 이용 [홈] 탭-[편집] 그룹에서 [찾기 및 선택]-[이동 옵션]을 클릭하여 '이동 옵션' 대화상자를 열 수 있으며, 좀 더 편리한 방법으로는 F5 를 눌러 '이동' 대화상자를 열고 [옵션] 버튼을 클릭해서 '이동 옵션' 대화상자를 열 수 있습니다.

간단한 실습을 위해 01-005.xlsx 예제 파일을 실행한 후 ❶ [발주서 예제] 시트에서 수량이 입력된 [F12:F17] 범위를 선택합니다. ❷ '이동 옵션' 대화상자를 열고 ❸ [상수]를 선택한 후 ❹ [텍스트]만 체크하고 ❺ [확인] 버튼을 클릭해 보세요. 선택한 범위에서 숫자처럼 보이는 텍스트만 선택되는 것을 확인할 수 있습니다.

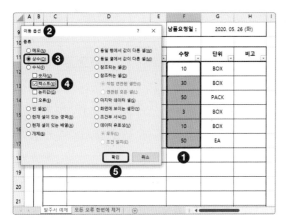

> **TIP** 범위를 선택하지 않으면 현재 시트 전체가 검색 범위로 지정되며, 범위 내에 지정한 종류(숫자처럼 보이는 문자)의 값이 없으면 안내 메시지가 표시됩니다.

오빠두! 특강 　숫자처럼 보이는 문자를 숫자로 변경하기

숫자처럼 보이는 문자를 찾았다면 해당 문자를 실제 숫자 형식으로 빠르게 변경할 수 있습니다.

❶ 우선 임의의 빈 셀에 1을 입력한 후 [Ctrl]+[C]를 눌러 복사합니다. ❷ '이동 옵션' 대화상자를 이용해 숫자처럼 보이는 텍스트를 찾아 선택하고, 그대로 [마우스 우클릭] 후 ❸ [선택하여 붙여넣기]를 선택합니다. ❹ '선택하여 붙여넣기' 대화상자가 열리면 [값]과 [곱하기]를 선택한 후 ❺ [확인] 버튼을 클릭합니다. 처음 복사했던 숫자 1과 선택 중인 셀의 값이 곱해지면서 숫자 형식으로 변경됩니다.

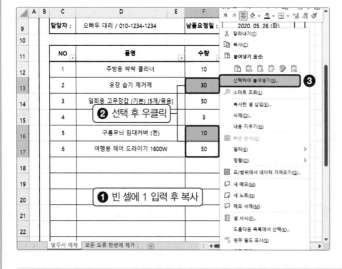

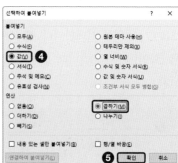

> **TIP** [붙여넣기] 옵션에서 기본 값인 [모두]를 선택하면 기존 서식이 망가질 수 있으므로 [값]을 선택한 후 붙여넣기를 실행합니다.

오류 검사 기능 이용 엑셀의 오류 검사 기능을 활용하면 숫자처럼 보이는 문자를 빠르게 찾고, 바로 숫자로 변환까지 할 수 있습니다. ❶ [수식] 탭-[수식 분석] 그룹에서 [오류 검사] 아이콘을 클릭하면 '오류 검사' 대화상자가 열리면서 곧바로 오류 위치를 찾습니다. ❷ 첫 번째 오류 셀을 찾으면 ❸ 원하는 기능 버튼을 클릭하여 오류를 해결하거나 무시하고 다음 오류를 찾는 등 행동을 선택할 수 있습니다.

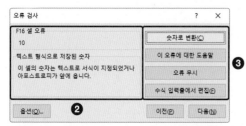

실무자면 꼭 알아야 할, 필수 단축키 모음

예제 파일 01-006.xlsx, 01-007.xlsx, 01-008.xlsx, 01-009.xlsx
하루 5시간 걸리는 업무 시간 중 매일 10%씩만 절약해도 한 달이면 10시간 이상을 절약할 수 있습니다. 그렇다면 어떻게 업무 시간을 절약할 수 있을까요? 해답은 바로 단축키 사용입니다. 실무에서 가장 많이 사용하는 단축키만 엄선하여 소개하겠습니다.

TIP 실무자가 꼭 알아야 할 필수 단축키 사용법에 대한 자세한 설명 및 실전 예제는 다음 동영상 강의에서도 확인할 수 있습니다.

https://youtu.be/aurY_u7sn_8

 실무 상식 　**모든 작업을 단축키로 바꾸는 마법의 Alt 키**

엑셀에서 사용하는 단축키는 크게 Ctrl 조합과 Alt 조합으로 구분할 수 있습니다. 두 조합의 가장 큰 차이는 동시에 누르는지 차례대로 누르는지의 차이입니다.

- Ctrl 조합 단축키는 동시에 누릅니다.(예: Ctrl + 1 , '셀 서식' 대화상자 열기)
- Alt 조합 단축키는 차례대로 누릅니다.(예: Alt → P → R → S , 인쇄 영역 설정하기)

Ctrl 조합 단축키는 Ctrl과 동시에 다른 키를 눌러서 빠르게 실행할 수 있으나, 제한적인 기능에서만 사용할 수 있습니다. 반면에 Alt 조합 단축키는 Alt를 누른 후 다른 키를 순서대로 눌러서 실행하므로 다소 느릴 수는 있지만 그만큼 특별한 장점 2가지를 가지고 있습니다.

- 리본 메뉴에서 제공되는 거의 모든 기능을 단축키로 실행할 수 있습니다.
- Alt를 누르면 리본 메뉴에 기능별 단축키가 표시되므로 별도로 외우지 않아도 사용할 수 있습니다.

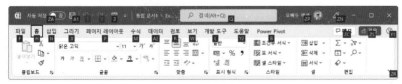

▲ Alt를 눌렀다 떼면 기능에 따라 눌러야 할 키가 표시됩니다.

TIP Alt 조합 단축키는 사용 중인 엑셀 버전에 따라 조금씩 다를 수 있습니다.

 **실무 상식** | **엑셀 파일 관리 작업을 처리하는 단축키**

파일 저장 Ctrl + S 엑셀 작업 중 발생하는 갑작스러운 오류로 인한 데이터 손실을 방지하기 위해서는 작업 중에 수시로 Ctrl+S를 눌러 저장하는 것이 좋습니다. 한 번도 저장한 적이 없는 파일이라면 '이 파일 저장하기' 대화상자가 열립니다.

▲ 처음 저장하는 파일이라면 파일 이름과 저장 경로를 지정해야 합니다.

> **TIP** F12를 누르면 '다른 이름으로 저장' 대화상자가 열리며, 기존 파일을 유지한 채 새로운 파일로 빠르게 저장할 수 있습니다. 실무에서 버전별로 파일을 관리할 때 매우 유용합니다.

새로운 시트 삽입 Shift + F11 작업 중인 시트 왼쪽으로 새로운 시트를 빠르게 추가할 수 있습니다.

> **TIP** 엑셀 화면 왼쪽 아래에 있는 시트 목록에서 Ctrl을 누른 채 특정 시트 탭을 드래그하면 해당 시트를 복제할 수 있습니다.

새로운 통합 문서 Ctrl + N 상황에 따라 여러 개의 통합 문서를 만들면서 작업해야 할 때가 있습니다. 이럴 때, Ctrl+N을 누르면 새로운 통합 문서를 손쉽게 만들 수 있으며, 여러 개의 통합 문서가 열려 있는 상황에서 Ctrl+Tab을 누르면 통합 문서 간 빠르게 이동할 수 있습니다. 비슷한 기능으로 Alt+Tab을 누르면 실행 중인 모든 프로그램 목록을 확인하고 이동할 수 있습니다.

▲ Alt+Tab을 누르면 실행 중인 모든 프로그램이 표시됩니다.

시트 이동 및 선택 Ctrl + PageUp/PageDown, Ctrl + Shift + PageUp/PageDown 관리 중인 시트가 많을 때는 `Ctrl`+`PageUp`을 눌러 이전 시트로, `Ctrl`+`PageDown`을 눌러 다음 시트로 빠르게 이동할 수 있습니다. 또한 `Ctrl`+`PageUp` 또는 `Ctrl`+`PageDown`을 길게 누르고 있으면 맨 처음 시트 또는 마지막 시트로 이동할 수 있습니다.

여러 시트를 선택할 때는 이동 단축키에 `Shift`를 더해 `Ctrl`+`Shift`+`PageUp` 또는 `Ctrl`+`Shift`+`PageDown`을 반복해서 눌러 연속된 시트를 다중 선택할 수 있습니다. 시트를 다중 선택한 상태에서 선택되지 않은 시트를 선택하면 다중 선택이 해제됩니다. *실습 시 01-006-1.xlsx 예제 파일을 이용하세요.

	A	B	C	D	E	F	G	H
1								
2		1월 매출 자료						
3								
4		이름	직급	판매량	매출액	달성률		
5		김하나	사원	8	32248	74%		
6		장진수	대리	8	26672	85%		
7		박준규	부장	9	34515	79%		
8		이아름	과장	10	43640	95%		
9		임규리	사원	9	32445	78%		
10		김예진	대리	8	28256	84%		
11		이서아	부장	10	46450	94%		
12		전아영	과장	7	24885	89%		

▲ `Ctrl`+`Shift`+`PageDown` 또는 `Ctrl`+`Shift`+`PageUp`으로 여러 시트를 선택할 수 있습니다.

화면 배율 조절 Ctrl + 마우스 휠 작업 중인 서식에 따라 시트의 화면 배율을 적절히 조절하면 더욱 편리하게 문서 작업을 할 수 있습니다. `Ctrl`을 누른 채 마우스 휠을 스크롤해 보세요. 자유롭게 화면 배율이 조절됩니다. 정확한 배율로 조절하고 싶다면 엑셀 화면 오른쪽 아래에 있는 **[확대/축소 비율]** 버튼을 클릭하여 '확대/축소' 대화상자를 이용합니다.

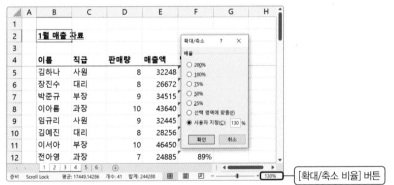

▲ 상태 표시줄 오른쪽 끝에서 화면 배율을 조절할 수 있습니다.

> **TIP** `Ctrl`+`Alt`+`+`/`-`를 눌러 화면을 확대/축소할 수도 있습니다.

인쇄 영역 설정 Alt → P → R → S 최종 보고서를 출력할 때 별도로 인쇄 영역을 설정하지 않으면 시트에 작성된 모든 범위가 인쇄됩니다. 그러므로 인쇄할 범위부터 선택한 후 [Alt] → [P] → [R] → [S]를 순서대로 눌러 인쇄 영역을 설정하고, [Ctrl]+[P]를 눌러 인쇄 미리 보기를 확인하는 것이 좋습니다.

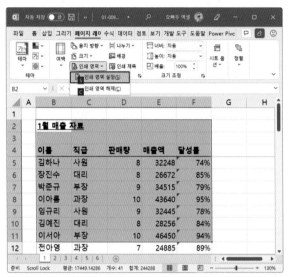

> **TIP** 범위 선택 후 [페이지 레이아웃] 탭─[페이지 설정]
> 그룹에서 [인쇄 영역]─[인쇄 영역 설정]을 선택해도 됩니다.

▲ 범위를 선택한 후 [Alt] → [P] → [R] → [S]를 순서대로 누르면 범위가 인쇄 영역으로 설정됩니다.

🎯 실무 상식 　보다 편리한 엑셀 작업을 위한 단축키

팝업 메뉴(마우스 우클릭 메뉴) 표시 Shift + F10 엑셀 작업 중 [마우스 우클릭]하여 팝업 메뉴를 호출하는 기능은 빈번하게 사용됩니다. 이러한 팝업 메뉴 호출까지도 단축키 [Shift]+[F10]을 눌러 대체할 수 있습니다. 팝업 메뉴가 열리면 방향키로 메뉴를 선택하고 [Enter]를 눌러 실행하거나 팝업 메뉴에 표시된 단축키를 순서대로 누르면 마우스를 사용하지 않고 더욱 빠르게 실행할 수 있습니다. 예를 들어, ❶ 범위를 선택한 후 ❷ [Shift]+[F10] → ❸ [O] → [O]를 누르면 선택한 범위를 내림차순으로 정렬할 수 있습니다.

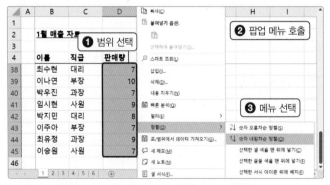

▲ 단축키로 실행할 수 있는 메뉴에는 괄호 안에 단축키가 표시됩니다.

리본 메뉴 숨기기 Ctrl + F1 엑셀 시트를 보다 넓게 사용하고 싶다면 Ctrl+F1을 눌러 리본 메뉴를 숨길 수 있고, 다시 Ctrl+F1을 눌러 표시할 수 있습니다.

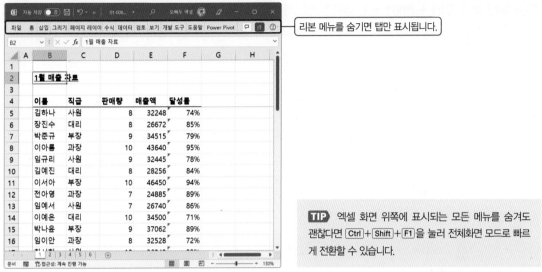

리본 메뉴를 숨기면 탭만 표시됩니다.

TIP 엑셀 화면 위쪽에 표시되는 모든 메뉴를 숨겨도 괜찮다면 Ctrl+Shift+F1을 눌러 전체화면 모드로 빠르게 전환할 수 있습니다.

▲ 리본 메뉴를 숨기면 화면을 더욱 넓게 사용할 수 있습니다.

수식 입력줄 확장 Ctrl + Shift + U 복잡한 수식을 작성할 때 한 줄로 된 수식 입력줄에서는 전체 수식을 파악하기 어렵습니다. 이럴 때는 Ctrl+Shift+U를 눌러 수식 입력줄을 확장하거나 축소할 수 있으며, 수식 입력줄과 열 머리글의 경계를 드래그하여 조절할 수도 있습니다.

▲ 수식 입력줄을 확장하면 긴 수식을 보다 편리하게 작성하고 확인할 수 있습니다.

TIP [보기] 탭-[표시] 그룹에서 [수식 입력줄]을 **체크 해제**하면 수식 입력줄을 숨길 수 있습니다.

행/열 틀 고정 Alt → W → F → F 기준이 될 셀이나 행/열 머리글을 선택한 후 Alt → W → F → F 를 누르면 틀 고정을 실행할 수 있습니다. **Link** 틀 고정은 160쪽 에서 자세히 소개합니다.

자동 필터 적용 Ctrl + Shift + L 범위를 정렬하거나 범위에서 원하는 값만 필터링할 때는 Ctrl + Shift + L 을 눌러 빠르게 자동 필터를 적용할 수 있습니다. 필터가 적용되면 **[필터]** 버튼이 표시된 셀에서 Alt + ↓ 를 눌러 필터 옵션을 활성화하고, 이어서 E 를 누르면 바로 검색창으로 이동합니다. **Link** 자동 필터 기능은 232쪽 에서 자세히 소개합니다.

**기준 행/열의 값과 다른 값 선택 Ctrl + \, Ctrl + Shift + ** 선택한 범위의 특정 행이나 열을 기준으로 다른 값을 구분해야 할 때 Ctrl + \ 를 눌러 좌우를 비교할 수 있고, Ctrl + Shift + \ 를 눌러 상하를 비교할 수 있습니다. 비교할 범위를 선택한 후 단축키를 누르면 서로 다른 값인 셀만 선택됩니다.

예를 들어 01-006.xlsx 예제 파일에서 [B4:C10] 범위를 선택한 후 Ctrl + \ 를 누르면 좌우 값이 다른 셀이 한 번에 선택됩니다.

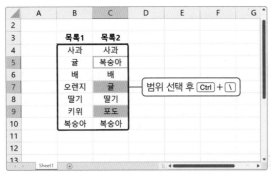

▲ 범위 선택 후 Ctrl + \ 를 눌러 좌우 값을 비교할 수 있습니다.

수식에 사용된 셀/사용한 셀 한방에 선택 Ctrl + [, Ctrl +] 엑셀로 데이터를 가공할 때 여러 함수가 단계별로 사용되면서 마지막 값이 어떻게 계산되었는지 혹은 현재 셀을 어디에서 참조하고 있는지 등 계산 흐름을 추적해야 할 때가 있습니다. 이럴 때 단축키 Ctrl + [를 눌러 현재 셀의 수식에 참조되는 셀(사용한 셀)을, Ctrl +] 을 눌러 현재 셀을 참조하는 셀(사용된 셀)을 손쉽게 추적할 수 있습니다.

01-007.xlsx 예제 파일을 실행한 후 [21년] 시트의 [G5]셀에서 Ctrl + [를 눌러 보세요. [G5]셀에 입력된 수식을 계산하는 데 사용한 모든 셀이 선택되며, Ctrl + [를 계속해서 누르면 더 이상 참조되는 셀이 없을 때까지 이전 단계의 셀이 선택됩니다.

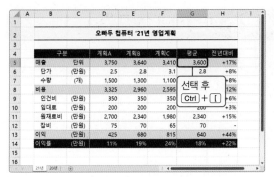

▲ [G5]셀을 선택한 후 Ctrl + [누르면 평균 계산에 사용된 [D5:F5] 범위가 선택됩니다.

> **TIP** Ctrl + Shift + [또는 Ctrl + Shift +]를 누르면 이전/이후 단계의 모든 셀을 한 번에 선택할 수 있습니다. 단, 수식이 서로 다른 시트에서 참조되었다면 첫 번째 계산에 사용한 시트의 셀만 활성화됩니다.

오빠두! 특강 · 셀 추적 기능 사용하기

참조되는 셀과 참조하는 셀 추적 기능은 리본 메뉴를 이용하여 좀 더 직관적으로 확인할 수도 있습니다.

01-007.xlsx 예제 파일의 [21년] 시트에서 ❶ [G5]셀을 선택한 후 ❷ [수식] 탭-[수식 분석] 그룹에서 [참조되는 셀 추적]을 클릭합니다. 다음과 같이 [G5]셀에 참조되는 셀이 파란색 연결선으로 연결됩니다.

▲ 리본 메뉴를 사용하면 셀 추적이 연결선으로 표시됩니다.

표시된 연결선을 제거할 때는 [수식] 탭-[수식 분석] 그룹에서 [연결선 제거]를 클릭합니다. 리본 메뉴를 이용한 셀 추적 기능은 직관적인 연결선으로 계산 흐름을 쉽게 파악할 수 있지만, 파란색 선이 복잡하게 엉키면 오히려 가독성을 저해하고, 번번이 [연결선 제거]를 클릭해야 한다는 단점이 있습니다.

 **실무 상식** 자료 편집 작업을 빠르게 할 수 있는 단축키

연속된 범위 선택 Ctrl + A Ctrl+A를 한 번 누르면 선택 중인 셀(활성화된 셀)을 기준으로 연속된 표나 범위를 한 번에 선택할 수 있습니다. 그 상태에서 한 번 더 Ctrl+A를 누르면 시트 전체 범위가 선택됩니다.

> **TIP** [A]열 머리글과 [1]행 머리글 사이에 있는 [전체 선택] 버튼을 클릭하면 시트 전체를 한 번에 선택할 수 있습니다.

셀 안에서 줄 바꿈 Alt + Enter 한 셀에서 여러 줄로 구분된 문장을 입력할 때는 Alt+Enter를 눌러 줄 바꿈을 실행하면서 내용을 입력합니다.

복사 / 붙여넣기 Ctrl + C, Ctrl + V, Ctrl + Alt + V 엑셀에서 자료를 편집할 때 가장 흔하게 사용하게 될 단축키입니다. Ctrl+C를 누르면 선택된 셀, 범위, 도형 등을 복사하고 Ctrl+V를 누르면 복사한 값을 붙여넣기할 수 있습니다. 또한 Ctrl+Alt+V를 누르면 복사한 셀이나 범위를 원하는 형태로 붙여넣기할 수 있는 '선택하여 붙여넣기' 대화상자를 열 수 있습니다. **Link** 선택하여 붙여넣기 활용 사례는 085쪽에서 확인할 수 있습니다.

▲ '선택하여 붙여넣기' 대화상자에는 복사한 범위의 값만 붙여 넣거나 행/열을 바꿔서 붙여 넣는 등 다양한 옵션이 있습니다.

찾기 및 바꾸기 Ctrl + F, Ctrl + H 찾기 및 바꾸기 기능은 다양한 작업에서 활용할 수 있는 아주 유용한 기능입니다. 예를 들어 특정 단어를 포함한 모든 셀을 한 번에 선택하거나 특정 단어를 다른 값으로 한 번에 변환할 수 있습니다. **Link** 특정 단어를 포함한 모든 셀 선택하는 방법은 082쪽 을 참고합니다.

이전 작업 반복 F4 셀 배경색 변경, 글자 크기 변경, 행 추가, 셀 병합 등 대부분의 이전 작업을 반복 수행할 수 있습니다. 엑셀뿐만 아니라 파워포인트에서도 매우 유용하게 쓰이는 단축키이므로 반드시 기억하는 것이 좋습니다. 특히 셀 배경색 변경과 같이 단축키로 지정하기 어려운 작업은 F4를 눌러 반복 수행하면 작업 처리 속도가 크게 향상됩니다.

	4분기 영업1팀 판매실적			
	① 배경색 변경			(단위: 만원)
부서	지역	10월	11월	12월	합계
영업1팀	신길동	102	113	125	340
	당산동	379	417	459	1255
	대림동	102	113	125	340
	합계	583	643	709	1935

② 선택 후 F4

▲ 하나의 셀 배경색을 변경한 후 연속되지 않은 다른 셀에서도 F4를 눌러 빠르게 배경색을 변경할 수 있습니다.

활성화된 셀 즉시 편집 F2 셀에 내용을 입력할 때는 선택한 후 바로 입력하면 됩니다. 하지만 이미 값이 입력된 셀을 편집할 때는 해당 셀을 더블 클릭하거나 F2를 눌러 편집 모드로 변경해야 합니다.

> **TIP** F2는 수식을 편집할 때도 자주 사용합니다. 예를 들어 데이터 유효성 검사나 조건부 서식의 수식을 수정할 때, 방향키를 누르면 셀 참조가 변경되어 불편합니다. 이럴 때 F2를 눌러 편집 모드로 변경한 후 사용하면 됩니다. 좀 더 자세한 설명은 다음 동영상 강의를 확인해 보세요.
>
> https://youtu.be/rqPZ2g-MHXY

작업 실행 취소, 다시 실행 Ctrl + Z, Ctrl + Y 실수로 실행한 작업이 있다면 곧바로 Ctrl + Z를 눌러 실행을 취소할 수 있고, 취소한 실행을 다시 실행하려면 Ctrl + Y를 누릅니다. **Link** 실행 취소 관련 내용은 030쪽 에서 자세히 소개합니다.

선택된 범위에 값을 한 번에 입력 Ctrl + Enter 범위를 선택한 상태에서 값이나 수식을 입력한 후 Ctrl + Enter를 누르면 선택한 범위의 모든 셀에 동일한 값이나 수식이 입력됩니다. 자동 채우기는 연속된 범위에서만 사용할 수 있지만 Ctrl + Enter를 이용한 방법은 떨어져 있는 범위라도 한 번에 입력할 수 있다는 장점이 있습니다.

새로운 행, 열, 셀 추가 / 삭제 Ctrl + +, Ctrl + - [Ctrl]+[+]를 누르면 '삽입' 대화상자가 열리고, 선택 중인 셀 또는 범위 만큼의 행, 열을 추가할 수 있습니다. 반대로 [Ctrl]+[-]를 누르면 '삭제' 대화상자가 열리고 셀 또는 범위를 삭제할 수 있습니다. 이때 [+], [-]는 키보드 오른쪽에 있는 키패드를 이용해야 하며, 키패드가 없을 때는 [Shift]를 함께 눌러야 합니다.

> **TIP** 전체 행을 추가하거나 삭제할 때는 [Shift]+[Spacebar]를 눌러 빠르게 전체 행을 선택한 후 추가/삭제합니다.

선택된 범위의 첫 번째 셀 값으로 자동 채우기 Ctrl + D, Ctrl + R 범위의 첫 번째 셀에만 값이 입력된 상태에서 [Ctrl]+[D]를 누르면 아래 방향 자동 채우기가 실행되고, [Ctrl]+[R]을 누르면 오른쪽 방향 자동 채우기가 실행됩니다. 이처럼 단축키를 이용한 자동 채우기는 범위의 패턴은 인식하지 못하고, 첫 번째 셀 값 또는 수식으로만 채워집니다.

빠른 채우기 Ctrl + E 단축키 [Ctrl]+[E]를 누르면 빠른 채우기를 실행할 수 있습니다. **Link** 빠른 채우기는 **039쪽** 에서 자세히 소개합니다.

🎯 실무 상식 ｜ 셀 서식을 빠르게 변경하는 단축키

셀 서식 대화상자 열기 Ctrl + 1 엑셀 서식의 거의 모든 작업을 담당하는 '셀 서식' 대화상자를 열 때 사용하는 [Ctrl]+[1]은 반드시 기억해야 할 엑셀 단축키 중 하나입니다. **Link** 셀 서식은 **112쪽** 에서 자세히 소개합니다.

선택된 범위 테두리 적용 Alt → H → B → A 범위를 선택한 후 [Alt] → [H] → [B] → [A]를 순서대로 누르면 선택된 범위의 바깥쪽과 안쪽에 기본 테두리가 적용됩니다. 만약 선택한 범위의 바깥쪽에만 테두리를 적용하고 싶다면 [Ctrl]+[Shift]+[7]을 누릅니다.

◢	A	B	C	D	E	F	G	H
1								
2		일일 온라인 마케팅 현황						
3								
4		날짜	노출수	클릭수	CTR			
5		01월 01일	1465	40	0.0273038			
6		01월 02일	1395	49	0.0351254			
7		01월 03일	1317	72	0.0546697			
8		01월 04일	1453	33	0.0227116			
9		01월 05일	1542	53	0.0343709			
10		01월 06일	1875	57	0.0304			
11		01월 07일	1660	32	0.0192771			
12		01월 08일	1478	55	0.0372124			
13		01월 09일	1474	48	0.0325645			
14								

▲ [Alt] → [H] → [B] → [A]를 순서대로 누르면 선택한 범위의 모든 셀에 기본 테두리가 적용됩니다.

TIP 선택한 범위에 적용된 모든 테두리를 지울 때는 Ctrl+Shift+- 를, 선택된 범위의 모든 채우기 색상을 지울 때는 Alt → H → H → N 을 누릅니다.

특정 서식 빠르게 적용 다음과 같은 7가지 키 조합을 사용하면 셀에 입력된 값을 천 단위가 포함된 숫자나 %가 붙은 백분율로 빠르게 변경할 수 있습니다.

단축키	적용 서식
Ctrl+Shift+'	일반 서식(예: 1000)
Ctrl+Shift+1 (!)	숫자 서식(예: 1000 → 1,000)
Ctrl+Shift+2 (@)	시간 서식(예: 08:30, 09:15)
Ctrl+Shift+3 (#)	날짜 서식(예: 2020-03-09)
Ctrl+Shift+4 ($)	통화 서식(예: 1000 → ₩1,000)
Ctrl+Shift+5 (%)	백분율 서식(예: 0.1 → 10%)
Ctrl+Shift+6 (^)	지수 서식(예: 1000 → 1.00E+03)

01-008.xlsx 예제 파일에서 [B5:B13] 범위를 선택하고 Ctrl+Shift+3 을 눌러 날짜 서식을 적용하고, [C5:C13] 범위를 선택한 후 Ctrl+Shift+1 을 눌러 숫자 서식을 적용합니다. 끝으로 [E5:E13] 범위를 선택한 후 Ctrl+Shift+5 를 눌러 백분율 서식을 적용해서 다음과 같이 완성해 보세요.

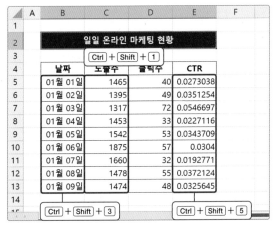
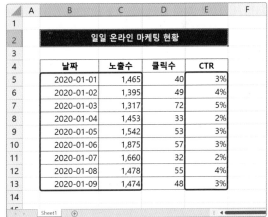

범위의 마지막 셀로 이동 Ctrl + 방향키 Ctrl과 함께 방향키를 누르면 해당 방향으로 연속된 데이터의 마지막 셀로 이동합니다. '연속된 데이터'의 마지막 셀로 이동하기 때문에 표 중간에 데이터가 비어 있다면 비어 있는 셀 전으로 이동합니다. 반면, 바로 옆 셀이 비어 있다면 해당 방향에서 처음으로 값이 입력된 셀로 이동합니다.

> **TIP** 중간에 빈 셀이 많은 표에서 마지막 셀로 이동할 때는 Ctrl+End를 이용합니다. 다양한 상황과 설명은 다음 동영상 강의를 참고하세요.
>
> https://youtu.be/_NPWCzEl-wg

표의 끝까지 한 번에 선택 Ctrl + Shift + 방향키 Shift를 누른 채 방향키를 누르면 현재 선택 중인 셀부터 범위를 선택할 수 있고, Ctrl을 누른 채 방향키를 누르면 '연속된 데이터'의 마지막 셀로 이동할 수 있습니다. 이 2개를 조합해서 연속된 데이터일 때 Ctrl+Shift를 누른 채 방향키를 누르면 데이터가 입력되어 있는 연속된 범위를 한 번에 선택할 수 있습니다.

현재 활성화된 셀 확인 Ctrl + Backspace 엑셀에 많은 데이터가 입력되어 있을 때 화면을 스크롤하면 현재 활성화된 셀(선택 중인 셀)이 화면에 표시되지 않을 수 있습니다. 이럴 때 Ctrl+Backspace를 누르면 현재 활성화된 셀로 손쉽게 이동할 수 있습니다.

처음/마지막 셀로 이동 Ctrl + Home, Ctrl + End 엑셀로 작성한 보고서를 최종 배포하기 전에는 [A1] 셀을 활성화한 상태에서 저장하는 것이 좋습니다. 따라서 최종 완성된 보고서를 저장하기 전에는 Ctrl+Home를 눌러 빠르게 [A1]셀로 이동한 후 Ctrl+S를 눌러 저장하는 습관을 길러야 합니다. 반면 Ctrl+End를 누르면 현재 시트에서 사용된 범위의 마지막 셀로 이동할 수 있습니다.

> **TIP** 실무에서는 Ctrl+PageUp(이전 시트 이동) 후 Ctrl+Home([A1]셀 선택) 과정을 반복하여 모든 시트에서 [A1]셀을 활성화하고, 파일을 저장하여 공유합니다.

이동 대화상자 실행 F5 또는 Ctrl + G '이동' 대화상자를 이용하면 시트의 특정 셀이나 이름 정의 범위로 손쉽게 이동할 수 있습니다. F5를 눌러 '이동' 대화상자가 열리면 [참조] 입력란에 셀 주소나 정의한 이름을 입력하여 해당 위치로 빠르게 이동할 수 있습니다.

▲ F5 또는 Ctrl+G를 누르면 '이동' 대화상자가 열립니다.

오빠두! 특강 — 자주 사용하는 이동 옵션 4가지

'이동' 대화상자에서 [옵션] 버튼을 클릭하면 '이동 옵션' 대화상자가 열립니다.
여기서 종류 옵션을 잘 활용하면 원하는 위치로 빠르게 이동할 수 있습니다.

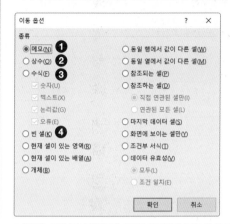

▲ '이동' 대화상자에서 [옵션] 버튼을 클릭하면 '이동 옵션' 대화상자가 열립니다

① **메모로 이동하기:** 여러 사람과 공유하는 문서라면 메모 기능을 자주 사용합니다. '이동 옵션' 대화상자에서 [메모]를 선택하면 메모가 표시된 셀로 빠르게 이동할 수 있습니다.

② **숫자처럼 보이는 문자 찾기:** 숫자처럼 보이지만 문자 형태인 값을 찾을 때 [상수]를 선택하고 [텍스트]에 체크하여 빠르게 찾을 수 있습니다. **Link** 자세한 사용 방법은 051쪽 을 참고합니다.

③ **오류가 발생한 셀로 이동하기:** [수식]을 선택하고 [오류]에 체크하면 오류가 발생한 셀을 쉽게 찾을 수 있습니다.

④ **빈 셀로 이동하기:** 표 안에서 빈 셀을 찾을 때 [빈 셀]을 선택하여 빠르게 이동할 수 있습니다.

행/열 전체 선택 Ctrl + Space, Shift + Space 행 또는 열을 전체 선택하는 단축키를 사용하면 길게 나열된 데이터에서 전체 행/열을 한 번에 활성화할 수 있어 데이터 검수 작업 등이 보다 수월해집니다.

> **TIP** Shift 는 가로로 긴 모양이므로 행(가로 방향), Ctrl 은 열(세로 방향)로 암기해 보세요.

선택된 범위에서 보이는 데이터만 선택 Alt + ; 숨기기 기능을 사용하면 일부 행이나 열을 시트에서 보이지 않게 가릴 수 있으며, 숨겨진 부분은 얇은 두 선으로 표시됩니다. 숨겨진 행이나 열이 포함된 범위에서 Alt + ; 를 누르면 눈에 보이는 데이터만 선택할 수 있습니다.

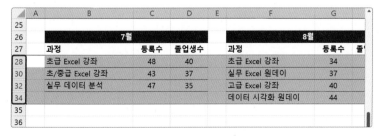

◀ 숨기기한 행이 있을 때

01-009.xlsx 예제 파일에서 **[B28:D34]** 범위를 선택하고, Alt+;를 눌러 보세요. 선택한 범위에서 화면에 보이는 부분만 선택되며, 이 상태에서 복사한 후 다른 통합 문서나 시트에 붙여넣기하면 숨기기한 데이터를 제외한 데이터만 붙여넣기됩니다.

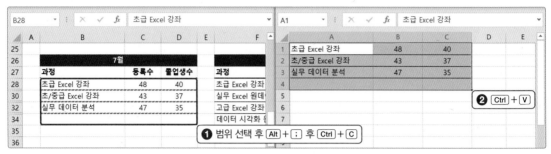

▲ 범위 선택 후 Alt+; → 복사 → 붙여넣기

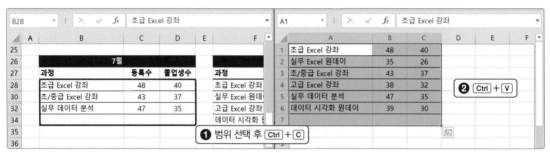

▲ 범위 선택 후 바로 복사 → 붙여넣기

범위 그룹화/그룹 해제 Alt + Shift + →, Alt + Shift + ← 범위를 선택한 후 Alt+Shift+→를 누르면 선택한 범위를 그룹으로 묶을 수 있습니다. 이때 선택한 범위가 전체 행/열이 아니라면 '그룹' 대화상자가 열리고 어느 방향으로 그룹화할지 선택할 수 있습니다. **Link** 그룹 기능은 073쪽 에서 자세히 소개합니다.

행/열 숨기기, 보이기 Ctrl + 9, Ctrl + 0 현재 선택 중인 셀 또는 범위에 있는 전체 행을 숨길 때는 Ctrl+9를, 전체 열을 숨길 때는 Ctrl+0을 이용합니다. 자주 사용하는 기능은 아니지만 알고 있으면 편리한 단축키입니다. 숨긴 행/열을 다시 표시하려면 숨긴 행/열이 포함되도록 행/열 머리글을 선택한 후 Ctrl+Shift+9, Ctrl+Shift+0을 누릅니다.

TIP 열 숨기기를 해제하는 Ctrl+Shift+0는 Windows에서 호환성 문제로 작동되지 않을 수 있습니다. 이럴 때는 [제어판]에서 고급 키 설정을 변경해서 해결할 수 있습니다. 자세한 설명은 오빠두엑셀 홈페이지를 참고하세요.

https://www.oppadu.com/엑셀-ctrl-shift-0-문제/

실무자라면 반드시
알아야 할 엑셀 활용

직장인에게 주어지는 공식 업무 시간은 하루 9시간입니다.
여기서 점심 시간, 전화 업무, 이메일 처리, 화장실 가는 시간 등을 제외하면
실제로 업무 시간은 7시간 남짓일 겁니다.
'오빠두엑셀' 채널 구독자 대상 설문에 따르면
직장인의 32%는 하루 평균 5시간 이상 엑셀을 사용하고,
절반 이상은 3시간 이상 엑셀을 사용한다고 합니다.

여러분! 엑셀 작업 시간을 10%만 단축할 수 있다면 하루 평균 30분을 절약할 수 있고,
30일로 환산하면 무려 11시간을 절약할 수 있습니다!
지금부터 엑셀 작업을 크게 단축하여 결과적으로
업무 효율을 높일 수 있는 알짜 기능들을 소개합니다.

보기 좋은 표, 활용할 수 있는 데이터를 위한 필수 상식

엑셀을 간단한 계산 도구로 사용할지, 만능 문서 작성 도구로 사용할지는 사용하는 사람의 능력에 따라 갈립니다. 실무에 꼭 필요한 핵심 도구로써 엑셀을 사용하려면 가장 먼저 표와 데이터의 차이를 알고, 숫자와 문자 데이터를 확실하게 구분하는 것부터 시작해야 합니다.

 실무 상식 **표(서식)와 데이터를 구분해야 하는 이유**

앞으로 알아볼 다양한 함수와 기능을 더욱 효과적으로 사용하려면 '표(서식)와 데이터의 차이'를 반드시 알아야 합니다. 장담하건대 표와 데이터의 차이만 확실하게 이해해도 여러분의 업무량을 90% 이상 단축시킬 수 있으며, 복잡한 함수 공식을 간단한 함수와 기능만으로 손쉽게 해결할 수도 있습니다.

표와 데이터는 겉으로 보기에는 상당히 비슷합니다. 다음과 같이 동일한 자료를 가지고 물류센터의 직원별 할당량을 표 형식(왼쪽)과 데이터 형식(오른쪽)으로 정리하였습니다. 아마도 대부분 왼쪽 표 형식에 익숙할 것입니다.

이름	1월	2월	3월		이름	월	할당량
\multicolumn{4}{c}{오팡 물류센터 직원별 할당량}		\multicolumn{3}{c}{오팡 물류센터 직원별 할당량}
최준표	1,751	1,371	1,052		최준표	1월	1,751
최다솜	1,611	1,304	1,880		최다솜	1월	1,611
이화정	1,100	1,721	1,634		이화정	1월	1,100
김태랑	1,932	1,904	1,029		김태랑	1월	1,932
김하연	1,006	1,215	1,596		김하연	1월	1,006
					최준표	2월	1,371
					최다솜	2월	1,304
					이화정	2월	1,721
					김태랑	2월	1,904
					김하연	2월	1,215
					최준표	3월	1,052
					최다솜	3월	1,880
					이화정	3월	1,634
					김태랑	3월	1,029
					김하연	3월	1,596

▲ 동일한 자료로 정리한 표(왼쪽)와 데이터(오른쪽)

 TIP 표와 데이터의 차이를 이해하면 실무에서 발생하는 대부분의 문제가 쉽게 해결됩니다. 책에서 다룬 상황별 설명은 다음 동영상 강의에서도 확인할 수 있습니다.

https://youtu.be/88GS1TI_zbs

표는 '사람이 보기에 편리하도록 시각화된 서식'입니다. 우리가 데이터 시각화라고 하면 흔히 차트나 그래프를 떠올리지만, 표 또한 시각화된 데이터의 한 종류이며, 대부분의 사용자는 보기에 더욱 편리하다는 이유로 데이터를 데이터 형식이 아닌 표 형식으로 관리합니다.

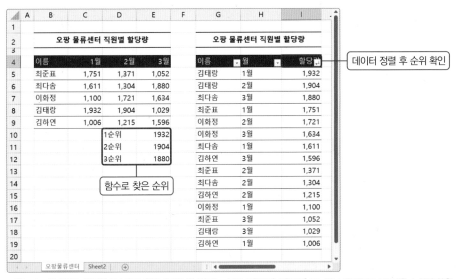

▲ 표는 시각화된 데이터의 한 종류입니다.

그렇다면, 표와 데이터를 제대로 구분하지 못하고 표 형식으로 데이터를 관리한다면 어떤 상황에서 어떤 문제가 발생할까요?

데이터를 정렬하거나 특정 값을 찾아야 할 때 표 형태로 데이터를 관리하면 값을 정렬하거나 최댓값 또는 최솟값을 찾아야 할 때 문제가 발생합니다. 예를 들어, 왼쪽 표에서 가장 큰 할당량 혹은 두 번째, 세 번째로 높은 할당량을 찾는다면 대부분 MAX 함수나 LARGE 함수를 사용할 것입니다. 하지만, 함수를 사용하기 위해 별도의 셀에 수식을 입력해야 되므로 번거로울 수 있습니다. 하지만, 오른쪽과 같이 올바른 데이터 형태로 관리했다면 정렬 기능으로 손쉽게 원하는 결과를 찾을 수 있습니다.

▲ [G4:I19] 범위를 선택한 후 [데이터] 탭–[정렬 및 필터] 그룹에서 [필터]나 [정렬] 기능을 사용하면 특정 값을 손쉽게 찾을 수 있습니다.

새로운 데이터가 누적될 때 새로운 데이터가 계속해서 누적되는 상황이라면 표 형식으로 관리할 때 여러 문제에 봉착하게 됩니다. 예를 들어 3월부터 직원 한 명이 그만두었고, 4월부터 새로운 데이터가 쌓인다면 아래처럼 표에 빈칸이 발생할 것이고, 가로 방향으로 계속해서 넓어질 것입니다. 이렇게 데이터가 누적되면 결국 복잡한 수식을 써야 하거나 한눈에 내용을 파악하기 어려워 업무에 지장이 생기게 됩니다.

▲ 데이터를 가로 방향으로 누적해서 입력한다면 점차 관리하는 데 어려움을 겪게 됩니다.

새로운 구분자를 추가할 때 사례의 표에서는 '직원'과 '월'로만 구분하여 정리하였으나, 만약 '아파트, 주택'이라는 구분자를 추가한다면 어떻게 될까요? 행으로 구분해야 할까요? 아니면 열로 구분해야 할까요? 이렇게 구분자의 추가 위치에 따라 표의 전반적인 레이아웃을 다시 수정하는 작업을 진행해야 합니다.

▲ 표 형식으로 관리한다면 새로운 구분자가 추가될 때마다 전반적인 레이아웃을 변경해야 합니다.

 **실무 상식** **데이터 관리는 세로 방향 블록 쌓기와 비슷하다**

데이터를 제대로 관리한다는 건 블록을 차곡차곡 쌓는 것과 비슷합니다. 많이들 하는 블록 쌓기 게임을 떠올려 보세요. 블록을 쌓는 중에 한쪽 방향으로 무게 중심이 쏠리면 공들여 쌓은 블록이 와르르 무너지게 될 겁니다. 데이터도 마찬가지입니다. 데이터를 올바르게 관리하려면 각 항목에 속하는 데이터를 하나의 블록이라고 생각하고 세로 방향으로 차곡차곡 쌓으면서 관리해야 합니다. **Link** 세로 방향 블록 쌓기 규칙에 대한 자세한 설명은 220쪽을 참고하세요.

> **TIP** 엑셀에서 데이터 관리는 수없이 강조해도 부족할 만큼 중요합니다. 그 이유를 핵심 예제 2가지로 요약하여 설명한 다음 동영상 강의를 꼭 한 번씩 시청하시기 바랍니다.
>
> https://youtu.be/wchGis-kYvw

아래에서 왼쪽 표 형식을 보면 '이름'은 세로 방향, '월'은 가로 방향으로 블록이 어긋나 있습니다. 반면, 오른쪽 데이터는 세로 방향으로 차곡차곡 데이터가 쌓여 있습니다.

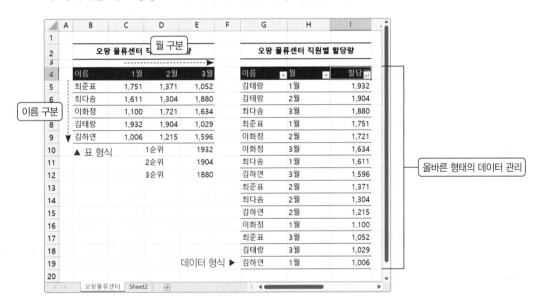

표 형식은 앞서 다양한 사례를 통해 문제점을 살펴봤습니다. 그러므로 위에서 오른쪽처럼 올바른 형태로 데이터를 관리해야 이후에 함수를 사용하거나 피벗 테이블 기능을 활용하여 다양한 방법으로 시기적절하게 데이터를 분석하고 활용할 수 있게 됩니다. **Link** 피벗 테이블은 281쪽에서 자세히 소개합니다.

오팡 물류센터 직원별 할당량		
이름	월	할당량
최준표	1월	1,751
최다솜	1월	1,611
이화정	1월	1,100
김태랑	1월	1,932
김하연	1월	1,006
최준표	2월	1,371
최다솜	2월	1,304
이화정	2월	1,721
김태랑	2월	1,904
김하연	2월	1,215
최준표	3월	1,052
최다솜	3월	1,880
이화정	3월	1,634
김태랑	3월	1,029
김하연	3월	1,596

합계 : 할당량	열 레이블			
행 레이블	1월	2월	3월	총합계
김태랑	1,932	1,904	1,029	4,865
김하연	1,006	1,215	1,596	3,817
이화정	1,100	1,721	1,634	4,455
최다솜	1,611	1,304	1,880	4,795
최준표	1,751	1,371	1,052	4,174
총합계	7,400	7,515	7,191	22,106

▲ 피벗 테이블

◀ 잘 관리된 데이터

▲ 피벗 테이블 활용을 고려한다면 데이터 관리에 더욱 주의를 기울여야 합니다.

꼭! 명심하세요! 함수를 잘 사용하는 것보다 올바른 데이터 관리가 더욱 중요합니다. 새로운 기능이 업데이트될수록 데이터만 잘 관리한다면 고급 수식이나 VBA를 사용하지 않고, 간단한 함수와 기능만으로 실무에서 발생하는 대부분의 문제를 해결할 수 있습니다.

🎯 실무 상식 | 셀 병합 기능 사용을 자제해야 하는 이유

간혹 함수로 제품별 판매 수량 합계를 구하는데 틀린 값이 계산된다는 문의를 받습니다. 그럴 때마다 병합한 셀은 없는지 질문해 봅니다. 셀 병합 기능은 엑셀로 깔끔한 서식을 제작할 때 반드시 필요한 기능입니다. 하지만, 이 기능을 무분별하게 사용하면 여러 문제를 야기할 수 있으므로 엑셀 사용이 익숙하지 않은 사용자에게는 셀 병합 기능은 절대 사용하지 마세요!라고 안내하곤 합니다.

> **TIP** 연속된 범위를 선택한 후 [홈] 탭-[맞춤] 그룹에서 [병합하고 가운데 맞춤]을 클릭하면 하나의 셀로 병합할 수 있으며, 병합된 셀을 선택한 후 다시 [병합하고 가운데 맞춤]을 클릭하면 셀 병합을 취소할 수 있습니다.

셀 병합 기능 사용시 주의할 점 셀 병합 기능을 사용하면 병합된 셀에서 첫 번째 셀의 값만 인식됩니다. 이와 관련하여 실무에서 셀 병합 기능을 왜 자제해야 하는지 아래 사례를 보면 쉽게 파악할 수 있습니다.

▲ 셀 병합을 사용하면 의도와 다른 결과 값을 얻을 수 있습니다.

사례와 같은 상황에서 월별 값의 합계를 구하기 위해 [J5]셀에 =SUM(G5:I5)를 입력해서 실행한 후 [J8]셀까지 자동 채우기를 실행한다면 [J6]셀의 값은 의도와 달리 1로 계산됩니다. 이처럼 극단적인 사례 이외에도 셀 병합으로 인해 발생하는 문제점은 대표적으로 6가지가 있습니다.

- 범위 선택이 제한됩니다.

- 범위의 수정/편집이 제한됩니다.

- 표 기능과 피벗 테이블 사용이 제한됩니다.

- 자동 채우기를 제대로 활용할 수 없습니다.

- 데이터 정렬 기능을 사용할 수 없습니다.

- 함수를 사용할 때 옳지 않은 결과를 반환할 수 있습니다.

이처럼 셀 병합은 보기에 깔끔할 수 있으나 엑셀의 기능을 제대로 활용하는 데는 많은 제약이 따릅니다.

TIP 셀 병합 기능을 잘못 사용할 때 발생하는 6가지 문제점에 대한 자세한 설명과 실무에서 적용할 수 있는 2가지 해결 방법은 다음 동영상 강의에서 확인할 수 있습니다.

https://youtu.be/i-uUqDQofkA

 실무 상식 **단순히 가릴 때는 숨기지 말고 그룹으로 관리하자**

엑셀로 작성한 문서를 여러 사람과 공유할 때 중요 내용만 표시하고자 계산에 사용된 범위를 숨기기 기능으로 가릴 때가 있습니다. 숨기기 기능을 활용하면 불필요한 범위를 가려서 원하는 내용을 강조할 수 있지만, 다른 사용자가 시트를 검토하기 위해 숨겨진 범위를 찾아서 다시 작업해야 하는 등 번거로운 상황이 발생할 수 있습니다. 그러므로 보안상의 문제가 아닌 단순히 보기 좋게 하기 위해 가리는 목적이라면 그룹 기능을 사용하는 것이 좋습니다. 그룹 기능을 사용하면 평소에는 계산에 사용한 범위를 접어 놓고, 검토가 필요할 때만 펼쳐서 손쉽게 확인할 수 있습니다.

TIP 행/열 머리글을 클릭하거나 드래그해서 행/열을 선택하고 [마우스 우클릭] 후 [숨기기]를 선택하면 행/열을 숨길 수 있습니다.

그룹 적용 그룹 기능은 행과 열 모두 사용할 수 있습니다. 그룹으로 묶을 행 또는 열을 선택한 후 [데이터] 탭-[개요] 그룹에서 [그룹]을 클릭하거나 단축키 [Alt]+[Shift]+[→]를 누르면 선택한 범위가 그룹으로 묶이고 행 또는 열 머리글 위로 [-] 버튼이 표시됩니다.

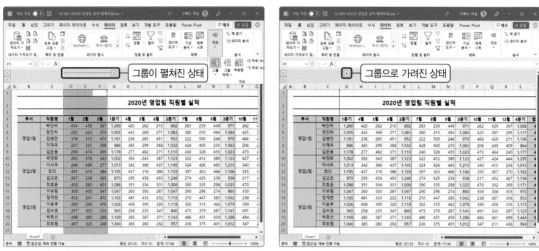

▲ 그룹으로 묶은 후에는 [+] 버튼을 클릭하여 펼치거나 [-] 버튼을 클릭하여 다시 가릴 수 있습니다.

> **TIP** 열 또는 행 범위를 선택할 때는 시트의 왼쪽에 [1,2,3,…]으로 표시된 열 머리글이나 위쪽에 [A,B,C,…]로 표시된 행 머리글에서 드래그합니다.

그룹 안에 또 다른 하위 그룹을 만들 수도 있으며, 최대 8단계까지 하위 그룹을 만들 수 있습니다. 그룹을 만들면 [+], [-] 버튼과 함께 [1], [2], [3] 버튼도 추가되는데, 몇 단계로 그룹이 만들어졌는지 확인할 수 있고, 번호 버튼을 클릭하여 해당 단계의 그룹을 일괄 펼치거나 접을 수도 있습니다.

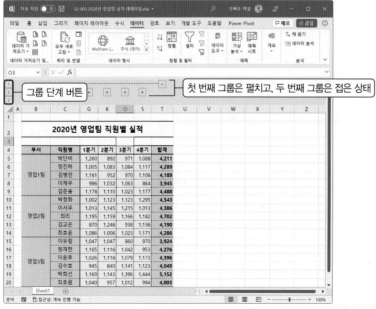

편리한 엑셀 문서 작업을 위한 실력 다지기

예제 파일 02-001.xlsx, 02-002.xlsx, 02-003.xlsx, 02-004.xlsx, 02-005.xlsx, 02-006.xlsx

엑셀에서 내용을 입력하려면 원하는 위치의 셀을 더블 클릭하거나 셀을 선택한 후 수식 입력줄을 이용합니다. 표 처럼 칸이 나누어져 있을 뿐 문서를 작성하는 방법은 워드나 파워포인트와 크게 다르지 않습니다. 여기서 소개하는 팁 몇 가지만 알면 엑셀 문서 작성을 보다 편리하게 할 수 있습니다.

 실무 활용 ── **셀 병합하지 않고 가운데 정렬하기**

보기 좋게 정렬하기 위해 표의 머리글을 병합하면 이후 원하는 부분만 잘라 내거나 복사할 때 원치 않는 결과가 나올 수 있습니다. 또한, 데이터를 관리하는 측면에서도 셀 병합은 추천하지 않는 기능입니다. 셀 병합 문제 해결 방법은 다음 동영상 강의에서 확인해 보세요.

https://youtu.be/452HbvBjmfc

02-001.xlsx 예제 파일을 실행하면 매출 현황이 정리되어 있으며, 표의 제목과 열 머리글을 가운데 정렬하기 위해 셀 병합되어 있습니다. 이 상태에서 [D]열 머리글을 선택한 후 잘라내기를 실행하면 오류 메시지가 발생했습니다.

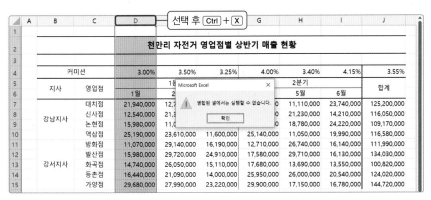

▲ 셀 병합된 열에서는 잘라내기 기능을 사용할 수 없습니다.

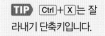

TIP Ctrl + X 는 잘라내기 단축키입니다.

그렇다면 표의 제목이나 머리글을 셀 병합하지 않고 보기 좋게 정렬하기 위해 특정 범위에서 가운데 정렬하려면 어떻게 해야 할까요?

01 02-001.xlsx 예제 파일에서 [D4:E10] 범위를 드래그해 봅니다. 분기별 머리글이 셀 병합되어 있어 의도치 않게 [F]열까지 선택됩니다.

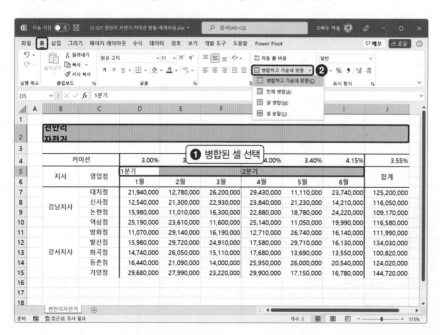

02 우선 기존 셀 병합을 해제하기 위해 ❶ [B2:J2]와 [D5:I5] 범위를 선택한 후 ❷ [홈] 탭–[맞춤] 그룹에서 [병합하고 가운데 맞춤]을 클릭하여 셀 병합을 해제합니다.

TIP 서로 떨어져 있는 범위를 선택하려면 [Ctrl]을 누른 채 선택하면 됩니다.

03 셀 병합이 해제되면 ❶ [B2:J2] 범위부터 선택하고 [마우스 우클릭]하여 ❷ [셀 서식]을 선택하면 '셀 서식' 대화상자를 엽니다(단축키 Ctrl + 1). '셀 서식' 대화상자에서 ❸ [맞춤] 탭을 클릭하여 ❹ '텍스트 맞춤' 영역의 [가로] 옵션을 **선택 영역의 가운데로** 설정하고 ❺ [확인] 버튼을 클릭하여 '셀 서식' 대화상자를 닫습니다.

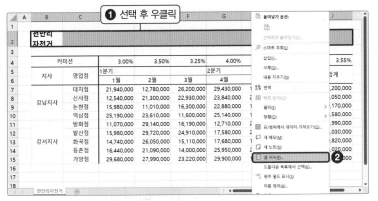

04 [B2:J2] 범위를 보면 표 제목이 선택한 범위에서 가운데 정렬되었습니다. 이어서 분기별 머리글인 [D5:F5]와 [G5:I5] 범위를 각각 선택한 후 F4를 눌러 선택한 범위 내에서 가운데 정렬시킵니다.

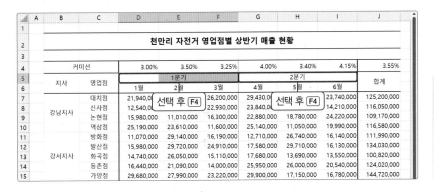

> **TIP** F4는 작업 다시 실행 단축키로 직전에 실행한 '선택 영역의 가운데로' 맞춤 작업을 다시 실행합니다.

05 결과 확인을 위해 [D5:E10] 범위를 선택해 봅니다. 이제는 제약 없이 자유롭게 선택할 수 있습니다.

> **TIP** 선택 영역에서 가운데로 맞추는 기능은 가로 범위에서만 사용할 수 있습니다. 세로 범위라면 연결된 그림을 활용합니다. 자세한 방법은 다음 동영상 강의를 참고하세요.
>
> https://youtu.be/i–uUqDQofkA

셀 병합을 해제하면 범위의 첫 번째 셀에만 값이 입력되고 나머지는 빈칸으로 표시됩니다. 만약 병합된 셀의 개수가 많거나 병합되었던 범위가 넓다면 셀 병합을 해제한 후 생기는 빈칸도 많아질 것입니다. 이때 이동 기능을 사용하면 셀 병합 해제 후 생긴 빈칸을 빠르게 채울 수 있습니다.

01 02-002.xlsx 예제 파일을 실행합니다. 셀 병합이 되어 있는 [B5:B11] 범위를 선택한 후 [홈] 탭-[맞춤] 그룹에서 [병합하고 가운데 맞춤]을 클릭하여 셀 병합을 해제합니다. 다음과 같이 4개의 빈칸이 표시됩니다.

선택 후 셀 병합 해제

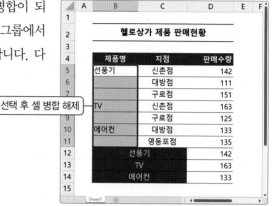

02 ❶ 셀 병합 해제한 범위가 선택된 상태에서 [홈] 탭-[편집] 그룹의 [찾기 및 선택]-[이동 옵션]을 클릭하여 '이동 옵션' 대화상자를 열고 ❷ [빈 셀]을 선택한 후 ❸ [확인] 버튼을 클릭합니다. 선택 범위에서 빈 셀만 선택됩니다.

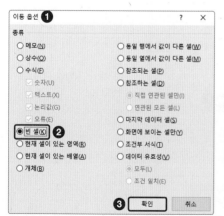
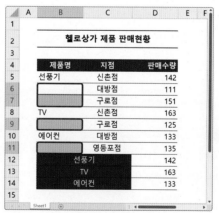

TIP F5 를 눌러 '이동' 대화상자를 열고, [옵션] 버튼을 클릭해서 이동 옵션 대화상자를 열 수 있습니다.

03 여러 개의 빈 셀이 선택된 상태에서 수식 입력줄 왼쪽에 있는 이름 상자를 보면 현재 활성화된 셀 주소가 표시됩니다. 현재 활성화된 셀 주소는 **[B6]**셀이고, 채울 값은 바로 위에 있는 **[B5]**셀과 같은 값입니다. 그러므로 **=B5**를 입력한 후 `Ctrl`+`Enter`를 누릅니다. 선택 중인 범위의 각 셀에는 바로 위에 있는 셀 값을 참조하여 채워집니다. Link 셀 참조 관련 내용은 043쪽을 참고하세요.

TIP `Ctrl`+`Enter`는 선택된 범위에 수식 또는 값을 한 번에 입력하는 단축키입니다.

오빠두! 특강

항목 이름을 값으로 변경하기

빈칸에 수식을 이용해 항목명을 채워 넣은 후 내용이 변경된다면 문제가 발생할 수 있습니다. 그러므로 수식을 이용해 빈칸을 채운 후에 수식을 값으로 변경하는 것이 좋습니다. 앞서 실습에 이어 ❶ [B5:B11] 범위를 선택한 후 `Ctrl`+`C`를 눌러 복사하고, [마우스 우클릭] 후 ❷ [선택하여 붙여넣기]를 선택합니다. '선택하여 붙여넣기' 대화상자가 열리면 ❸ [값]을 선택한 후 ❹ [확인] 버튼을 클릭합니다. 선택한 범위의 각 셀을 확인해 보면 수식이 모두 값으로 변경된 것을 확인할 수 있습니다.

 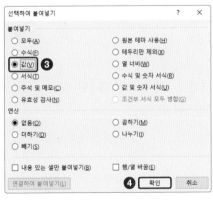

인터넷에서 자료를 다운로드하여 관리할 때면 데이터 중간에 비어 있는 셀이 종종 포함됩니다. 데이터에 빈 셀이 포함되어 있을 때 엑셀 작업을 하면 다음과 같은 문제가 발생할 수 있습니다.

- Ctrl+방향키를 눌러 데이터의 끝으로 한 번에 이동하는 데 제약이 생깁니다.

- 피벗 테이블 또는 정렬 기능을 사용할 때 (비어 있음)이라는 항목이 표시됩니다.

- 빈 셀이 아닌 띄어쓰기 또는 보이지 않는 문자가 포함되어 있으면 함수 사용 시 오류가 발생합니다.

그러므로 엑셀 문서를 작성할 때는 데이터 중간에 빈 셀이 포함되지 않도록 관리하는 것이 중요합니다. 선택한 범위에서 비어 있는 셀을 한 번에 찾고, 0 또는 하이픈(−)을 채워 보겠습니다.

01 02-003.xlsx 예제 파일을 실행합니다. ❶ [B4:F16] 범위를 선택한 후 ❷ [홈] 탭-[편집] 그룹에서 [찾기 및 선택]-[이동 옵션]을 선택하여 '이동 옵션' 대화상자를 엽니다.

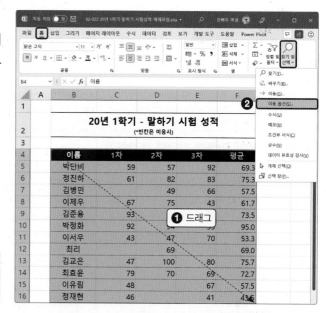

TIP F5를 눌러 '이동' 대화상자를 열고 [옵션] 버튼을 클릭해도 '이동 옵션' 대화상자가 열립니다.

02 '이동 옵션' 대화상자가 열리면 ❶ [빈 셀]을 선택한 후 ❷ [확인] 버튼을 클릭합니다.

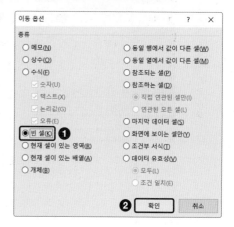

03 선택한 범위에서 빈 셀이 일괄 선택됩니다. 그대로 0을 입력하고 [Ctrl]+[Enter]를 누릅니다.

> **TIP** [Ctrl]+[Enter]는 선택 중인 모든 셀에 값이나 수식을 한번에 입력하는 단축키입니다.

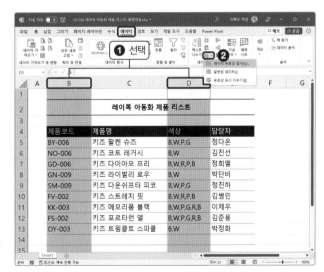

🏃 실무 활용 │ 한글/영어 자동 변환으로 편리하게 입력하기

엑셀로 데이터를 입력할 때 직원명과 이메일 주소, 제품 코드와 제품명을 입력하는 것처럼 한글과 영어를 번갈아 가면서 입력하는 상황이 수시로 발생합니다. 그럴 때마다 [한/영]을 눌러 가며 데이터를 입력하는 작업이 매우 비효율적으로 느껴질 수 있습니다.

예제 파일을 실행해 보면 행마다 한글과 영문을 번갈아 가면서 입력해야 하는 제품 목록이 정리되어 있습니다. 데이터 유효성 검사를 활용하여 좀 더 편리하게 데이터를 관리해 보겠습니다.

01 02-004.xlsx 예제 파일에서 우선 영문이 입력되는 범위인 ❶ [B]열과 [D]열의 머리글을 클릭하여 선택합니다. ❷ 이후 [데이터] 탭-[데이터 도구] 그룹에서 [데이터 유효성 검사]를 클릭합니다.

> **TIP** 특정 열을 모두 선택할 때는 열 머리글을 클릭하며, 서로 떨어져 있는 범위를 선택할 때는 [Ctrl]을 누른 채 선택하면 됩니다.

02 '데이터 유효성' 대화상자가 열리면 ❶ [IME 모드] 탭에서 ❷ [모드] 옵션을 **영문**으로 설정한 후 ❸ [확인] 버튼을 클릭합니다.

> **TIP** [모드] 옵션 값 중 **영문 전자, 한글 전자**는 글자를 2바이트로 처리하여 글자와 글자 사이를 띄어쓰기한 것처럼 입력하는 방식으로 실무에서는 거의 사용하지 않습니다.

03 이번에는 한글을 입력하는 ❶ [C]열과 [E]열을 선택한 후 ❷ '데이터 유효성' 대화상자를 열고 ❸ [IME 모드] 탭에서 ❹ [모드] 옵션을 **한글**로 설정하고 ❺ [확인] 버튼을 클릭합니다. 이제 셀을 선택해 보면 열에 따라 자동으로 한글과 영문으로 변경됩니다.

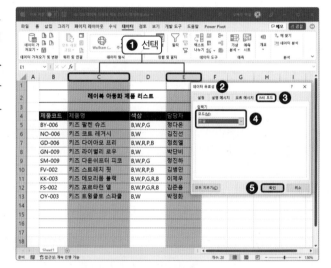

🏃 **실무 활용** **특정 단어를 포함하는 셀을 찾고 강조하기**

실무에서 엑셀을 사용하며 흔히 처리하는 작업 중 하나는 '특정 단어를 포함'하는 값을 필터링하거나 선택하여 검토하는 일입니다. 예를 들어, 생산 과정 중에 문제가 발생한 공정 번호의 제품을 검토하거나 운송 과정 중 특정 센터를 거친 제품을 모두 검토하는 작업 등 다양한 상황에서 필요로 하는 기능입니다. 상황별로 특정 단어가 포함된 셀을 한 번에 선택하거나 강조, 또는 필터링하는 방법에 대해 하나씩 살펴보겠습니다.

찾기 기능 활용 ❶ 02-005.xlsx 예제 파일을 열고 검색할 범위(B5:G11)를 선택한 후 ❷ [홈] 탭-[편집] 그룹에서 [찾기 및 선택]-[찾기]를 선택하거나 Ctrl + F 를 눌러 '찾기 및 바꾸기' 대화상자를 엽니다. ❸ [찾을 내용] 입력란에 **성북구**를 입력하고 ❹ [모두 찾기] 버튼을 클릭합니다. ❺ 이어서 Ctrl + A 를 누르면 시트에서 해당 단어(성북구)를 포함하는 셀이 일괄 선택됩니다.

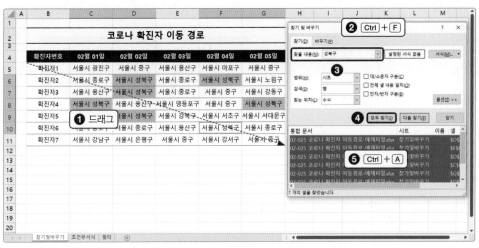

▲ 검색한 후 전체 선택 단축키인 Ctrl + A 를 누르면 검색된 결과를 모두 선택할 수 있습니다.

그대로 '찾기 및 바꾸기' 대화상자를 닫고 [홈] 탭-[글꼴] 그룹에서 원하는 방식으로 셀을 채우거나 글꼴 색을 변경해서 강조할 수 있습니다. 이렇게 찾기 기능을 이용한 방법은 셀 내용이 변경되어 강조하지 않아도 되는 상황이 발생했을 때 셀에 적용한 강조 서식을 직접 해제해야 하는 불편함으로 일회성 작업에 적합합니다.

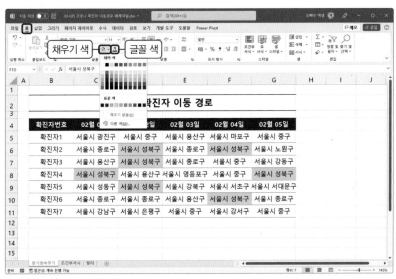

▲ 검색 결과로 셀이 선택된 상태에서 서식을 적용하면 손쉽게 강조할 수 있습니다.

조건부 서식으로 강조 [홈] 탭-[스타일] 그룹에 있는 [조건부 서식]-[셀 강조 규칙]-[텍스트 포함]을 선택하면 찾기 기능을 이용했을 때의 단점을 해결할 수 있습니다. 즉, 셀 내용이 바뀌어도 자동으로 강조하거나 강조를 해제할 수 있습니다. 조건부 서식으로 강조하는 자세한 방법은 다음 동영상 강의를 참고하세요. Link 조건부 서식은 135쪽 에서 자세히 소개합니다.

https://youtu.be/Yk78w-Fj3k4

▲ 조건부 서식을 이용하면 셀 내용에 따라 실시간으로 강조할 수 있습니다.

자동 필터 기능 활용 앞서 소개한 찾기 기능이나 조건부 서식이 선택한 범위를 대상으로 특정 셀을 찾아 강조할 때 효과적이라면, 필터 기능은 특정 열을 대상으로 원하는 셀을 찾고, 그 셀이 포함된 행 전체를 강조하고 싶을 때 사용하면 효과적입니다.

방법은 간단합니다. [데이터] 탭-[정렬 및 필터] 그룹에서 [필터]를 클릭하거나 Ctrl+Shift+L을 눌러 자동 필터를 적용한 후 원하는 내용으로 데이터를 필터링합니다. 이후 필터링 결과에 원하는 서식을 적용한 후 필터링을 해제하면 됩니다. **Link** 자동 필터는 232쪽에서 자세히 소개합니다.

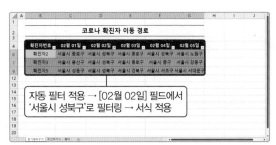

▲ 필터링한 결과에 서식을 적용하고 필터링을 해제하면 원하는 행만 강조할 수 있습니다.

실무 활용 ─ 숫자 데이터의 기본 단위를 한 번에 바꾸는 방법

엑셀 문서의 대부분은 숫자로 시작해서 숫자로 끝납니다. 숫자를 사용하면 장황한 문장에 비해 업무 결과를 보다 정확하고 간결하게 확인할 수 있기 때문입니다. 하지만, 이 숫자도 어떻게 입력하는지에 따라 보기에 쉬울 수도 있고, 오히려 더 어려워질 수도 있습니다. 아래 사례는 같은 서식, 같은 데이터로 작성한 매출 현황이지만, 기준 단위에 따라 가독성이 크게 차이나는 것을 볼 수 있습니다.

▲ 숫자 데이터는 단위에 따라 가독성에서 확연한 차이가 있습니다.

그러므로 단위가 크다면 가급적 기본 단위를 변경하여 간결하게 입력하는 것이 좋습니다. 예제 파일을 실행하여 숫자 단위 변경 방법 2가지를 직접 실습해 보세요. 실습 과정은 다음 동영상 강의에서 확인할 수 있습니다.

https://youtu.be/pu-dkcDV2fg

곱하기/나누기로 단위 변경하기

먼저, 선택하여 붙여넣기 기능을 이용하여 천만 단위(10,000,000)를 절사해서 표현해 보겠습니다.

01 02-006.xlsx 예제 파일의 ❶ [천만리자전거-1] 시트를 엽니다. ❷ 임의의 빈 셀에 절사할 단위인 10000000(천만)을 입력한 후 Ctrl + C를 눌러 복사합니다.

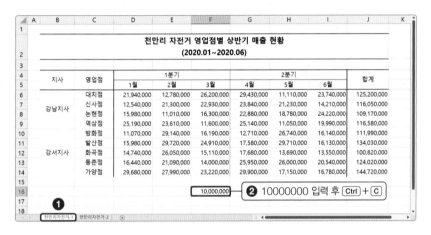

02 ❶ 매출이 입력된 [D6:I14] 범위를 선택하고 선택 범위에서 [마우스 우클릭] 후 ❷ [선택하여 붙여넣기]를 선택합니다.

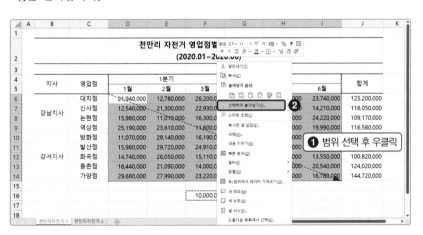

TIP [J]열은 SUM 함수로 합계가 계산되므로 제외하고 선택해야 합니다.

03 '선택하여 붙여넣기' 대화상자가 열리면 ❶ '붙여넣기' 영역에서 [값]을, ❷ '연산' 영역에서 [나누기]를 선택한 후 ❸ [확인] 버튼을 클릭합니다.

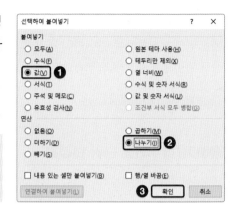

TIP '붙여넣기' 영역에서 [모두]를 선택하면 복사한 셀의 서식까지 모두 붙여넣기가 되므로 테두리, 글꼴 크기 등의 서식이 망가지는 문제가 생길 수 있습니다.

04 선택한 범위의 각 셀이 처음 복사한 값(10,000,000)으로 나눠지면서 천만 단위로 절사되어 표시됩니다. 하지만, 정수로 표시되어 정확도가 떨어지므로 [D6:J14] 범위가 선택된 채 [홈] 탭-[표시 형식] 그룹에서 [자릿수 늘림] 을 클릭하여 소수점 한 자리까지 표시합니다.

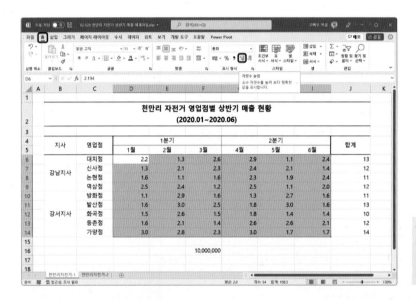

TIP 단위를 수정한 후에는 반드시 수정된 단위를 표에 명시해야 합니다.

셀 서식으로 단위 변경하기

두 번째 방법으로, 셀 서식을 활용하여 숫자 단위를 변경할 수 있습니다. [천만리자전거-2] 시트로 이동한 후 ❶ 단위를 변경할 [D6:J14] 범위를 선택하고, [마우스 우클릭] 후 [셀 서식]을 선택하거나 Ctrl+1을 눌러 '셀 서식' 대화상자를 엽니다. ❷ '셀 서식' 대화상자의 [표시 형식] 탭에서 ❸ [사용자 지정]을 선택하고 ❹ [형식] 입력란에 #,##0.0와 절사할 단위 만큼의 쉼표(,)를 입력한 후 ❺ [확인] 버튼을 클릭합니다. 예를 들어 백만(1,000,000) 단위로 절사한다면 #,##0.0,,를 입력합니다. **Link** 셀 서식은 112쪽 에서 자세히 소개합니다.

 오빠두! 특강

단위 변경 시 사용할 방법 선택의 기준과 셀 서식의 다양한 활용

엑셀에서 숫자 단위를 변경하는 2가지 방법의 장단점을 정리해 보면 다음과 같습니다.

방법	장점	단점
곱하기 나누기	간단하여 누구나 쉽게 활용할 수 있음	• 계산 시 절사된 단위를 고려해야 함 • 선택한 범위에 함수/수식이 있을 경우 곱하기/나누기가 중복으로 적용됨
셀 서식 변경	실제 값이 그대로 유지되므로 추가 계산 시 값을 그대로 사용할 수 있음	• 3자리 기준으로만(천, 백만 등) 절사 가능 • 셀 서식 사용 규칙을 알아야 함

흔히 실무에서는 셀 서식 변경 방법을 주로 사용합니다. 대부분 숫자로 입력된 값은 이후 함수나 수식을 이용한 계산 과정에 사용되는데, 곱하기/나누기를 이용하는 방법은 절사 단위 등 고려할 점이 많기 때문입니다. 하지만 단순 보고용으로 이후 수정할 일이 없다면 곱하기/나누기를 이용하는 방법이 좀 더 간편하게 사용할 수 있으므로 효과적입니다.

셀 서식으로 만 단위 절사하기

셀 서식 변경은 기본적으로 3자리 기준으로만 절사할 수 있으나 다음과 같이 줄 바꿈을 활용하면 셀 서식에서 다양한 단위로 절사할 수 있습니다. 자세한 설명은 다음 동영상 강의를 참고하세요.

https://youtu.be/PE2urJnMcyA

0"만"0"천원" Ctrl+J 000	만 단위 절사 기본 예) 3만 3천원, 2만 5천원
0"만원" Ctrl+J 0,	만 단위만 표시 예) 3만원, 2만원
[>9999999]#","##0"만원" Ctrl+J 0;0"만원" Ctrl+J 0,	천 만원 이상, 이하 구분하여 만 단위 절사 예) 3,200만원, 300만원
#0"."##,,"억"	억 단위 절사 예) 3.1억, 5.4억

LESSON
03

엑셀로 시작하는
기초 데이터 분석

> **예제 파일** 02-007.xlsx, 02-008.xlsx, 02-009.xlsx, 02-010.xlsx   데이터 분석이라고 하면 전문가의 영역인 것처럼 생각되지만 엑셀에서 각종 데이터를 다루는 것도 데이터 분석이라고 할 수 있습니다. 본격적인 데이터 관리에 앞서 간단한 데이터 정리부터 데이터 관리를 위한 기본기를 쌓아 보겠습니다.

🏃 실무 활용   행/열 전환하여 새로운 관점으로 데이터 살펴보기

데이터 분석에는 여러 기법이 사용되며, 본격적인 데이터 분석을 진행하려면 큰 흐름을 파악하거나 대략적인 근거를 얻는 작업이 선행되어야 합니다. 그러기 위해서는 데이터를 다양한 방향으로 정렬하는 등 보다 다양한 시각에서 데이터를 살펴볼 줄 알아야 합니다. 행/열을 바꿔서 데이터를 살펴보는 3단계 과정을 확인해 보세요.

> **TIP** 행/열 바꿈 기능 사용법의 전체 실습 과정은 다음 동영상 강의에서 확인할 수 있습니다.
>
> https://youtu.be/ntqmUblZ_zM

▲ 데이터 정렬 방향만 변경해도 데이터를 다른 관점으로 볼 수 있습니다.

1단계, 기존 데이터 확인 02-007.xlsx 예제 파일을 실행하면 커피 브랜드의 매장 후보지 목록이 나열된 표가 있습니다. 매장별로 면적, 임대료, 우선순위 등을 쉽게 구분하기 위해 매장 항목이 가로로 나열되어 있으나 '평당임대료'가 낮은 순서로 후보지를 검토하고 싶다면 어떻게 해야 할까요? 엑셀의 필터/정렬 기능은 기본적으로 세로 방향 정렬을 기준으로 하기 때문에 현재 표에서는 사용할 수 없습니다. 그러므로 정렬 방향을 바꿔서 데이터를 분석하는 것이 용이할 것 같습니다.

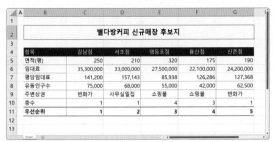

▲ 매장 항목이 가로로 나열되어 매장별로 면적, 임대료, 우선순위 등을 쉽게 구분할 수 있다.

2단계. 행/열 변경 표의 행과 열을 바꾸기 위해 ❶ [B4:G11] 범위를 선택한 후 [Ctrl]+[C]를 눌러 복사합니다. 이어서 오른쪽 ❷ 비어 있는 셀에서 [마우스 우클릭] 후 ❸ [선택하여 붙여넣기]를 선택합니다. '선택하여 붙여넣기' 대화상자가 열리면 ❹ '붙여넣기' 영역에서 [값 및 숫자 서식]을 선택하고 ❺ [행/열 바꿈]에 체크한 후 ❻ [확인] 버튼을 클릭합니다.

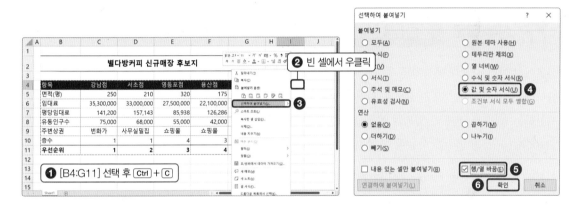

TIP 행/열 바꿈으로 붙여넣기할 때 기본 값인 [모두]를 사용하면 기존 범위에서 불필요한 서식과 수식이 포함되어 오히려 데이터 파악이 어려울 수 있습니다. 그러므로 실무에서는 [값 및 숫자 서식]을 선택하여 원본의 결과 값과 숫자 데이터에 적용된 서식만 붙여넣기하는 것이 좋습니다.

앞서 선택한 빈 셀을 기준으로 기존 표의 행/열이 전환되어 붙여넣기되었으나 열 너비가 맞지 않아 ####으로 표시되는 열이 있습니다. 이럴 때 범위를 선택한 후 [홈] 탭–[셀] 그룹에서 [서식]–[열 너비 자동 맞춤]을 선택하면 셀 내용에 따라 자동으로 열 너비가 조절됩니다. 끝으로 테두리나 머리글 등의 표 서식을 적용하면 행/열 전환이 마무리됩니다.

3단계, 필터 적용하여 정렬 마지막으로 필터를 적용하여 '평당임대료'가 낮은 순으로 표를 정렬합니다. ❶ 데이터 범위 내 임의의 셀을 선택한 후 Ctrl+Shift+L을 누르거나 [데이터] 탭-[정렬 및 필터] 그룹에서 [필터]를 클릭하면 자동 필터가 적용됩니다. ❷ [평당임대료] 필드에서 [필터▼] 버튼을 클릭한 후 ❸ [숫자 오름차순 정렬]을 선택하면 표에서 '평당임대료'가 낮은 순서대로 정렬됩니다.

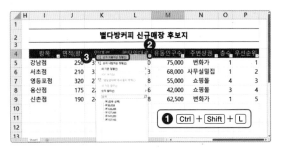
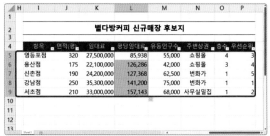

🏃 **실무 활용** **중복된 데이터 입력 제한하기**

실무에서 여러 사람과 동시에 공유하는 파일로 데이터를 관리할 때 우선적으로 챙겨야 할 2가지 항목이 있습니다. 사원번호처럼 고유 값으로 관리할 필드(열)를 구분한 후 해당 필드에 중복 값이 입력되지 않도록 제한하는 것이 첫 번째고, 입력할 목록을 제한하는 것이 두 번째입니다. 중복된 데이터를 관리하지 않으면 VLOOKUP 등의 함수를 사용할 때 옳지 않은 값이 반환될 수 있으므로 확실하게 관리해야 합니다.

이러한 중복된 데이터 관리는 데이터 유효성 검사 기능을 활용하여 손쉽게 처리할 수 있습니다. 예제 파일을 실행한 후 중복된 데이터 입력 제한 방법을 실습해 보세요. 실습 과정은 다음 동영상 강의에서도 확인할 수 있습니다. **Link** 목록 상자를 활용하여 입력할 목록을 제한하는 방법은 179쪽에서 다룹니다.

https://youtu.be/rDAMGtKJZyg

01 02-008.xlsx 예제 파일을 실행하여 사용된 쿠폰번호가 입력되면 오류 메시지를 출력되도록 설정하겠습니다. ❶ [B]열 머리글을 클릭해서 [B]열을 모두 선택한 후 ❷ [데이터] 탭-[데이터 도구] 그룹에서 [데이터 유효성 검사]를 클릭합니다.

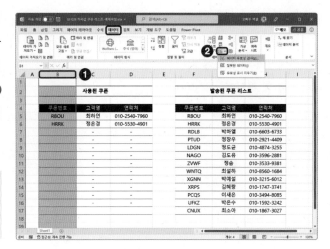

TIP 중복 데이터 입력을 제한할 범위가 열 전체가 아니라 일부라면 해당 범위만 선택한 후 [데이터 유효성 검사]를 클릭합니다.

02 '데이터 유효성' 대화상자가 열리면 ❶ [설정] 탭을 클릭한 후 ❷ [제한 대상] 옵션을 **사용자 지정**으로 설정하고, ❸ [수식] 입력란에 =COUNTIF($B:$B,B1)<=1을 입력합니다. Link COUNTIF 함수는 355쪽에서 자세히 다룹니다.

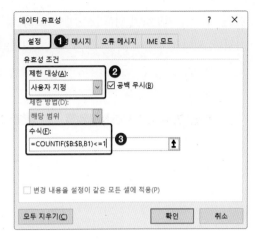

수식 이해하기 =COUNTIF($B:$B, B1) <= 1

COUNTIF 함수는 COUNTIF(범위, 조건) 형태로 사용하여 범위에서 조건에 맞는 셀의 개수를 구합니다. 위 수식은 [B]열 전체($B:$B)에서 [B1]셀(현재 활성화된 셀)과 값이 같은 셀의 개수가 1개 이하일 때 TRUE를 반환합니다. 즉, 입력한 내용과 같은 값을 최대 1개까지만 허용한다는 말로, 중복 값을 제한하는 수식입니다. 만약 [B]열 전체가 아니라 특정 범위를 선택했다면 다음과 같이 수식을 입력합니다.

=COUNTIF($범위, 활성화된 셀 주소) <= 1

위 수식을 작성할 때 가장 중요한 것은 범위에서 현재 활성화된 셀을 조건으로 지정해야 한다는 점입니다. 특정 범위가 선택 중일 때 활성화된 셀의 주소는 수식 입력줄 왼쪽에 있는 이름 상자에서 확인할 수 있습니다.

▲ 범위 선택 중에 이름 상자에서 활성화된 셀 주소를 확인할 수 있습니다.

---

03 계속해서 '데이터 유효성' 대화상자의 ❶ [오류 메시지] 탭을 클릭합니다. ❷ 중복 값을 입력했을 때 표시될 [제목]과 [오류 메시지] 내용을 입력한 후 ❸ [확인] 버튼을 클릭하여 마무리합니다.

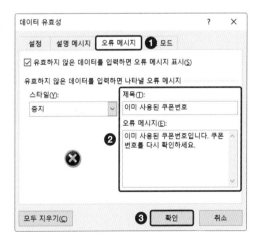

04 결과를 확인하기 위해 [B7]셀에 [B6]셀의 쿠폰번호와 같은 값인 **HRRK**를 입력한 후 Enter를 눌러 봅니다. 이미 입력된 쿠폰번호를 중복으로 입력했으므로 앞서 설정한 오류 메시지가 나타납니다.

발송된 쿠폰 리스트로 입력 제한하기

위 문서가 완벽하려면 중복된 쿠폰을 입력할 수 없으면서 동시에 오른쪽 발송된 쿠폰 리스트에 있는 쿠폰번호만 입력할 수 있어야 합니다. 입력 목록만 제한한다면 '데이터 유효성' 대화상자의 [설정] 탭에서 [제한 대상]을 **목록**으로 설정하고 [원본] 입력란에 발송된 쿠폰 리스트인 **=$F$5:$F$17**를 입력하면 됩니다. 하지만, 동일한 범위에서 데이터 유효성 검사는 1가지만 지정할 수 있습니다. 그러므로 이전과 동일한 방법으로 [제한 대상]은 **사용자 지정**으로 놓고 [수식] 입력란을 다음과 같이 입력하여 중복 값과 입력 목록을 동시에 관리할 수 있습니다.

=AND(COUNTIF($B:$B,B1)〈= 1, COUNTIF($F:$F,B1) 〉= 1)

AND 함수는 지정한 조건을 모두 만족할 때 TRUE를 반환합니다. AND 함수의 조건으로 추가한 COUNTIF($B:$B, B1)〈= 1는 사용된 쿠폰에 중복 값이 있는지 검사하고, COUNTIF($F:$F,B1) 〉= 1는 입력된 값이 [F]열에 있는 발송된 쿠폰 중 하나인지 검사합니다. 따라서 위 함수식을 사용하면 입력된 값이 [B]열에는 없고, [F]열에는 있어야만 정상적으로 입력됩니다.

 **실무 활용** **빅데이터 집계를 위한 이름 정의 및 활용하기**

여러 회사에서 자동화, ERP(전사적 자원 관리 프로그램)를 도입하면서 대부분의 엑셀 작업이 중앙 관리 프로그램에서 데이터를 다운로드하여 집계하는 일로 바뀌는 추세입니다. 엑셀에서는 이러한 데이터 집계를 간편하게 처리할 수 있는 다양한 함수와 기능을 제공하고 있지만, 제대로 활용하는 사람은 많지 않습니다.

매출 현황이 정리되어 있는 **02-009.xlsx** 예제 파일을 실행한 후 SUM, AVERAGE 함수 같은 기초 함수를 사용하여 빅데이터를 집계할 때 활용하면 편리한 이름 정의 방법을 실습해 보겠습니다. 이 방법은 일부 제한 사항이 있으나, 중앙 관리 프로그램에서 다운로드한 원본 엑셀 데이터를 사용한다면 대부분 적용할 수 있습니다. 실습 과정은 다음 동영상 강의에서도 확인할 수 있습니다.

https://youtu.be/O8LCwOBLrGk

01 **행/열 머리글로 이름 정의** 예제 파일에서 이름 정의할 **[B5:J17]** 범위를 선택합니다. 이름을 참조하기 위하여 머리글을 포함해서 선택했습니다.

02 ❶ [수식] 탭–[정의된 이름] 그룹에서 [선택 영역에서 만들기]를 클릭하거나 Ctrl + Shift + F3 을 누릅니다. ❷ '선택 영역에서 이름 만들기' 대화상자가 열리면 [첫 행]과 [왼쪽 열]에 체크한 후 ❸ [확인] 버튼을 클릭합니다.

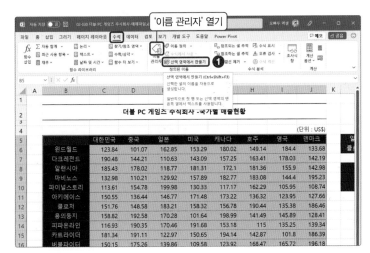

03 결과를 확인하기 위해 ❶ [수식] 탭-[정의된 이름] 그룹에서 [이름 관리자]를 클릭하여 '이름 관리자'를 엽니다. [B5:J17] 범위의 각 행과 열 머리글이 '이름'으로, 머리글을 제외한 각 행과 열이 '범위'로 일괄 이름 정의된 것을 확인할 수 있습니다. ❷ [닫기] 버튼을 클릭하여 '이름 관리자'를 닫습니다.

오빠두! 특강

이름 정의 사용 시 주의할 점

이름 정의 사용 시 다음과 같은 규칙에 유의해야 합니다.

· 이름은 숫자로 시작할 수 없으며, 띄어쓰기를 포함할 수 없습니다. 숫자로 시작하거나 띄어쓰기를 표현하고 싶다면 언더바(_)를 이용하여 _5월_합계처럼 입력합니다.

· 셀 주소(A1, B1 등)는 이름으로 정의할 수 없습니다.

· 이름 정의 범위는 대소문자를 구분하지 않습니다. 예를 들어, 'Total'과 'total'은 같은 이름으로 취급됩니다.

04 정의한 이름 활용 SUM 함수의 인수로 정의한 이름을 사용하여 범위의 합계를 구해 보겠습니다. [M5]셀에 **=SUM(일본)**을 입력하고 Enter 를 눌러 실행합니다. '일본'이라는 이름으로 정의된 범위(E6:E17)의 합계가 구해집니다.

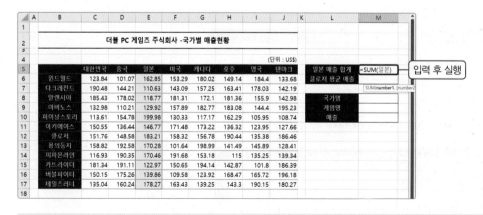

TIP 이처럼 수많은 데이터가 있을 때 행/열 머리글을 활용하여 이름으로 정의하면 손쉽게 데이터를 집계할 수 있습니다.

05 계속해서 범위의 평균을 구하는 AVERAGE 함수를 사용하여 '클로저'라는 게임의 평균 매출을 구해 보겠습니다. [M6]셀에 **=AVERAGE(클로저)**를 입력한 후 Enter를 눌러 실행합니다.

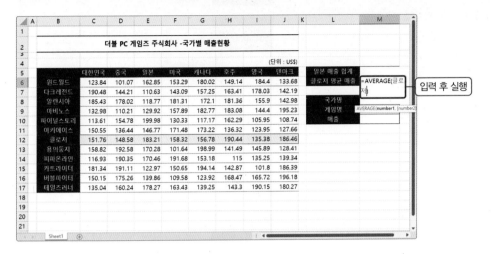

06 정의한 이름을 데이터 유효성 검사와 접목해 보겠습니다. ❶ [M8]셀을 선택한 후 ❷ [데이터] 탭–[데이터 도구] 그룹에서 [데이터 유효성 검사]를 클릭하여 '데이터 유효성' 대화상자를 엽니다. ❸ [설정] 탭에서 [제한 대상] 옵션을 **목록**으로 설정한 후 ❹ [원본] 입력란에 국가 목록인 **=$C$5:$J$5**를 입력하고, ❺ [확인] 버튼을 클릭합니다.

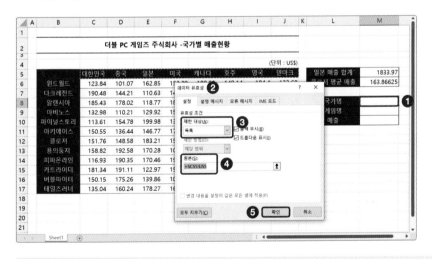

TIP [원본] 입력란을 채울 때는 범위를 직접 입력하거나, 입력란을 클릭한 후 시트에서 해당 범위를 드래그하는 방법으로 입력할 수도 있습니다.

07 [M9]셀에는 앞서와 같은 방법으로 게임명 목록인 [B6:B17] 범위를 제한 대상 목록으로 추가하면 다음과 같이 각 국가와 게임을 선택할 수 있는 목록 상자가 완성됩니다.

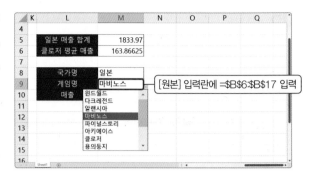

08 ❶ [M8]셀에서 **일본**을, [M9]셀에서 **다크레전드**를 선택한 후 ❷ [M10]셀에 **=INDIRECT(M8) INDIRECT(M9)**를 입력한 후 Enter를 눌러 실행해 봅니다. 결과 값으로 일본의 다크레전드 게임의 매출이 표시됩니다.

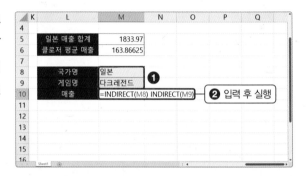

수식 이해하기 =INDIRECT(M8) INDIRECT(M9)

INDIRECT 함수는 함수 안에 입력된 값으로 범위를 직접 참조합니다. 즉, 이름으로 정의한 '일본'과 '다크레전드' 범위를 참조합니다. 그리고 두 범위를 띄어쓰기로 연결하면 겹치는 값을 반환합니다. 그러므로 실습에서는 '일본'과 '다크레전드'라는 이름으로 지정한 범위에서 겹치는 지점인 [E7]셀 값이 반환됩니다.

🎯 **실무 상식** | **서로 다른 시트/표를 동시에 띄워 놓고 비교하자**

실무에서는 한 화면 안에 담기지 않는 많은 양의 데이터가 입력된 표를 다룰 일이 많습니다. 그리고 이러한 표가 한쪽 방향으로 길게 되어 있을 때 서로 다른 항목의 값을 비교하려면 여간 번거로운 일이 아닐 수 없습니다. 엑셀에는 이런 상황에서 좀 더 쉽게 데이터를 비교할 수 있도록 다양한 기능을 제공합니다. 대표적으로 나누기, 새 창, 틀 고정, 그리고 동시 스크롤 기능이 있으며, 모두 [보기] 탭의 [창] 그룹에서 실행할 수 있습니다.

02-010.xlxs 예제 파일을 실행한 후 각 기능을 실습해 보세요.

나누기 기능 경계가 되는 위치의 셀을 선택한 후 [보기] 탭–[창] 그룹에서 [나누기]를 클릭하면 선택한 셀의 위쪽과 왼쪽을 기준으로 시트가 4등분됩니다. 다시 [나누기]를 클릭하면 나누기가 해제됩니다.

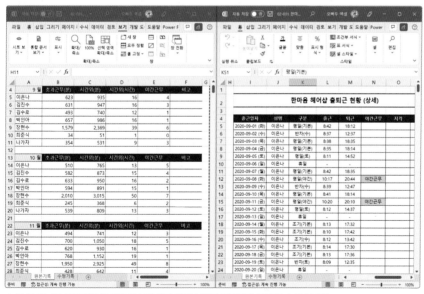

▲ 나누기 기능은 한 시트를 4등분하여 비교할 수 있습니다.

> **TIP** 시트를 나눈 후에는 각 영역에서 마우스 휠을 이용해 상하 데이터를 비교할 수 있고, Windows 10 이상에서 엑셀 2019/ M365 이후 버전을 사용 중이라면 Ctrl + Shift 를 누른 채로 마우스 휠을 이용해 좌우 데이터를 비교할 수 있습니다.

새 창 기능(2013 이후 버전) [보기] 탭–[창] 그룹–[새 창]을 클릭하면 현재 열려 있는 통합 문서가 [통합 문서1.xlsx –1], [통합 문서1.xlsx –2] 형태로 분리되며, 새 창의 개수는 2개 이상으로 여러 개 생성할 수 있습니다. 이러한 새 창 기능을 사용하면 한 시트에서 서로 다른 위치를 확인하거나, 한 통합 문서 안의 서로 다른 시트도 편리하게 비교할 수 있습니다.

▲ 새 창 기능을 이용하면 한 통합 문서의 서로 다른 시트를 편리하게 비교할 수 있습니다.

틀 고정 기능 틀 고정 기능은 행 또는 열 단위로 일정 범위가 항상 보이도록 고정하는 기능입니다. 고정할 기준이 되는 셀을 선택한 후 [보기] 탭-[창] 그룹에서 [틀 고정]을 클릭해서 실행하면 선택한 셀의 왼쪽과 위쪽을 기준으로 틀 고정이 적용됩니다. 02-010.xlxs 예제 파일의 [수정기록] 시트에서 [B5]셀을 선택한 후 틀 고정을 실행하면 표의 머리글을 항상 고정해서 표시할 수 있습니다. Link 틀 고정 기능은 160쪽 에서 자세히 설명합니다.

TIP Alt → W → F → F 를 순서대로 눌러도 틀 고정을 실행할 수 있습니다.

동시 스크롤 기능 2개의 창을 나란히 열고 양쪽 창을 동시에 조절할 수 있는 기능입니다. 단, 같은 통합 문서로 나란히 보기 상태일 때만 사용할 수 있는 기능으로, [보기] 탭-[창] 그룹에서 [새 창]을 클릭해서 같은 통합 문서 창을 2개 열고, [보기] 탭-[창] 그룹에서 [나란히 보기]와 [동시 스크롤]을 순서대로 클릭합니다. 이제 마우스 휠을 스크롤하면 양쪽 창에서 데이터가 스크롤됩니다.

TIP 동시 스크롤 기능은 같은 통합 문서의 시트에서만 사용할 수 있으므로, 비교해야 할 시트가 다른 통합 문서에 있다면 현재 실행 중인 통합 문서로 복사한 후 사용합니다. 시트를 다른 통합 문서로 복사할 때는 시트의 탭을 [마우스 우클릭] 후 [이동/복사]를 선택합니다.

LESSON 04

엑셀 데이터 가공을 위한 텍스트 나누고 합치기

예제 파일 02-011.xlsx, 02-012.xlsx, 02-013.xlsx 실무에서 데이터를 가공할 때면 텍스트를 나누거나 합치는 과정이 필연적으로 포함됩니다. 그만큼 텍스트를 효율적으로 나누거나 합칠 수 있다면 업무 속도도 크게 향상될 수 있는데요, 여기서는 텍스트를 나누거나 합치는 방법을 상황별로 나누어 살펴보겠습니다.

엑셀 기초 엑셀에서 제공하는 텍스트 나누기 방법 4가지

엑셀에서 기본으로 제공되는 텍스트 나누기 방법은 크게 4가지로 구분할 수 있습니다. 실무에서 요구되는 대부분의 텍스트 나누기 작업은 빠른 채우기와 텍스트 나누기로 해결할 수 있으며, 텍스트 관련 함수를 사용하면 업무를 자동화할 수 있습니다. 아래 표에서 각 방법의 특징과 제한 사항을 살펴보세요. 실습 과정은 다음 동영상 강의에서 확인할 수 있습니다.

Link 빠른 채우기 기능은 039쪽, 텍스트 함수는 366쪽에서 자세히 설명합니다.

https://youtu.be/O3hMXrcySkg

TIP 4가지 방법의 중요도는 **빠른 채우기 〉 텍스트 나누기 〉 텍스트 함수 〉 양쪽 맞춤 채우기** 순서입니다.

기능	특징	제한 사항
양쪽 맞춤 채우기	• 문장을 일정한 너비로 나눠 세로 방향으로 채울 때 사용 • 열 너비에 맞춰 텍스트를 아래쪽 방향으로 자동 분할	• 최대 255자까지 사용 • 정해진 너비로만 텍스트를 나눌 수 있음
빠른 채우기	• 세로 방향으로 입력된 데이터에서 특정 패턴을 기준으로 나누거나 추출할 때 사용 • 입력되어 있는 데이터의 패턴을 인식하여 세로 방향의 데이터를 자동으로 입력	• 세로 방향으로만 사용 • 반드시 동일한 패턴으로 입력되어 있어야 함 • 엑셀 2013 이후 버전에서 사용 가능
텍스트 나누기	• 구분 기호나 정해진 너비를 기준으로 나눌 때 사용 (실무에서 구분 기호로 나누는 작업은 빠른 채우기를 사용하는 것이 더욱 효율적일 때가 많음)	• 나누어진 텍스트는 선택한 범위의 오른쪽으로 입력됨 • 원본이 나누어지므로, 원본은 별도로 보관하는 것이 좋음
텍스트 함수	• 수시로 변하는 내용을 자동으로 나눌 때 사용 • LEFT, MID, RIGHT, FIND 함수 등을 사용함 **Link** 함수 관련 설명은 340쪽부터 자세히 소개합니다.	• 너비 기준으로 나누는 것은 간단하지만, 구분 기호를 기준으로 나눌 때는 제약이 많음

실무 활용 양쪽 맞춤 채우기로 텍스트 나누기

예제 파일을 실행한 후 [과일채소명] 시트를 보면 [A1:A3] 범위에 세 글자로 이루어진 과일, 채소 이름이 띄어쓰기나 구분 기호 없이 나열되어 있습니다. 이럴 때는 양쪽 맞춤 채우기 기능을 사용하면 지정한 너비에 따라 세로 방향으로 손쉽게 분리할 수 있습니다.

01 02-011.xlsx 예제 파일의 [과일채소명] 시트에서 한 개의 과일/채소 명칭만 보이도록 [A]열 너비를 조절합니다.

TIP [A]열과 [B]열 머리글의 경계를 좌우로 드래그하면 [A]열 너비를 조절할 수 있습니다.

너비 조절

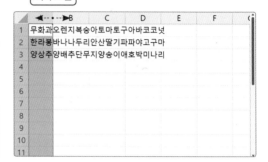

02 [A]열 전체를 선택하거나 ❶ 나누기할 텍스트가 입력된 [A1:A3] 범위만 선택한 후 ❷ [홈] 탭-[편집] 그룹에서 [채우기]-[양쪽 맞춤]을 선택합니다.

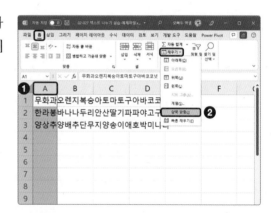

03 '선택한 범위 아래로 텍스트가 확장됩니다.'라는 안내 메시지가 나오면 [확인] 버튼을 클릭합니다. [A]열 너비에 맞게 각 셀의 내용이 세로 방향으로 분리되어 입력됩니다.

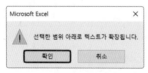

TIP 양쪽 맞춤 채우기 기능은 최대 255자까지만 사용할 수 있으며, 255자를 초과하는 문장이라면 255자 이후의 내용이 지워집니다.

텍스트 나누기 마법사를 이용하면 3단계로 손쉽게 텍스트를 나눌 수 있습니다. 예제 파일을 실행한 후 [**스토어매출**] 시트를 보면 고객별 주문 현황이 정리되어 있으며, [**B**]열에는 '구분 – 연도 – 주문ID' 형태로 주문번호가 입력되어 있습니다. 실제 업무에서는 주문ID만 따로 구분되어 있는 것이 좋으므로 텍스트 나누기 마법사를 이용하여 별도의 열로 나눠 보겠습니다.

01 02-011.xlsx 예제 파일의 ❶ [**스토어매출**] 시트에서 ❷ [C]열 머리글을 클릭해서 선택한 후 ❸ Ctrl +Shift+ = 을 2번 누릅니다. 다음과 같이 새로운 [C]열과 [D]열을 추가됩니다.

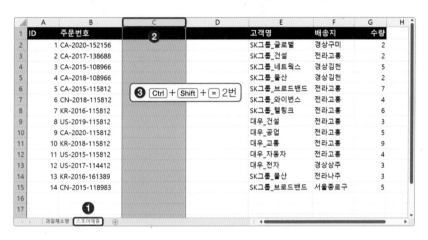

> **TIP** 새로운 열을 삽입하면 선택 중인 열 왼쪽에 삽입됩니다. [C]열 머리글에서 [마우스 우클릭] 후 [삽입]을 선택하여 새로운 열을 추가할 수도 있습니다.

02 ❶ 텍스트 나누기할 [**B2:B15**] 범위를 선택한 후 ❷ [**데이터**] 탭 – [**데이터 도구**] 그룹에서 [**텍스트 나누기**]를 클릭합니다.

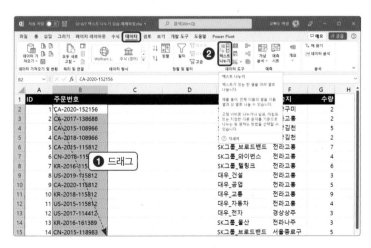

03 ❶ '텍스트 마법사'가 열리면 1단계에서 [**구분 기호로 분리됨**]을 선택한 후 ❷ [**다음**] 버튼을 클릭합니다.

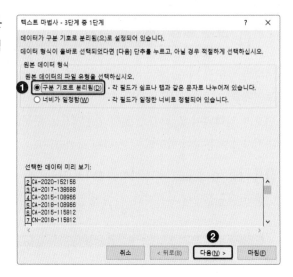

04 ❶ 2단계에서는 [**기타**]에 **체크**한 후 입력란에 ❷ −(하이픈)을 입력합니다. ❸ 미리 보기에서 하이픈을 기준으로 텍스트가 나눠진 것을 확인한 후 ❹ [**다음**] 버튼을 클릭합니다.

05 ❶ 3단계에서 '열 데이터 서식'을 [**일반**]으로 선택한 후 ❷ [**마침**] 버튼을 클릭합니다.

> **TIP** 나누어진 데이터의 서식이 날짜나 숫자 형식의 텍스트 (전화 번호, 주민번호 등)라면 해당 서식을 선택하면 됩니다.

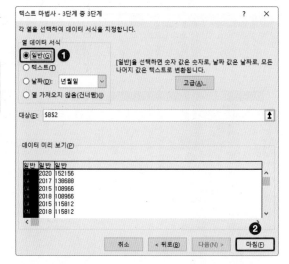

06 선택한 범위를 기준으로 오른쪽 열에 나누어진 텍스트가 입력됩니다. 내용을 구분하기 위해 필드명으로 **연도, 주문ID**를 입력하여 마무리합니다.

TIP 텍스트 나누기를 자주 사용한다면 엑셀 함수를 사용하여 텍스트 나누기를 자동화할 수 있습니다. 자세한 방법은 다음 동영상 강의를 참고하세요.

https://youtu.be/jq4wclapWZ0

여러 규칙으로 텍스트 마법사 활용하기

다음과 같이 활용하기에 따라 다양한 규칙으로 텍스트 나누기를 사용할 수 있습니다.

줄 바꿈 기호로 텍스트 나누기: 하나의 셀에서 Alt + Enter 를 눌러서 줄 바꿈으로 여러 문장을 입력했을 때도 텍스트 마법사를 이용하여 여러 셀에 나눠서 입력할 수 있습니다.

02-011.xlsx 예제 파일의 [마케팅키워드] 시트를 보면 다음과 같이 줄 바꿈으로 나뉘어진 여러 문장이 있습니다.

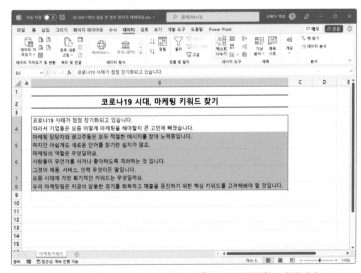

▲ 텍스트 마법사를 활용하면 줄 바꿈으로 입력된 내용도 나눠서 입력할 수 있습니다.

텍스트 마법사를 실행한 후 1단계에서 [구분 기호로 분리됨]을 선택하고, 2단계에서 [기타]에 **체크**한 후 입력란에서 줄 바꿈 기호의 단축키인 Ctrl + J 를 누르면 각 셀의 문장이 줄 바꿈을 기준으로 분리됩니다.

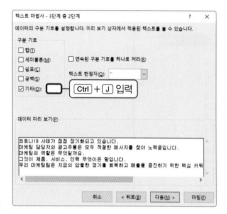
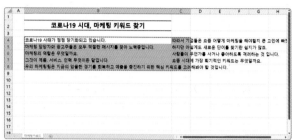

일정한 너비로 텍스트 나누기: 텍스트 마법사를 이용하여 일정한 너비의 텍스트를 나눌 때는 1단계에서 [너비가 일정함]을 선택한 후 2단계의 미리 보기에서 나누고 싶은 기준 위치를 원하는 만큼 마우스로 클릭하여 구분합니다.

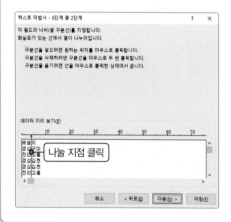

TIP 추가한 구분선을 취소하려면 해당 구분선을 더블 클릭하고, 구분선의 위치를 변경하려면 구분선을 드래그합니다.

🏃 실무 활용 │ 여러 줄을 한 줄로 합치거나 한 줄을 여러 줄로 분리하기

엑셀 데이터를 입력할 때 한 셀에서 Alt + Enter 를 눌러 줄 바꿈하거나, 쉼표 등으로 구분하여 여러 항목을 입력하곤 합니다. 문제는 이후 구조를 변경할 때 발생합니다. 예를 들어, 줄 바꿈으로 입력한 항목들을 쉼표로 구분하여 한 줄로 입력해야 한다면 어떻게 해야 할까요? 반대로 한 문장에서 마침표(.)를 기준으로 줄 바꿈하고 싶다면 어떻게 해야 할까요?

줄 바꿈하여 입력한 내용을 한 줄로 합치기

예제 파일을 실행한 후 [요일별출근표] 시트를 보면 요일별로 출근하는 직원의 이름이 줄 바꿈으로 구분되어 있습니다. 각 셀에 있는 이름을 쉼표로 구분하여 한 줄로 입력해 보겠습니다.

01 02-012.xlsx 예제 파일의 ❶ [요일별출근표] 시트에서 ❷ 직원 이름이 입력된 [C5:G9] 범위를 선택한 후 ❸ [홈] 탭-[편집] 그룹에서 [찾기 및 선택]-[바꾸기]를 선택하거나 Ctrl+H를 누릅니다.

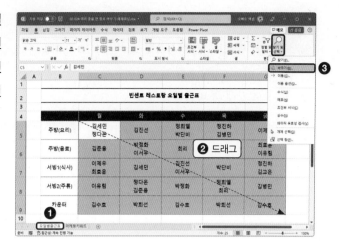

02 '찾기 및 바꾸기' 대화상자가 열리면 ❶ [찾을 내용] 입력란에서 줄 바꿈 기호를 입력하는 단축키 Ctrl+J를 누르고, ❷ [바꿀 내용] 입력란에 ,(쉼표)를 입력한 후 ❸ [모두 바꾸기] 버튼을 클릭합니다.

> **TIP** 줄 바꿈 기호를 입력하면 커서가 한 칸 아래로 내려가 깜빡입니다. 줄 바꿈 기호는 입력란에서 쉽게 확인하기 어렵고, 여러 번 반복해서 입력하면 오류가 발생할 수 있으므로 주의해서 입력해야 합니다.

03 총 10개 항목이 줄 바꿈에서 쉼표(,)로 바뀌고, 안내 메시지가 표시됩니다. [확인] 버튼을 클릭하여 찾기 및 바꾸기를 완료합니다.

> **TIP** 만약 '바꿀 대상을 찾지 못했습니다.'라는 오류 메시지가 표시되면 줄 바꿈 기호를 여러 번 입력했거나 잘못 입력했을 가능성이 큽니다. [찾을 내용] 입력란을 깨끗하게 지운 후 다시 Ctrl+J를 눌러 줄 바꿈 기호를 입력한 후 실행해 보세요.

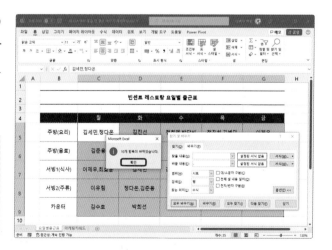

마침표를 기준으로 줄 바꿈하기

앞서 실습과 반대로, 특정 기호를 줄 바꿈으로 대체할 수 있습니다. 예제 파일의 **[마케팅키워드]** 시트에는 마케팅 관련 뉴스 기사 문단이 입력되어 있습니다. 내용을 좀 더 쉽게 파악할 수 있도록 각 셀에서 마침표(.)를 기준으로 강제 줄 바꿈해 보겠습니다.

01 02-012.xlsx 예제 파일의 ❶ **[마케팅키워드]** 시트에서 기사가 입력된 ❷ **[B4:B8]** 범위를 선택한 후 ❸ **[홈]** 탭-**[편집]** 그룹에서 **[찾기 및 바꾸기]**-**[바꾸기]**를 선택합니다.

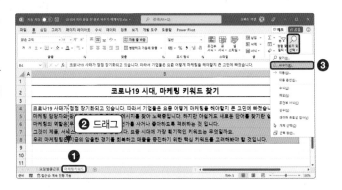

02 ❶ **[찾을 내용]** 입력란에 . (마침표와 공백)을 입력하고 ❷ **[바꿀 내용]** 입력란에서 . (마침표)와 Ctrl+J를 눌러 줄 바꿈 기호를 추가한 후 ❸ **[모두 바꾸기]** 버튼을 클릭합니다.

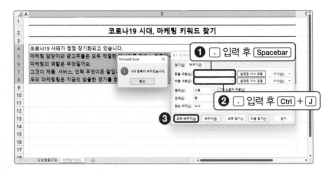

> **TIP** 찾을 내용에 마침표 후 공백을 한 칸 추가하는 것은 문단 마지막에 입력된 마침표는 찾지 않고, 중간에 있는 마침표만 찾기 위해서입니다.

03 줄 바꿈이 되었으나 행 높이가 좁아서 모든 문장이 보이지 않습니다. 범위가 선택된 상태에서 **[홈]** 탭-**[셀]** 그룹에서 **[서식]**-**[행 높이 자동 맞춤]**을 선택합니다. 행 높이가 자동으로 조정되어 줄 바꿈한 문장이 모두 표시됩니다.

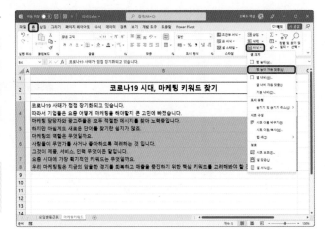

> **TIP** 단축키 Alt─H─O─A를 순서대로 눌러 행 높이 자동 맞춤을 빠르게 실행할 수도 있습니다.

SUBSTITUTE 함수로 줄 바꿈하기

쉼표로 구분하여 한 줄로 입력한 이름을 SUBSTITUTE 함수를 사용하여 여러 줄로 변경해 보겠습니다.

SUBSTITUTE 함수는 찾기 및 바꾸기 기능의 함수 버전이라고 할 수 있으며, **=SUBSTITUTE(문자열, 찾을 문자, 새로운 문자, [바꿀 지점])** 형식으로 사용합니다. **Link** 함수 관련 자세한 설명은 376쪽을 참고하세요.

01 02-012-완성.xlsx 예제 파일의 **①** [요일별 출근표] 시트에서 **②** [I5]셀에 =SUBSTITUTE(C5, ",", CHAR(10))을 입력한 후 [Enter]를 눌러 실행합니다.

> **수식 이해하기** CHAR 함수는 숫자 코드를 입력하여 해당 코드의 기호를 반환하는 함수로, CHAR(10)은 줄 바꿈 기호를 반환합니다. 즉, 위 수식은 [C5]셀에서 쉼표(,)를 찾아 줄 바꿈 기호로 바꾸는 명령입니다. CHAR(10)은 줄 바꿈, 실무에서 자주 사용하므로 기억해 놓으면 유용합니다.

02 [I5]셀에 결과가 표시되면 자동 채우기 핸들을 드래그하여 원본 표 범위(C5:G9)만큼 **①** 오른쪽과 **②** 아래로 자동 채우기를 실행합니다.

03 자동 채우기를 실행했더니 쉼표만 사라지고 여전히 한 줄로 표시됩니다. 셀에 자동 줄 바꿈이 적용되지 않아서 그렇습니다. 범위가 선택된 상태에서 [홈] 탭-[맞춤] 그룹에서 [자동 줄 바꿈]을 클릭하여 완성합니다.

위와 같이 별도의 위치에 함수로 얻은 결과는 원본 데이터(C5:G9)가 변경되면 결과도 실시간으로 업데이트됩니다. 그러므로 최종으로는 함수로 얻은 결과를 선택해서 복사한 후 원본 위치에 선택하여 붙여넣기 기능으로 값만 붙여 넣는 것이 좋습니다. **Link** 항목을 값으로 붙여 넣는 방법은 079쪽을 참고하세요.

 **실무 활용** █ **여러 열에 입력된 내용을 간단하게 한 열로 합치기**

예제 파일을 실행해 보면 [B]열과 [C]열로 나뉘어서 내용이 입력되어 있습니다. 데이터를 정리할 때면 이렇게 여러 개의 열로 구분된 데이터를 한 열로 합쳐야 할 때가 있습니다. 엑셀 기본 기능으로는 아무리 떠올려도 방법이 생각나지 않고, 인터넷에 검색해 보면 복잡한 함수 공식이나 매크로를 사용하는 방법만 소개되어 있습니다. 하지만, 엑셀과 워드를 함께 활용하면 복사와 붙여넣기 기능만으로 간단하게 해결할 수 있습니다.

01 02-013.xlsx 예제 파일에서 [B4:C8] 범위를 선택한 후 Ctrl+C를 눌러 나눠진 모든 텍스트를 복사합니다.

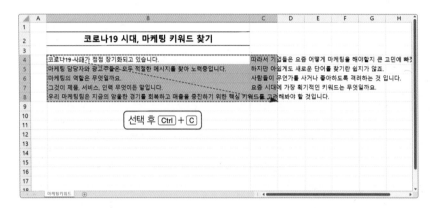

02 워드(Word) 프로그램을 실행하여 새 문서를 열고 그대로 Ctrl+V를 눌러 복사한 내용을 붙여 넣습니다. 엑셀에서처럼 여전히 2개의 열로 구분되어 있습니다.

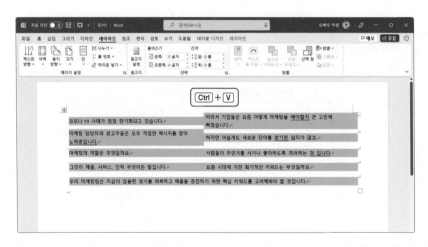

TIP 편의상 용지 방향을 가로로 설정했으나 기본 값인 세로 방향에서 진행해도 괜찮습니다.

03 ❶ 워드에서 텍스트(표 형식) 안을 클릭한 후 ❷ [레이아웃] 탭-[데이터] 그룹에서 [텍스트로 변환]을 클릭합니다. ❸ '표를 텍스트로 변환' 대화상자가 열리면 [단락 기호]를 선택한 후 ❹ [확인] 버튼을 클릭합니다.

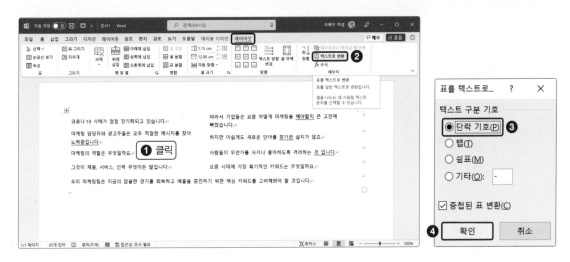

04 표 형식이 줄 바꿈 기호로 구분된 텍스트로 변환됩니다. 이제 워드의 텍스트를 복사해서(Ctrl+C) 엑셀에 붙여넣기하면(Ctrl+V) 여러 열에 입력된 내용이 한 열로 변경됩니다. 만약, 한 셀에 모든 텍스트를 입력하고 싶다면 셀을 더블 클릭하여 편집 모드에서 붙여넣기를 실행합니다.

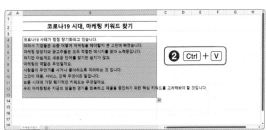

TIP 파워 쿼리를 활용하면 더욱 편리하게 작업할 수 있습니다. 파워 쿼리를 활용한 방법은 다음 동영상 강의를 참고하세요.

https://youtu.be/IktFc9DTFNQ

MEMO

CHAPTER 03

보고서가 달라지는
서식 활용법

엑셀로 하는 데이터 시각화는 표와 차트, 2가지로 나눌 수 있습니다.
함수나 피벗 테이블을 사용하여 데이터를 잘 가공하는 것도 중요하지만
가공된 데이터를 효과적으로 시각화하는 것 역시 실무자라면 반드시 숙지해야 할 핵심 역량입니다.
아래 그림과 같이 셀 서식만 잘 활용해도 보다 간결하면서 한 눈에 이해하기 쉬운
깔끔한 보고서를 작성할 수 있습니다.

	종목	기호	거래소	종가	변동%	시가총액	거래량
3	삼성전자	005930	서울	46,950	▲10.47	283.34T	49.49M
4	삼성전자우	005935	서울	39,150	▼3.20	283.34T	4.13M
5	SK하이닉스	000660	서울	78,700	▲13.40	50.52T	7.21M
6	삼성바이오로직스	207940	서울	476,000	▼9.17	28.85T	505.99K
7	네이버 주식회사	035420	서울	156,000	▲9.09	23.49T	959.85K
8	셀트리온	068270	서울	184,000	▲5.14	22.46T	3.88K
9	LG화학	051910	서울	288,000	▲7.46	18.92T	954.55K
10	LG 화학	051915	서울	127,500	▼8.50	18.92T	44.82K
11	LG생활건강	051900	서울	1,140,000	▲7.32	17.99T	69.59K
12	LG생활건강우	051905	서울	636,000	▼0.63	17.99T	8.32K
13	현대차	005380	서울	74,800	▲8.56	17.56T	2.83M
14	현대차	005385	서울	44,200	▲4.62	17.56T	245.09K
15	현대차2우B	005387	서울	49,150	▼4.40	17.56T	107.31K
16	삼성SDI우	006405	서울	132,500	▲10.42	15.22T	81.78K
17	삼성SDI	006400	서울	246,500	▼0.20	15.22T	1.65M

LESSON 01

반드시 숙지해야 할
셀 서식 기초

예제 파일 03-001.xlsx 셀 서식이란 '셀 안에 입력된 데이터를 표시하는 방법'입니다. 셀 서식을 확인하거나 변경하고 싶다면 '셀 서식' 대화상자를 실행하면 됩니다. 여기서는 셀 서식의 표시 형식으로 들어가는 사용자 지정 서식을 올바르게 사용하기 위한 핵심 내용을 알아보겠습니다.

엑셀 기초 셀 서식 대화상자 살펴보기

셀에서 [마우스 우클릭] 후 [셀 서식]을 선택하거나 단축키 [Ctrl]+[1]을 누르면 [표시 형식], [맞춤], [글꼴], [테두리], [채우기] 탭으로 구성된 '셀 서식' 대화상자를 확인할 수 있습니다.

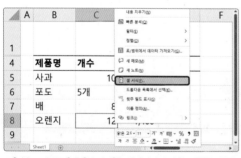 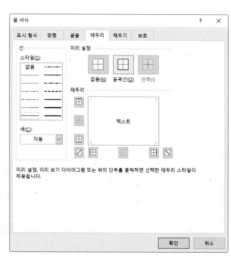

▲ [마우스 우클릭] 후 [셀 서식]을 선택하거나 단축키 [Ctrl]+[1]을 눌러 '셀 서식' 대화상자를 열 수 있습니다.

TIP '셀 서식' 대화상자에 있는 대부분의 옵션은 [홈] 탭의 [글꼴]과 [맞춤] 그룹에서도 대부분 설정할 수 있습니다. 셀 서식에 대한 자세한 설명은 다음 동영상 강의를 참고하세요.

https://youtu.be/dClmrMFohP0

'셀 서식' 대화상자에서 각 탭을 클릭하면서 관련 옵션을 살펴보세요. 화면에 보이는 대로 버튼을 클릭하여 손쉽게 설정할 수 있습니다. 이 책에서 가장 빈번하게 사용하는 옵션은 [표시 형식] 탭이며, 왼쪽 범주에서 적절한 항목을 선택하거나 [사용자 지정]을 선택한 후 자유자재로 표시 형식을 설정할 수 있습니다.

◀ [표시 형식] 탭의 범주에서 원하는 형식을 선택하거나
[사용자 지정]을 선택하고 직접 형식을 지정하여 사용합니다.

🎯 실무 상식 | 표시 형식은 겉으로 보이는 형식만 바꾼다

한 셀에 금액과 단위를 함께 입력하여 숫자와 문자가 혼용되어 있으면 수식 계산 시 오류가 발생합니다. 그렇다면 보고서를 작성하면서 수식을 이용해 원하는 결과를 얻고, 보기에도 좋게 단위까지 표시하고 싶다면 어떻게 해야 할까요?

03-001.xlsx 예제 파일을 실행해 보면 [B2:J8] 범위에 2개의 표가 있습니다. 왼쪽 표는 한 셀에 숫자와 문자를 혼용해서 작성되었고, 오른쪽 표는 숫자로만 입력하고, 셀 서식 중 표시 형식을 변경하였습니다. 간단한 실습으로 2개의 표를 비교해 보겠습니다.

01 03-001.xlsx 예제 파일을 열고 수식이 제대로 실행되는지 확인하기 위해 [E5]셀에 =C5*D5(개수*단가)을 입력한 후 Enter를 눌러 금액을 구합니다.

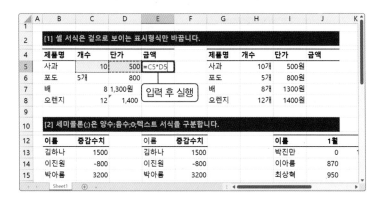

02 [E5]셀의 채우기 핸들을 [E8]셀까지 드래그하여 자동 채우기를 실행해 보세요. [금액] 필드에 값이 채워지지만 문자가 혼용된 셀 값이 수식에 사용된 곳에는 **#VALUE!** 오류가 나타납니다.

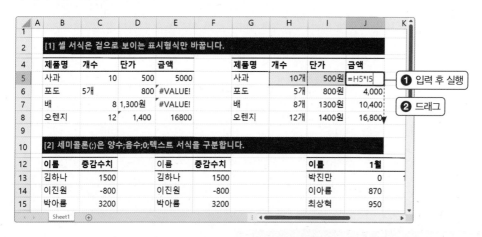

03 계속해서 오른쪽 표에서 [J5]셀에 **=H5*I5**를 입력한 후 실행하고, [J8]셀까지 자동 채우기를 실행합니다. '10개', '500원' 등으로 숫자와 문자가 혼용된 것처럼 보이지만 셀 서식을 적용한 것이므로 문제없이 수식이 계산됩니다.

04 오른쪽 표에서 셀 서식 적용 여부를 확인하기 위해 ❶ 단가가 입력된 **[I5:I8]** 범위를 선택한 후 ❷ **Ctrl**+**1**을 눌러 '셀 서식' 대화상자를 엽니다. ❸ **[표시 형식]** 탭의 **[사용자 지정]** 범주를 선택하고 ❹ **[형식]** 입력란을 보면 적용된 서식을 확인할 수 있습니다.

TIP 적용된 셀 서식이 서로 다른 범위를 선택하면 표시 형식을 올바르게 확인할 수 없습니다.

실무 상식 세미콜론으로 양수, 음수, 0, 텍스트 서식을 구분한다

셀 서식에서 표시 형식을 지정할 때 세미콜론이 사용된 개수에 따라 서식 적용 대상이 '양수, 음수, 0, 텍스트'인지를 구분합니다. 사용된 세미콜론에 개수에 따라 적용되는 대상은 아래 표와 같습니다.

개수	설명
없음	모든 숫자와 텍스트에 동일한 서식이 적용됩니다.
1개	'양수;음수'에 각각 서식이 적용됩니다.
2개	'양수;음수;0'에 각각 서식이 적용됩니다.
3개	'양수;음수;0;텍스트'에 각각 서식이 적용됩니다.

위와 같은 세미콜론 사용 규칙만 잘 활용하면 실무에서 작업하는 대부분의 표시 형식 문제를 손쉽게 해결할 수 있습니다.

음수를 괄호 안에 표시하는 서식 03-001.xlsx 예제 파일에서 ❶ **[C13:C17]** 범위를 선택한 후 ❷ **Ctrl** +**1**을 눌러 '셀 서식' 대화상자를 엽니다. ❸ **[표시 형식]** 탭에서 **[사용자 지정]** 범주를 선택한 후 ❹ **[형식]** 입력란에 0;(0);0으로 표시 형식을 지정하면 다음과 같이 음수에 괄호가 적용됩니다.

▲ 표시 형식을 0;(0);0으로 지정하면 음수를 괄호 안에 표시할 수 있습니다.

양수는 파란색, 음수는 빨간색으로 강조하는 서식 이전 값 대비 증감 수치를 표현할 때 양수는 파란색,
음수는 빨간색으로 표시하곤 합니다. 이때도 셀 서식을 활용하면 손쉽게 해결할 수 있습니다.

03-001.xlsx 예제 파일에서 ❶ [F13:F17] 범위를 선택한 후 ❷ '셀 서식' 대화상자에서 ❸ 사용자 지정 형
식을 ❹ [파랑]0;[빨강]-0;0으로 지정합니다. Link 자세한 실행 방법은 124쪽 을 참고하세요.

▲ 표시 형식을 [파랑]0;[빨강]-0;0으로 지정하면 색으로 구분할 수 있습니다.

0을 하이픈(-)으로 표시하는 서식 엑셀로 작성된 보고서에서 값이 0으로 표시된 셀이 많으면 산만해 보일 수 있습니다. 이럴 때는 0을 하이픈(−) 기호로 대체하거나 숨기면 더욱 깔끔한 보고서가 됩니다.

03-001.xlsx 예제 파일에서 **[J13:K17]** 범위를 선택한 후 사용자 지정 표시 형식을 **0;-0;-**으로 지정해 보세요. 0을 완전히 숨기려면 표시 형식을 **0;-0;**으로 지정하면 됩니다. **Link** 자세한 실행 방법은 **119쪽**을 참고하세요.

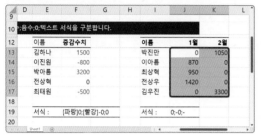 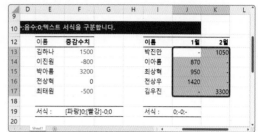

▲ 표시 형식을 **0;-0;-**으로 지정하면 0을 −으로 표시할 수 있습니다.

엑셀 기초 | **셀 서식에서 사용하는 다양한 표시 형식 살펴보기**

'셀 서식' 대화상자에서 사용자 지정 형식에 사용하는 대표적인 기호는 다음과 같이 총 11가지입니다.

기호	설명
0	숫자 1자리 표시(불필요한 0 포함)
#	숫자 1자리 표시(불필요한 0 제외)
?	숫자 1자리 표시(불필요한 0 제외, 여백 표시)
@	텍스트 서식
.(마침표)	소수점 단위
,(쉼표)	천 단위 구분(숫자 사이에 입력) 또는 천 단위 절사(표시 형식 마지막에 입력)
%	백분율 표시
/	소수점 이하를 분수로 표시
*	별표 이후 문자를 셀 너비 끝까지 반복
_ (언더바)	언더바 이후 문자만큼 여백 표시
[ ](대괄호)	특정 조건 또는 색상 적용

TIP 위 기호의 동작 원리는 실무에서 하나씩 사용하면서 자연스럽게 익히는 것이 좋으니, 지금 당장 외우려 애쓰지 않아도 괜찮습니다.

숫자 표시 형식 실무자라면 반드시 알아야 할 사용자 지정 표시 형식 구문이 한 가지 있는데요, 바로 천 단위 구분 기호를 표시하는 숫자 서식인 **#,##0**입니다. 천 단위마다 쉼표(,)로 구분 기호를 표시하는 이 서식만 잘 응용하면 실무에서 사용하는 90% 이상의 셀 서식 문제를 해결할 수 있습니다. 이외에도 대표적인 숫자 표시 형식은 다음과 같습니다.

표시 형식	표시되는 값	설명
G/표준	1000	일반 서식
0	1000	정수
#,##0	1,000	천 단위 구분 기호가 포함된 정수
#,##0"원"	1,000원	문자 '원' 표시
$#,##0.00	$1,000.00	$ 기호가 앞에 붙고, 소수점 둘째 자리까지 표시
#,##0,	1	천 단위 절사
#,##0,"천원"	1천원	천 단위 절사한 후 문자 '천원' 표시

날짜 표시 형식 셀 서식을 활용하면 날짜도 다양한 방법으로 표시할 수 있습니다. 날짜에 사용되는 표시 형식 기호는 다음과 같습니다.

표시 기호	설명
Y	연도를 표시합니다. YYYY를 입력하면 2021, 2022 형태로, YY를 입력하면 21, 22 형태로 표시됩니다.
M	월을 표시합니다. MM을 입력하면 0을 포함하여 01, 02 형태로, M을 입력하면 0을 포함하지 않고, 1, 2 형태로 표시됩니다. MMM을 입력하면 Jan, Feb 형태의 짧은 영문으로, MMMM을 입력하면 January, February 형태로 표시됩니다.
D	일을 표시합니다. DD를 입력하면 0을 포함하여 01, 02 형태로, D를 입력하면 0을 포함하지 않고, 1, 2 형태로 표시됩니다. DDD를 입력하면 Mon, Tue 형태의 짧은 영문으로, DDDD를 입력하면 Monday, Tuesday 형태로 표시됩니다.
A	한글 요일을 표시합니다. AAA를 입력하면 월, 화 형태로 짧게, AAAA를 입력하면 월요일, 화요일 형태로 표시됩니다.

숫자 변환 표시 형식 엑셀에서 견적서와 같은 서식에서 중요한 금액을 한글로 표시해야 할 때도 셀 서식을 활용할 수 있습니다. 엑셀은 기본적으로 4개의 한글/한자 표시 형식을 지원하며, 그 종류는 다음 표와 같습니다.

표시 형식	결과 값
G/표준	15500
[DBNum1]	一万五千五百(한자)
[DBNum2]	壹萬伍阡伍百(한자-갖은자)
[DBNum3]	万 千 百(단위만 한자)
[DBNum4]	일만오천오백(한글)

> **TIP** 숫자 변환 표시 형식은 '셀 서식' 대화상자의 [기타] 범주에서도 확인할 수 있습니다.

LESSON 02
실무자를 위한 셀 표시 형식 대표 예제

예제 파일 03-002.xlsx 사용자 지정 표시 형식을 활용하면 지정한 셀에 입력된 값을 다양한 방법으로 표시할 수 있습니다. 여기서는 실무에서 자주 사용되는 사용자 지정 표시 형식의 대표 사례 5가지를 살펴보겠습니다. 실습 과정은 다음 동영상 강의에서도 확인할 수 있습니다.

TIP 책에서 소개하는 사례 이외에 실무에서 자주 사용되는 15가지 이상의 사용자 지정 서식은 오빠두엑셀 홈페이지에서 확인할 수 있습니다.

https://www.oppadu.com/사용자-지정-서식-엑셀-셀-서식

🏃 실무 활용   0 지우거나 하이픈(-)으로 표시하기

- #,##0;-#,##0;;@ 0을 지우는 서식

- #,##0;-#,##0;-;@ 0 대신 하이픈을 표시하는 서식

03-002.xlsx 예제 파일을 실행한 후 [0지우기] 시트를 보면 회사 임직원의 본관 출입 횟수가 정리되어 있습니다. 이처럼 횟수나 금액을 표시하는 가계부, 회계 관련 보고서 등에서 0은 불필요한 데이터이므로 빈칸 또는 하이픈(-)으로 표시하면 더욱 깔끔한 보고서를 작성할 수 있습니다.

01 03-002.xlsx 예제 파일의 ❶ [0지우기] 시트에서 ❷ [C5:G17] 범위를 선택한 후 ❸ 단축키 Ctrl + 1 을 눌러 '셀 서식' 대화상자를 엽니다.

직원명	01/01	01/02	01/03	01/04	01/05
김병민	3	0	3	1	3
이제우	3	4	0	0	4
김준용	1	4	0	1	0
박정화	1	1	1	4	0
이서우	3	1		3	3
최리	1	4		2	4
김교은	1	3	0	3	0
최효윤	4	1	1	2	0
이유림	4	4	1	1	0
정재현	4		4	4	3
이윤후	1	1	1	1	1
김수호	4	3	4	0	3
박희선	3	1	1	1	

일자별 본관 출입 횟수

❷ 드래그

❸ Ctrl + 1

[0지우기] 날짜서식 | 주식보고서 | 간이견적서

02 ❶ '셀 서식' 대화상자의 [표시 형식] 탭에서 [사용자 지정] 범주를 선택한 후 ❷ [형식] 입력란에 #,##0;-#,##0;-;@를 입력하고 ❸ [확인] 버튼을 클릭합니다. 선택한 범위의 0이 모두 −(하이픈)으로 변경되어 깔끔한 보고서가 완성됩니다.

직원명	01/01	01/02	01/03	01/04	01/05
김병민	3	-	3	1	3
이제우	3	4			4
김준용	1	4		1	
박정화	1	1	1	4	-
이서우	3	1	2	3	3
최리	1	4	4	2	4
김교은	1	3		3	-
최효윤	4	1	1	2	4
이유림	4	4	1	1	-
정재현	4	-	4	4	3
이윤후	1	3	1	1	1
김수호	4	3	4	1	1
박희선	3	1	1	1	1

오빠두! 특강

다양한 방법으로 0 변경하기

실습 이외에 다음과 같은 방법으로 0을 변경할 수 있습니다.

회계 서식 사용 '셀 서식' 대화상자에서 [회계] 범주를 선택한 후 [소수 자릿수] 옵션에 0, [기호] 옵션에 **없음**으로 설정해 보세요. 앞서의 실습과 동일하게 0 대신 하이픈 기호로 표시할 수 있습니다. 하지만 회계 서식을 사용하면 음수일 때 괄호로 묶여서 표시되며, 여백을 맞추기 위해 양수일 때는 값 오른쪽에 공백이 추가됩니다.

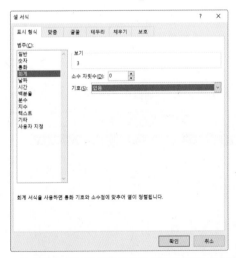

직원명	01/01	01/02
김병민	3	-
이제우	3	4
김준용	1	4

▲ 회계 서식을 사용하면 양수일 때 오른쪽으로 공백이 추가됩니다.

Excel 고급 옵션 사용 특정 시트에 있는 모든 0을 한 번에 숨기고 싶다면 Excel 옵션을 변경합니다. ❶ 리본 메뉴에서 [파일]-[옵션]을 선택합니다. 'Excel 옵션' 대화상자가 열리면 ❷ [고급] 범주를 선택한 후 ❸ 오른쪽에 표시되는 '이 워크시트의 표시 옵션' 영역에서 [0 값이 있는 셀에 0 표시] 옵션을 **체크 해제**하세요. 선택한 시트의 모든 0이 빈칸으로 표시됩니다.

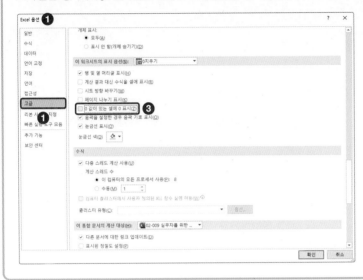

🏃 실무 활용 　날짜를 년/월/일 (요일)로 표시하기

03-002.xlsx 예제 파일을 실행한 후 [**날짜서식**] 시트에서 날짜 표시 형식을 연/월 혹은 연/월/일 등으로 자유롭게 변경해 보세요. **Link** 날씨 표시 형식은 118쪽을 참고하세요.

01 03-002.xlsx 예제 파일의 ❶ [**날짜서식**] 시트에서 ❷ [B3:B10] 범위를 선택한 후 ❸ 단축키 Ctrl + 1을 눌러 '셀 서식' 대화상자를 엽니다.

02 ❶ [표시 형식] 탭에서 [사용자 지정] 범주를 선택한 후 ❷ [형식] 입력란에 **yyyy년 mm월**을 입력한 후 ❸ [확인] 버튼을 클릭합니다. 범위의 셀 값에 날짜의 연도와 월만 다음과 같은 형식으로 표시됩니다.

> **TIP** yyyy년 mm월 서식은 월별 보고서 또는 달력을 만들 때 매우 유용합니다.

03 이번에는 ❶ [C3:C10] 범위를 선택한 후 단축키 Ctrl+1을 눌러 '셀 서식' 대화상자를 엽니다. ❷ [사용자 지정] 범주에서 ❸ [형식] 입력란에 **yyyy-mm-dd (aaa)**를 입력한 후 ❹ [확인] 버튼을 클릭합니다. 범위의 셀 값에 날짜와 함께 요일이 표시됩니다.

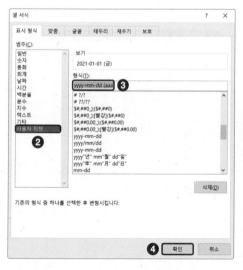

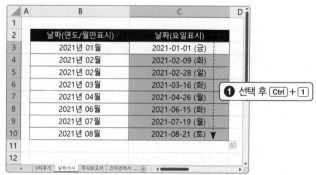

> **TIP** 특정 날짜의 요일을 문자 그대로 출력해야 한다면 TEXT 함수를 사용하여 **=TEXT(날짜, "AAA")**를 입력한 후 실행합니다. TEXT 함수의 자세한 사용 방법은 378쪽 을 참고하세요.

엑셀에서는 셀 값이 숫자라고 판단되면 앞에 포함된 0을 자동으로 제거합니다. 하지만 재고 관리나 주식 종목 등을 입력할 때처럼 값 앞에 0을 입력해야 하는 상황도 종종 발생합니다. 이럴 때도 표시 형식을 이용하거나 숫자를 강제로 문자로 변경해서 숫자 앞에 0을 입력할 수 있습니다.

03-002.xlsx 예제 파일을 실행한 후 [주식보고서] 시트를 보면 [기호] 필드에 자릿수가 다른 값이 입력되어 있습니다. 이 값들은 원래 6자리 숫자로 된 주식의 종목 번호를 붙여 넣은 것입니다. 그러므로 앞에 0을 포함하여 6자리 숫자가 되도록 변경해야 합니다.

셀 서식으로 변경 03-002.xlsx 예제 파일의 ❶ [주식보고서] 시트에서 ❷ 주식번호가 입력된 [C5:C10] 범위를 선택한 후 Ctrl + 1 을 눌러 '셀 서식' 대화상자를 엽니다. ❸ [표시 형식] 탭의 [사용자 지정] 범주에서 ❹ [형식] 입력란에 000000처럼 숫자 0을 6개 입력하고 ❺ [확인] 버튼을 클릭합니다. 범위의 셀 값이 6자리 숫자로 변경됩니다.

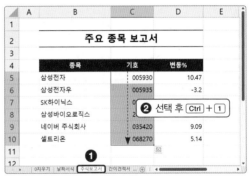

문자 형태로 강제 변환 위의 방법처럼 표시 형식을 이용하면 입력한 0의 개수만큼 자릿수가 고정됩니다. 만약 5자리나 6자리 숫자 값을 혼용해서 입력해야 한다면 숫자를 문자 형태로 강제 변환한 후 필요한 만큼 숫자 0을 직접 입력하여 해결합니다. 다음과 같이 변경할 셀 값을 더블 클릭한 후 앞에 '(아포스트로피, Enter 왼쪽에 있는 키)와 함께 필요한 개수만큼 0을 입력합니다.'를 입력함으로써 엑셀에서는 값을 문자로 인식하여 맨 앞에 0이 있더라도 자동으로 사라지지 않습니다.

삼성전자우	'05935

강제로 문자 형태로 변환했으므로 값이 왼쪽으로 정렬되며, 입력된 값이 숫자이지만 문자 형태로 잘못 입력된 것으로 판단하여 셀 왼쪽 위에 초록색 삼각형(오류 안내 표시)이 표시됩니다.

종목	기호	변동%
삼성전자	005930	10.47
삼성전자우 ⚠	05935	-3.2
SK하이닉스	000660	13.4

 **실무 활용** **숫자 증감을 파랑, 빨강으로 구분하여 표시하기**

주식 관련 보고서를 보면 전일 대비 증감을 기호(▼,▲)와 함께 색(파랑, 빨강)으로 구분합니다. 주식 관련 보고서 외에도 전월 대비 증가량, 전년 대비 감소량 등 어떤 값의 변화량을 표시하는 서식은 실무에서 자주 사용하므로 실습을 통해 확실하게 알아 두는 것이 좋습니다. [주식보고서] 시트에서 주가 변동 값에 따라 기호와 색으로 구분해 보겠습니다.

01 03-002.xlsx 예제 파일의 ❶ [주식보고서] 시트에서 ❷ [변동%] 필드의 값인 [D5:D10] 범위를 선택한 후 ❸ Ctrl +1을 눌러 '셀 서식' 대화상자를 엽니다.

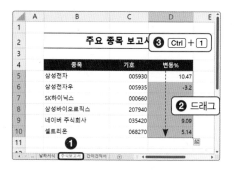

02 ❶ [표시 형식] 탭의 [사용자 지정] 범주에서 ❷ [형식] 입력란에 [파랑]▲#,##0;[빨강]▼#,##0;-;@을 입력한 후 ❸ [확인] 버튼을 클릭합니다. 변동 값에 따라 서식이 적용됩니다.

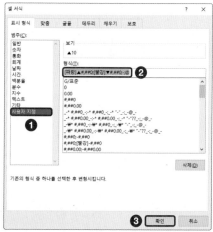

오빠두! 특강 | **표시 형식에서 색상 지정하기**

앞서 입력한 표시 형식, [파랑]▲#,##0;[빨강]▼#,##0;-;@은 양수일 때 파란색 ▲, 음수일 때 빨간색 ▼, 0일 때는 하이픈(-), 그 외 텍스트는 그대로 표기하라는 의미입니다.

이때 색상은 [노랑], [녹색] 혹은 [색1], [색7] 형태로 지정할 수 있으며, 총 56개의 사용자 지정 색상을 지원합니다. 실무에서 빨간색을 사용할 경우 공격적인 느낌을 줄 수 있으므로, 빨간색 대신 [색9]를 사용해 부드러운 느낌으로 보고서를 연출할 수 있습니다.

▲ 엑셀에서 사용할 수 있는 사용자 지정 색은 56가지입니다.

견적서와 같은 서식에서 중요한 금액을 한글로 표시할 때도 셀 서식을 사용할 수 있습니다. 기본적으로 4개의 한글/한자 표시 형식을 지원하지만 흔히 [DBNum4] 서식을 주로 사용합니다. [간이견적서] 시트에서 숫자로 입력된 합계 값을 한글로 변경해 보겠습니다. **Link** 숫자를 한글로 표시하는 서식은 118쪽 에서 확인할 수 있습니다.

01 03-002.xlsx 예제 파일의 ❶ [간이견적서] 시트에서 ❷ 금액이 입력된 [C4]셀을 선택한 후 [Ctrl]+[1]을 눌러 '셀 서식' 대화상자를 엽니다.

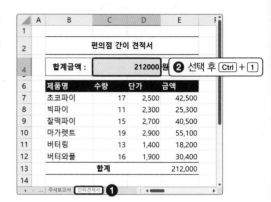

02 ❶ [표시 형식] 탭의 [기타] 범주에서 ❷ [형식] 옵션을 **숫자(한글)**로 선택한 후 ❸ [확인] 버튼을 클릭합니다. 다음과 같이 숫자가 한글로 표시됩니다.

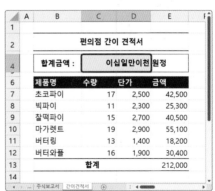

TIP [기타] 범주에서 [형식] 옵션 목록 중 **숫자(한글)**을 찾을 수 없다면 [사용자 지정] 범주에서 [형식] 입력란에 [DBNum4]를 직접 입력해도 됩니다.

[DBNum4] 표시 형식 응용하기

[DBNum4] 표시 형식과 *를 활용하여 왼쪽에는 일금, 오른쪽 끝에는 한글 금액을 표시할 수 있습니다.

[사용자 지정] 범주에서 [형식] 입력란에 **[DBNum4]일금* G/표준**을 입력하여 서식을 지정해 보세요.

*는 뒤에 있는 문자를 셀 끝까지 반복하는 역할을 합니다. 여기서는 * 뒤에 공백이 있으므로 왼쪽에 '일금'이 표시된 후 공백이 반복되다가 오른쪽 끝에 금액이 표시되는 것입니다.

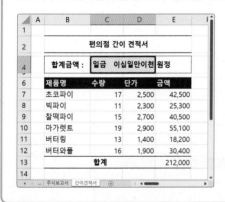

깔끔한 보고서 작성을 위한 기본 규칙

예제 파일 03-003.xlsx 가독성이 높은 보고서를 작성하려면 잘 정돈된 데이터나 깔끔한 디자인, 또는 적절한 글꼴을 선택해야 합니다. 특히 엑셀로 작성하는 실무 보고서라면 이번에 소개하는 5가지 규칙을 잘 지킬수록 단정하고 깔끔한 보고서를 작성할 수 있습니다.

실무 상식) 숫자는 무조건 오른쪽으로 정렬하라

대부분의 실무 보고서는 '숫자'를 기준으로 작성하며, 사람들이 숫자를 볼 때 오른쪽에서부터 끊어 읽는 것이 익숙하다는 점에 착안하면 보고서를 작성할 때 숫자를 오른쪽으로 정렬하는 것이 좋다는 것을 쉽게 이해할 수 있습니다. 반면, 문자는 일반적으로 왼쪽으로 정렬하는 것이 좋습니다.

나라	인구수
중화인민공화국	1,444,216,203
인도	1,393,409,033
미국	332,915,074
러시아	146,748,600
일본	125,960,000
베트남	96,208,984
대한민국	51,821,669
캐나다	36,488,800

▲ 숫자 단위가 클수록 오른쪽 정렬이 효과를 발휘합니다.

상황에 따라 데이터의 자릿수가 모두 같거나 4자리 이하로 짧을 때처럼 데이터를 가운데 정렬하는 것이 더 높은 가독성을 보일 때가 있습니다. 그럼에도 엑셀 실무 보고서 작성의 첫 번째 원칙인 '숫자는 오른쪽 정렬, 문자는 왼쪽 정렬'은 되도록이면 지키는 것이 좋습니다.

TIP 파워포인트로 작성하는 요약 보고서라면 값을 가운데 정렬했을 때 더욱 깔끔할 수 있습니다.

제품명	가격
사과	1,300
복숭아	2,700
포도	4,200
딸기	5,500
파인애플	4,800

▲ 자릿수가 같거나 4개 이하일 때 가운데 정렬이 깔끔해 보일 수도 있습니다.

 **실무 상식** 천 단위 구분 기호는 반드시 표시하라

숫자 위주의 표를 작성할 때 가독성을 높이기 위해 가장 중요한 것은 천 단위 구분 기호를 표시하는 것입니다. 그러므로 실무에서 천 단위 구분 기호를 표시하는 단축키 Ctrl + Shift + 1 을 기억해 놓으면 매우 유용하게 사용할 수 있습니다.

나라	인구수
중화인민공화국	1444216203
인도	1393409033
미국	332915074
러시아	146748600
일본	125960000
베트남	96208984
대한민국	51821669
캐나다	36488800

나라	인구수
중화인민공화국	1,444,216,203
인도	1,393,409,033
미국	332,915,074
러시아	146,748,600
일본	125,960,000
베트남	96,208,984
대한민국	51,821,669
캐나다	36,488,800

TIP 사용 중인 엑셀의 언어 환경이 외국어라면 Ctrl + Shift + 1 을 눌렀을 때 소수점 둘째 자리까지 포함된 숫자로 변경될 수 있습니다. 그럴 때는 셀 서식 사용자 지정 표시 형식에서 #,##0으로 지정합니다.

▲ 천 단위 구분 기호 사용으로 값을 좀 더 쉽게 파악할 수 있습니다.

 **실무 상식** 단위가 다르면 반드시 명시하라

숫자를 다룰 때 항상 유의할 점은 '단위'입니다. 같은 180이라도 키(cm)라면 높은 값이지만 토익 점수라면 낮은 값이 되는 것처럼 보고서를 작성하면서 통상적으로 인지할 수 없는 값이라면 반드시 단위를 명시해야 합니다. 실무에서 단위로 인해 발생하는 문제의 90% 이상은 '단위 절사'로 인해 발생합니다. 예를 들어 값이 10,000,000인데 1,000으로 만 단위에서 절사하거나 $1,500,000인데 $1.5로 백만 단위에서 절사했을 때 절사한 단위를 표기하지 않는다면 예상치 못한 큰 문제가 발생할 것입니다.

최근 3년간 한국 GDP 성장률 🏦			단위: 천 달러
항목	2017	2018	2019
1인당 GDP	31.6	33.4	31.8
성장률	7.3%	5.5%	-5.0%

▲ 숫자를 절사했다면 반드시 단위를 표시해야 합니다.

따라서, 보고서를 작성할 때에는 표와 차트의 오른쪽 위에 단위를 명시하는 것을 습관화해야 합니다. 만약 보고서에 입력된 값의 단위가 여러 가지라면 단위를 표시하는 별도의 열을 추가하는 것도 좋은 방법입니다.

TIP 사용자 지정 서식으로 표시 형식 마지막에 쉼표(,)를 추가하면 천 단위를 절사할 수 있습니다.

최근 3년간 한국 GDP 성장률 🏦				
항목	단위	2017	2018	2019
1인당 GDP	(미국 달러)	31,605	33,429	31,838
인구	(만명)	51.4	51.6	51.7
성장률	(%)	7.3%	5.5%	-5.0%

▲ 단위가 여러 가지라면 단위 열을 추가하는 것도 좋습니다.

여러 개의 항목이 포함되는 보고서를 보기 좋은 표 형식으로 작성하려면 상위 항목과 하위 항목을 명확하게 구분하는 것이 좋습니다. 특히 매출의 합계를 계산하거나 비용의 상세 내역으로 인건비, 마케팅비 등을 구분한다면 들여쓰기 기능을 활용하여 내역과 합산 관계를 명확하게 표현할 수 있습니다.

들여쓰기 실행 [홈] 탭-[맞춤] 그룹에서 ❶ [들여쓰기]를 클릭할 때마다 한 단계씩 들여쓰기되며, 다시 되돌릴 때는 ❷ [내어쓰기]를 클릭합니다.

▲ [홈] 탭-[맞춤] 그룹

▲ 들여쓰기를 잘 활용하면 더욱 깔끔한 보고서를 작성할 수 있습니다.

-로 항목 구분하기

보고서를 작성할 때 빼기 기호(–)를 글머리 기호처럼 사용하여 항목의 위상을 구분하곤 합니다. 하지만 엑셀에서 셀에 내용을 입력할 때 빼기 기호로 시작하면 그 값을 수식으로 인식하여 = 기호가 붙고, 입력한 내용에 따라 #NAME? 오류를 반환하거나 수식에 문제가 있다는 오류 메시지가 나타납니다. 그러므로 –기호를 사용하려면 먼저 아포스트로피(')를 입력한 후 –기호와 내용을 입력해야 합니다.

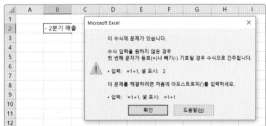

▲ –기호를 먼저 입력하면 #NAME? 오류가 반환되거나 오류 메시지가 나타납니다.

> **TIP** 셀 안에 입력되는 값 앞에 아포스트로피(')를 붙이면 문자 형식의 데이터로 입력됩니다.

엑셀은 워드나 파워포인트처럼 글자 간격(자간)을 조절할 수가 없고, 정해진 셀 크기에 맞추어 데이터를 입력해야 하므로 어느 정도 넉넉하게 셀 너비를 조절하면서 표를 작성하는 것이 좋습니다. 하지만 보고서에 담아야 할 내용이 많아지면 너비를 여유롭게 조절하는 것이 어려워지고, 가독성에도 영향을 미칠 수 있습니다. 이럴 때 세로선을 적절하게 사용하면 가독성을 높일 수 있습니다.

표의 양 끝에 세로선 사용하지 않기 표의 양 끝에 세로선을 추가하면 막힌 표가 되어 답답해 보일 수 있습니다. 그러므로 표의 양 끝에는 세로선을 제외하여 좌우가 확 트인 여유로운 느낌으로 표를 작성하는 것이 좋습니다.

▲ 표에 적용한 테두리는 전반적인 분위기를 좌우할 수 있습니다.

주요 그룹별로 세로선 적용 가로로 길게 작성되는 표, 특히 시간의 흐름에 따라 월별, 연도별로 작성하는 표라면 특정 구간 혹은 중요 그룹별로 세로선을 적용하면 좋습니다. 만약 월별 자료라면 분기별로 나누고, 연도별 자료라면 3~4등분하여 세로선을 적용하여 가독성을 높일 수 있습니다. 이때 중요 영역은 실선으로 구분하고 나머지 영역은 점선으로 구분하면 더욱 완성도 높은 보고서가 될 것입니다.

▲ 분기 혹은 일정 구간별로 세로선을 적용하여 가독성을 높일 수 있습니다.

**오빠두!
특강**

셀에 맞춤

표를 작성하는 중에 입력할 내용은 많은데 불가피하게
셀의 너비를 조절할 수 없는 상황이 발생할 수 있습니다.

이럴 때는 '셀 서식' 대화상자를 열고(Ctrl+1) [맞춤] 탭에서 [셀
에 맞춤] 옵션에 **체크**하세요. 셀 너비에 맞춰 글자 크기가 자동으로
조절됩니다. 단, 이 옵션을 활성화하면 입력한 내용에 따라 글자 크
기가 너무 작아질 수도 있으니 주의가 필요합니다.

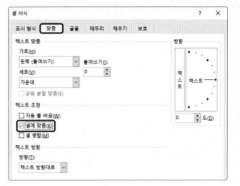

▲ 읽을 수도 없을 정도로 글자가 작아지면 다른 방도를 찾는 것이 좋습니다.

실무 활용 | 깔끔한 보고서 완성하기

한/미/일 3개국의 연도별 GDP 및 성장률을 나타내는 기본 보고서를 깔끔한 보고서로 변경해 보겠습니다.

> **TIP** 실습 과정 중 간단한 내용은 과감하게 생략했습니다. 실습 과정을 마친 후 제대로 실행되지 않거나 이해되지
> 않는 부분은 다음 동영상 강의를 참고하세요.
>
> https://youtu.be/s2bPQ9GLq8I

01 03-003.xlsx 예제 파일의 ❶ [보고서실습] 시트에서 ❷ 표의 머리글이 입력된 [B4:L4] 범위를 선택
한 후 Ctrl+1을 눌러 '셀 서식' 대화상자를 엽니다. ❸ [테두리] 탭에서 ❹ [스타일] 옵션을 **굵은 실선**으로
선택하고, ❺ '테두리' 영역에서 [위], [아래] 버튼을 클릭하여 굵은 실선 테두리를 적용한 후 ❻ [확인] 버튼
을 클릭합니다.

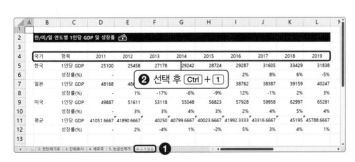

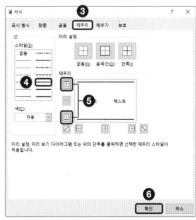

02 계속해서 ❶ [C6:L6], [C8:L8], [C10:L10], [C12:L12] 범위를 다중 선택하고 적당한 색으로 채우기 색을 변경합니다. ❷ '셀 서식' 대화상자를 열고 [표시 형식] 탭에서 사용자 지정 형식을 **0.0%;[색9]–0.0%;–;@**로 지정한 후 ❸ [확인] 버튼을 클릭합니다.  사용자 지정 형식에 사용하는 대표적인 기호는 117쪽에서 자세히 확인할 수 있습니다.

❶ 선택 후 채우기 색 변경

> **TIP** Ctrl을 누른 채로 범위를 선택하면 서로 떨어진 여러 범위를 다중 선택할 수 있습니다. [채우기 색]은 리본 메뉴에서 [홈] 탭-[글꼴] 그룹에서 변경할 수 있습니다.

03 지정한 표시 형식에 따라 음수 값은 진한 빨간색으로 표시되었습니다. 이어서 각 국가와 항목을 구분할 수 있는 진한 회색 실선 테두리까지 추가합니다.

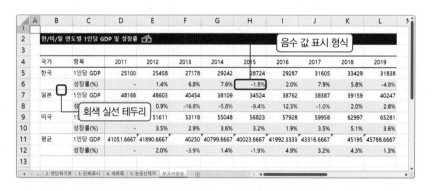

음수 값 표시 형식

회색 실선 테두리

> **TIP** 검은색 실선 대신 진한 회색 실선을 사용하면 더욱 세련된 디자인의 표를 작성할 수 있습니다.

04 계속해서 가로 방향으로 입력되어 있는 9개의 연도 데이터를 3개씩 구분할 수 있도록 세로선을 추가하겠습니다. ❶ 2014년~2016년에 해당하는 **[G4:I12]** 범위를 선택한 후 ❷ '셀 서식' 대화상자의 **[테두리]** 탭에서 ❸ 진한 회색의 ❹ 점선을 ❺ 양 옆으로 추가하고, ❻ **[확인]** 버튼을 클릭합니다.

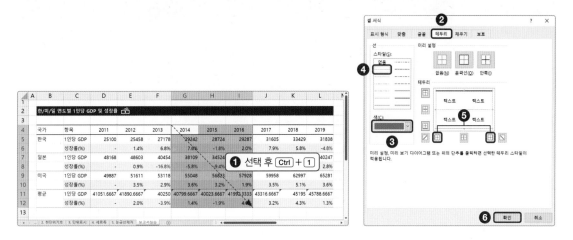

05 1인당 GDP는 사용자가 직접 입력해야 하는 값입니다. 그러므로 별도의 색으로 구분해 놓으면 다른 사용자가 손쉽게 입력 부분을 파악할 수 있습니다. 1인당 GDP가 입력된 **[D5:L5]**, **[D7:L7]**, **[D9:L9]** 범위를 선택한 후 **[글꼴 색]**을 '연한 파란색' 계열로 변경했습니다. **Link** 입력하는 값과 계산하는 값을 구분하는 방법에 대한 자세한 설명은 162쪽 을 참고하세요.

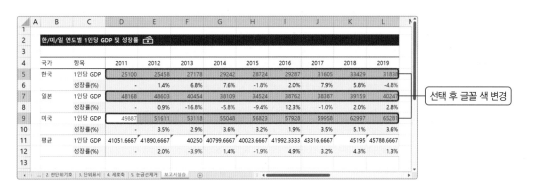

TIP [글꼴 색]은 [홈] 탭-[글꼴] 그룹에서 변경할 수 있습니다.

06 ❶1인당 GDP 입력 부분이 선택된 상태로 '셀 서식' 대화상자를 열고(Ctrl+1), ❷[표시 형식] 탭의 [사용자 지정] 범주에서 표시 형식을 #,##0으로 지정하고 ❸[확인] 버튼을 클릭합니다.

TIP [통화] 범주에서 [기호]는 없음, [소수 자릿수]는 0으로 설정해도 같은 형식으로 표시됩니다.

07 마지막으로 리본 메뉴의 [보기] 탭-[표시] 그룹에서 [눈금선], [머리글]의 체크를 해제하면 보고서 작성이 마무리됩니다. **Link** 눈금선, 머리글 관련해서는 159쪽 에서 자세히 설명합니다.

LESSON 04

조건부 서식으로 빠르게 데이터 분석하기

예제 파일 03-004.xlsx 조건부 서식 기능은 말 그대로 지정한 조건에 맞으면 해당 셀의 서식을 자동으로 바꿔주는 기능입니다. 즉, 조건만 맞으면 한 번에 여러 서식을 적용할 수 있는 매우 간편하면서 훌륭한 기능입니다. 데이터 분석에 사용되는 셀 강조 규칙과 상/하위 규칙 중에서도 실무자가 꼭 알아야 할 핵심 기능 위주로 살펴보겠습니다.

엑셀 기초 │ 조건에 맞는 값을 찾아 서식을 지정하는 조건부 서식

리본 메뉴에서 [홈] 탭-[스타일] 그룹에서 [조건부 서식]을 클릭해 보면 데이터 분석을 위한 규칙 2가지와 보고서 디자인을 위한 규칙 3가지로 구분되어 있으며 각 규칙은 다음과 같은 기능을 합니다.

- **지정한 조건에 부합하는지 판단,** 데이터 분석
- **조건에 맞으면 셀 서식 변경,** 보고서 디자인

구분	조건부 서식	설명	예시
데이터 분석	셀 강조 규칙	어떤 값보다 크거나 작을 때, 특정 내용을 포함할 때 셀을 강조합니다.	
	상/하위 규칙	상/하위 10% 항목, 또는 평균보다 크거나 작을 때 셀을 강조합니다.	

보고서 디자인	데이터 막대	셀 안에 입력된 값의 크기에 따라 데이터 막대를 추가합니다.	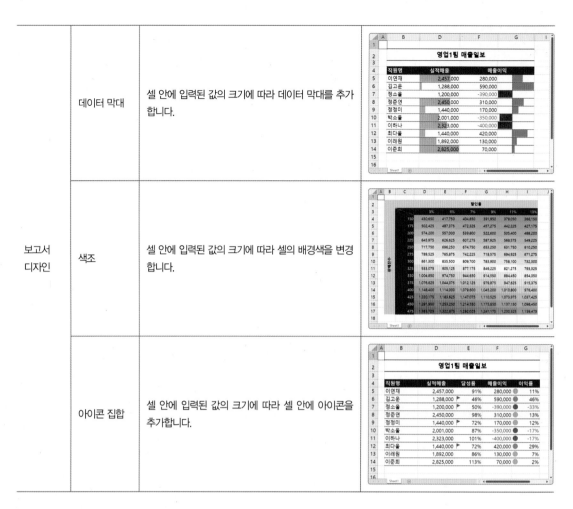
	색조	셀 안에 입력된 값의 크기에 따라 셀의 배경색을 변경합니다.	
	아이콘 집합	셀 안에 입력된 값의 크기에 따라 셀 안에 아이콘을 추가합니다.	

엑셀에서 제공하는 기본 조건부 서식 메뉴만으로 부족하다면 '새 서식 규칙' 대화상자에서 좀 더 다양한 규칙을 만들어 적용할 수도 있습니다. [홈] 탭-[스타일] 그룹에서 [조건부 서식]-[새 규칙]을 선택하면 '새 서식 규칙' 대화상자가 열립니다.

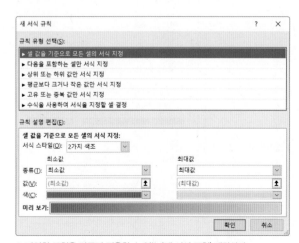

▲ 다양한 규칙을 만들어 적용할 수 있는 '새 서식 규칙' 대화상자

새 서식 규칙 유형	설명
셀 값을 기준으로 모든 셀의 서식 지정	셀 값을 기준으로 색조, 데이터 막대, 아이콘 집합을 적용합니다.
다음을 포함하는 셀만 서식 지정	특정 값 또는 문자, 빈 셀, 오류 여부 등 특정 기준을 포함할 때 조건부 서식을 적용합니다.
상위 또는 하위 값만 서식 지정	지정한 범위에서 백분율을 자동으로 계산하여 조건부 서식을 적용합니다.
평균보다 크거나 작은 값만 서식 지정	지정한 범위에서 평균을 자동으로 계산하여 조건부 서식을 적용합니다.
고유 또는 중복 값만 서식 지정	지정한 범위에서 고유한 값인지 중복된 값인지 파악하여 서식을 적용합니다.
수식을 사용하여 서식을 지정할 셀 결정	수식 기능을 활용하여 조건부 서식을 적용합니다.

> **TIP** 조건부 서식의 실습 과정은 다음 동영상 강의를 참고하세요.
>
> https://youtu.be/ByPKkILxNUI

실무 활용 | **특정 값보다 크거나 작을 때 강조하기**

조건부 서식을 사용하면 셀 안의 값이 특정 값보다 크거나 작을 때 서식을 변경할 수 있습니다.

03-004.xlsx 예제 파일을 실행한 후 [체육실기평가] 시트를 보면 체육 실기 평가 결과가 정리되어 있습니다. '팔굽혀펴기' 횟수와 [E5:F8]에 있는 '평가기준'을 참고로 조건부 서식을 지정하여 우수 학생과 재시험 학생을 구분해 보겠습니다.

01 03-004.xlsx 예제 파일의 ❶ [체육실기평가] 시트에서 ❷ 횟수가 입력된 [C6:C16] 범위를 선택한 후 ❸ 리본 메뉴의 [홈] 탭-[스타일] 그룹에서 [조건부 서식]-[셀 강조 규칙]-[보다 큼]을 선택합니다.

> **TIP** [보다 큼]은 지정한 값을 초과한 값, [보다 작음]은 지정한 값 미만인 값을 찾을 때 사용합니다.

02 ❶ '보다 큼' 대화상자가 열리면 값 입력란에 **22**를 입력하고, ❷ [적용할 서식] 옵션에 **진한 녹색 텍스트가 있는 녹색 채우기**로 설정한 후 ❸ [확인] 버튼을 클릭합니다.

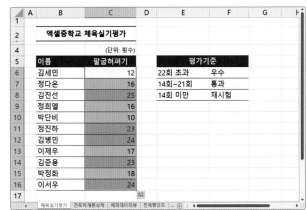

03 ❶ [C6:C16] 범위가 선택된 상태로 [홈] 탭 – [스타일] 그룹에서 [조건부 서식]–[셀 강조 규칙]–[보다 작음]을 선택합니다. ❷ '보다 작음' 대화상자가 열리면 값으로 **14**를 입력하고 ❸ [적용할 서식]으로 **진한 빨강 텍스트가 있는 연한 빨강 채우기**로 설정한 후 ❹ [확인] 버튼을 클릭합니다.

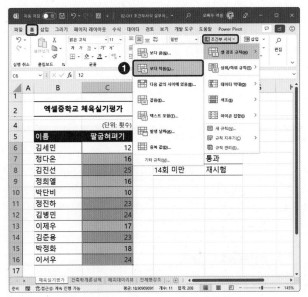

04 선택 범위([**팔굽혀펴기**] 필드)에서 14 보다 작은 값에는 빨간색이, 22보다 큰 값에는 초록색이 표시되어 우수 학생과 재시험 학생을 빠르게 파악할 수 있습니다.

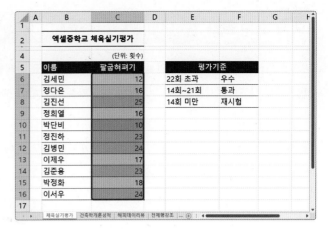

오빠두!
특강

셀 강조 규칙 및 이상 혹은 이하인 값 찾기

[홈] 탭-[스타일] 그룹에서 [조건부 서식]-[셀 강조 규칙]을 선택하면 다음과 같은 하위 메뉴를 사용할 수 있습니다.

- **보다 큼**: 지정한 값보다 큰 값 강조
- **보다 작음**: 지정한 값보다 작은 값 강조
- **다음 값의 사이에 있음**: 지정한 2개의 값 사이에 있는 값 강조
- **같음**: 지정한 값 강조
- **텍스트 포함**: 셀 안에 지정한 텍스트를 포함할 때 강조
- **발생 날짜**: 날짜가 셀 안에 지정한 날짜를 포함할 때 강조
- **중복 값**: 목록에서 서로 같은 값이 있을 때 강조

위와 같은 기본 메뉴 이외에 조건부 서식으로 보다 크거나 같은 값이 아닌 지정한 값을 포함한 이상 혹은 이하인 값을 찾아 서식을 지정하고 싶다면 [조건부 서식]-[셀 강조 규칙]-[기타 규칙]을 선택합니다. ❶ '새 서식 규칙' 대화상자가 열리면 [다음을 포함하는 셀만 서식 지정]을 선택하고, ❷ [규칙 설명 편집] 옵션에서 **셀 값**, >=(이상) 또는 <=(이하)로 설정한 후 기준이 될 값을 입력합니다. ❸ 끝으로 원하는 [서식] 버튼을 클릭하여 적용할 서식을 지정합니다.

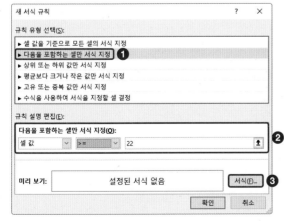

▲ 값이 22 이상인 셀을 강조합니다.

 **실무 활용** **하위 10% 항목 강조하기**

조건부 서식을 이용하면 별도의 수식을 사용하지 않고도 선택한 범위에서 상위 또는 하위 몇 %에 해당하는 값을 찾아 강조할 수 있습니다. 성적 합계를 기준으로 하위 30%에 해당하는 재수강 학생(FAIL)을 찾아 구분해 보겠습니다.

01 03-004.xlsx 예제 파일의 ❶ [건축학개론성적] 시트에서 ❷ 평가 기준이 될 합계 값인 [F5:F16] 범위를 선택하고, ❸ [홈] 탭-[스타일] 그룹에서 [조건부 서식]-[상위/하위 규칙]-[하위 10%]를 선택합니다.

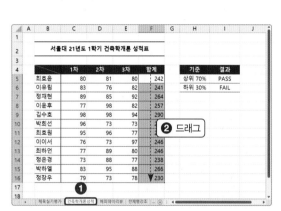
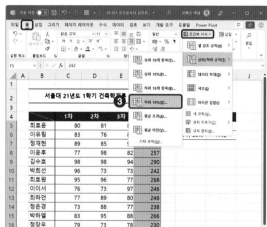

02 ❶ '하위 10%' 대화상자가 열리면 다음과 같이 기준 값을 **30%**로, 서식을 **진한 빨강 텍스트가 있는 연한 빨강 채우기**로 설정한 후 ❷ [확인] 버튼을 클릭합니다. 범위에서 하위 30%에 해당하는 셀이 빨간색으로 강조됩니다.

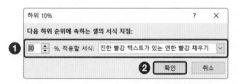

> **TIP** 상위/하위 조건을 지정할 때 비율로 계산된 값에 소수점이 포함된다면 값을 내림합니다. 예를 들어, 예제처럼 12개 항목 중 30%는 3.6개가 되며, 3.6의 내린 값인 하위 3개에 조건부 서식이 적용됩니다.

실무 활용 │ 조건을 만족할 때 전체 행 강조하기

봐야 할 데이터 범위가 넓다면 조건에 맞는 특정 셀만 강조해서는 셀 값이 어느 항목인지 찾기 번거로울 것입니다. 이럴 때는 수식을 이용하여 조건에 맞는 셀이 포함된 전체 행을 강조할 수 있습니다.

03-004.xlsx 예제 파일을 실행한 후 **[전체행강조]** 시트에서 '합계' 점수를 기준으로 조건에 맞는 점수의 학생이 누구인지 쉽게 파악할 수 있도록 해당 행 전체를 강조해 보겠습니다.

01 03-004.xlsx 예제 파일의 ❶ **[전체행강조]** 시트에서 ❷ 학생 이름부터 합계 점수까지 포함되도록 **[B5:F16]** 범위를 선택합니다. 이후 ❸ **[홈]** 탭-**[스타일]** 그룹에서 **[조건부 서식]**-**[새 규칙]**을 선택합니다.

02 ❶ '새 서식 규칙' 대화상자가 열리면 **[수식을 사용하여 서식을 지정할 셀 결정]**을 선택한 후 ❷ 수식 입력란에 혼합 참조 방식으로 **=$F5<240**을 입력합니다. 이어서 ❸ 서식을 지정하기 위해 **[서식]** 버튼을 클릭합니다. **Link** 참조 방식은 **043쪽**을 참고하세요.

> **TIP** [F]열에 입력된 성적이 240보다 작을 때 전체 행을 강조해야 하므로 [F]열을 고정하는 혼합 참조로 입력합니다.

새 서식 규칙

규칙 유형 선택(S):
- ▶ 셀 값을 기준으로 모든 셀의 서식 지정
- ▶ 다음을 포함하는 셀만 서식 지정
- ▶ 상위 또는 하위 값만 서식 지정
- ▶ 평균보다 크거나 작은 값만 서식 지정
- ▶ 고유 또는 중복 값만 서식 지정
- ▶ 수식을 사용하여 서식을 지정할 셀 결정 ❶

규칙 설명 편집(E):

다음 수식이 참인 값의 서식 지정(O):

=$F5<240 ❷

미리 보기: 설정된 서식 없음   서식(F)... ❸

확인   취소

03 ❶ '셀 서식' 대화상자가 열리면 **[채우기]** 탭에서 ❷ 옅은 노란색 계열을 선택하고 ❸ **[확인]** 버튼을 클릭합니다. 이어서 새 서식 규칙 대화상자에서도 **[확인]** 버튼을 클릭합니다. 범위에서 합계가 240점 미만인 학생의 행에 서식이 적용됩니다.

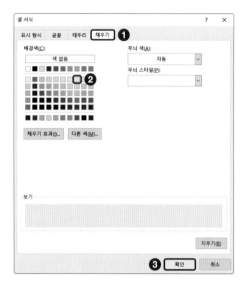

오빠두! 특강 **혼합 참조를 이용한 조건부 서식 이해하기**

수식을 이용하여 조건부 서식을 지정할 때에는 참조 방식을 잘 활용해야 합니다.

앞서 실습에서는 [B5:F16] 범위에서 일부 행을 강조해야 하는데, 비교 대상 셀은 합계가 입력된 [F5], [F6], [F7], …처럼 열 방향으로 비교합니다. 따라서 [F]열은 고정한 채 행은 변경되어야 하므로 열 고정 혼합 참조로 =$F5<240을 입력했습니다. 만약 [F]열을 고정하지 않았다면 [B5], [C5], [D5], …처럼 모든 셀을 하나씩 돌아가며 '각 셀 단위'로 조건부 서식이 적용됩니다.

수식을 이용한 조건부 서식은 한 번에 이해하기 어려울 수 있으므로, 여러 상황에서 반복 연습해서 확실하게 파악한 후 사용하는 것이 좋습니다. 전체 행을 강조하는 조건부 서식의 원리는 다음 동영상 강의(1:36)에서 좀 더 쉽게 확인할 수 있습니다.

https://youtu.be/Y0wsCfeGoCU

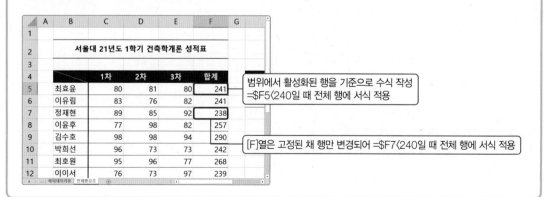

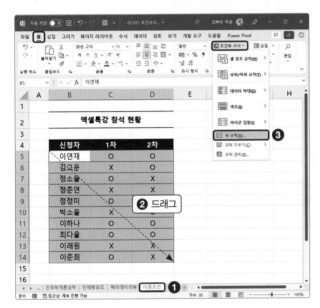

실무 활용 │ 여러 조건에 모두 만족하는 셀 강조하기

조건부 서식에서 한 가지 조건만 지정할 수 있는 것은 아닙니다. 엑셀 함수까지 응용한다면 매우 다양한 방법으로 조건을 지정할 수도 있습니다.

03-004.xlsx 예제 파일을 실행한 후 [다중조건] 시트에서 AND 함수를 사용하여 모든 특강에 참석하는 신청자의 행 전체를 강조해 보겠습니다.

01 03-004.xlsx 예제 파일의 ❶ [다중조건] 시트에서 ❷ 조건부 서식을 적용할 [B5:D14] 범위를 선택한 후 ❸ [홈] 탭-[스타일] 그룹에서 [조건부 서식]-[새 규칙]을 선택합니다.

02 ❶ '새 서식 규칙' 대화상자가 열리면 [수식을 사용하여 서식을 지정할 셀 결정]을 선택하고, ❷ 수식 입력란에 =AND($C5="O", $D5="O")를 입력한 후 ❸ [서식] 버튼을 클릭합니다.

TIP AND 함수는 모든 조건이 참일 때 TRUE를 반환하는 함수입니다. 따라서 1차와 2차에 모두 O가 입력된 행에 서식이 적용됩니다.

03 ❶ '셀 서식' 대화상자가 열리면 **[채우기]** 탭에서 적당한 배경색을 선택한 후 ❷ **[확인]** 버튼을 클릭합니다. '셀 서식 규칙' 대화상자에서도 **[확인]** 버튼을 클릭하여 조건부 서식을 적용하면 1차, 2차 모두 O인 신청자 행이 강조됩니다.

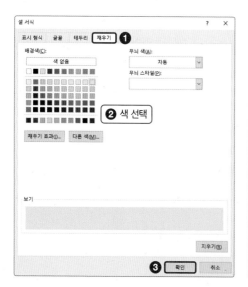
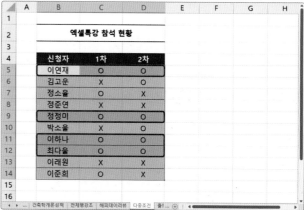

엑셀 기초 | 적용된 조건부 서식 관리하기

조건부 서식은 범위 단위로 적용할 수 있으므로 한 시트 내에서 다양한 조건부 서식을 적용할 수 있으며, 같은 범위에도 여러 조건부 서식을 중복해서 적용할 수 있습니다. 사용하기에 따라 매우 유용한 기능이지만, 조건부 서식이 많아지거나 넓은 범위를 기준으로 적용하면 해당 엑셀 파일을 실행할 때 속도가 더디어질 수 있습니다.

▲ 조건부 서식을 관리할 수 있는 '조건부 서식 규칙 관리자'

그러므로 조건부 서식이 더는 필요하지 않다면 제때에 지우는 등 적절한 관리가 필요합니다.

규칙 관리 리본 메뉴의 [홈] 탭−[스타일] 그룹에서 [조건부 서식]−[규칙 관리]를 선택하면 '조건부 서식 규칙 관리자'가 열리며 선택한 셀 혹은 범위에 적용된 조건부 서식을 확인할 수 있습니다. 여기서 [서식 규칙 표시] 옵션을 **현재 워크시트**로 변경하면 해당 시트 전체에 적용된 조건부 서식을 확인할 수도 있습니다.

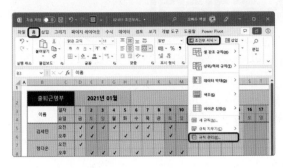

• **새 규칙:** 새로운 조건부 서식을 추가합니다.

• **규칙 편집:** 선택 중인 조건부 서식의 규칙을 변경합니다.

• **규칙 삭제:** 선택 중인 조건부 서식을 삭제합니다.

• **순서 변경:** 선택 중인 조건부 서식의 우선순위를 결정합니다. 위에 있을수록 가장 우선적으로 적용되는 서식입니다.

• **중복된 규칙:** 엑셀 2021/M365에서 추가된 기능으로, 선택한 조건부 서식을 복사할 수 있습니다.

규칙 일괄 지우기 [홈] 탭−[스타일] 그룹에서 [조건부 서식]−[규칙 지우기]를 선택하면 다음과 같이 원하는 영역에서 조건부 서식을 일괄 지울 수 있습니다.

규칙 지우기 하위 메뉴	설명
선택한 셀의 규칙 지우기	선택 중인 범위에 적용된 모든 조건부 서식을 지웁니다.
시트 전체에서 규칙 지우기	현재 시트에 적용된 모든 조건부 서식을 지웁니다.
이 표에서 규칙 지우기	선택된 셀이 표일 때 활성화되며, 표에 적용된 조건부 서식을 모두 지웁니다.
이 피벗 테이블에서 규칙 지우기	선택된 셀이 피벗 테이블일 때 활성화되며, 피벗 테이블 보고서의 모든 조건부 서식을 지웁니다.

LESSON 05

데이터 이해를 돕는 시각화 요소 추가하기

예제 파일 03-005.xlsx, 03-006.xlsx. 03-007.xlsx 비즈니스에서 모든 성과는 '숫자'로 평가되며, 그 숫자는 값의 크기를 나타내기 때문에 시각화 작업을 필수로 병행해야 합니다. 이러한 데이터 시각화는 표와 함께 차트를 사용하는 것이 대표적인 사례이지만, 별도로 차트를 만들 수준의 데이터가 아니거나 보고서의 공간이 부족하다면 셀 안에 차트를 추가하는 방법도 있습니다.

엑셀 기초 조건부 서식을 이용한 간단한 데이터 시각화

실무에서 작성하는 보고서는 대부분 텍스트, 표, 차트로 구성되며, 이 요소 중 엑셀로 가공한 데이터를 이메일이나 서면으로 보고하기에 가장 적합한 것은 '표'라고 할 수 있습니다. 이때 일 잘하는 실무자라면 표 형식의 보고서를 완성한 후 조건부 서식을 활용한 시각화까지 추가할 것입니다.

조건부 서식을 이용한 시각화 방법은 3가지로, 데이터 막대, 색조, 아이콘 집합이 있습니다. [홈] 탭-[스타일] 그룹에서 [조건부 서식]을 클릭한 후 다음 3가지를 각각 선택해 보세요.

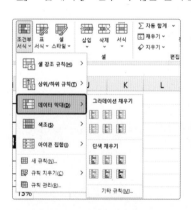

TIP 조건부 서식을 이용한 데이터 시각화 실습 과정은 다음 동영상 강의에서 확인할 수 있습니다.

https://youtu.be/jErS0-elKLQ

- **데이터 막대:** 가장 일반적으로 사용하며 값에 따라 막대의 길이가 변합니다. Link 자세한 사용 방법은 이후 **148쪽** 에서 실습합니다.

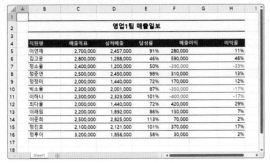

▲ 데이터 막대를 사용하면 간단하게 표 데이터를 시각화할 수 있습니다.

- **색조:** 데이터 막대와 유사하게 값의 크기에 따라 색의 농도나 색이 바뀝니다.

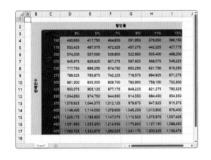

- **아이콘 집합:** 데이터 막대나 색조에 비해 깔끔하게 보고서의 틀을 유지하면서 특정 데이터만 손쉽게 강조할 수 있는 시각화 기능입니다. Link 자세한 사용 방법은 이후 **151쪽** 에서 실습합니다.

▲ 아이콘 집합을 사용하면 원하는 아이콘 모양으로 데이터 값을 구분할 수 있습니다.

실무 활용) 데이터 막대로 보고서 시각화하기

조건부 서식 중 데이터 시각화를 대표하는 기능은 데이터 막대입니다. 클릭 몇 번으로 적용할 수 있으며, 데이터를 한눈에 파악할 수 있도록 돕는 기능이므로 실무자라면 꼭 알아야 할 필수 기능이라고 할 수 있습니다. **03-005.xlsx** 예제 파일을 실행한 후 담당자별 매출을 기준으로 데이터 막대를 적용해 보겠습니다.

01 03-005.xlsx 예제 파일에서 ❶ [실적매출] 필드인 [D5:D16] 범위를 선택한 후 ❷ [홈] 탭-[스타일] 그룹에서 [조건부 서식] – [데이터 막대]를 선택한 후 여러 디자인 스타일 중 원하는 것을 선택합니다. 선택 범위에 곧바로 데이터 막대가 셀 안에 표시됩니다.

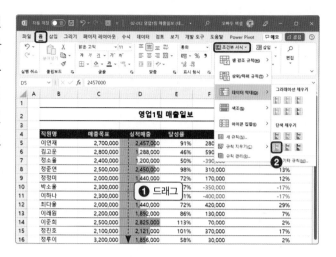

02 실적의 차이를 더욱 강조하기 위하여 데이터 막대의 최솟값과 최댓값을 변경하겠습니다. [D5:D16] 범위가 선택된 상태로 [홈] 탭-[스타일] 그룹에서 [조건부 서식]-[규칙 관리]를 선택합니다.

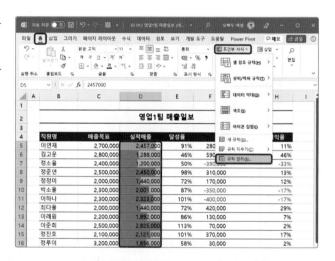

03 ❶ '조건부 서식 규칙 관리자'가 열리면 앞서 적용한 [데이터 막대] 규칙을 선택한 후 ❷ [규칙 편집] 버튼을 클릭합니다. ❸ '서식 규칙 편집' 대화상자가 열리면 [종류] 옵션에서 **최소값**과 **최대값**으로 설정하고, ❹ [확인] 버튼을 클릭합니다. ❺ '조건부 서식 규칙 관리자'에서도 [확인] 버튼을 클릭하여 규칙 변경을 완료합니다.

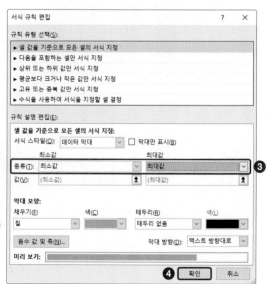

04 자동으로 설정되어 있을 때는 데이터 막대의 차이가 크지 않았으나 최솟값과 최댓값을 기준으로 데이터 막대를 표시하니 그 차이가 더욱 명확해졌습니다.

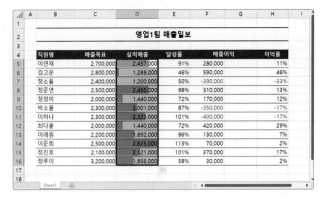

TIP 데이터 막대를 사용할 때 정렬 기능을 활용하면 표를 더욱 효과적으로 시각화할 수 있습니다. [데이터] 탭-[정렬 및 필터] 그룹에서 [필터]를 클릭하여 해당 범위에 자동 필터를 적용한 후 [실적매출] 필드에서 [필터] 버튼을 클릭한 후 내림차순이나 오름차순으로 정렬해 보세요.

05 이번에는 [매출이익] 필드의 값을 활용하여 별도의 열에 데이터 막대를 표시하겠습니다. 우선 ❶ [F5:F16] 범위를 선택한 후 Ctrl+C를 눌러 복사하고, ❷ [G5]셀에서 Ctrl+V를 눌러 붙여넣기합니다.

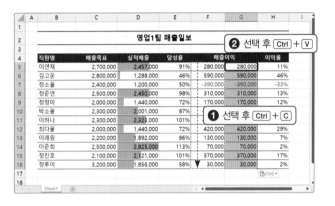

06 데이터 막대를 표시하기 위해 [G5: G16] 범위가 선택된 상태로 [홈] 탭-[스타일] 그룹에서 [조건부 서식]-[데이터 막대]-[기타 규칙]을 선택합니다.

07 ❶ '새 서식 규칙' 대화상자가 열리면 **[막대만 표시]**에 **체크**한 후 ❷ **[확인]** 버튼을 클릭합니다. **[F]**열에는 값만, **[G]**열에는 데이터 막대만 표시되었습니다.

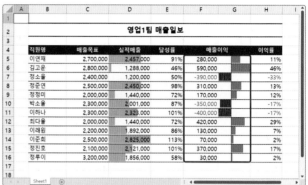

TIP [막대만 표시] 옵션의 체크 여부에 따라 지정한 범위에 데이터 막대와 값을 동시에 표시할지, 데이터 막대만 표시할지 결정할 수 있습니다.

오빠두! 특강

음수 값 표현하기

'새 서식 규칙' 혹은 '서식 규칙 편집' 대화상자에서 [음수 값 및 축] 버튼을 클릭해 보세요.
'음수 값 및 축 설정' 대화상자가 열리며 음수일 때 막대의 축 위치, 축 색상 등을 변경할 수 있습니다.

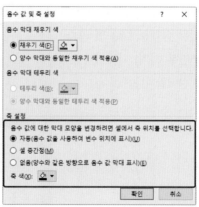

조건부 서식 기능 중 아이콘 집합을 사용하면 '납기일이 지난 제품', '오랜 기간 미납된 금액', '매출액이 크게 감소한 제품' 등 특정 조건을 만족하는 데이터를 손쉽게 강조할 수 있습니다. 예제 파일에서 매출 달성률과 이익률에 따라 아이콘을 표시해 보겠습니다.

01 03-006.xlsx 예제 파일에서 [달성률] 필드 값이 80% 미만일 때 깃발을 표시하기 위해 ❶ [E5:E16] 범위를 선택한 후 ❷ [홈] 탭-[스타일] 그룹에서 [조건부 서식]-[아이콘 집합]-[기타 규칙]을 선택합니다.

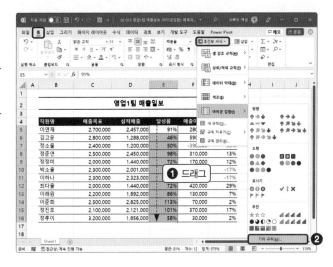

02 ❶ '새 서식 규칙' 대화상자가 열리면 다음과 같이 [아이콘], [값], [종류] 옵션을 설정한 후 ❷ [확인] 버튼을 클릭합니다. 달성률이 80% 미만인 값에만 앞쪽에 깃발이 표시됩니다.

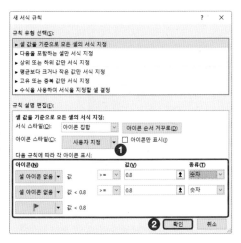

TIP [아이콘] 옵션을 위에서부터 [1], [2], [3]이라고 가정했을 때 [1]은 지정한 값(0.8) 이상일 때, [2]는 [1]의 값보다 작거나 [2] 에서 지정한 값 이상일 때, [3]은 [2]의 값보다 작을 때 표시되는 아이콘입니다. 그러므로 위와 같이 설정하면 0.8(80%) 미만인 값에 만 깃발이 표시됩니다.

TIP 아이콘 집합의 기본 설정은 백분율을 기준으로 상위 33%, 66%, 나머지를 구분합니다. 하지만 실무에서는 숫자를 기준으로 구분해서 사용할 때가 많습니다.

03 이번에는 이익률이 20% 이상일 때, 20% 미만 0% 이상일 때, 0% 미만일 때로 구분해서 아이콘을 표시하겠습니다. ❶ 이익률이 입력된 [G5:G16] 범위를 선택한 후 ❷ [조건부 서식]-[아이콘 집합]-[기타 규칙]을 선택합니다.

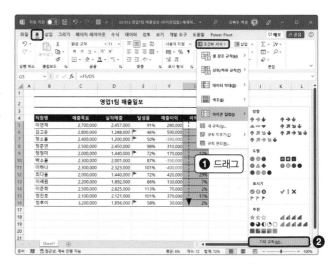

04 ❶ '새 서식 규칙' 대화상자가 열리면 다음과 같이 [아이콘], [값], [종류] 옵션을 설정한 후 ❷ [확인] 버튼을 클릭합니다. 이익률에 따라 신호등 모양 아이콘이 추가됩니다.

TIP 아이콘 집합으로 입력한 값은 백분율이 아닌 숫자이므로, [종류] 옵션을 반드시 숫자로 바꾸는 것을 주의합니다. 또한 [아이콘 스타일] 옵션 오른쪽에 있는 [아이콘만 표시] 옵션에 체크하면 셀 안에 아이콘만 표시할 수도 있습니다.

스파크라인 차트는 셀 안에 표시되는 작은 차트로, 데이터의 추세를 시각적으로 확인할 수 있습니다. 선(꺾은선형), 열(세로 막대형), 승패 3가지 종류가 있으며, 최솟값과 최댓값, 첫 번째와 마지막 값을 자동으로 강조할 수 있어 엑셀 초보자라도 쉽게 데이터를 시각화할 수 있습니다.

직원명	1분기			2분기			합계	트렌드
	1월	2월	3월	4월	5월	6월		
정희엘	146	146	83	112	146	117	750	
박단비	106	94	81	114	82	102	579	
정진하	90	135	105	91	131	110	662	
김병민	114	124	87	113	88	139	665	
이제우	119	80	144	131	103	146	723	
김준용	150	106	136	133	143	128	796	
박정화	91	144	102	111	82	94	624	
이서우	134	101	144	81	118	89	667	

2020년 상반기 직원별 실적현황
(단위 : 개)

▲ 스파크라인 차트로 데이터 변화 흐름을 손쉽게 시각화할 수 있습니다.

스파크라인 유형	설명	예시
선(꺾은선형)	셀 안에 꺾은선형 차트가 추가됩니다. 변화의 흐름을 시각화할 때 사용합니다.	
열	셀 안에 세로 막대형 차트가 추가됩니다. 변화의 흐름, 최솟값과 최댓값을 강조할 때 사용합니다.	
승패(W)	값의 크기에 상관없이 양수/음수만 구분합니다.	

TIP 스파크라인을 활용한 데이터 시각화 실습 과정은 다음 동영상 강의에서 확인할 수 있습니다.

https://youtu.be/yDoOCexmNUw

03-007.xlsx 예제 파일을 실행해 보면 상반기 직원 실적이 정리되어 있습니다. 각 직원의 월별 실적을 이용해 열 스파크라인 차트를 삽입한 후 최댓값을 강조해 보고, 스파크라인 차트의 종류도 변경해 보겠습니다.

01 03-007.xlsx 예제 파일에서 ❶ 스파크라인 차트가 삽입될 [J7:J14] 범위를 선택한 후 ❷ [삽입] 탭-[스파크라인] 그룹에서 [열]을 클릭합니다.

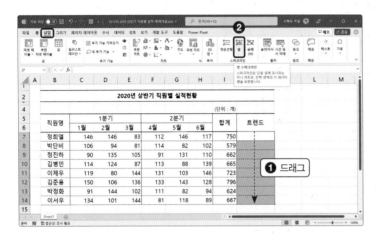

02 ❶ '스파크라인 만들기' 대화상자가 열리면 차트로 만들 데이터인 [C7:H14] 범위를 드래그해서 선택합니다. ❷ 대화상자에서 [데이터 범위] 옵션에 C7:H14가 지정된 것을 확인한 후 ❸ [확인] 버튼을 클릭합니다.

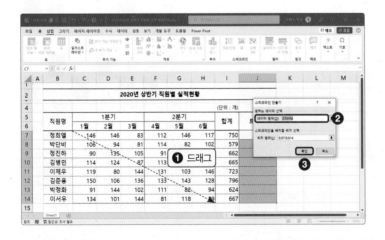

> **TIP** 데이터 범위를 선택할 때 합계 값을 포함하면 차트가 너무 왜곡되어 표시되므로 제외하고 선택합니다. [데이터 범위] 옵션에 C7:H14를 직접 입력해도 됩니다.

03 [트렌드] 필드에 월별 실적으로 만든 열 스파크라인이 추가되었습니다. [스파크라인] 탭-[표시] 그룹에서 [높은 점] 옵션에 **체크**하면 직원별로 최댓값이 빨간색으로 강조됩니다.

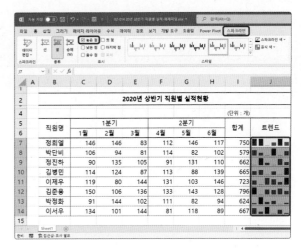

04 차트 색상 조합은 [스파크라인] 탭-[스타일] 그룹에서 원하는 디자인을 선택하거나 [스파크라인 색], [표식 색]을 클릭하여 원하는 색상을 지정할 수도 있습니다.

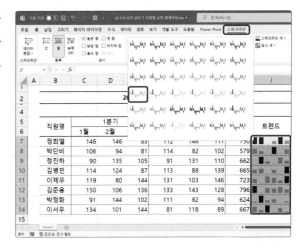

05 마지막으로 스파크라인 종류를 변경해 보겠습니다. [스파크라인] 탭-[종류] 그룹에서 [선] 또는 [승패]를 클릭해 보세요. 곧바로 스파크라인 종류가 변경됩니다.

TIP 스파크라인을 삭제하려면 [스파크라인] 탭-[그룹] 그룹에서 [지우기]를 클릭합니다.

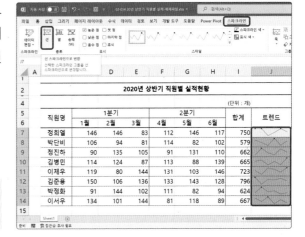

MEMO

완성한 엑셀 보고서
공유 및 출력하기

아무리 시작이 좋아도 마무리가 좋지 않으면 그 좋음이 무색해질 수 있습니다.
마찬가지로 실무에서도 항상 끝 맺음이 있어야 하며,
모든 업무는 그 과정보다 결과로 평가를 받습니다.
애써 잘 만든 보고서임에도 보안 문제나 작은 실수로 성과가 퇴색되어서는 안 되겠죠?
유종의 미를 거둘 수 있도록 완성한 결과를 파일로 공유하거나
종이에 인쇄하는 데 필요한 실무 비법을 살펴보겠습니다.

1분 투자로 100점짜리 보고서 완성하기

예제 파일 04-001.xlsx, 04-002.xlsx, 04-003.xlsx 공들여 데이터를 정리하고, 서식을 적용하여 보고서를 완성한 만큼 좋은 피드백을 받는다면 더할 나위 없겠죠? 간단하게 엑셀 보고서 작성을 마무리하는 팁 몇 가지를 소개합니다. 다음 동영상 강의에서도 확인할 수 있습니다.

 실무 상식 | **요약 시트를 첫 페이지로 정리하라**

실무에서 엑셀로 보고서를 만들 때면 하나의 통합 문서 안에 적게는 2개부터 많게는 수십 개의 시트를 취합하여 제출하는 일이 자주 발생합니다. 각 시트에는 '요약시트', '매출시트', '판매시트'처럼 적절한 시트명을 입력해서 구분하지만 해당 파일을 막 공유 받은 사람의 입장이라면 처음 실행했을 때 나타나는 화면이 '요약 시트'일 때 가장 좋은 인상을 남길 수 있을 것입니다.

엑셀 파일을 실행했을 때 처음 열리면 시트는 저장 전에 선택 중인 시트입니다. 그러므로 저장 전에 엑셀 왼쪽 아래에 있는 시트 탭 목록에서 가장 먼저 표시되길 원하는 시트를 클릭해서 표시합니다.

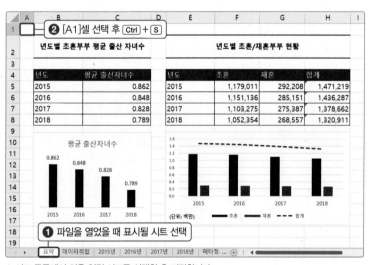

▲ 시트 목록에서 처음 열릴 시트를 선택한 후 저장합니다.

TIP Ctrl + PageUp 또는 Ctrl + PageDown 을 길게 누르면 가장 왼쪽 또는 오른쪽에 있는 시트로 이동하고, 짧게 누르면 이전 또는 이후 시트로 이동합니다.

가장 먼저 보여 주고 싶은 시트를 선택했다면 다음으로 해당 시트에서 [A1]셀을 선택한 후 파일을 저장합니다(Ctrl + S). 이후 다시 해당 엑셀 파일을 실행하면 마지막으로 선택한 시트에서, 마지막으로 선택할 셀 위치([A1]셀)가 활성화된 상태로 시작됩니다. 완성한 파일을 배포하기 전 통합 문서에서 가장 먼저 보여 줄 시트의 [A1]셀을 선택한 상태에서 저장하는 것을 기억하세요.

TIP Ctrl + Home 을 누르면 [A1]셀을 빠르게 선택할 수 있습니다.

실무 상식 ｜ 시트의 눈금선, 머리글을 제거한다

보고서 작성이 끝났다면 시트의 눈금선과 머리글을 숨겨서 더욱 깔끔하게 정리하는 것도 좋습니다. 특히 차트가 포함된 보고서라면 눈금선을 숨김으로써 파워포인트와 비슷한 대시보드 스타일의 멋진 보고서를 작성할 수 있습니다.

• **시트 화면 정리하기:** [보기] 탭-[표시] 그룹에서 [눈금선]과 [머리글] 옵션의 **체크 해제**

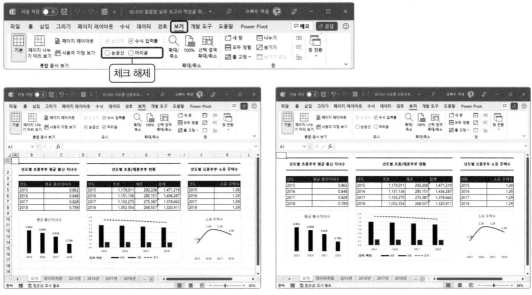

▲ 눈금선과 머리글만 가려도 보고서가 한결 깔끔해집니다.

TIP [수식 입력줄] 옵션을 **체크 해제**하면 수식 입력줄도 가릴 수 있습니다. 하지만 이 설정은 해당 엑셀 파일에 저장되는 것이 아닌, 현재 사용 중인 PC에서만 저장됩니다.

 **실무 상식** 한 시트에 데이터가 많을 때는 틀 고정 기능을 사용하라

많은 양의 데이터가 입력된 표는 세로 또는 가로 방향으로 길게 작성되어 한 화면에 모든 데이터가 표시되지 않기 때문에 화면을 스크롤하면서 내용을 검토해야 합니다. 이때 표의 머리글이나 항목이 보이지 않는다면 다시 화면을 스크롤하여 확인해야 하는 번거로움이 있습니다. 이럴 때는 머리글과 항목이 고정되어 항상 표시되도록 틀 고정 기능을 활용합니다. 특히 빔 프로젝터를 이용하여 여러 사람이 함께 보고서를 보는 상황이라면 틀 고정 기능이 더욱 빛을 발할 것입니다.

머리글과 항목을 항상 표시 04-001.xlsx 예제 파일을 실행하면 월별(머리글), 항목별 데이터가 정리되어 있습니다. 틀 고정 기능을 사용하려면 기준이 될 셀을 선택해야 하며, 기준 셀의 위와 왼쪽이 항상 고정됩니다. 그러므로 [B3]셀을 선택한 후 틀 고정을 실행합니다.

- **리본 메뉴에서 실행하기:** [보기] 탭-[창] 그룹에서 [틀 고정]-[틀 고정] 선택
- **단축키로 실행하기:** Alt → W → F → F 순서대로 누르기

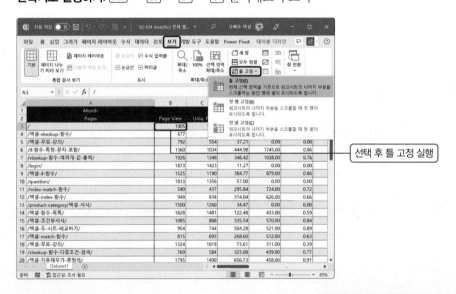

선택 후 틀 고정 실행

특정 행/열 고정 [1]행 또는 [A]열만 고정하고 싶다면 [보기] 탭-[창] 그룹에서 [틀 고정]-[첫 행 고정] 또는 [첫 열 고정]을 선택합니다. 만약 특정 위치의 행이나 열을 고정하고 싶다면 고정할 행의 바로 아래 행, 고정할 열의 오른쪽 열 머리글을 클릭해서 선택한 후 [보기] 탭-[창] 그룹에서 [틀 고정]-[틀 고정]을 선택합니다. 만약, [13]행까지 고정하고 싶다면 [14]행 머리글을 클릭한 후 틀 고정을 실행합니다.

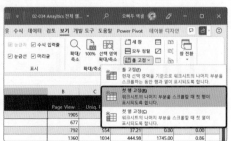

 **실무 상식** 종이에 인쇄할 보고서라면 보기 방식을 변경하라

전자 결재를 사용하는 곳이 늘고 있지만, 여전히 종이에 인쇄한 후 결재를 진행하는 곳도 많습니다. 인쇄할 보고서라면 시트의 보기 형식을 페이지 나누기 미리보기 또는 페이지 레이아웃 형태로 전달했을 때 더욱 좋은 인상을 남길 수 있습니다.

04-002.xlsx 예제 파일을 실행한 후 [보기] 탭의 [통합 문서 보기] 그룹을 보면 평소 데이터를 입력하거나 편집할 때 기본적으로 사용하는 [기본] 형식이 활성화되어 있습니다. [페이지 나누기 미리 보기]와 [페이지 레이아웃]을 각각 클릭해서 차이를 확인해 보세요. 보기 형식은 시트별로 서로 다르게 지정할 수 있습니다.

> **TIP** 실무에서 작성하는 대부분의 문서는 사내 문서 작성 관련 내규에 따릅니다. 따라서 보기 형식을 변경하기 전에는 동일한 문서가 어떤 형식으로 관리되었는지 확인부터 하는 것이 좋습니다.

페이지 나누기 미리 보기 문서의 범위에 따라 시트 위로 파란색 점선과 실선이 표시됩니다. 파란색 점선은 인쇄할 때 페이지를 구분하는 경계이며, 파란색 실선은 인쇄 영역을 구분하는 경계입니다. 각 선을 드래그하여 영역을 조절할 수 있으며, 인쇄 영역의 바깥쪽은 회색으로 음영 처리됩니다. 그러므로 보고서 작성이 끝났으면 [페이지 나누기 미리 보기]를 선택하여 인쇄 영역을 지정해 주는 것이 좋습니다.

파란색 실선을 드래그해서 인쇄 영역을 설정합니다. ▶

페이지 레이아웃 인쇄 영역을 임의로 조절했다면 페이지 배율이 변경될 수도 있습니다. 그러므로 [페이지 레이아웃] 형식에서 최종 인쇄 화면을 확인하는 것이 좋습니다. [페이지 레이아웃] 형식에서는 보고서가 어떻게 표시될지 인쇄 용지 형태로 확인할 수 있고, 여백을 조절하거나 머리글/바닥글을 수정할 수도 있습니다.

> **TIP** 페이지 레이아웃 보기에서는 셀 크기를 cm (또는 inch) 단위로 조절할 수 있습니다.

페이지 레이아웃 보기 형식에서는 ▶
실제 종이에 인쇄된 듯한 보고서를 확인할 수 있습니다.

실무 활용 　입력하는 값 & 계산되는 값 구분하기

여러 사람과 엑셀 파일을 공유하다 보면 입력해야 할 값과 자동으로 계산되는 값이 구분되지 않아 수식이 깨지는 등의 문제가 종종 발생합니다. 그러므로 완성한 문서를 공유하기 전에는 색상 등을 변경하여 입력할 값과 수식이 입력되어 자동으로 계산되는 값을 구분한 후 파일을 배포하면서 '색이 지정된 부분만 수정하세요!'라고 안내해 주면 됩니다. 예제 파일을 실행한 후 이동 기능을 활용하여 수식이 입력된 부분과 그렇지 않은 부분을 빠르게 찾고 글꼴 색으로 구분해 보겠습니다.

01 04-003.xlsx 예제 파일에서 ❶ [B5:F13] 범위를 선택한 후 ❷ [홈]-[찾기 및 선택]-[이동 옵션]을 선택하거나 F5를 눌러 '이동' 대화상자를 열고 ❸ [옵션] 버튼을 클릭하여 '이동 옵션' 대화상자를 엽니다.

02 ❶ '이동 옵션' 대화상자에서 [상수]를 선택한 후 ❷ [확인] 버튼을 클릭합니다. 선택한 범위에서 수식이 입력된 셀과 빈 셀을 제외하고 값으로 직접 입력된 셀이 한 번에 선택됩니다.

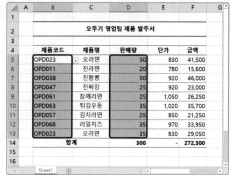

TIP [숫자], [텍스트], [논리값], [오류]에 체크 여부를 결정하여 특정 데이터로 입력된 셀만 선택할 수도 있습니다.

03 값을 입력해야 할 셀이 선택된 상태로 [홈] 탭-[글꼴] 그룹에서 [글꼴 색]이나 [채우기 색]을 변경하여 사용자가 수정할 부분을 구분해 줍니다.

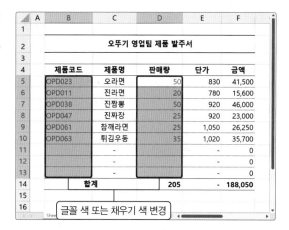

외부 통합 문서 참조할 때 발생하는 오류 처리하기

예제 파일 04-004.xlsx 여러 사람과 파일을 주고받다 보면 가장 흔히 접하는 오류 메시지는 '이 통합 문서에는 안전하지 않은 외부 데이터 원본에 대한 연결이 포함되어 있습니다.'일 것입니다. 이 오류 메시지는 시트에 사용된 수식이 현재 실행 중인 통합 문서가 아닌 외부 통합 문서를 참조할 때 발생합니다.

 **실무 상식** 파일 배포 전에 외부 연결 확인하기

실무에서 외부 통합 문서 사용으로 오류가 발생하는 상황은 크게 2가지입니다.

• 원본 데이터 파일과 집계 파일이 따로 있고, 집계 파일에서 VLOOKUP 함수나 SUMIF 함수를 사용하여 원본 데이터 파일의 일부를 참조할 때 오류가 발생합니다.

• VLOOKUP 함수나 SUMIF 함수로 다른 시트의 데이터를 참조하는 수식이 포함된 시트를 새로운 통합 문서로 이동/복사하면 새로운 통합 문서에서 기존 통합 문서 즉, 외부 통합 문서를 참조하여 오류가 발생합니다

그러므로 파일을 배포하기 전에는 외부 데이터 원본에 대한 연결 오류를 방지하기 위해 외부 연결이 포함되었는지 확인한 후 연결되어 있다면 연결을 끊고 배포해야 합니다.

파일 배포 전 외부 연결 확인 엑셀 파일에 외부 파일이 연결되어 있는지 확인하려면 [데이터] 탭-[쿼리 및 연결] 그룹에서 [연결 편집] 버튼을 확인합니다. 다음과 같이 [연결 편집] 버튼이 회색으로 비활성화되어 있다면 외부 연결이 포함되지 않았다는 의미입니다.

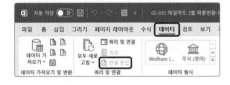

연결 끊기 [연결 편집] 버튼이 활성화되어 있다면 **[연결 편집]** 버튼을 클릭하여 '연결 편집' 대화상자를 엽니다. '연결 편집' 대화상자에는 다양한 버튼이 있지만, 실무에서는 **[연결 끊기]** 버튼만 기억해도 충분합니다. ❶ **[연결 끊기]** 버튼을 클릭한 후 기존의 값으로 영구히 변환된다는 메시지를 확인하고 다시 ❷ **[연결 끊기]** 버튼을 클릭하면 외부 연결이 해제되면서 외부 파일을 참조하던 수식이 모두 값으로 변경됩니다. 이제 안심하고 해당 파일을 배포하면 됩니다.

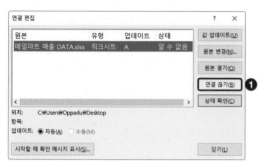

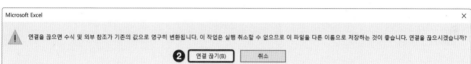

> **TIP** [연결 끊기]를 실행하면 외부 통합 문서를 참조하는 모든 수식이 값으로 일괄 변경됩니다. 따라서 [연결 끊기]를 실행하기 전에는 반드시 파일의 사본을 저장해 두세요.

오빠두! 특강 — 연결 편집 대화상자 살펴보기

앞서 이야기했듯 실무에서는 [연결 끊기] 버튼만 알아도 충분합니다.

하지만 좀 더 제대로 활용하려면 각 버튼의 기능은 알고 넘어가는 것이 좋습니다.

- **값 업데이트**: 선택한 원본 시트의 데이터를 업데이트합니다. 현재 통합 문서와 원본 통합 문서가 동시에 열려 있고, 원본 통합 문서의 데이터가 변경되었을 때 사용하는 기능입니다. 실무에서는 단축키 Ctrl + Alt + F5(모두 새로고침)를 눌러 빠르게 업데이트하는 방법을 주로 사용합니다.
- **원본 변경**: 연결된 통합 문서의 이름이나 파일 경로가 바뀌었을 때 연결된 경로를 변경합니다.
- **원본 열기**: 선택한 원본 파일을 실행합니다.
- **연결 끊기**: 선택한 원본 파일과의 연결을 끊습니다. 연결이 끊어지면서 해당 파일을 참조하는 수식은 모두 값 형태로 변경됩니다.
- **상태 확인**: 원본 파일의 상태를 확인합니다.
- **시작할 때 확인 메시지 표시**: 파일 실행 시 연결 업데이트 관련 메시지를 표시할지 여부를 선택합니다. [알림 표시 없이 자동 연결 업데이트 안 함]을 선택하면 통합 문서에 외부 연결이 포함되어 있어도 오류 메시지가 표시되지 않고 업데이트도 되지 않습니다.

실무 활용 **외부 데이터 원본에 대한 연결 오류 해결하기**

파일을 배포한 사용자가 애초에 외부 연결을 끊었다면 좋았겠지만, 공유 받은 엑셀 파일을 실행했을 때 '외부 데이터 원본에 대한 연결이 포함되어 있습니다.'라는 오류 메시지가 출력된다면 다음과 같은 방법으로 해결할 수 있습니다.

연결 편집 04-004.xlsx 예제 파일을 실행하면 화면 상단에 노란색 바 형태로 경고 메시지가 표시됩니다. 우선 ❶ [콘텐츠 사용] 버튼을 클릭합니다.

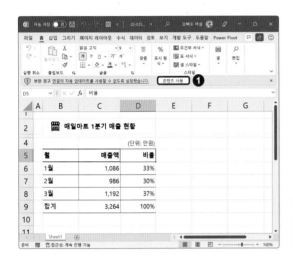

> **TIP** 만약 [콘텐츠 사용] 버튼이 표시되지 않으면 [파일] 탭에서 [정보]를 클릭한 후 [콘텐츠 사용] 버튼을 클릭합니다.

[콘텐츠 사용] 버튼을 클릭했더니 '이 통합 문서에는 안전하지 않은 외부 데이터 연결이 포함되어 있습니다.'라는 오류 메시지가 출력됩니다. [업데이트하지 않음] 버튼을 클릭하면 일시적으로 문제를 해결할 수 있지만, 이후 파일을 실행할 때마다 버튼을 클릭해야 합니다. 그러므로 ❷ [업데이트] 버튼을 클릭하고, ❸ '통합 문서에 지금 업데이트할 수 없는 연결이 하나 이상 있습니다.'라는 오류 메시지가 출력되면 [연결 편집] 버튼을 클릭합니다. ❹ '연결 편집' 대화상자가 열리면 [연결 끊기] 버튼을 클릭합니다.

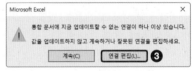

> **TIP** [데이터] 탭-[쿼리 및 연결] 그룹에서 [연결 편집] 버튼을 클릭해도 됩니다. M365 최신 버전에서는 [연결 편집] 버튼이 [통합 문서 연결]로 표기되며, 우측 패널 영역에서 통합 문서 연결을 편집할 수 있습니다.

연결 업데이트 알림을 영구히 비활성화 엑셀 설정을 변경하면 연결 업데이트 알림을 영구적으로 비활성화할 수 있습니다. 하지만 이 방법으로 알림을 비활성화하면 이후에 외부 파일을 참고하여 작성된 수식이 자동으로 갱신되지 않으므로 주의해야 합니다. 연결 업데이트 알림을 영구히 비활성화하려면 ❶ **[파일]** 탭에서 **[옵션]**을 클릭해서 'Excel 옵션' 대화상자를 열고 ❷ **[고급]** 범주에서 ❸ '일반' 영역에 있는 **[자동 연결 업데이트 확인]** 옵션을 **체크 해제**한 후 ❹ **[확인]** 버튼을 클릭합니다. 이후 해당 컴퓨터에서 실행되는 모든 엑셀 파일은 외부 연결이 있더라도 오류 메시지를 출력하지 않고 자동으로 업데이트되지 않습니다.

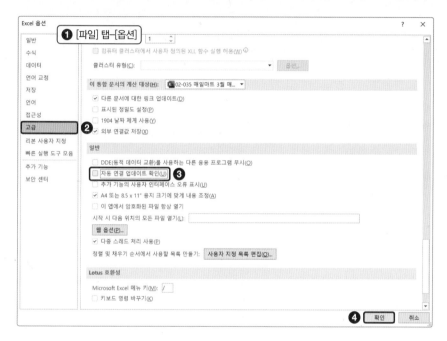

> **TIP** 이외에도 실무에서 파일을 배포하고 공유할 때 종종 접하게 되는 [편집 사용], [컨텐츠 사용] 버튼 클릭 전 주의할 점과 실습 과정은 다음 동영상 강의를 확인해 주세요.
>
> https://youtu.be/3JJ8XvXp8dg

LESSON 03

외부 공유를 대비하여 정보를 관리하자

예제 파일 04-005.xlsx, 04-006.xlsx 다른 사용자와 공유하는 보고서 형식의 문서를 작성할 때에는 보고서 내용 이외에 확실하게 관리해야 할 정보가 있습니다. 바로 개인 정보와 출처 정보입니다. 엑셀 문서에서 출처는 어떻게 관리하고, 엑셀 문서에 저장되는 개인 정보는 무엇인지 자세하게 살펴보겠습니다.

 **실무 상식** **외부 자료를 참조했다면 자료 출처를 명시하자**

마케팅이나 연구 분야에서 작성하는 수많은 보고서는 인터넷 또는 논문 등에 사용된 외부 자료를 참고할 때가 많습니다. 그렇게 작성한 보고서를 외부에 공적으로(논문, 기사 등) 사용할 용도라면 저작권 등의 문제에 대비해서 반드시 자료 출처를 명시해야 합니다. 하지만, 사내에서 사용되는 보고서라면 어떨까요? 대부분 자료 출처를 명시하지 않고 사용하는 경우를 많이 보았습니다.

"내부에서만 사용할 자료인데, 굳이 출처를 명시해야 할까요?"라고 물을 수 있지만 자료 출처는 공적 자료, 사내 자료를 불문하고 반드시 명시해야 하는 정보입니다. 사용한 자료의 출처를 명시하지 않으면 보고서에 대한 신뢰도가 낮아질 뿐만 아니라 향후 보고서를 수정하거나 업데이트할 때 문제가 발생할 수 있습니다.

엑셀에서 출처 작성 워드나 파워포인트를 이용한 보고서라면 주석 기능으로 간단하게 출처를 입력할 수 있지만, 엑셀에서는 어떤 방식으로 출처를 명시해야 할까요? 임의의 셀을 이용할 수도 있지만, 별도의 시트에서 자료 출처를 관리해 주는 것을 추천합니다. 이렇게 다른 데이터를 설명해 주는 데이터를 '메타데이터'라고 합니다.

출처 표기법은 참고한 문헌, 자료에 따라 조금씩 상이하지만, 실무에서 엑셀 보고서의 메타데이터를 관리할때는 시트명, 날짜, 출처 3가지 항목만 기억하면 됩니다. 04-005.xlsx 예제 파일을 실행하고 **[메타데이터]** 시트를 확인해 보세요. 시트별로 자료의 업데이트 날짜와 링크가 관리되고 있습니다. 이후 자료의 변동이 있을 때면 날짜와 링크 주소도 함께 업데이트해 줍니다.

	A	B	C	D
1	시트명	날짜	링크	
2	시도별임대주택현황	2021-03-15	https://kosis.kr/statHtml/statHtml.do?orgId=116&tblId=DT_MLTM_826&conn_path=I3	
3	연도별임대주택현황	2021-03-15	https://kosis.kr/statHtml/statHtml.do?orgId=116&tblId=DT_MLTM_842&conn_path=I3	
4	임대주택건설공급현황	2021-03-15	https://kosis.kr/statHtml/statHtml.do?orgId=116&tblId=DT_MLTM_5560&conn_path=I3	
5				
11				

... 임대주택건설공급현황 | 메타데이터 | ⊕

▲ [메타데이터] 시트를 만들어 시트별 자료의 출처를 작성합니다.

데이터 분석에 유용한 국가통계포털 활용법

국가통계포털(https://kosis.kr)에서는 국내, 국제, 북한의 주요 통계를 누구나 손쉽게 찾을 수 있습니다.

통계청에서 제공하는 서비스로 홈페이지에 접속한 후 [국내통계]-[주제별 통계]를 선택하면 항목별로 세부 통계 내역을 조회할 수 있습니다. 원하는 통계 항목을 선택한 후 세부 항목 및 시점 등으로 데이터를 필터링할 수 있으며, 엑셀 파일 등으로 다운로드할 수도 있습니다.

▲ 국가통계포털에서 원하는 자료를 찾아 엑셀 파일로 다운로드할 수 있습니다.

국가통계포털에서 엑셀 파일로 다운로드한 자료에는 기본으로 [메타정보] 시트가 포함되어 있으며, 여기에는 다음과 같이 데이터에 대한 세부 정보가 명시되어 있습니다.

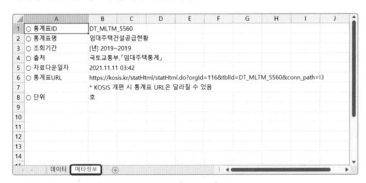

▲ 국가통계포털에서 다운로드한 엑셀 파일의 [메타정보] 시트

 **실무 상식** **불특정 다수에게 공개될 자료라면 문서의 개인 정보를 제거하자**

엑셀 파일에는 만든 이, 마지막으로 수정한 사람 등의 정보가 포함되어 있습니다. 작성한 엑셀 문서를 사내에서 주고받는다면 이런 정보가 도움이 될 수 있습니다. 하지만 작성한 파일이 불특정 다수에게 공개된다면 이런 정보를 지우거나 이름이 아닌 회사명 등으로 공개하는 것이 좋겠지요?

엑셀 통합 문서의 만든 이 정보는 사용 중인 컴퓨터 이름이 기본으로 저장되며, 비즈니스 버전의 엑셀을 사용 중이라면 사용 중인 계정의 사용자 이름이 저장됩니다. 예제 파일을 실행한 후 만든 이 정보를 제거하거나 수정해 보세요.

만든 이 정보 수정 04-006.xlsx 예제 파일에서 ❶ [파일] 탭을 클릭한 후 [정보]를 클릭해서 '정보' 화면을 보면 해당 파일을 만든 이, 마지막으로 수정한 사람 등에 대한 다양한 정보를 확인할 수 있습니다. 여기서 ❷ [속성]을 클릭한 후 [고급 속성]을 선택하면 '속성' 대화상자가 열립니다. ❸ 대화상자에서 [요약] 탭에 있는 [만든 이] 입력란에서 만든 이 정보를 수정할 수 있습니다.

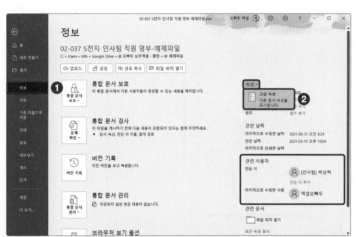

TIP '정보' 화면에 보이는 [만든 이] 정보를 [마우스 우클릭] 후 [대상 제거]를 선택하거나 [속성 편집]을 선택해서 수정할 수도 있습니다.

개인 정보 한 번에 제거 '정보' 화면에서 ❶ [문제 확인]-[문서 검사]를 선택하면 '문서 검사' 대화상자가 열립니다. ❷ 여기서 각 항목에 체크하고 ❸ [검사] 버튼을 클릭하면 해당 문서 검사가 진행되어 항목별 검사 결과가 출력됩니다. 검사 결과에서 다음 2가지 항목을 확인하면 됩니다.

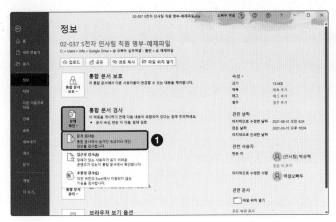
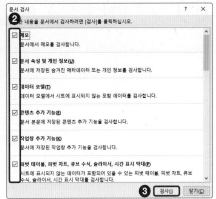

- **문서 속성 및 개인 정보:** [모두 제거] 버튼을 클릭하여 문서에 포함된 만든 이, 마지막으로 수정한 사람 정보를 제거할 수 있습니다.

- **다른 파일에 대한 연결:** 외부 통합 문서를 참조하는 링크가 있는지 확인합니다. 외부 통합 문서가 참조되어 있다면 연결 편집 기능으로 외부 통합 문서 링크를 제거합니다.

문서 검사 기능으로 개인 정보를 삭제한다면 이후 해당 파일을 저장할 때 문서 속성 및 개인 정보가 자동으로 제거됩니다. 이후에 만든 이 등의 정보를 다시 추가하고 싶다면 '정보' 화면에서 [문제 확인] 버튼 오른쪽에 표시된 [이 정보가 파일에 저장되도록 허용] 링크를 클릭한 후 파일을 저장하면 됩니다.

▲ 문서 검사 기능으로 개인 정보를 제거하면 다시 허용할 때까지 정보가 삭제됩니다.

 **실무 상식** **파일 버전을 효율적으로 관리하는 방법**

작성한 엑셀 파일을 여러 사람과 공유할 때 파일 이름을 잘 짓는 것은 효율적인 관리를 위해 매우 중요합니다. 그러므로 서로 다른 팀이라도 내용을 쉽게 파악할 수 있도록 파일명 작성 규칙을 미리 정하는 것이 좋습니다. 대부분의 상황에서 적용할 수 있는 파일명 작성 규칙은 아래와 같습니다.

파일명_날짜_버전_비고.xlsx

날짜는 8자리 숫자인 **yyyymmdd** 형식 또는 6자리 숫자인 **yymmdd** 형식으로 작성하고, 버전은 앞에 0을 포함한 2자리 숫자로 입력합니다. 비고는 새로운 버전이 이전 버전과 어떤 차이가 있는지 짧은 주석처럼 작성합니다.

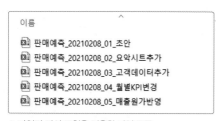

▲ 파일명 작성 규칙을 적용한 파일 목록

저자 추천 파일명 관리 핵심 규칙 3계명
1. 날짜는 8자리(또는 6자리) 숫자로 통일합니다.
2. 버전은 앞에 0을 포함한 2자리 숫자로 관리합니다.
3. 띄어쓰기 대신 _(언더바) 또는 −(하이픈)을 사용합니다.

> **TIP** 작성한 날짜 기준으로 파일을 정렬해야 한다면 **날짜_파일명_버전_비고** 형태로 관리합니다.

위와 같이 파일명을 관리하면 파일 목록이 작성된 순서대로 쉽게 정렬할 수 있으며, 어떤 파일이 최신인지, 어떤 점이 변경되었는지 한눈에 파악할 수 있습니다. 또한 파일 탐색기의 표시 방법을 적절히 변경하면 보다 효율적으로 작업할 수 있습니다.

▲ Windows 10 파일 탐색기

▲ Windows 11 파일 탐색기

가장 효율적인 작업을 위해 사용되는 표시 방법은 **[큰 아이콘]**과 **[자세히]**입니다. **[큰 아이콘]**은 그림 파일의 미리 보기가 필요할 때 사용하며, 그 외의 상황이라면 **[자세히]** 보기를 사용하는 것이 좋습니다.

 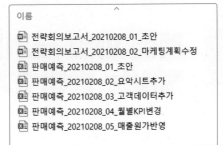

▲ 큰 아이콘 보기(좌)와 자세히 보기(우)

Windows 파일 탐색기의 [보기] 탭에서 [미리 보기 창]을 활성화하면 선택한 파일의 내용을 탐색기에서 바로 확인할 수 있습니다.

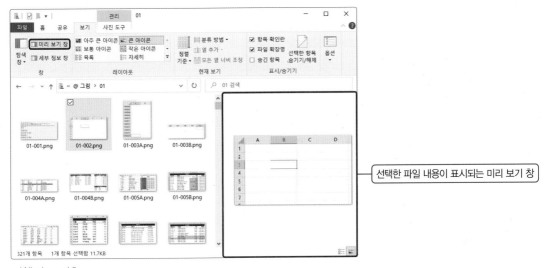

선택한 파일 내용이 표시되는 미리 보기 창

▲ Windows 10

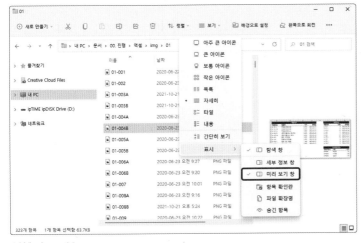

▲ Windows 11

엑셀 파일 크기를 절반으로 줄이는 방법 3가지

예제 파일 04-007.xlsx, 04-007-1.xlsb, 04-007-2.xlsb 실무에서 사용하는 대부분의 이메일 서비스는 일반 첨부 파일 크기를 25MB로 제한하고, 대용량 첨부는 다운로드 기간이 정해져 있습니다. 실무에서 다루는 대부분의 엑셀 파일은 25MB 이하로 작성되지만, 간헐적으로 25MB를 넘어 불편할 때가 있습니다. 이럴 때 효과적으로 파일 크기를 줄이는 방법을 소개합니다.

실무 활용 │ 파일 크기 확인 및 바이너리 파일로 저장하기

배포용으로 파일 크기를 줄이기 전에는 혹시나 발생할 수 있는 문제를 예방하기 위해 반드시 복사본 파일을 미리 준비해 놓은 뒤 진행합니다. 복사본이 준비되었다면 파일에서 **[마우스 우클릭]** 후 **[속성]**을 선택하여 '속성' 대화상자에서 파일 크기를 확인해 봅니다.

04-007.xlsx 예제 파일의 '속성' 대화상자에서 크기를 확인했더니 24.8MB로 표시됩니다.

파일에서 [마우스 우클릭] 후 [속성]을 선택하면 파일 관련 정보를 확인할 수 있습니다. ▶

파일 크기를 줄이는 가장 쉬우면서 효과적인 방법은 파일 형식을 바이너리 형태(.xlsb)로 저장하는 것입니다. 04-007.xlsx 예제 파일을 실행한 후 바이너리 형태로 저장하기 위해 ❶ **[파일]** 탭에서 **[다른 이름으로 저장]**을 클릭한 후 ❷ 파일 형식을 Excel 바이너리 통합 문서(*.xlsb)로 설정한 후 ❸ **[저장]** 버튼을 클릭합니다.

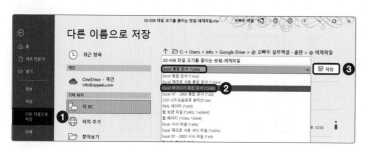

바이너리 파일로 저장했다면 저장한 파일을 찾아 '속성' 대화상자에서 파일 크기를 확인해 보세요. 24.8MB에서 18.4MB로 약 25%가량 압축된 것을 확인할 수 있습니다. 이처럼 엑셀 파일을 바이너리 형태로 변경하면 약 10~35% 정도로 파일 크기를 줄일 수 있습니다.

바이너리 형태로 저장할 때 장점 쉽고 간편하게 파일 크기를 압축할 수 있으며, 기존 엑셀 파일의 서식, 함수, 피벗 테이블, VBA 매크로 등을 그대로 유지할 수 있습니다. 또한, 대량의 데이터라면 기존 엑셀 파일보다 더욱 빠르게 동작합니다.

바이너리 형태로 저장할 때 단점 기존 엑셀 파일은 외부 프로그램과 자유롭게 호환되지만, 바이너리 파일은 기존 엑셀 파일에 비해 외부 프로그램과 호환성이 떨어집니다. 또한 파워 쿼리, 파워 피벗을 사용할 수 없다는 제한 사항이 있습니다.

▲ 바이너리 형태로 변경한 후 파일 크기가 약 25% 줄었습니다.

실무 활용 · 함수를 모두 값으로 변경하기

엑셀 문서에서 함수를 많이 사용한 경우, 특히 VLOOKUP 함수나 SUMIF 함수를 넓은 범위에 자동 채우기하여 사용했다면 파일 크기에 지대한 영향을 미칩니다. 앞서 바이너리 형태로 저장하여 18.4MB가 된 파일을 실행한 후 [원본데이터] 시트를 보면 함수를 사용하여 합계, 전체 평균 등을 계산했습니다. 모든 셀을 값으로 변경하여 결과를 확인해 보겠습니다.

01 04-007-1.xlsb 예제 파일의 ❶ [원본데이터] 시트에서 ❷ [전체 선택] 버튼을 클릭해서 시트 전체를 선택한 후 Ctrl+C를 눌러 복사하고, ❸ 시트 내 임의의 위치에서 [마우스 우클릭] 후 ❹ [선택하여 붙여넣기]를 선택합니다.

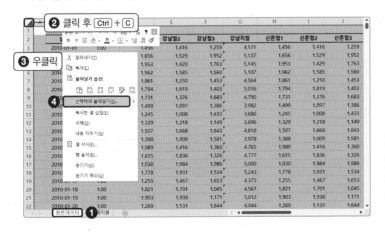

TIP 단축키 Ctrl+A를 2번 눌러 시트 전체를 선택할 수 있고, Ctrl+Alt+V를 눌러 선택하여 붙여넣기를 실행할 수 있습니다.

02 '선택하여 붙여넣기' 대화상자가 열리면 ❶ '붙여넣기' 영역에서 [값]을 선택한 후 ❷ [확인] 버튼을 클릭합니다. 선택 범위(시트 전체)에서 모든 수식이 결과 값으로 바뀝니다.

03 모든 수식을 값으로 바꿨다면 Ctrl+S를 눌러 저장하고, 저장한 파일에서 [마우스 우클릭] 후 [속성]을 선택해서 파일 크기를 확인해 봅니다. 18.4MB에서 11.8MB로 크기가 줄어든 것을 확인할 수 있습니다.

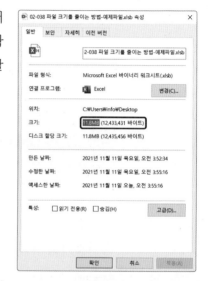

🏃 **실무 활용** | **피벗 캐시 지우기**

바이너리 파일로 저장한 후 함수까지 모두 값을 바꾼 것까지만 해도 충분하지만 여기서 한 단계 더 파일 크기를 줄일 수 있습니다. 수식까지 제거한 바이너리 파일을 실행한 후 [피벗테이블] 시트를 보면 [원본데이터] 시트 데이터로 만든 피벗 테이블이 포함되어 있습니다.

엑셀에서 피벗 테이블을 생성할 때는 원본 데이터에서 바로 테이블을 만들지 않고, 피벗 캐시라는 임시 데이터를 생성한 후 피벗 캐시를 참조하여 피벗 테이블을 만듭니다. 즉, 피벗 테이블이 포함된 파일이라면 피벗 캐시를 제거함으로써 파일 크기를 한 번 더 줄일 수 있습니다.

원본 데이터　　　피벗 캐시　　　피벗 테이블

01 04-007-2.xlsb 예제 파일의 ❶ [피벗테이블] 시트에서 ❷ 피벗 테이블 내 임의의 셀에서 [마우스 우클릭] 후 ❸ [피벗 테이블 옵션]을 선택합니다.

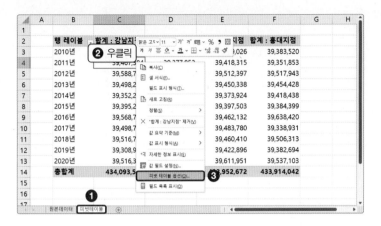

02 '피벗 테이블 옵션' 대화상자가 열리면 ❶ [데이터] 탭을 클릭한 후 ❷ [파일에 원본 데이터 저장] 옵션은 **체크 해제**, ❸ [파일을 열 때 데이터 새로 고침] 옵션은 **체크**하고 ❹ [확인] 버튼을 클릭합니다.

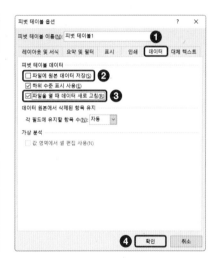

> **TIP** 위와 같이 설정하면 피벗 캐시가 따로 저장되지 않아 파일 크기가 줄어듭니다. 하지만 파일을 열거나 데이터가 갱신될 때마다 피벗 캐시를 새롭게 생성하므로 처리 속도가 느려질 수 있습니다. 또한, [파일에 원본 데이터 저장]을 **체크 해제**하면 반드시 [파일을 열 때 데이터 새로 고침]을 **체크**해야 합니다. 그렇지 않으면 오류 메시지가 출력됩니다.

03 Ctrl + S 를 눌러 파일을 저장한 후 파일 크기를 확인해 보면 7.28MB로 줄어든 것을 확인할 수 있습니다. 처음 제공한 예제 파일의 크기인 24.8MB에 비하면 약 70%가 줄었습니다.

원본 데이터 삭제하기

원본 데이터는 필요 없고 피벗 테이블만 있어도 된다면 피벗 캐시는 유지한 채 원본 데이터가 있는 시트를 제거하여 파일 크기를 더욱 줄일 수 있습니다.

피벗 캐시 대신 원본 데이터를 제거하려면 ❶ '피벗 테이블' 옵션 대화상자에서 [파일에 원본 데이터 저장]은 **체크**, [파일을 열때 데이터 새로 고침]은 **체크 해제**한 후 ❷ [원본데이터] 시트를 삭제하고 파일을 저장합니다.

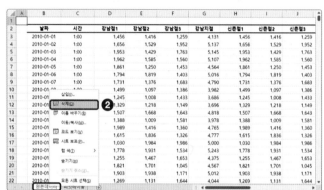

▲ 원본 데이터를 삭제하려면 파일에 원본 데이터(피벗 캐시)를 저장해야 합니다.

> **TIP** 원본 데이터가 삭제되면 이후 데이터 수정이 불가능하므로 반드시 파일의 복사본을 준비한 후 원본 데이터를 삭제합니다.

이렇게 원본 데이터를 삭제한 후 파일 크기를 확인해 보면 4.59MB로 더욱 줄어들었습니다. 하지만, 원본 데이터가 없으므로 이후 데이터의 수정이나 변경은 할 수 없고, 보고서 형태로 출력만 할 수 있습니다.

▲ 원본 데이터 시트를 삭제하면 파일 크기를 극단적으로 줄일 수 있으나 추가 수정을 할 수 없습니다.

LESSON 05
엑셀은 보안 측면에서 완벽한 프로그램이 아니다

예제 파일 04-008.xlsx, 04-009.xlsb, 04-010.xlsb 프로그래밍을 전공하거나 데이터, 서버를 다루는 전문가 중 일부는 데이터 관리 최악의 프로그램으로 엑셀을 이야기합니다. 그 대표적인 이유가 보안에 매우 취약하다는 점입니다. 여기서는 전문적인 지식 없이도 엑셀 파일을 최대한 안전하게 공유하고 활용할 수 있는 방법을 소개합니다.

실무 활용 데이터 유효성 검사로 입력할 데이터 제한하기

엑셀로 작성한 서식을 사용할 때면 '오탈자'나 '올바르지 않은 데이터 형식'으로 오류가 발생하곤 합니다. 그러므로 지정한 범위에 선택된 값만 입력하거나 숫자 또는 날짜만 입력할 수 있도록 데이터 유효성 기능을 사용하면 효과적입니다. 예제 파일을 실행한 후 거래 가능한 목록을 지정하고, [수량] 필드에는 숫자만 입력할 수 있도록 제한해 보겠습니다. 실습 과정은 다음 동영상 강의에서도 확인할 수 있습니다.

https://youtu.be/dlzlMZh1Rt0

01 입력 가능 목록 지정 04-008.xlsx
예제 파일의 [발주서] 시트에서 [B6:B8] 범위에 각각 **진라면, 오라면, 전라면**을 입력해 봅니다. '전라면'의 단가에 사용할 수 없는 값이 있을 때 발생하는 #N/A 오류가 반환됩니다.

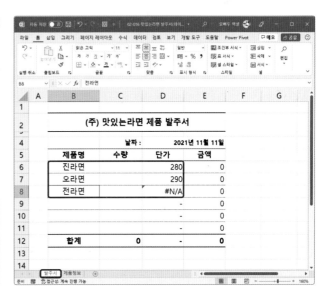

> **TIP** 각 제품의 단가는 VLOOKUP 함수를 사용하여 자동으로 입력되도록 설정되어 있습니다.
> **Link** VLOOKUP 함수의 사용법은 351쪽 에서 자세히 다룹니다.

02 [제품명] 필드에 정해진 값만 입력할 수 있도록 데이터 유효성 목록 상자를 적용하겠습니다. ❶ [B6:B11] 범위를 선택한 후 ❷ [데이터] 탭-[데이터 도구] 그룹에서 [데이터 유효성 검사]-[데이터 유효성 검사]를 선택합니다.

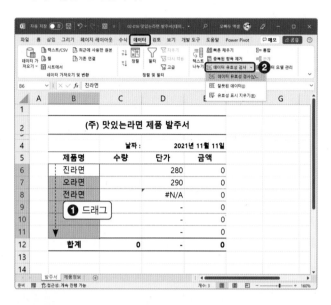

03 ❶ '데이터 유효성' 대화상자가 열리면 [설정] 탭의 [제한 대상] 옵션을 **목록**으로 설정하고, ❷ [원본] 입력란에 **=제품정보!$A$2:$A$9**를 입력한 후 ❸ [확인] 버튼을 클릭합니다.

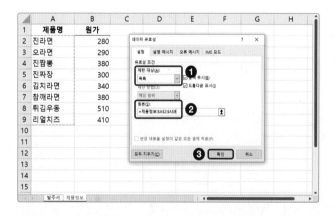

> **TIP** =제품정보!$A$2:$A$9는 [제품정보] 시트에 있는 [A2:A9] 범위를 목록으로 사용하겠다는 의미입니다. [원본] 입력란을 클릭한 후 [제품정보] 시트에서 해당 범위를 드래그해서 입력할 수도 있습니다.

오빠두!
특강

데이터 유효성 검사의 제한 대상

데이터 유효성 검사 기능은 지정한 범위에 입력할 수 있는 데이터 종류에 제한을 두는 기능입니다. 실습에서는 제한 대상을 목록으로 설정한 후 특정 범위에 있는 셀 값을 목록으로 지정하였으나, 목록을 직접 입력할 수도 있습니다. 또한, 목록 이외에 다음과 같이 다양한 방법으로 제한을 둘 수 있습니다.

제한 대상	설명
정수	최솟값과 최댓값을 지정하여 정수만 입력할 수 있습니다.
소수점	최솟값과 최댓값을 지정하여 소수만 입력할 수 있습니다.
목록	원본으로 설정한 목록만 입력할 수 있습니다. 원본은 특정 범위를 지정하거나 쉼표(,)로 구분해서 직접 입력해서 설정합니다. 예)사과,배,포도
날짜	시작 날짜와 끝 날짜를 지정하여 해당 범위의 날짜만 입력할 수 있습니다.
시간	시작 시간과 종료 시간을 지정하여 해당 범위의 시간만 입력할 수 있습니다.
텍스트 길이	최솟값과 최댓값을 지정하여 정해진 길이의 텍스트를 입력할 수 있습니다.
사용자 지정	수식을 입력하여 조건에 만족하는 값만 입력할 수 있습니다. 예를 들어 '가'로 시작하는 텍스트만 입력하려면 다음과 같이 설정합니다. =LEFT('셀 주소',1)="가"

데이터 유효성 검사에 대한 보다 자세한 설명은 다음 동영상 강의에서 확인할 수 있습니다.

https://youtu.be/KCjuoASPJtk

04 이제 ❶ [제품명] 필드의 셀을 클릭해 보면 셀 오른쪽에 팝업⍌ 아이콘이 표시됩니다. 팝업 아이콘을 클릭한 후 ❷ 목록 상자가 표시되면 원하는 값을 선택하거나 목록에 있는 내용 중 하나를 직접 입력합니다.

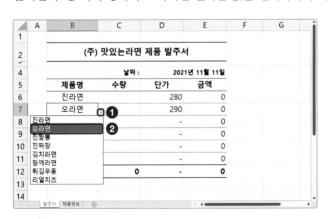

TIP 목록 상자가 적용된 셀에서 단축키 Alt + ↓를 누르면 목록 상자를 빠르게 열 수 있습니다.

05 데이터 유효성 검사를 적용해 놓은 범위에서 목록에 없는 값을 입력하면 다음과 같이 '데이터 유효성 검사 제한에 부합하지 않습니다.'라는 오류 메시지가 출력됩니다.

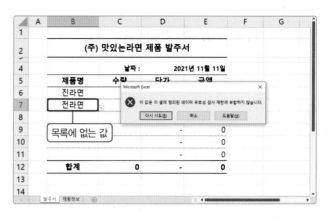

06 **데이터 종류 제한** 이번에는 [수량] 필드에 숫자만 입력할 수 있도록 제한하겠습니다. ❶ [C6:C11] 범위를 선택한 후 ❷ [데이터] 탭에서 [데이터 유효성 검사]를 클릭해서 '데이터 유효성' 대화상자를 엽니다. ❸ [설정] 탭의 [제한 대상] 옵션을 **정수**로 설정한 후 ❹ [최소값]과 [최대값]에 각각 0과 10000을 입력합니다.

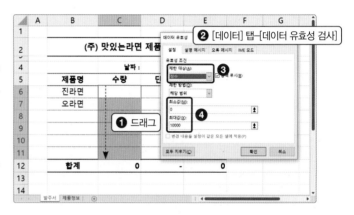

> **TIP** 수량은 0보다 커야 하므로 [최소값] 옵션을 0으로 설정했습니다.

07 끝으로 오류 메시지를 변경하기 위해 ❶ '데이터 유효성' 대화상자에서 [오류 메시지] 탭을 클릭한 후 ❷ [제목] 입력란에 **입력 오류**를 입력한 후 ❸ [오류 메시지] 입력란에 **수량은 0보다 큰 정수만 입력 가능합니다.**라고 입력하고 ❹ [확인] 버튼을 클릭합니다.

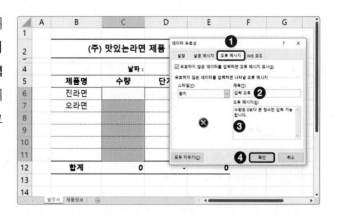

> **TIP** 오류 메시지 창이 열리면 사용자들은 당황하기 마련입니다. 그러므로 오류 메시지를 최대한 자세하고 친절하게 입력해 놓는 것이 좋습니다.

08 이제 [**수량**] 필드에 0보다 작은 값이나 정수가 아닌 값을 입력하여 앞서 입력한 오류 메시지가 제대로 출력되는지 확인합니다.

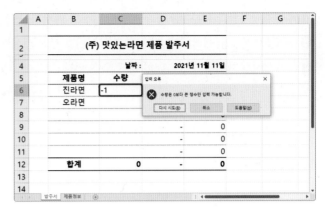

오빠두!
특강

오류 메시지 스타일 변경하기

'데이터 유효성' 대화상자의 [오류 메시지] 탭에서는 3가지 종류의 메시지 스타일을 선택할 수 있습니다.

데이터 유효성 검사의 기본 목적은 옳지 않은 형태의 데이터 입력을 제한하는 것이므로 기본 값인 **중지**를 사용하는 것이 좋지만, 필요에 따라 다른 스타일을 선택해서 사용할 수 있습니다.

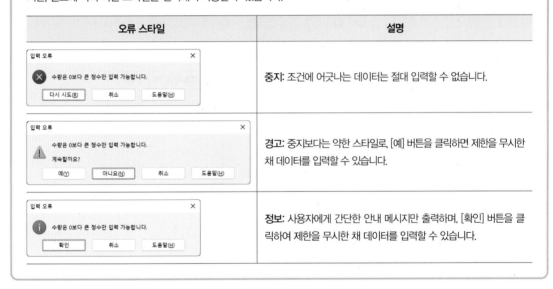

오류 스타일	설명
	중지: 조건에 어긋나는 데이터는 절대 입력할 수 없습니다.
	경고: 중지보다는 약한 스타일로, [예] 버튼을 클릭하면 제한을 무시한 채 데이터를 입력할 수 있습니다.
	정보: 사용자에게 간단한 안내 메시지만 출력하며, [확인] 버튼을 클릭하여 제한을 무시한 채 데이터를 입력할 수 있습니다.

실무 활용 **메모와 설명 메시지로 보충 설명 추가하기**

데이터 유효성 검사 기능으로 데이터 입력을 제한하는 방법이 부담스럽거나 입력하는 데이터에 대한 추가 설명이 필요하다면 설명 메시지나 메모 기능을 사용하여 셀에 입력할 데이터 정보를 안내할 수 있습니다.

설명 메시지 추가 설명 메시지는 '데이터 유효성' 대화상자를 이용합니다. ❶ 설명 메시지를 추가할 셀 또는 범위를 선택한 후 ❷ [**데이터**] 탭-[**데이터 도구**] 그룹에서 [**데이터 유효성 검사**]를 클릭하여 '데이터 유효성' 대화상자를 엽니다. ❸ 대화상자에서 [설명 메시지] 탭을 클릭하여 ❹ 제목과 설명 메시지를 입력하고 ❺ [확인] 버튼을 클릭합니다. 이후 설명 메시지를 추가한 셀이나 범위를 선택하면 다음과 같이 팝업 창으로 설명 메시지가 표시됩니다.

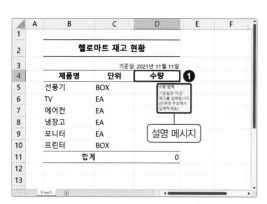 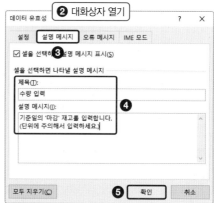

메모 추가 메모 기능은 설명 메시지와 유사하지만, 해당 셀에 메모가 포함되어 있다는 표시가 나타나는 점이 다릅니다. 메모를 추가하려면 셀에서 ❶ [마우스 우클릭] 후 ❷ [새 메모] 또는 [새 노트]를 선택합니다.

▲ 최신 메모 기능은 회신 기능을 포함하고 있으며, 셀 오른쪽 위에 다각형 모양이 표시됩니다.

TIP 사용 중인 엑셀이 엑셀 2019 이전 버전이라면 셀에서 [마우스 우클릭]했을 때 [새 메모]만 표시됩니다. 엑셀 2021 이후 혹은 M365 최신 버전에서는 기존 [새 메모]가 [새 노트]라는 명칭으로 변경되었고, 회신 기능을 갖춘 대화 형식의 [새 메모] 기능이 추가되었습니다.

원하는 방식의 메모를 추가하여 보충 설명을 입력합니다. 이때 다른 사용자와 엑셀 파일을 공유해서 사용할 예정이라면 모든 엑셀 버전에서 사용할 수 있는 기본 메모 기능인 [새 노트(N)]를 사용하는 것이 좋습니다. 메모를 추가하면 셀 오른쪽 위로 아이콘이 표시되며, 마우스를 커서를 가져가면 입력한 메모가 표시됩니다.

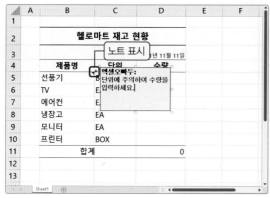

▲ 모든 버전에서 사용할 수 있는 메모 기능(새 노트)은 셀 오른쪽 위에 빨간색 삼각형이 표시됩니다.

TIP 노트 안에 그림을 삽입하면 깔끔한 서식을 만들 수 있습니다. 노트에 그림을 삽입하는 방법은 다음 동영상 강의를 참고하세요.

https://youtu.be/gllRU7x9l3E

메모 항상 표시 메모를 추가한 후에는 다음과 같은 방법으로 화면에 항상 표시할 수 있습니다.

- **새 노트(엑셀 2019 이전 버전의 [새 메모])**: [새 노트]를 추가한 셀에서 [마우스 우클릭] 후 [메모 표시/숨기기]를 선택하거나 [검토] 탭-[메모] 그룹에서 [메모] – [모든 노트 표시]를 선택하면 마우스 커서를 가져가지 않아도 메모 내용이 펼쳐집니다.

- **새 메모**: 대화 형식의 새로운 기능인 [새 메모]를 추가했다면 [검토] 탭-[메모] 그룹에서 [메모 표시]를 클릭합니다. 화면 오른쪽에 패널 형태로 모든 메모가 표시됩니다.

▲ 모든 노트 표시

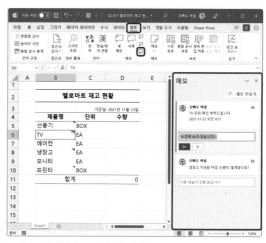

▲ 메모 표시(엑셀 2021 새로운 기능)

오빠두! 특강

여러 셀에 같은 메모 일괄 추가하기

만약 여러 개의 셀에 동일한 메모를 입력해야 한다면 메모를 복사한 후 붙여 넣는 방법으로 일괄 추가할 수 있습니다.

예를 들어 다음과 같이 [B5]셀에 메모가 입력되어 있다면 ❶ [B5]셀을 선택한 후 Ctrl+C를 눌러 복사하고 ❷ 메모를 추가할 모든 셀 또는 범위를 선택합니다. 그런 다음 Ctrl+Alt+V를 눌러 '선택하여 붙여넣기' 대화상자를 엽니다. ❸ 대화상자에서 [주석 및 메모]를 선택하고 ❹ [확인] 버튼을 클릭하면 선택 중인 셀/범위에 동일한 메모가 일괄 추가됩니다.

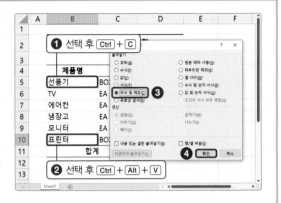

 실무 활용 ## 시트 내용을 수정하지 못하도록 보호하기

시트 안에 입력되는 데이터를 제한하거나 사용자가 올바른 데이터를 입력할 수 있도록 안내하는 것이 아니라 애초에 다른 사용자가 내용을 수정할 수 없도록 제한할 수도 있습니다. 엑셀에서 시트 보호 기능을 이용하여 통합 문서(엑셀 파일) 자체를 보호하거나 시트별로 암호를 걸어 내용을 보호해 보세요.

시트 보호하기

04-009.xlsx 예제 파일을 실행해 보면 통합 문서에 발주서와 제품 소개서가 별도의 시트에 정리되어 있습니다. 이 파일을 공유 받은 사용자는 발주서만 작성해야 합니다. 그러니 제품 소개서가 있는 [제품소개서] 시트를 다른 사용자가 임의로 수정할 수 없도록 보호해 보겠습니다.

01 04-009.xlsx 예제 파일의 ❶ [제품소개서] 시트를 열고 ❷ [검토] 탭-[보호] 그룹에서 [시트 보호]를 클릭합니다.

> **TIP** [홈] 탭-[셀] 그룹에서 [서식]-[시트 보호]를 선택해도 됩니다.

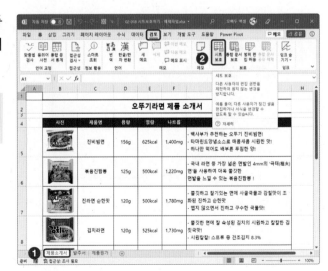

02 '시트 보호' 대화상자가 열리면 ❶ [시트 보호 해제 암호] 입력란에 현재 시트를 보호할 암호를 입력하고 ❷ [확인] 버튼을 클릭합니다. ❸ '암호 확인' 대화상자가 열리면 같은 암호를 한 번 더 입력한 뒤 ❹ [확인] 버튼을 클릭합니다.

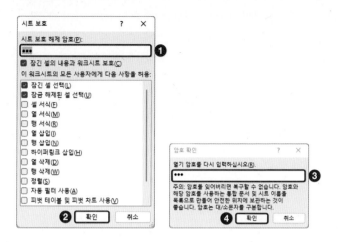

03 시트 보호가 시작되었습니다. 임의의 셀에 내용을 입력해 보세요. '변경하려는 셀 또는 차트가 보호된 시트에 있습니다.'라는 오류 메시지가 표시됩니다.

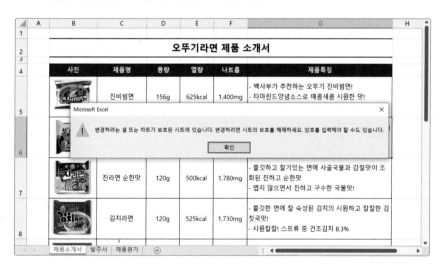

TIP 실무에서 필요한 상황별 올바른 시트 보호 방법은 다음 동영상 강의에서 확인할 수 있습니다.

https://youtu.be/ey20NGTFeC4

오빠두! 특강   시트 보호 중에 특정 기능 사용 허용하기

시트 보호 중에 특정 기능의 사용을 허용할지 여부는 '시트 보호' 대화상자에서 변경할 수 있습니다.

시트 보호 기능으로 모든 기능을 제한한 채 시트를 보호하기 보다는 셀 내용 편집은 제한하되 좀 더 편리하게 내용을 확인할 수 있도록 자동 필터와 개체 편집 등 일부 기능을 허용한 채 시트를 보호하는 경우가 더 많습니다.

'시트 보호' 대화상자에서 암호를 입력한 후 아래쪽에 있는 허용할 내용 목록에서 [자동 필터 사용] 등 일부 허용할 기능에 **체크**한 후 [확인] 버튼을 클릭하면 됩니다.

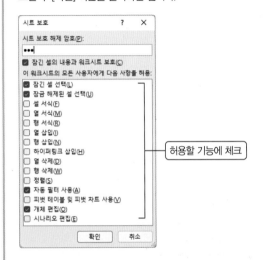

허용할 기능에 체크

허용할 기능 목록	설명
잠긴 셀 선택, 잠기지 않은 셀 선택	셀을 선택할 수 있습니다. 만약 이 항목까지 체크를 해제하면 사용자는 시트를 눈으로만 봐야 합니다.
셀 서식, 열 서식, 행 서식	셀 또는 행/열 전체의 서식을 변경할 수 있습니다.
열 삽입, 행 삽입	행 또는 열을 삽입할 수 있습니다.
하이퍼링크 삽입	잠금 해제된 셀을 편집할 때 하이퍼링크를 삽입할 수 있습니다.
열 삭제, 행 삭제	행 또는 열을 삭제할 수 있습니다.
정렬, 자동 필터 사용	데이터 정렬이나 자동 필터 기능을 사용할 수 있습니다. 실무에서 시트 보호 중에도 자주 체크해서 사용하는 옵션입니다.
피벗 테이블 및 피벗 차트 사용	시트에 포함된 피벗 테이블이나 피벗 차트를 사용할 수 있습니다. 새로운 피벗 테이블이나 차트를 추가하는 것은 불가능합니다.
개체 편집	시트에 삽입된 도형, 슬라이서 등의 개체를 사용할 수 있습니다. 엑셀 대시보드를 작성할 때 자주 활용합니다.
시나리오 편집	목표값 찾기 기능의 시나리오를 편집할 수 있습니다.

시트의 특정 부분 보호하기

상황에 따라 시트 내에서 특정 범위만 보호해야 할 수도 있습니다. 예제 파일의 **[발주서]** 시트에서 제품명, 단가는 보호한 채 수량만 편집할 수 있도록 설정해 보겠습니다.

01 04-009.xlsx 예제 파일의 ❶ **[발주서]** 시트에서 ❷ 편집을 허용할 수량 부분인 **[D6:D14]** 범위를 선택한 후 ❸ **[홈]** 탭－**[셀]** 그룹에서 **[서식]** － **[셀 잠금]**을 선택하여 셀 잠금을 해제합니다.

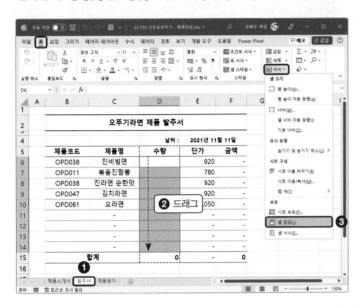

> **TIP** 엑셀의 모든 셀은 기본 값으로 [셀 잠금]이 활성화되어 있습니다. 그러므로 해당 메뉴를 한 번 더 선택함으로써 셀 잠금 기능을 해제한 것입니다. 셀 잠금은 '셀 서식' 대화상자의 [보호] 탭에서도 활성화하거나 해제할 수 있습니다.

02 이어서 해당 시트 전체를 보호하기 위해 **[검토]** 탭－**[보호]** 그룹에서 **[시트 보호]**를 클릭하여 '시트 보호' 대화상자가 열리면 암호를 설정하여 시트 보호를 실행합니다. **Link** 자세한 시트 보호 방법은 앞서 실습한 **186쪽** 과정을 참고하세요.

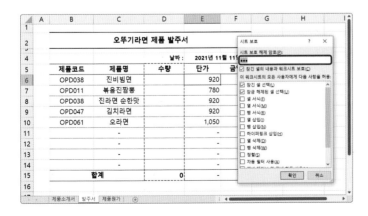

오빠두! 특강

시트 보호 해제 및 암호 분실 시 해결 방법

시트 보호 기능을 해제하려면 ❶ [검토] 탭–[보호] 그룹에서 [시트 보호 해제]를 클릭한 후 ❷ '시트 보호 해제' 대화 상자가 열리면 보호할 때 입력한 암호를 입력하고 ❸ [확인] 버튼을 클릭합니다.

만약 시트 보호 암호를 잊어버렸다면 엑셀 파일 내부의 코드를 변경하여 암호를 해제할 수 있습니다. 자세한 방법 및 주의 사항은 다음 동영상 강의를 참고하세요.

https://www.youtube.com/shorts/nnHEgnL-F1A

03 이제 [발주서] 시트에서 처음 잠금 해제한 [D6:D14] 범위를 편집해 보세요. 자유롭게 편집할 수 있을 것입니다. 하지만, 그 외의 임의의 셀을 편집해 보세요. 시트 보호로 수정할 수 없을 것입니다.

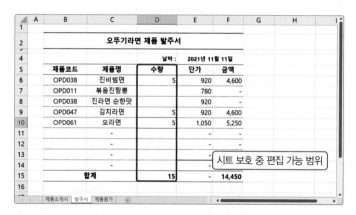

실무 활용 시트 숨기기로 꼭꼭 숨겨 놓기

하나의 엑셀 통합 파일을 여러 부서와 공유할 때 부서마다 고유하게 접근할 수 있는 데이터를 구분하고 싶다면 어떻게 해야 할까요? 보안상으로는 다소 취약할 수 있지만 가장 쉽게 해결할 수 있는 방법은 시트 숨기기 기능을 활용하는 것입니다.

04-010.xlsx 예제 파일을 실행해 보세요. 팀별 실적이 정리된 시트와 모든 팀의 실적이 요약된 [대시보드] 시트가 있습니다. 이 문서는 [대시보드] 시트를 열고 [C2]셀에서 표시할 항목을 선택하면 팀별 시트에서 해

당 항목의 값을 찾아 [B5:E5] 범위에 결과 값이 표시되도록 INDIRECT 함수와 MATCH 함수를 사용해 자동화한 문서입니다. **Link** INDIRECT 함수는 385쪽, MATCH 함수는 412쪽에서 자세히 소개합니다.

▲ 데이터 유효성 목록 상자와 함수를 사용하여 제작한 대시보드와 팀별 시트

04-010.xlsx 예제 파일에서 팀별 시트는 [수량], [매출], [영업이익], [커미션] 필드로 구성되어 있는데, 커미션은 팀별로 관리되는 값으로 다른 팀에 공유되면 난처할 수 있습니다. 이럴 때 시트 자체를 보이지 않도록 숨기는 방법을 생각해 볼 수 있습니다.

시트 숨기기 시트를 숨기려면 해당 ❶ 시트 탭에서 [마우스 우클릭] 후 ❷ [숨기기]를 선택합니다. 만약 여러 시트를 한 번에 숨기고 싶다면 Shift 또는 Ctrl 을 누른 채 숨길 시트를 모두 선택한 채 [마우스 우클릭] 후 [숨기기]를 선택합니다.

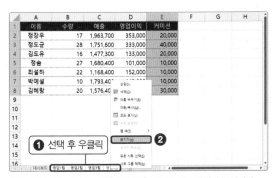
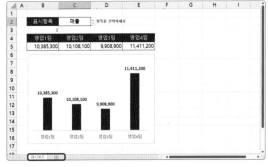

▲ 팀별 시트를 모두 숨기면 [대시보드] 시트만 있는 것처럼 보입니다.

TIP 숨길 시트를 선택한 후 [홈] 탭-[셀] 그룹에서 [서식]-[숨기기 및 숨기기 취소]-[시트 숨기기]를 선택해도 됩니다.

시트 숨기기 취소 숨긴 시트를 다시 표시하려면 ❶ 남아 있는 시트 탭에서 [마우스 우클릭] 후 ❷ [숨기기 취소]를 선택합니다. ❸ '숨기기 취소' 대화상자가 열리면 다시 표시할(숨기기 취소할) 시트를 선택한 후 ❹ [확인] 버튼을 클릭합니다.

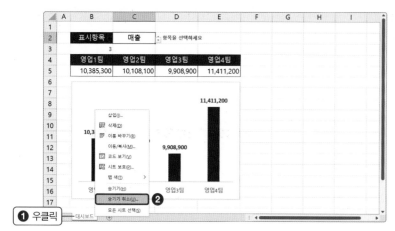
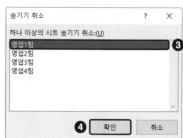

통합 문서 보호로 완벽하게 시트 숨기기 단순하게 숨긴 시트는 언제든지 다시 표시할 수 있으므로 완벽한 해결책이 될 수 없습니다. 그러므로 다른 사용자가 임의로 숨기기 취소를 할 수 없도록 설정하는 방법이 있습니다. 대표적으로 통합 문서 보호 기능을 사용하는 방법과 VBA 명령문을 사용하는 방법이 있으나 여기서는 통합 문서 보호 기능을 사용하여 숨겨진 시트를 완전히 보호하는 방법을 소개합니다.

방법은 간단합니다. 우선은 보호할 시트 탭에서 [마우스 우클릭] 후 [숨기기]를 선택해서 가립니다. 그런 다음 ❶ [검토] 탭－[보호] 그룹에서 [통합 문서 보호]를 클릭합니다. ❷ '구조 및 창 보호' 대화상자가 열리면 [구조]에 체크된 걸 확인한 후 ❸ 암호를 입력하고 ❹ [확인] 버튼을 클릭합니다. ❺ 한 번 더 암호를 입력한 후 ❻ [확인] 버튼을 클릭하면 통합 문서 보호 기능이 적용됩니다.

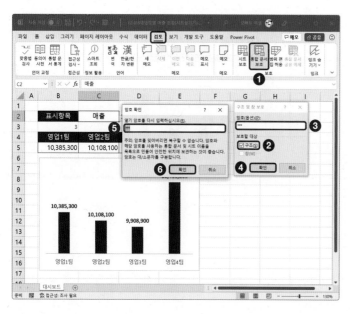

통합 문서 보호가 적용된 상태에서 시트 탭을 [마우스 우클릭]해 보세요. [숨기기 취소] 메뉴가 비활성화되어 있습니다. 그뿐만 아니라 삽입, 삭제 등 거의 모든 메뉴를 사용할 수 없게 됩니다. [검토] 탭－[보호] 그룹에서 [**통합 문서 보호**]를 클릭한 후 암호를 입력하기 전까지는 해당 메뉴의 비활성화 상태가 유지되므로 보다 안전하게 숨긴 시트를 보호할 수 있습니다.

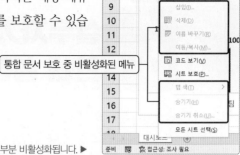

통합 문서 보호 중 비활성화된 메뉴

통합 문서 보호 중에는 시트 관련 메뉴가 대부분 비활성화됩니다. ▶

TIP 책에서 다루지 못한 시트 숨기기에 대한 보다 자세한 설명은 다음 동영상 강의를 참고하세요.

https://youtu.be/b_Z42Bor6jE

오빠두! 특강

통합 문서 자체에 암호 설정하기

시트나 일부 기능을 제한하는 방식으로 보안을 유지하는 방법 이외에도 통합 문서 자체에 암호를 설정할 수도 있습니다.

01 ❶ [파일] 탭에서 [다른 이름으로 저장]을 클릭하여 다른 이름으로 저장 화면이 열리면 ❷ [추가 옵션] 링크를 클릭합니다. '다른 이름으로 저장' 대화상자가 열리면 오른쪽 아래에 있는 [도구] 버튼을 클릭한 후 ❸ [일반 옵션]을 선택합니다.

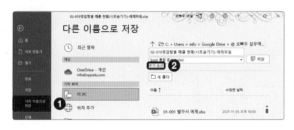
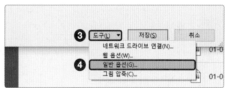

02 ❶ '일반 옵션' 대화상자가 열리면 [열기 암호]와 [쓰기 암호] 입력란에 암호를 입력한 후 ❷ [확인] 버튼을 클릭해서 통합 문서 보호 암호를 설정합니다.

옵션	설명
열기 암호	파일을 열 때 입력하는 암호입니다.
쓰기 암호	파일 내용을 수정 후 저장할 때 입력하는 암호입니다. 쓰기 암호만 입력하면 사용자는 '읽기 전용' 모드로 파일의 내용을 볼 수 있지만 파일을 수정하거나 다시 저장할 수 없습니다.
읽기 전용 권장	해당 옵션에 체크하면 파일 실행 전 '읽기 전용으로 여시겠습니까?'라는 안내 문구가 열립니다.

LESSON 06

실무자가 반드시 알아야 할 인쇄 설정 기본 사항

예제 파일 04-011.xlsx 워드나 파워포인트는 정해진 규격이나 용지 위에 보고서를 작성하지만, 엑셀은 넓은 시트 위에서 자유롭게 표나 차트를 추가하기 때문에 특정 용지 크기에 맞춰서 인쇄하려면 몇 가지 인쇄 설정이 필요한데요, 실무에서 자주 사용하는 설정 4가지만 기억하면 됩니다.

엑셀 기초 인쇄 영역 설정하기

04-011.xlsx 예제 파일을 실행한 후 [견적서] 시트를 선택하고, [파일] 탭에서 [인쇄]를 클릭하거나 단축키 Ctrl + P 를 눌러 인쇄 화면을 열어 보세요. 인쇄 화면에서 오른쪽에 있는 미리 보기를 보면 2가지 문제를 확인할 수 있습니다. 첫 번째는 인쇄 용지보다 인쇄 영역이 넓어 오른쪽 부분이 잘린다는 점, 두 번째는 견적서 밑으로 불필요한 내용이 포함된다는 점입니다. 이런 문제는 실무에서 자주 발생할 수 있으며, 인쇄 영역 설정 단축키와 페이지 나누기 미리 보기로 매우 쉽게 해결할 수 있습니다.

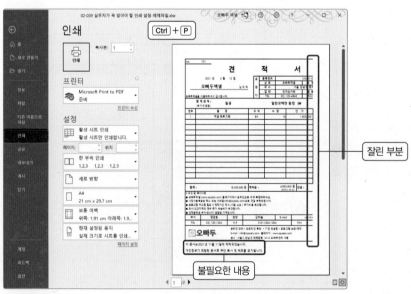

▲ 엑셀의 인쇄 화면

01 04-011.xlsx 예제 파일의 ❶ [견적서] 시트에서 ❷ 실제로 인쇄할 [A1:AD38] 범위를 드래그하여 선택합니다. ❸ [페이지 레이아웃] 탭-[페이지 설정] 그룹에서 [인쇄 영역]-[인쇄 영역 설정]을 선택합니다.

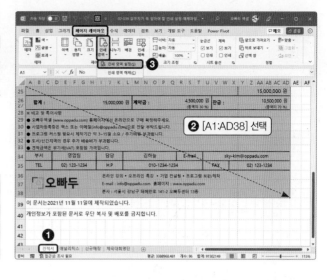

TIP 인쇄할 범위를 선택한 후 Alt → P → R → S 를 순서대로 누르면 빠르게 인쇄 영역을 설정할 수 있습니다. 실무에서 자주 사용하는 단축키이니 꼭 기억하세요!

02 선택한 범위가 인쇄 영역으로 설정되었습니다. 이어서 페이지 레이아웃을 설정하기 위해 [보기] 탭-[통합 문서 보기] 그룹에서 [페이지 나누기 미리 보기]를 클릭합니다. 화면이 페이지 나누기 미리 보기로 바뀝니다.

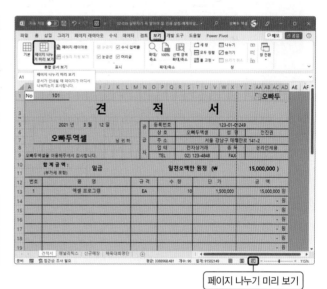

페이지 나누기 미리 보기

TIP 엑셀 화면 오른쪽 아래에 있는 보기 방식 아이콘에서 세 번째에 있는 [페이지 나누기 미리 보기] 아이콘을 클릭해도 됩니다.

03 페이지 나누기 미리 보기로 바뀌면서 파란 실선을 기준으로 인쇄 영역의 경계가 구분되고 파란 점선으로 페이지가 구분됩니다. 점선을 클릭한 채 오른쪽으로 드래그하여 실선 위치까지 옮기면 인쇄 영역이 한 페이지로 변경됩니다.

한 페이지에 모든 열/행 맞추기

인쇄 영역을 설정한 후 인쇄 화면을 열면 인쇄 영역의 행 또는 열을 기준으로 페이지를 조절할 수 있습니다.

Ctrl + P 를 눌러 인쇄 화면을 열고 '설정' 영역에서 가장 아래쪽에 있는 배율 옵션 관련 버튼을 클릭해 보세요. 다음과 같은 메뉴 중 하나를 선택하면 인쇄 영역의 배율이 자동으로 맞춰집니다.

- **한 페이지에 시트 맞추기**: 선택 영역 전체가 한 페이지에 인쇄되도록 배율이 조절됩니다.
- **한 페이지에 모든 열 맞추기**: 선택 영역의 모든 열이 한 페이지에 인쇄되도록 배율이 조절됩니다.
- **한 페이지에 모든 행 맞추기**: 선택 영역의 모든 행이 한 페이지에 인쇄되도록 배율이 조절됩니다.

이처럼 파란 점선을 이용하지 않더라도 인쇄 화면에서 손쉽게 페이지 레이아웃을 변경할 수 있습니다. 하지만 한 페이지 안에 너무 많은 범위를 인쇄할 경우 텍스트가 읽기 어려울 정도로 작아질 수 있으므로 반드시 인쇄 전에 한 번 더 확인하고, 테스트 인쇄까지 진행해 보는 것이 좋습니다.

📊 엑셀 기초 | 용지 방향 설정하기

04-011.xlsx 예제 파일을 실행한 후 [애널리틱스] 시트를 보면 가로로 길게 입력된 데이터 분석 표가 있습니다. Ctrl + P 를 눌러 인쇄 화면을 보면 [한 페이지에 모든 열 맞추기]로 배율이 설정되어 깔끔하게 인쇄되는 것처럼 보입니다.

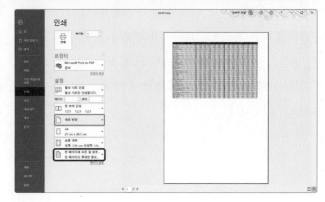

하지만, 미리 보기 화면을 자세히 살펴보면 가로로 긴 표를 한 페이지에 인쇄하려고 조절하다 보니 텍스트가 거의 보이지 않게 축소되었습니다. 또한 용지 아래쪽이 너무 비어 보입니다.

이런 상황이라면 인쇄 화면의 '설정' 영역에서 [세로 방향]으로 설정된 옵션을 [가로 방향]으로 변경하면 텍스트 크기나 여백 문제가 깔끔하게 해결됩니다.

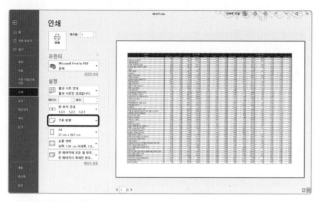

▲ 인쇄할 영역의 방향에 맞춰 용지의 방향도 함께 변경해 주는 것이 좋습니다.

엑셀 기초 용지 여백 설정하기

엑셀 문서를 인쇄한 후 비닐백 등에 보관하는 형태라면 문제 없지만, 서류 위에 직접 구멍을 뚫어서 보관하는 형태라면 문서의 왼쪽 혹은 위쪽 여백을 확인해야 합니다. 서류에 구멍을 뚫는다면 일반적으로 2cm 정도 여백이 있으면 적당합니다.

04-011.xlsx 예제 파일의 [신규매장] 시트에서 Ctrl + P 를 눌러 인쇄 화면으로 이동합니다. 그런 다음 '설정' 영역에서 기본 값인 ❶ [보통 여백] 옵션을 클릭한 후 ❷ [사용자 지정 여백]을 선택합니다. ❸ '페이지 설정' 대화상자가 열리면 보관 방법에 따라 여백을 변경한 후 ❹ [확인] 버튼을 클릭합니다.

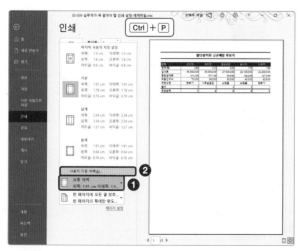
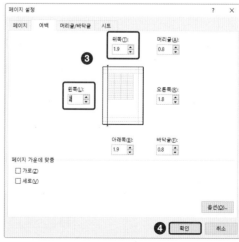

04-011.xlsx 예제 파일의 [체육대회명단] 시트에서 Ctrl+P를 눌러 인쇄 화면으로 이동합니다. 표가 용지의 왼쪽으로 치우쳐 있어서 보기에 좋지 않습니다. 이럴 때는 인쇄 영역을 용지의 가운데로 정렬해서 인쇄할 수 있습니다.

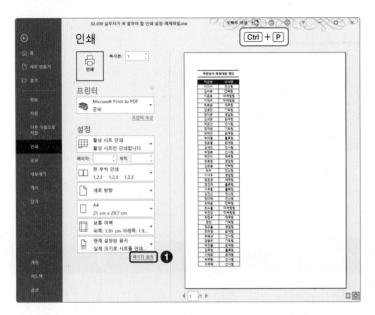

▲ 한쪽으로 치우칠 때는 가운데로 정렬합니다.

방법은 간단합니다. 인쇄 화면에서 '설정' 영역 아래에 있는 ❶ [페이지 설정] 링크를 클릭하여 '페이지 설정' 대화상자를 열고 ❷ [여백] 탭으로 이동한 후 ❸ '페이지 가운데 맞춤' 영역에 있는 [가로] 옵션에 **체크**한 후 ❹ [확인] 버튼을 클릭합니다. [세로] 옵션까지 **체크**하면 용지 정중앙에 인쇄할 수 있습니다.

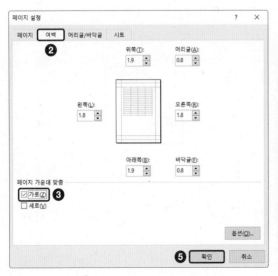

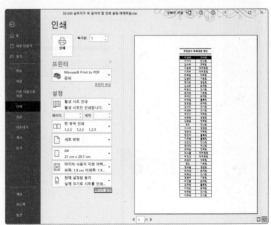

오빠두! 특강   시트 위에 인쇄 영역 표시 점선 숨기기

엑셀에서 페이지 레이아웃 미리 보기나 인쇄 페이지에서 인쇄 관련 설정을 변경한 후 시트 화면으로 돌아오면 점선으로 된 페이지 구분선이 표시됩니다.

이 점선은 ❶ [파일] 탭에서 [옵션]을 클릭하여 'Excel 옵션' 대화상자를 열고 ❷ [고급] 범주를 선택한 후 ❸ '이 워크시트의 표시 옵션' 영역에서 [페이지 나누기 표시]를 **체크 해제**하면 숨길 수 있습니다.

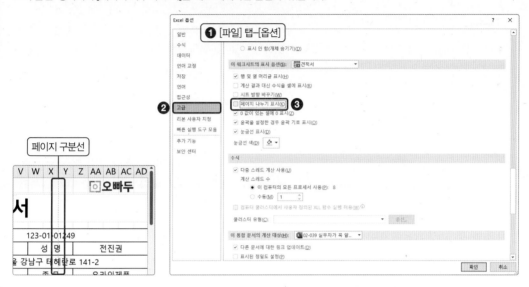

LESSON 07

여러 페이지 보고서를 인쇄할 때 확인 사항

예제 파일 04-012.xlsx, 04-013.xlsx, 04-014.xlsx, 04-014-1.png   실무에서 보고서가 한 페이지로 끝날 일은 흔치 않습니다. 이런 보고서를 인쇄할 때 페이지가 많아질수록 순서가 뒤바뀔 수 있고, 하나의 표가 두 페이지 이상에 걸쳐 인쇄되면서 분류 정보를 파악하기 어려울 수도 있습니다. 여기서는 여러 페이지로 된 보고서를 인쇄할 때 알아 두면 유용한 실무 팁을 소개합니다.

실무 상식   여러 페이지로 이어진 표라면 제목 행을 반복해서 출력하라

세로로 길게 작성된 표라면 스크롤을 아래로 내렸을 때 각 항목이 어떤 값을 나타내는지 파악하기 어렵습니다. 이럴 때 틀 고정 기능을 이용해 제목 행이 항상 표시되도록 설정하면 간단하게 해결할 수 있습니다. 하지만, 인쇄를 해야 하는 상황이라면 어떻게 해야 할까요? **Link** 틀 고정은 **160쪽**에서 자세히 다룹니다.

▲ 세로로 긴 문서를 인쇄했을 때 두 번째 페이지부터는 제목 행이 없어서 내용 파악이 어려워집니다.

04-012.xlsx 예제 파일을 실행한 후 [견적서] 시트를 그대로 인쇄하면 위와 같이 두 번째 페이지부터는 어느 업체의 문서인지, 어떤 값인지 확인하기 어려워집니다. 그러므로 [1]행부터 표의 제목 행인 [12]행까지 반복해서 인쇄되도록 설정해야 합니다.

반복할 인쇄 제목 설정 ❶ [페이지 레이아웃] 탭-[페이지 설정] 그룹에서 [인쇄 제목]을 클릭합니다.
❷ '페이지 설정' 대화상자의 [시트] 탭이 열리면 [반복할 행] 옵션에 **\$1:\$12**를 입력한 후 **❸** [확인] 버튼을
클릭하여 제목 행 설정을 완료합니다.

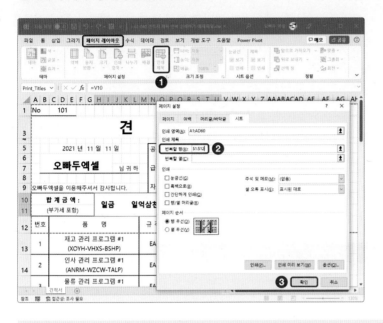

TIP [반복할 행] 옵션에 입력한 **\$1:\$12**는 1행부터 12행 전체를 반복해서 인쇄한다는 의미합니다. [반복할 행] 입력란을 클릭한
후 시트에서 [1]행 머리글부터 [12]행 머리글을 드래그해서 지정할 수도 있습니다.

위와 같이 인쇄 제목을 설정한 후 Ctrl+P를 눌러 인쇄 화면을 열고 미리 보기를 확인하면 페이지마다 1행
부터 12행의 내용이 반복해서 표시됩니다. 만약 [반복할 행] 옵션에 **\$12:\$12**를 입력하면 두 번째 페이지부
터는 표의 제목 행만 반복해서 인쇄됩니다.

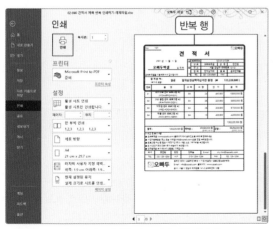

▲ 1행부터 12행까지 반복 인쇄할 때 두 번째 이후 페이지

▲ 12행만 반복 인쇄할 때 두 번째 이후 페이지

 **실무 상식** 머리글/바닥글에 페이지 번호를 표시한다

엑셀에서 작성한 보고서 형식의 문서는 대부분 표 형태로 길게 작성되어, 인쇄했을 때 페이지 순서를 정리하는 데 어려움을 겪을 수 있습니다. 그러므로 인쇄할 페이지가 많다면 반드시 페이지 번호나 문서 정보를 표시해야 합니다.

> **TIP** 여백 설정 등의 이유로 페이지 번호를 표시할 수 없는 상황이라면 표의 첫 열에 인덱스 번호(순번)를 추가하는 방법도 있습니다.

예제 파일을 실행한 후 바닥글 영역 중 중간에 '현재 페이지 번호 / 전체 페이지 수' 형식으로 페이지 번호를 추가해 보겠습니다.

01 04-013.xlsx 예제 파일을 열고 ❶ [보기] 탭 - [통합 문서 보기] 그룹에서 [페이지 레이아웃]을 클릭해서 보기 형식을 변경한 후 ❷ '바닥글 추가' 영역의 중간 부분을 클릭해서 바닥글 편집 상태를 실행합니다.

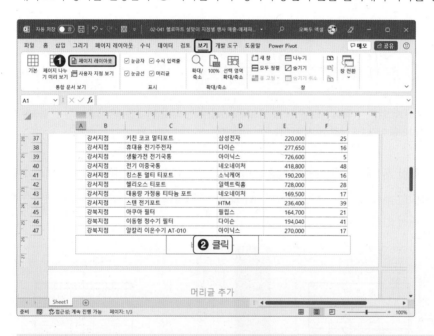

> **TIP** [삽입] 탭 - [텍스트] 그룹에서 [머리글/바닥글]을 클릭하면 페이지 레이아웃 보기로 변경되면서 머리글 편집 상태가 됩니다. 머리글/바닥글 편집을 마치려면 임의의 셀을 클릭해서 선택합니다.

> **TIP** 페이지 아래쪽 여백이 부족하면 '바닥글 추가' 영역이 보이지 않을 수도 있습니다. 이럴 때는 마우스 커서를 바닥글 영역으로 옮기거나 '머리글 추가' 영역을 우선 선택한 후 [머리글/바닥글] 탭 - [탐색] 그룹에서 [바닥글로 이동]을 클릭해서 이동할 수 있습니다.

02 바닥글 편집 상태가 되면 해당 위치에 페이지 번호를 추가하기 위해 ❶ [머리글/바닥글] 탭-[머리글/바닥글 요소] 그룹에서 [페이지 번호]를 클릭합니다. 이어서 ❷ /를 입력하고, ❸ [머리글/바닥글 요소] 그룹에서 [페이지 수]를 클릭합니다.

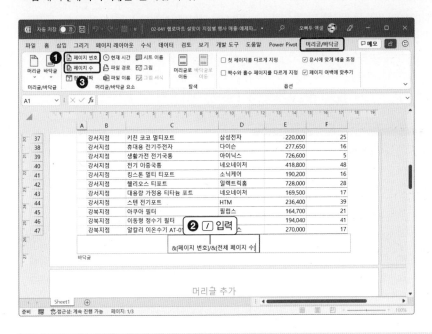

TIP 위와 같이 실행하면 바닥글 영역에 &[페이지 번호]/&[전체 페이지 수]가 입력됩니다. 이처럼 머리글 및 바닥글 요소는 & 기호와 대괄호([ ])로 입력되며, & 기호가 빠지거나 대괄호가 없으면 단순한 텍스트로 인식됩니다.

03 시트에서 임의의 다른 셀을 클릭해서 바닥글 편집을 마치면 바닥글 영역에 1/3처럼 현재 페이지 번호와 전체 페이지 수가 표시됩니다.

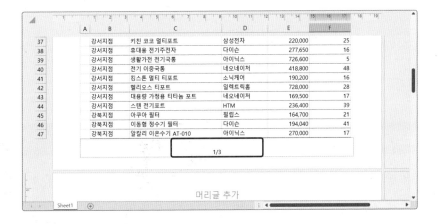

오빠두! 특강   머리글이나 바닥글 활용하기

머리글이나 바닥글은 각각 3개의 영역으로 구분됩니다.

그러므로 각 영역에 문서의 정보나 버전 등 필요한 정보를 입력해 놓으면 모든 페이지에서 반복 인쇄할 수 있습니다. 페이지 레이아웃 보기 형식에서 머리글/바닥글 중 원하는 위치를 클릭한 후 표시할 텍스트를 입력하기만 하면 됩니다.

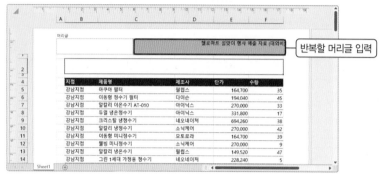

▲ 머리글/바닥글에 텍스트를 입력하면 모든 페이지에서 반복 인쇄됩니다.

[머리글/바닥글] 탭-[머리글/바닥글 요소] 그룹에 있는 각 요소를 이용하면 좀 더 편리합니다. 예를 들어 인쇄한 시간이 자동으로 인쇄되게 하려면 [현재 날짜] 혹은 [현재 시간]을 클릭해 보세요. &[날짜] 혹은 &[시간]이 입력되며, 인쇄했을 때 자동으로 현재 시간 또는 날짜가 표시됩니다.

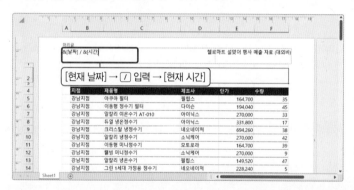

> **TIP** 사용 중인 프린터 사양에 따라 여백이 좁으면 바닥글이 잘려서 인쇄될 수도 있습니다.

실무 활용   머리글/바닥글에 워터마크 추가하기

앞서 머리글이나 바닥글 사용 방법을 알아보았는데요, 단순히 텍스트만 넣을 수 있는 것이 아닙니다. 엑셀로 견적서나 각종 증빙용 서류를 발급할 때 배경으로 사용할 워터마크를 넣을 수도 있고, 대외비, 복사 금지 등 각종 서류 보안 관련 이미지를 넣을 수도 있습니다.

04-014.xlsx 예제 파일을 실행한 후 **04-014-1.png** 이미지를 넣어 보겠습니다. 워터마크 를 추가하는 실습 과정은 다음 동영상 강의에서도 확인할 수 있습니다.

https://youtu.be/sWazZl_q9qg

 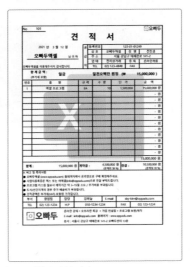

▲ 워터마크를 활용하면 회사 로고나 보안 관련 안내를 표시할 수 있습니다.

01 04-014.xlsx 예제 파일에서 ❶ [삽 입] 탭–[텍스트] 그룹에서 [머리글/바닥글] 을 클릭하여 머리글 편집 상태를 실행하고, ❷ [머리글 및 바닥글] 탭 – [머리글/바닥글 요소] 그룹에서 [그림]을 클릭합니다.

> **TIP** [보기] 탭–[통합 문서 보기] 그룹에서 [페이 지 레이아웃]을 클릭하여 페이지 레이아웃 보기 형 식으로 변경한 후 '머리글 추가' 영역을 클릭해서 머리글 편집 상태를 실행할 수도 있습니다.

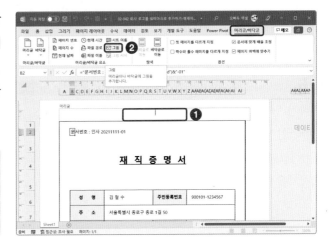

02 그림 삽입 창이 열리면 [파일에서] 옵션의 [찾아보기]를 클릭하여 예제 파일 중 [Chapter 04] 폴더에서 워터마크로 추 가할 04-014-1.png 이미지 파일을 찾아 삽입합니다.

03 머리글 영역에 **&[그림]**이라고 표시되면 시트 내 임의의 셀을 클릭하여 머리글 편집을 마칩니다. 다음과 같이 선택한 이미지 파일이 워터마크로 삽입됩니다.

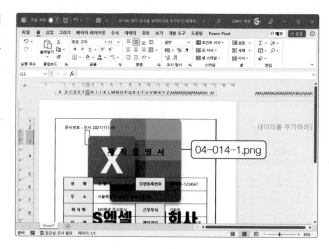

04 이미지를 좀 더 아래로 내려서 가운데 배치하기 위해 워터마크를 추가한 머리글 영역을 클릭한 후 **&[그림]** 앞에 입력 커서를 놓고 Enter 를 여러 번 눌러서 다음과 같이 아래쪽으로 내려가도록 조절합니다.

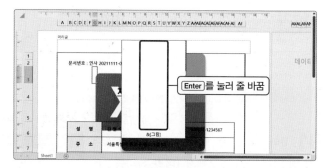

05 마지막으로 워터마크의 투명도를 조절하기 위해 머리글 편집 상태에서 [**머리글/바닥글**] 탭-[**머리글/바닥글 요소**] 그룹에 있는 [**그림 서식**]을 클릭하여 '그림 서식' 대화상자를 엽니다.

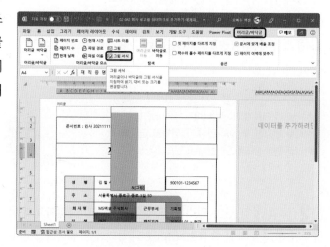

06 '그림 서식' 대화상자에서 **❶** [그림] 탭을 클릭한 후 **❷** [밝기] 옵션를 80%, [대비] 옵션을 12%로 변경한 후 **❸** [확인] 버튼을 클릭합니다.

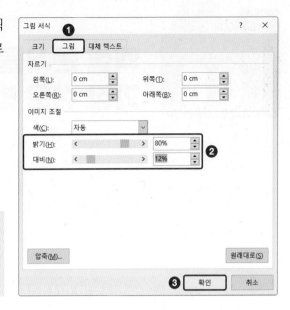

> **TIP** 위 방법은 실제 투명도를 조절하는 것이 아니라 그림의 밝기와 대비를 조절하여 투명한 듯한 효과를 주는 방식입니다. 그러므로 사용한 이미지에 따라 밝기와 대비를 적절히 조절하면 됩니다.

07 끝으로 임의의 셀을 클릭해서 머리글 편집을 마치고 Ctrl+P를 눌러 인쇄 화면에서 미리 보기를 확인해 봅니다.

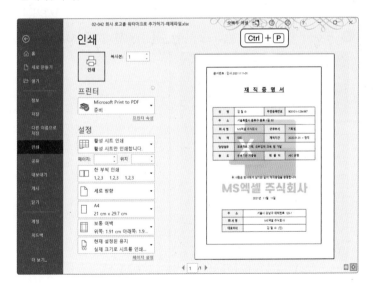

LESSON 08

엑셀 문서를 PDF로 변환하는 가장 쉬운 방법

예제 파일 04-015.xlsx 엑셀 문서를 공유할 때 엑셀을 사용하지 않는 사용자도 쉽게 확인할 수 있도록 PDF 파일로 변환해서 함께 제공하면 좋은 인상을 줄 수 있습니다. Windows 10 이상을 사용 중일 때와 그렇지 않을 때 각각 PDF 파일로 변환하는 방법을 소개합니다.

엑셀 기초 Windows 10 이상에서 PDF로 변환하기

Windows 10 이상의 환경이라면 원하는 시트를 골라 PDF로 변환할 수 있습니다. 예제 파일을 실행한 후 [김철수] 시트에 있는 재직증명서를 PDF로 변환하겠습니다.

01 04-015.xlsx 예제 파일의 [김철수] 시트에서 ❶ Ctrl+P를 눌러 인쇄 화면을 엽니다. 여기까지는 종이에 인쇄하는 것과 같습니다. 이어서 ❷ '프린터' 영역에서 프린터 종류 버튼을 클릭한 후 ❸ [Microsoft Print to PDF]를 선택합니다.

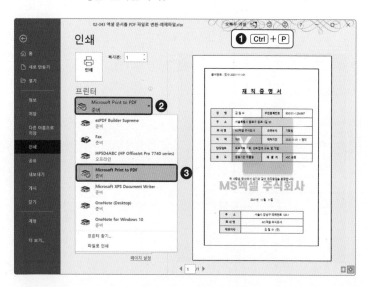

TIP [다른 이름으로 저장]을 실행한 후 [파일 형식] 옵션을 PDF (*.pdf)로 설정해서 PDF 파일로 저장할 수 있습니다. 하지만, 결과물이 어떻게 출력되는지 확인할 수 없으므로 위와 같은 방법으로 결과를 확인한 후 변환하는 것을 추천합니다.

02 계속해서 ❶ '설정' 영역의 첫 번째 버튼이 [**활성 시트 인쇄**]로 설정되어 있는 것을 확인한 후 ❷ [**인쇄**] 버튼을 클릭합니다.

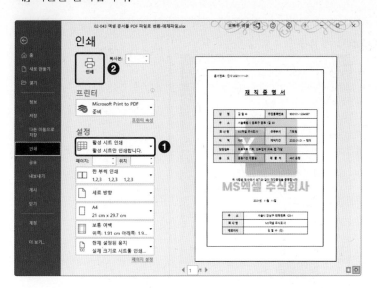

> **TIP** [활성 시트 인쇄]를 [전체 통합 문서]로 변경하면 해당 엑셀 파일에 있는 모든 시트가 PDF로 저장되며, [선택 영역 인쇄]로 변경하면 범위로 선택한 영역만 PDF로 저장됩니다.

03 ❶ '다른 이름으로 프린터 출력 저장' 대화상자가 열리면 저장할 위치와 ❷ 파일 이름을 입력한 후 ❸ [**확인**] 버튼을 클릭합니다.

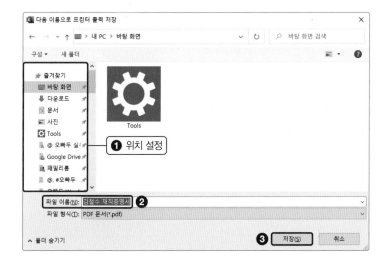

> **TIP** 엑셀에서 기본으로 제공하는 PDF 변환 기능은 통합 문서를 저장하더라도 하나의 PDF 파일에 저장됩니다.

Windows 10보다 낮은 버전이라면 **[Microsoft Print to PDF]**를 지원하지 않습니다. 그러므로 내보내기 기능을 사용하여 PDF로 변환해야 합니다.

TIP Acrobat에서 제공하는 [Acrobat PDF Maker] 등의 추가 기능을 사용해서 PDF로 변환할 수도 있습니다.

01 04-015.xlsx 예제 파일에서 ❶ **[파일]** 탭-**[내보내기]**를 클릭하여 내보내기 화면을 열고, ❷ **[PDF/XPS 문서 만들기]**를 선택한 후 ❸ **[PDF/XPS 만들기]** 버튼을 클릭합니다.

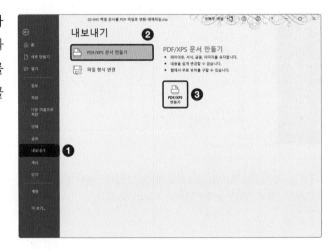

02 ❶ 'PDF 또는 XPS로 게시' 대화상자가 열리면 저장할 위치와 ❷ 파일 이름을 입력한 후 ❸ **[옵션]** 버튼을 클릭합니다.

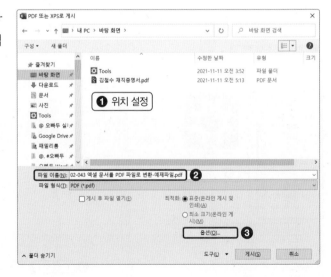

03 ❶ '옵션' 대화상자의 '게시 대상' 영역에서 [선택 영역], [전체 통합 문서], [선택한 시트] 중 PDF로 변환할 범위를 선택한 후 ❷ [확인] 버튼을 클릭합니다.

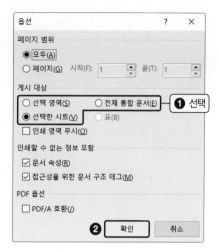

04 다시 'PDF 또는 XPS로 게시' 대화상자에서 [게시] 버튼을 클릭하면 옵션 설정에 따라 엑셀 파일이 PDF 문서로 변환됩니다.

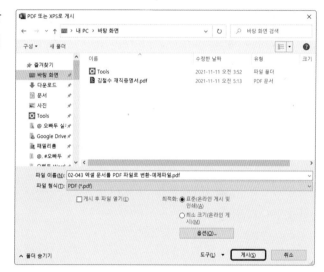

TIP 빠른 실행 도구 모음에 원하는 기능을 등록하면 Alt + 숫자키 형태의 단축키로 편리하게 실행할 수 있습니다. 빠른 실행 도구 모음에 PDF 저장 기능을 등록하는 방법은 다음 동영상 강의를 참고하세요.

https://youtube.com/shorts/NfhFOeHaQgM

CHAPTER
05

데이터 정리부터
데이터 필터링까지

직장인에게 엑셀에서 가장 중요한 데이터 관리 기능에 대해 묻는다면
대부분 '함수'나 '피벗 테이블'을 이야기합니다.
함수나 피벗 테이블이 중요한 것은 사실이지만 그 전에 데이터 정리의 중요성을 알아야 합니다.
여기서는 데이터 관리의 중요성을 이해하고, 원하는 데이터를 빠르게 찾을 수 있는
정렬 및 필터 기능에 대해 살펴보겠습니다.

LESSON 01

엑셀 데이터 관리의 기본 규칙

예제 파일 05-001.xlsx, 05-002.xlsx   엑셀 데이터 관리 중에 발생하는 문제 대부분은 복잡한 함수나 피벗 테이블이 아닌 잘못 입력된 데이터 구조 즉, 잘못된 데이터 관리로 인해 발생합니다. 여기서는 데이터 관리가 왜 중요한지, 그리고 데이터 관리를 위한 규칙에는 어떤 것들이 있는지 알아보겠습니다.

 실무 상식   **줄 바꿈, 빈 셀은 사용하지 않는다**

05-001.xlsx 예제 파일에서 [매일상사직원목록] 시트의 [B5:E10] 범위를 보면 직원 이름과 직급, 입사일이 줄 바꿈으로 한 셀에 입력되어 있으며, 일부 빈 셀이 포함되어 있습니다.

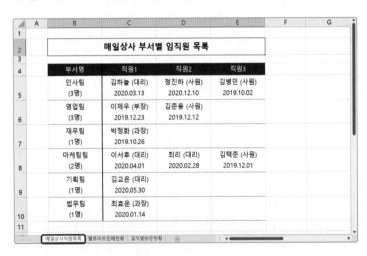

줄 바꿈으로 발생하는 문제 위와 같은 표에서 전 직원의 평균 근속 연수를 구하려면 각 직원의 근속 연수를 계산해야 하는데, 텍스트와 날짜가 한 셀에 줄 바꿈으로 입력되어 있으므로 기본적인 수식 계산 시 오류가 발생합니다. 따라서 근속 연수를 따로 추출한 후 계산해야 하는데, 이는 데이터가 많을수록 상당한 작업량을 요구합니다.

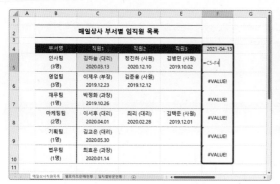

▲ 텍스트와 날짜가 함께 입력되어 날짜를 계산할 수 없으므로, 별도의 열을 만들어 추출하는 작업을 진행해야 합니다.

빈 셀로 발생하는 범위 선택 문제 다음과 같이 [B4]셀과 [E4]셀에서 각각 데이터 범위의 끝까지 범위를 선택하는 단축키 [Ctrl]+[Shift]+[↓]를 눌러 보세요.

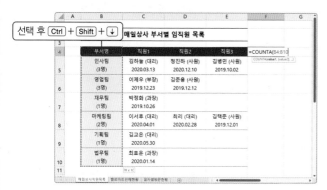

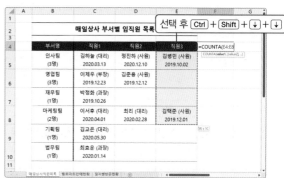

같은 표의 제목 행에서 같은 단축키를 사용했으나 선택된 범위에서 차이가 발생했습니다. 중간에 비어 있는 셀이 포함되어 단축키가 제 역할을 하지 못하게 된 것입니다. 이런 상황에서 데이터가 많지 않다면 직접 드래그해서 범위를 선택하면 됩니다. 하지만 100행, 1000행 이상으로 구성된 데이터라면 [Ctrl]+[Shift]+[↓]를 이용할 수 없어서 해당 데이터 범위를 선택하는 데도 상당한 시간이 할애될 것입니다.

빈 셀 참조 시 0이 반환 빈 셀을 참조하면 0이 반환된다는 점도 큰 문제입니다. 예제 파일에서 ❶ [F5]셀에 =E5를 입력한 후 ❷ [F10]셀까지 자동 채우기를 실행해 보세요. 비어 있는 셀을 참조한 결과 값으로 0이 반환되는 것을 확인할 수 있습니다. 이로 인해 자칫 잘못된 정보를 전달할 우려가 있습니다.

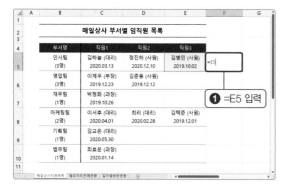

TIP 비어 있는 셀을 참조할 때 0 대신 그대로 빈 셀이 반환되도록 하려면 [F5]셀에 =E5 & ""을 입력한 후 자동 채우기를 실행하거나 셀 서식을 활용해서 해결합니다. **Link** 셀 서식을 활용한 해결 방법은 119쪽을 참고하세요.

실무 상식 | 집계 데이터와 원본 데이터는 구분해서 관리한다

데이터는 원본 데이터(개별 데이터)와 집계 데이터(보고용 데이터)로 나눌 수 있으며, 효율적인 데이터 관리를 위해서는 이 2개를 서로 구분해서 관리하는 것이 좋습니다.

05-001.xlsx 예제 파일을 실행한 후 [헬로마트판매현황] 시트의 데이터를 활용해 집계 데이터와 원본 데이터를 구분해서 관리해야 하는 이유를 알아보겠습니다.

함께 관리하면 함수 사용이 어려워진다 05-001.xlsx 예제 파일의 [헬로마트판매현황] 시트를 보면 각 제품의 판매 정보(원본 데이터)와 제품별 소계(집계 데이터)가 함께 관리되고 있으며, 소계는 SUM 함수를 사용했습니다.

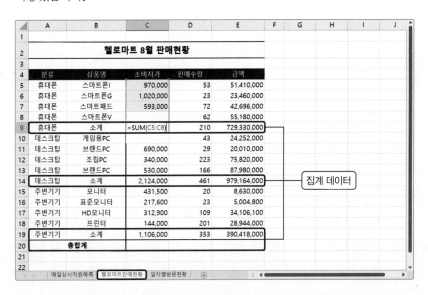

위와 같은 상황에서 [C20]셀에 총 합계를 계산하려면 어떻게 해야 할까요? 제품별 소계가 없었다면 [C5:C19] 범위를 선택하여 손쉽게 합계를 구할 수 있겠지만, 예제에서는 원본 데이터 값 혹은 집계 값을 따로 선택해야 하는 번거로움이 발생합니다.

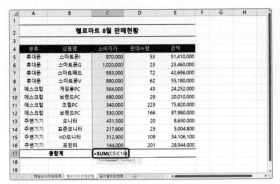

▲ 원본 데이터만 있을 때와 그렇지 않을 때 총 합계 구하기

함께 관리하면 피벗 테이블 사용이 어려워진다 피벗 테이블은 원본 데이터를 함수 없이 편리하게 집계할 수 있는 기능입니다. 하지만, 원본 데이터와 집계 데이터가 혼재되어 있으면 피벗 테이블을 사용할 때 문제가 발생합니다.

05-001.xlsx 예제 파일의 [헬로마트판매현황] 시트에서 [A4:E19] 범위를 선택한 후 피벗 테이블을 삽입하고 [행]에는 [분류]를, [값]에는 [판매수량]을 배치하면 제품별 판매수량 합계가 계산됩니다.

Link 피벗 테이블 사용 방법은 281쪽에서 자세히 설명합니다.

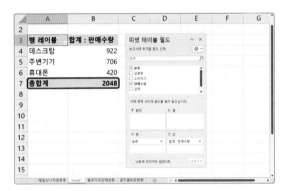

[A4:E19] 범위로 만든 피벗 테이블 ▶

실제 제품의 총 합계는 1,024개인 반면, 피벗 테이블 결과에서 총 합계는 2,048개로 표시됩니다. 이는 총 합계를 계산할 때 집계 데이터인 소계가 포함되어 이중으로 계산되었기 때문입니다. 이처럼 집계 데이터와 원본 데이터를 하나의 표에서 동시에 관리하면 피벗 테이블을 사용하여 집계할 때도 문제가 발생함을 알 수 있습니다.

따로 관리하면 파일 크기를 최소화할 수 있다 05-001.xlsx 예제 파일의 [헬로마트판매현황] 시트에서 [금액] 필드에는 [소비자가] 필드와 [판매수량] 필드를 참조하여 금액을 계산하는 수식이 입력되어 있습니다. 이처럼 다른 값을 참조하여 계산되는 값도 집계 데이터에 해당하며, 집계 데이터를 최소화할수록 원본 데이터의 크기를 최소화하여 PC에서 부담 없이 데이터를 관리할 수 있습니다.

> **TIP** 집계 데이터를 반드시 포함해야 한다면 수식으로 입력된 셀을 값 형태로 바꿔 저장하면 처리 속도를 크게 향상시킬 수 있습니다. **Link** 수식을 모두 값으로 변경하는 방법은 079쪽을 참고하세요.

현업에서 작성되는 보고서는 대부분 여러 개의 주제를 동시에 포함합니다. 그러다 보니 하나의 표에 여러 정보를 담기 위해 셀을 병합하여 정보를 분류하곤 합니다.

> **TIP** 파워 쿼리를 사용하면 여러 줄로 입력된 머리글을 한 줄로 손쉽게 변환하고 자동화할 수 있습니다. 자세한 방법은 다음 동영상 강의를 참고하세요.
> https://youtu.be/WVKPye4XsAo
>

05-001.xlsx 예제 파일을 실행한 후 [**일자별방문현황**] 시트를 확인해 보세요. 매장을 방문한 사용자 정보가 성별과 연령대별로 정리되어 있습니다.

일자	성별		연령대				총인원
	남자	여자	20대	30대	40대	50대	
2021-01-01	13	13	6	5	9	6	26
2021-01-02	22	9	6	6	5	14	31
2021-01-03	23	25	14	15	10	9	48
2021-01-04	22	24	15	11	7	13	46
2021-01-05	27	18	12	9	12	12	45
2021-01-06	9	20	8	8	7	6	29
2021-01-07	18	18	9	9	6	12	36
2021-01-08	14	25	12	14	8	5	39
2021-01-09	15	24	5	9	12	5	31
2021-01-10	18	9	5	15	9	6	35
2021-01-11	16	20	9	7	7	8	31
2021-01-12	17	16	10	10	5	10	35
2021-01-13	28	18	13	14	8	9	44
2021-01-14	19	12	8	8	14	10	40
2021-01-15	18	19	8	6	6	6	25

— 여러 줄로 작성된 머리글

위와 같이 머리글을 여러 줄로 작성한 표는 보고서용으로 적절할 수 있지만, 원본 데이터라면 몇 가지 문제가 발생합니다.

범위 선택의 문제 우선 ❶ [L2]셀에 총인원 합계를 구하기 위해 =SUM(을 입력한 후 ❷ [I]열 머리글을 클릭해서 [I]열 전체를 범위로 지정하고 [Enter]를 눌러 실행하면 총인원 합계가 계산됩니다.

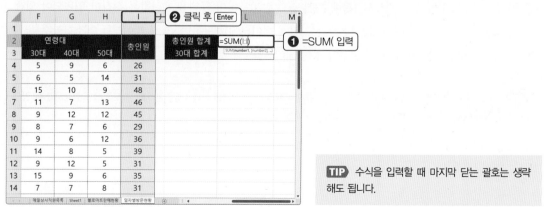

> **TIP** 수식을 입력할 때 마지막 닫는 괄호는 생략해도 됩니다.

같은 방법으로 ❶ [L3]셀에 30대 방문자의 합계를 구하기 위해 **=SUM(**을 입력한 후 ❷ [F]열 머리글을 클릭해 봅니다. [F]열 전체가 아닌 [E:H] 범위가 선택됩니다. 이는 [E2:H2] 범위가 셀 병합되어 있기 때문입니다. 그러므로 30대 방문자의 합계를 구할 때는 번거롭게 직접 입력하거나 범위를 드래그해서 인수를 지정해야 합니다.

▲ 셀 병합을 사용하면 수식 작성 시 원치 않는 범위가 선택될 수 있습니다.

TIP 셀 병합 대신 텍스트 맞춤 기능을 사용하면 범위 선택 문제를 해결할 수 있습니다. **Link** 텍스트 맞춤 기능은 075쪽 을 참고하세요.

표, 피벗 테이블 활용의 문제 데이터의 머리글을 두 줄로 관리할 때 가장 큰 문제는 표와 피벗 테이블을 만들 때 발생합니다.

❶ [일자별방문현황] 시트에서 데이터가 입력된 임의의 셀을 선택한 후 Ctrl + A 를 눌러 데이터 전체 범위를 선택합니다. 그 상태로 ❷ [삽입] 탭-[표] 그룹에서 [표]를 클릭하거나 Ctrl + T 를 눌러 '표 만들기' 대화상자를 엽니다. ❸ 대화상자에서 [머리글 포함]에 **체크**한 뒤 ❹ [확인] 버튼을 클릭하면 표가 생성됩니다.

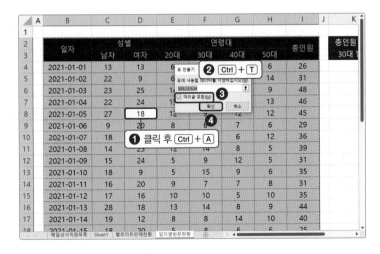

생성된 표를 보면 셀 병합된 머리글이 분리되면서 [3]행이 아닌 [2]행에 필터가 적용되어 이후 추가로 수정 작업을 진행해야 합니다.

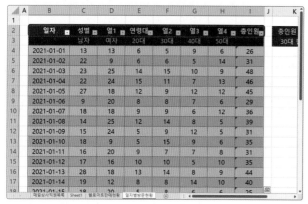

▲ 두 줄로 작성한 머리글로 인해 필터 위치가 잘못된 표

표를 만들 때 뿐만 아니라 머리글이 병합된 범위를 선택한 후 피벗 테이블을 만들어도, 다음과 같이 '피벗 테이블 필드 이름이 잘못되었습니다.'라는 오류 메시지가 표시되어 피벗 테이블 생성이 제한됩니다.

🎯 실무 상식 | 데이터 관리를 위한 핵심 규칙, 세로 방향 블록 쌓기

최신 버전의 엑셀마저 제대로 지원하지 않는 열악한 현업에서 모든 데이터 관리 규칙을 지키는 것은 현실적으로 어려울 수 있습니다. 따라서 올바른 데이터 관리와 엑셀의 효율성을 200% 끌어올리기 위한 핵심 규칙 한 가지, 세로 방향 블록 쌓기만이라도 반드시 지키기를 권장합니다.

데이터 관리 = 세로 방향 블록 쌓기

세로 방향 블록 쌓기란 새로운 데이터는 아래 방향으로 추가하고, 새로운 항목은 오른쪽으로 추가하는 형태로 관리하는 것을 이야기합니다. 이렇게 데이터를 관리하면 많은 양의 데이터를 보다 편리하게 집계할 수 있고, 피벗 테이블과 슬라이서를 활용하여 데이터를 실시간으로 분석할 수도 있습니다. Link 피벗 테이블 사용 방법은 281쪽 을 참고하세요.

▲ 지속적인 데이터 관리에 가장 적합한 세로 방향 블록 쌓기 구조

다음과 같이 실무에서 세로 방향 블록 쌓기 규칙을 지키지 않고 데이터를 관리할 때 발생하는 대표적인 3가지 사례를 통해 세로 방향 블록 쌓기 규칙의 필요성을 확인해 보세요.

변경이 어려운 표 구조 문제 예를 들어 월별 매출 관리 데이터에서 매출을 보다 정확하게 관리하기 위해 오전과 오후로 시간대를 나누어 입력하기로 했을 때 아래에서 첫 번째 표에서는 수정하기 위해 대대적인 작업이 필요합니다. 하지만, 세로 방향 블록 쌓기 규칙을 지킨 데이터에서는 시간대 항목만 추가하면 됩니다.

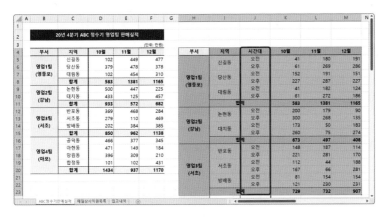

◀ 세로 방향 블록 쌓기 규칙을 지키지 않았을 때

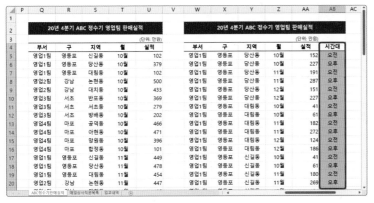

◀ 세로 방향 블록 쌓기 규칙을 지켰을 때

피벗 테이블을 사용할 때 발생하는 제약 다음과 같이 가로 방향으로 일별 입고 내역을 관리했을 때 피벗 테이블을 삽입하면 필드 목록에 입고 일이 각각의 필드로 구분됩니다.

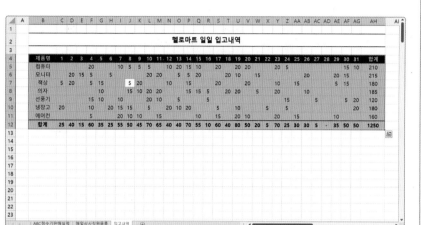

위와 같이 입고 일이 각 필드로 구분되면 어떤 문제가 발생할까요? 일별로 데이터를 정렬하거나 필터링해야 하는데 입고 일 필드가 나뉘어져 있으면 데이터 분석을 제대로 진행할 수 없을 뿐만 아니라 시간이 지날수록 관리해야 하는 필드의 개수도 늘어나 관리의 어려움을 겪게 됩니다.

누적 데이터 취합의 어려움 아래 사례는 구매처별 주문목록이 월별 시트로 구분되어 있습니다. 메뉴는 세로 방향으로 작성했지만, 구매처가 오른쪽 방향으로 추가되어 세로 방향 블록 쌓기 규칙이 지켜지지 않았습니다. 그러다 보니 월별로 시트를 나누어 관리할 수밖에 없고, 필요에 따라 데이터를 취합하는 추가 작업을 해야 하는 번거로움이 발생합니다.

메뉴	가격	유튜브	구글	아마존	페이스북	인스타	스카이프	캐논	마소	트위터	LG
2020년 1월 구매처별 주문목록											
소불고기 세트	6800	21	2	9	23	3	3	5	1	4	7
치킨제육 세트	6600	29	30	2	20	18	18	10	4	10	2
소고기육개장 도시락	6500	25	24	8	28	25	8	13	6	4	3
김치찌개 도시락	6400	27	22	24	10	23	4	15	18	1	5
김치볶음밥 세트	6000	29	1	27	30	7	7	12	6	6	9
불고기카레 세트	5800	24	6	8	3	19	14	3	6	2	1
돈까스카레 세트	6200	1	4	16	27	4	5	6	10	5	6
새우돈까스 세트	6400	13	3	8	15	30	10	7	4	7	6
돈까스 세트	5500	5	15	1	1	2	11	7	19	3	10
비빔밥 도시락	5400	17	14	2	26	1	6	13	20	7	5
어린이비빔밥 도시락	4200	22	24	8	1	13	10	6	1	10	8
치킨마요 박스	4400	11	29	14	11	16	5	5	19	4	2
돈까스마요 박스	4600	29	26	17	1	7	6	12	20	1	9
월 구매합계		1,465,600	1,099,300	828,500	1,198,300	991,500	619,500	663,000	738,100	367,500	413,500

▲ 구매처가 세로 방향 블록 쌓기 규칙에 맞지 않는 표입니다.

또한 특정 월에 새로운 메뉴가 추가된다면 모든 시트의 새로운 메뉴를 추가하지 않는 이상 시트별 서로 다른 구조를 갖게 되어 다른 시트를 참조하는 수식을 사용했을 때 문제가 발생할 수 있습니다.

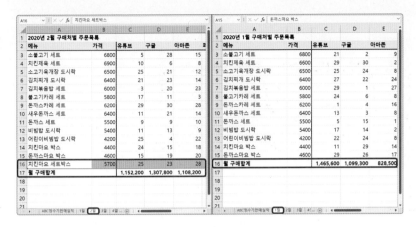

◀ 새로운 메뉴를 추가하여 시트별 구조가 달라졌습니다.

위 사례의 데이터라면 [구매월], [구매처], [메뉴], [가격], [수량] 필드를 만들고 데이터를 세로 방향으로 누적하여 하나의 시트에서 데이터를 관리하면 구조 차이의 문제도 발생하지 않았을 것입니다.

> **TIP** 규격화된 데이터로 관리 방법에 대해 좀 더 자세히 알고 싶다면 다음 2개의 동영상 강의를 확인해 보세요.
>
> https://youtu.be/GlUrhAyQuX4   https://youtu.be/wchGis-kYvw

실무 활용 여러 시트를 동시에 편집하기

잘못된 데이터 관리 방법으로 여러 시트에 데이터를 나눠서 관리한다면 구조를 변경할 때 모든 시트에 변경된 내용을 반영해야 합니다. 이럴 때 모든 시트를 선택한 후 일괄 편집할 수 있습니다. 단 편집할 모든 시트에서 동일한 구조, 동일한 범위에 데이터가 입력되어 있을 때만 사용할 수 있습니다.

01 05-002.xlsx 예제 파일의 ❶ [1월] 시트를 선택한 후 ❷ [Shift]를 누른 채 [12월] 시트를 클릭해서 [1월]부터 [12월]까지 선택합니다.

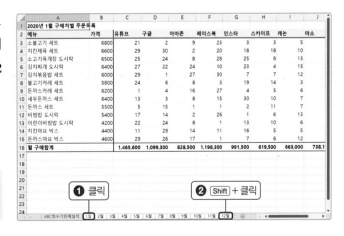

> **TIP** 서로 떨어져 있는 여러 시트를 선택할 때는 [Ctrl]을 누른 채 시트를 클릭합니다.

02 동시에 편집할 모든 시트를 선택한 후 새로운 메뉴를 입력할 행을 추가하기 위해 ❶ [16]행 머리글에서 [마우스 우클릭] 후 ❷ [삽입]을 선택합니다. [16]행 위로 새로운 행이 삽입되며, 기존 [16]행은 [17]행으로 변경됩니다.

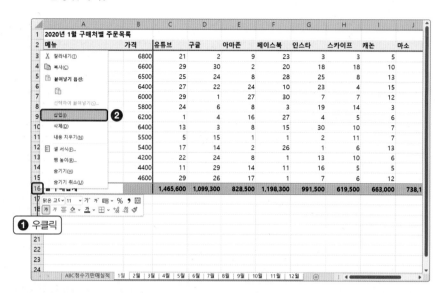

03 ❶ [A16]셀에 새로운 메뉴명(새우마요 박스)을 입력합니다. ❷ 선택 중인 다른 시트 탭을 클릭해 보면 [A16]셀에 동일한 내용이 입력된 것을 확인할 수 있습니다. ❸ 여러 시트 동시 편집을 마치기 위해 선택 중이지 않은 시트 탭을 클릭하여 다중 선택을 해제합니다.

	A	B	C	D	E	F	G	H	I	J
1	2020년 1월 구매처별 주문목록									
2	메뉴	가격	유튜브	구글	아마존	페이스북	인스타	스카이프	캐논	마소
3	소불고기 세트	6800	21	2	9	23	3	3	5	
4	치킨제육 세트	6600	29	30	2	20	18	18	10	
5	소고기육개장 도시락	6500	25	24	8	28	25	8	13	
6	김치찌개 도시락	6400	27	22	24	10	23	4	15	
7	김치볶음밥 세트	6000	29	1	27	30	7	7	12	
8	불고기카레 세트	5800	24	6	8	3	19	14	3	
9	돈까스카레 세트	6200	1	4	16	27	4	5	6	
10	새우돈까스 세트	6400	13	3	8	15	30	10	7	
11	돈까스 세트	5500	5	15	1	1	2	11	7	
12	비빔밥 도시락	5400	17	14	2	26	1	6	13	
13	어린이비빔밥 도시락	4200	22	24	8	1	13	10	6	
14	치킨마요 박스	4400	11	29	14	11	16	5	5	
15	돈까스마요 박스	4600	29	26	17	1	7	6	12	
16	새우마요 박스 ❶									
17	월 구매합계		1,465,600	1,099,300	828,500	1,198,300	991,500	619,500	663,000	738,1

❸ 클릭   ❷ 다른 시트 클릭 후 결과 확인

TIP 여러 시트를 동시에 선택한 상태에서는 그림이나 피벗 테이블 등의 개체를 추가할 수 없습니다.

LESSON 02
나만의 목록을 만들어 원하는 순서대로 정렬하기

예제 파일 05-003.xlsx 엑셀에서 데이터를 관리할 때 정렬 기능은 필수로 사용합니다. 하지만 기본 정렬 방법인 오름차순과 내림차순만으로는 원하는 결과를 얻기 어려울 때가 많습니다. 기본 정렬 방법부터 '부장, 과장, 대리'처럼 원하는 순서로 데이터를 정렬하는 방법을 알아보겠습니다.

엑셀 기초 | 오름차순/내림차순 정렬 방법과 한계 파악하기

05-003.xlsx 예제 파일을 실행해 보면 가구업체의 주문목록이 정리되어 있습니다. [B]열에 주문일과 [K]열에 있는 범위를 기준으로 데이터를 정렬해 보면서 기본적인 엑셀 데이터 정렬 방법과 그 한계를 확인해 보겠습니다. 실습 과정은 다음 동영상 강의에서도 확인할 수 있습니다.

https://youtu.be/QUjCcfmsAco

01 05-003.xlsx 예제 파일에서 ❶ 주문일이 입력된 [B]열에서 임의의 셀을 선택한 후 ❷ [데이터] 탭-[정렬 및 필터] 그룹에서 [오름차순 정렬]을 클릭합니다. 주문일이 오래된 날부터 최근 날짜 순(최솟값에서 최댓값 순)으로 정렬됩니다.

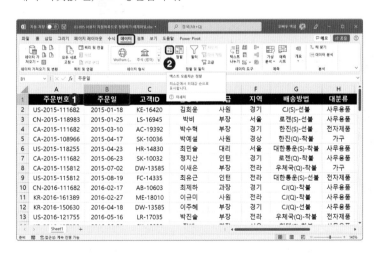

TIP 데이터가 입력된 표에서는 정렬할 범위를 따로 지정하지 않고 정렬할 열에서 셀을 선택해도 전체 범위가 자동으로 정렬됩니다. 하지만 범위 중간에 빈 행이나 빈 열이 있다면 정렬할 범위를 직접 선택한 후 정렬해야 합니다.

정렬 대화상자 활용하기

데이터를 한 가지 기준이 아닌 여러 기준에 맞춰 정렬할 때는 '정렬' 대화상자를 사용합니다.

표에서 임의의 셀을 선택한 후 [데이터] 탭−[정렬 및 필터] 그룹에서 [정렬]을 클릭하면 다음과 같은 '정렬' 대화상자가 열리며 한 개 이상의 기준을 지정하여 데이터를 정렬할 수 있습니다.

· **기준 추가:** 정렬 기준이 될 항목을 추가합니다. 기준 목록에서 위에 있을수록 우선순위가 높으며, 이동 버튼을 이용하여 우선순위를 조정할 수 있습니다.

· **기준 삭제:** 선택한 기준이 삭제됩니다.

· **기준 복사:** 선택한 정렬 기준을 복사합니다.

위와 같이 설정한 후 실행하면 [지역] 필드의 셀 값을 기준으로 오름차순 정렬한 후 같은 지역인 데이터가 있을 때 [주문일] 필드의 셀 값을 기준으로 내림차순 정렬합니다. [정렬 기준] 옵션은 **셀 값** 이외에도 **셀 색, 글꼴 색, 조건부 서식 아이콘**으로 설정하여 정렬할 수 있으며, **조건부 서식 아이콘**은 조건부 서식이 적용되었을 때만 사용할 수 있습니다.

이렇게 '정렬' 대화상자에 정렬 기준을 지정해 놓으면 통합 문서 안에 저장되므로 이후에 동일한 기준으로 다시 정렬할 때 '정렬' 대화상자를 열어 빠르게 정렬할 수 있습니다.

02 이번에는 ❶ 수량이 입력된 [J]열에서 임의의 셀을 선택한 후 ❷ [**데이터**] 탭−[**정렬 및 필터**] 그룹의 [**내림차순 정렬**]을 클릭합니다. 수량이 많은 것부터 적은 것 순(최댓값에서 최솟값 순)으로 정렬됩니다.

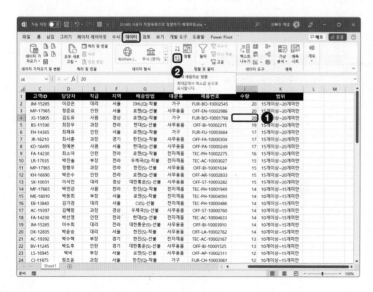

03 마지막으로 ❶ [K]열에서 임의의 셀을 선택한 후 ❷ [데이터] 탭-[정렬 및 필터] 그룹의 [오름차순 정렬]을 클릭합니다.

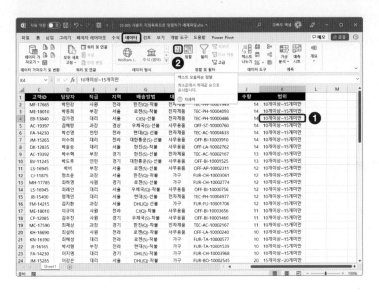

04 데이터가 의도와 달리 **10개이상~15개미만, 15개이상~20개미만, 1개이상~5개미만, 5개이상~10개미만** 순서로 정렬되었습니다. 이런 경우 사용자 지정 목록을 활용하여 원하는 순서로 정렬해야 합니다. **Link** 사용자 지정 목록 사용 방법은 이어서 **228쪽** 에서 설명합니다.

TIP 숫자와 문자가 혼용된 [K]열은 문자 데이터로 인식됩니다. 그러므로 맨 앞에 있는 숫자를 기준으로 정렬되는 것이 아니라, 첫째 자리의 문자(1, 5)로 정렬하고, 같은 값일 때 둘째 자리의 문자(0, 5, 개) 순서로 정렬됩니다.

데이터 정렬 전 순번 확인하기

실무에서 관리하는 데이터는 관리 규정에 따라 모두가 쉽게 이해할 수 있도록 기본 정렬 방법이 정해져 있습니다.

만약, 집계를 위해 원본 데이터에서 특정 기준으로 정렬했다면 이후 원래 상태로 되돌리는 데 어려움이 있을 수 있습니다. 그러므로 데이터를 정렬하기 전에는 데이터의 첫 번째 열에 기준으로 삼을 순번(Index)이 있는지 확인하고, 없다면 추가하여 관리하는 것이 좋습니다.

예제와 같은 표라면 [A]열 머리글에서 [마우스 우클릭] 후 [삽입]을 선택해서 새로운 열을 추가하고, 자동 채우기 기능을 활용하여 순번을 추가합니다. 이렇게 순번이 포함되어 있다면 특정 항목을 기준으로 정렬했더라도 이후 순번을 기준으로 다시 정렬하면 손쉽게 데이터를 처음 상태로 되돌릴 수 있습니다.

TIP 열 머리글을 선택한 후 Ctrl + + 를 누르면 새로운 열을 빠르게 삽입할 수 있습니다.

▲ 순번 열을 추가하면 데이터 정렬을 처음 상태로 되돌리기 수월합니다.

 실무 활용 ## 데이터에서 고유 값 찾고, 사용자 지정 목록 등록하기

05-003.xlsx 예제 파일을 실행하면 범위가 입력된 [K]열에는 숫자와 문자가 함께 입력되어 있어 기본 정렬 방법으로는 원하는 결과를 얻기 어렵습니다. 이럴 때는 사용자 지정 목록을 만들어 등록하고, 이후 '정렬' 대화상자를 이용해야 합니다.

01 **고유 값 찾기** 05-003.xlsx 예제 파일에서 [K]열에 입력된 고유 값을 찾기 위해 ❶ [K]열 머리글을 선택한 후 Ctrl + C 를 눌러 복사하고, ❷ [M]열 머리글을 선택한 후 Ctrl + V 를 눌러 붙여넣기를 실행합니다. ❸ 이어서 [데이터] 탭-[데이터 도구] 그룹에서 [중복된 항목 제거]를 클릭합니다.

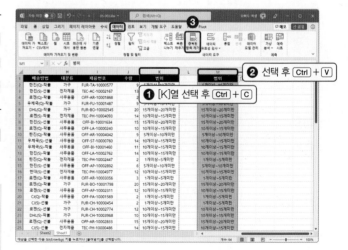

TIP 중복된 항목 제거 기능은 연속된 범위를 자동으로 인식합니다. 그러므로 원본 데이터와 한 칸을 띄어 빈 열을 남기고 붙여넣기를 실행했습니다.

02 ❶ '중복 값 제거' 대화상자가 열리면 그대로 [확인] 버튼을 클릭하고, ❷ 중복된 값 제거 결과가 표시되면 다시 [확인] 버튼을 클릭합니다. ❸ [M]열에서 남겨진 고유 값을 확인합니다.

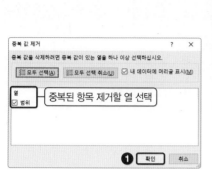

> **TIP** '중복 값 제거' 대화상자에 연속된 범위가 인식되어 열 목록에 여러 개가 표시된다면 중복된 항목을 제거할 열만 선택한 후 [확인] 버튼을 클릭합니다.

03 [M]열에 남아 있는 고유 값을 원하는 순서에 맞춰 재배치하면 사용자 지정 목록 만들 준비가 끝납니다.

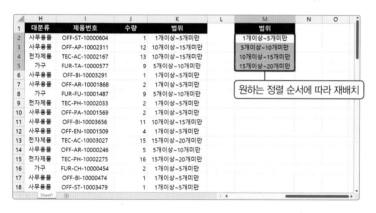

> **TIP** 순서를 재배치할 때 셀을 선택한 후 Shift 를 누른 채 선택한 셀의 테두리 부분을 클릭하여 원하는 위치로 드래그하면 손쉽게 순서를 변경할 수 있습니다.

> **TIP** 실무에서 필터나 피벗 테이블을 자주 사용한다면 사용자 지정 목록으로 나만의 정렬 기준을 등록해 업무를 더욱 편리하게 처리할 수 있습니다. 사용자 지정 목록의 전체 실습 과정은 다음 동영상 강의를 참고하세요.
>
> https://youtu.be/gC-o9lcaCkQ

04 **사용자 지정 목록 등록 ❶** [파일] 탭에서 [옵션]을 클릭하여 'Excel 옵션' 대화상자를 엽니다. ❷ [고급] 범주를 선택하고 ❸ 스크롤을 맨 밑으로 내려 '일반' 영역에서 [사용자 지정 목록 편집] 버튼을 클릭합니다.

05 ❶ '옵션' 대화상자가 열리면 [목록 가져올 범위] 입력란을 클릭한 후 ❷ 시트에서 앞서 만들어 놓은 고유 값 목록인 [M2:M5] 범위를 드래그합니다.

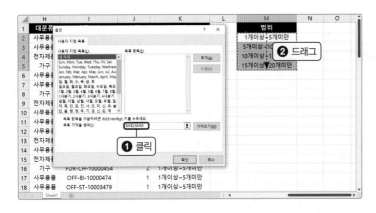

TIP 목록의 머리글은 제외하고 실제 정렬될 고유 값만 드래그하여 선택합니다.

06 ❶ [목록 가져올 범위] 입력란에 선택한 범위가 \$M\$2:\$M\$5처럼 절대 참조로 표시된 것을 확인하고 [가져오기] 버튼을 클릭합니다. ❷ [사용자 지정 목록]에 새로운 목록이 추가된 것을 확인한 후 ❸ [확인] 버튼을 클릭하여 등록을 완료합니다.

TIP [목록 항목] 입력란에서 쉼표(,)나 줄 바꿈으로 구분하여 목록을 직접 입력해도 됩니다. 단, 목록을 직접 입력할 경우에는 최대 255자까지만 등록할 수 있으므로, 255자 이상 등록할 때는 [목록 가져올 범위] 옵션을 이용합니다.

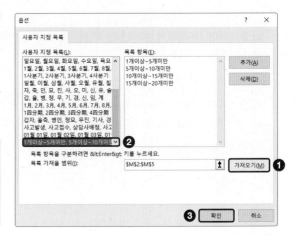

07 **사용자 지정 목록으로 정렬** 사용자 지정 목록을 사용하기 위해 ❶ [K]열의 임의의 셀을 선택한 후 ❷ [데이터] 탭-[정렬 및 필터] 그룹에서 [정렬]을 클릭하여 '정렬' 대화상자를 엽니다. ❸ 다음과 같이 첫 번째 정렬 기준을 **범위, 셀 값**으로 설정하고, ❹ 정렬 방법에서 [사용자 지정 목록]을 선택합니다.

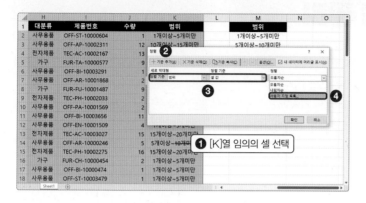

08 ❶ '사용자 지정 목록' 대화상자가 열리면 추가한 사용자 지정 목록을 선택한 후 ❷ [확인] 버튼을 클릭합니다. ❸ '정렬' 대화상자에서 정렬 방법이 바뀐 것을 확인하고 ❹ [확인] 버튼을 클릭합니다.

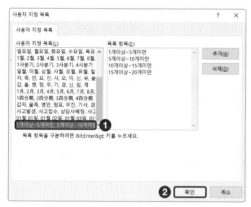

09 [K]열을 확인해 보면 목록으로 등록한 순서에 따라 [범위] 필드가 정렬된 것을 확인할 수 있습니다.

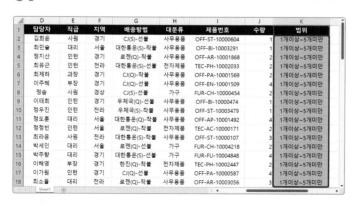

> **TIP** 사용자 지정 목록은 통합 문서에 저장되지 않고, 실행 중인 PC에 저장됩니다. 따라서 다른 PC에서는 사용자 목록을 다시 등록해야 올바르게 정렬됩니다.

LESSON 03

조건에 맞는 데이터만 확인하는 자동 필터

> **예제 파일** 05-004.xlsx, 05-005.xlsx, 05-006.xlsx 실무의 모든 데이터 분석은 원하는 데이터를 찾는 일부터 시작됩니다. 여기서는 몇 번의 마우스 버튼 클릭과 손쉬운 단축키 조작으로 누구나 쉽게 원하는 조건으로 데이터를 필터링할 수 있는 자동 필터 기능에 대해 살펴보겠습니다.

엑셀 기초 | 자동 필터로 기본 기능 사용하기

사무용품 업체의 매출 내역이 정리되어 있는 예제 파일을 실행한 후 간단한 실습으로 자동 필터의 기본 사용법을 알아보겠습니다.

01 05-004.xlsx 예제 파일에서 ❶ 임의의 셀을 선택한 후 ❷ [데이터] 탭-[정렬 및 필터] 그룹에서 [필터]를 클릭하거나 단축키 Ctrl + Shift + L 을 눌러 자동 필터를 실행합니다.

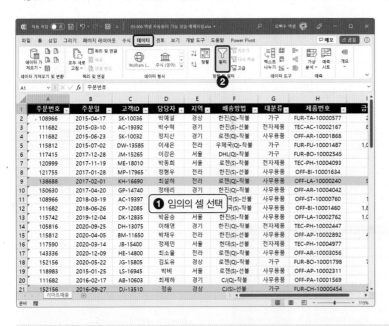

> **TIP** 예제 파일처럼 연속으로 입력된 표에서는 범위를 따로 지정하지 않고 표에서 임의의 셀을 선택한 후 [필터]를 클릭하면 표 범위에 자동 필터가 적용됩니다.

02 표의 각 머리글에 자동 필터가 적용되었습니다. ❶ 지역이 '서울'인 목록만 표시하기 위해 **[지역]** 필드에서 **[필터]** 버튼을 클릭한 후 ❷ 필터 창이 열리면 검색란에 **서울**을 입력하고 ❸ **[확인]** 버튼을 클릭합니다.

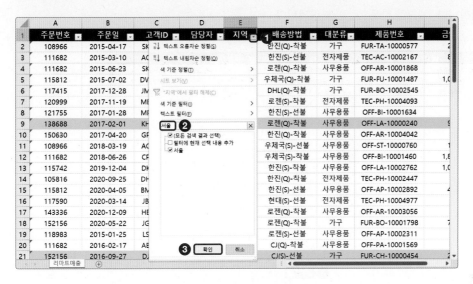

TIP 필터 창이 열린 후 단축키 **E**를 누르면 바로 검색란이 활성화됩니다.

03 지역이 서울인 목록만 표시되었습니다. 이어서 지역이 '서울'인 목록 중에서 배송방법이 'DHL'인 목록을 찾기 위해 ❶ **[배송방법]** 필드의 **[필터]** 버튼을 클릭한 후 ❷ 검색란에 **DHL**을 입력하고 ❸ **[확인]** 버튼을 클릭합니다.

TIP 자동 필터에서는 대소문자 구분 없이 필터링됩니다. 또한 필터링 중인 필터 버튼의 모양은 ⊤처럼 바뀝니다.

04 [배송방법] 필드의 필터링 조건을 변경해 보겠습니다. ❶ [배송방법] 필드에서 [필터] 버튼을 클릭한 후 ❷ 목록에서 [(모두 선택)]을 **체크 해제**하여 모든 선택을 해제한 후 ❸ 필터링할 항목만 **체크**하고 ❹ [확인] 버튼을 클릭합니다. 체크한 항목으로 필터링됩니다.

05 적용된 필터를 해제하는 것도 간단합니다. ❶ 다음과 같이 필터를 해제할 필드의 [필터] 버튼을 클릭한 후 ❷ ["필드명"에서 필터 해제]를 선택합니다.

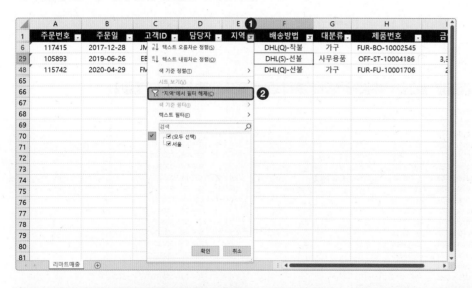

TIP 표에 적용된 모든 필터링을 지우려면 [데이터] 탭-[정렬 및 필터] 그룹에서 [지우기]를 클릭합니다. 자동 필터 기능을 완전히 해제하려면 [필터]를 다시 클릭하거나 Ctrl + Shift + L 을 눌러 자동 필터 기능을 취소합니다.

 **실무 활용** 　**자동 필터에서 조건 지정하여 필터링하기**

자동 필터를 사용하면 해당 열의 데이터를 자동으로 인식하여 데이터 종류를 구분하고, 데이터 종류에 따라 원하는 데이터를 빠르게 찾을 수 있을 뿐만 아니라 조건을 지정하여 데이터를 필터링할 수 있습니다. 실습 과정은 다음 동영상 강의에서도 확인할 수 있습니다.

https://youtu.be/PDdwHw5X_d8

01 05-004.xlsx 예제 파일에서 배송업체가 '우체국'이 아닌 데이터만 필터링해 보겠습니다. ❶ [배송방법] 필드의 [필터] 버튼을 클릭한 다음 ❷ 필터 창에서 [텍스트 필터]-[포함하지 않음]을 선택합니다.

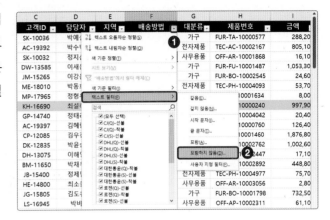

02 ❶ '사용자 지정 자동 필터' 대화상자가 열리면 [포함하지 않음]으로 기본 조건이 설정되어 있으므로, ❷ 오른쪽 입력란에 **우체국**을 입력한 후 ❸ [확인] 버튼을 클릭합니다.

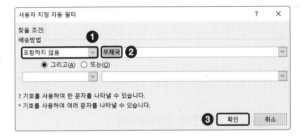

> **TIP** 자동 필터는 최대 2개의 조건까지 적용할 수 있습니다. 만약 3개 이상 조건으로 검색하고 싶다면 고급 필터를 사용합니다.
> **Link** 고급 필터 사용법은 251쪽 을 참고하세요.

03 [배송방법] 필드 값에 '우체국'이 포함된 항목을 제외한 나머지 목록만 표시됩니다.

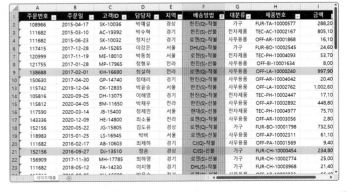

> **TIP** 특정 텍스트를 포함한 목록을 찾으려면 필터 창에서 [텍스트 필터]-[포함]을 선택한 후 입력란에 찾을 텍스트를 입력하면 됩니다.

04 이번에는 금액이 100만 원보다 큰 데이터만 찾아보겠습니다. ❶ Ctrl + Shift + L 을 2번 눌러서 자동 필터를 해제한 후 다시 실행하는 방법으로 초기화합니다. ❷ [금액] 필드의 [필터] 버튼을 클릭한 후 ❸ [숫자 필터]-[보다 큼]을 선택합니다.

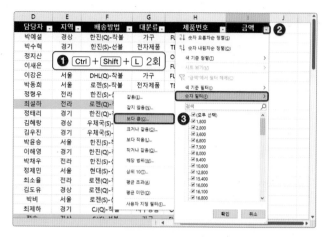

TIP 자동 필터를 해제한 후 다시 실행하는 방법 대신 필터링을 적용한 필드에서 [필터] 버튼을 클릭한 후 ["필드명"에서 필터 해제]를 선택해도 됩니다. 어느 필드에 필터링이 적용되었는지 파악하기 어려울 때는 위의 방법으로 초기화하는 것이 편리합니다.

05 ❶ '사용자 지정 자동 필터' 대화상자가 열리면 조건이 >로 설정된 것을 확인한 후 ❷ 입력란에 **1000000**을 입력하고 ❸ [확인] 버튼을 클릭합니다. ❹ 금액이 100만 원 초과인 데이터만 필터링됩니다.

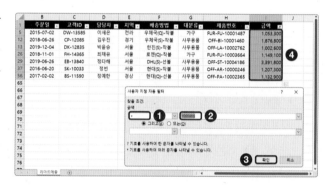

오빠두! 특강 색상으로 필터링하기

자동 필터에서는 셀에 지정된 색 서식(채우기 색, 글꼴 색)을 자동으로 인식하여 조건을 지정할 수도 있습니다.

예제에서 임의의 필드에 있는 [필터] 버튼을 클릭하고 팝업 창에서 [색 기준 필터]를 선택하면 해당 필드에 적용된 서식 목록이 표시됩니다. 여기서는 노란색 채우기 색이 표시되며, 선택하면 노란색으로 채워진 데이터만 필터링됩니다. 이외에도 조건부 서식 기준으로 필터링하거나 정렬할 수도 있습니다.

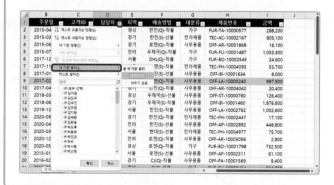

 **실무 상식** **필터링과 숨기기 기능으로 가려진 범위의 차이점**

데이터를 다룰 때 숨기기 기능과 필터링 기능을 혼용해서 사용하면 각 기능으로 가려진 범위를 제대로 구분하지 못해서 문제가 발생할 수 있습니다. 숨기기 기능으로 가려진 범위와 필터링으로 가려진 범위에는 여러 차이점이 있지만, 실무에서 꼭 필요한 내용만 간단히 짚고 넘어가겠습니다.

숨기기 범위와 필터링 범위 구분 숨기기를 실행하면 행 머리글에서 숨기기한 행 위치에 실선 두 줄이 표시되며, 필터링이 적용된 범위는 파란색 숫자와 실선 두 줄이 표시됩니다.

▲ 숨기기한 범위(좌)와 필터링한 범위(우)

> **TIP** 열 머리글 혹은 행 머리글에서 [마우스 우클릭] 후 [숨기기]를 선택해서 숨기기를 실행할 수 있으며, 숨긴 행/열을 다시 표시할 때는 해당 행/열이 포함되도록 범위를 선택하고 [마우스 우클릭] 후 [숨기기 취소]를 선택합니다.

숨기기한 범위와 필터링한 범위에서 동작 차이 숨기기한 범위는 화면에 보이지 않을 뿐 연속된 범위로 인식되며, 필터링한 범위는 화면에 보이지 않는 행을 제외하고, 떨어진 범위로 인식합니다.

예를 들어 범위를 선택했을 때 숨기기한 범위는 연속된 하나의 범위로 선택되지만, 필터링한 범위에서는 여러 개의 떨어진 범위처럼 선택되며, 각 범위를 복사한 후 붙여넣기해 보면 숨기기한 범위는 화면에 보이지 않던 행까지 모두 붙여넣기가 실행되지만, 필터링한 범위는 화면에 보이는 범위만 붙여넣기가 실행됩니다.

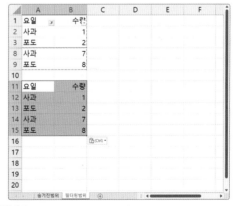

▲ 숨기기(좌)는 연속된 범위로, 필터링(우)은 떨어진 범위로 인식됩니다.

이러한 동작의 차이는 범위를 선택한 후 [Delete]를 눌러 삭제하거나, 서식을 적용할 때도 마찬가지입니다. 즉, 숨기기한 범위에서 삭제하거나 서식을 지정하면 연속된 모든 행에 적용되고, 필터링한 범위에서는 화면에 보이는 행에만 적용됩니다.

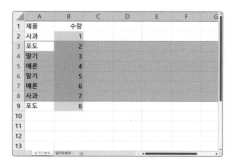

▲ 숨기기 상태에서 서식 지정 후 숨기기 취소했을 때

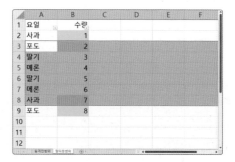

▲ 필터링 상태에서 서식 지정 후 필터링 해제했을 때

 책에서 설명하는 차이점 이외에 필터링과 숨기기 기능으로 가려진 범위의 다양한 차이점은 다음 동영상 강의를 참고하세요.

https://youtu.be/-6Bs2NDZpZk

실무 상식 | 필터링 기능을 200% 높여 줄 와일드카드 문자

실무에서 필요한 대부분의 작업은 자동 필터에서 제공하는 기본 기능으로 쉽게 해결할 수 있습니다. 하지만 특정 문자를 다소 복잡한 형태로 포함하는 조건으로 필터링해야 한다면 와일드카드 문자를 사용합니다. 와일드카드 문자는 검색 기능을 사용할 때 정확히 일치하는 값이 아닌 유사 값을 찾을 때 사용하는 문자로 엑셀에서는 3가지 기호가 사용됩니다.

- ***(별표):** 문자열을 대체하며 문자 개수에 제한을 두지 않습니다.
- **?(물음표):** 문자 1개를 대체합니다.
- **~(물결):** 와일드카드 문자 기능을 해제합니다.

사용 예	결과
김*	'김수미, 김영민, 김소나미'처럼 '김'으로 시작하는 모든 문자열이 검색되며, *로 끝나면 검색되는 문자 개수에 제한을 두지 않습니다.
김*미	'김수미, 김영민, 김소나미'처럼 '김'으로 시작하고 '미'로 끝나는 모든 문자열이 검색됩니다.
김?미	'김수미, 김영미'처럼 '김'으로 시작하고 '미'로 끝나는 세 자리 수 문자열이 검색됩니다.
김~*	'김*' 문자열이 검색됩니다. 여기서 *는 와일드카드가 아닌 하나의 문자로 인식됩니다.

> **TIP** 실무에서 흔히 발생하는 문제로 ~가 포함된 값을 검색하면 결과가 반환되지 않을 때가 있습니다. 예를 들어 VLOOKUP 함수로 =VLOOKUP("2021.01.01~2021.01.31", …) 같은 수식을 작성했을 때 ~는 와일드카드로 동작하므로 실제 검색되는 값은 "2021.01.012021.01.31"이 됩니다. 따라서 ~가 포함된 값을 검색할 때에는 반드시 ~~로 입력해야 올바르게 검색됩니다.

실무 활용 · 한 셀에 여러 정보가 담겨 있을 때 와일드카드로 필터링하기

05-005.xlsx 예제 파일을 실행해 보면 한 셀에 '지사−이름(직급)' 형태로 직원 명단이 작성되어 있습니다. 한 셀에 많은 정보가 담겨 있어 일반적인 방법으로는 원하는 데이터를 필터링하기 어렵습니다. 와일드카드 문자를 활용하여 지사는 서울이고, 직급은 대리인 직원을 필터링해 보겠습니다. 실습 과정은 다음 동영상 강의에서도 학인할 수 있습니다.

https://youtu.be/QhdTv6fOJ2s

01 05-005.xlsx 예제 파일에서 표에 있는 임의의 셀을 선택하고 [데이터] 탭−[정렬 및 필터] 그룹에 있는 [필터]를 클릭하거나 Ctrl + Shift + L 을 눌러 자동 필터를 적용합니다.

	A	B	C	D	E	F
2		워크샵 명단				
4		지사-이름(직급)	Ctrl + Shift + L			
5		서울본사-이제우(사원)				
6		경기지사-김준용(대리)				
7		제주지사-박정화(부장)				
8		서울본사-이서우(대리)				
9		서울본사-최리(대리)				
10		서울본사-최효윤(대리)				
11		경기지사-이유림(사원)				
12		서울본사-정재현(과장)				
13		서울본사-김수호(대리)				
14		제주지사-박희선(사원)				
15		경기지사-김진(대리)				

02 ❶ [필터] 버튼을 클릭한 후 ❷ 필터 창이 열리면 검색란에 ***서울*대리***를 입력한 후 ❸ [확인] 버튼을 클릭합니다.

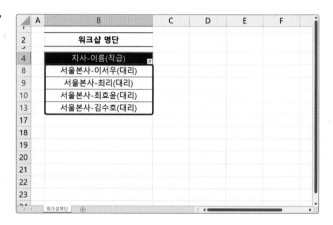

> **TIP** 검색란에 **서울*대리**만 입력하면 '서울'로 시작해서 '대리'로 끝나는 문자열만 검색되므로 결과값으로 '일치 항목 없음'이 반환됩니다.

03 '서울'에 있는 본사에서 직급이 '대리'인 직원만 필터링되어 표시됩니다.

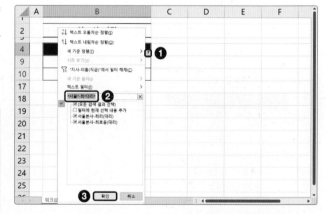

04 ❶ 다시 필터 창을 열고 ❷ 검색란에 ***서울*–최*대리***를 입력하고 ❸ [확인] 버튼을 클릭해 봅니다. 근무지는 '서울', 성은 '최', 직급은 '대리'인 직원을 필터링할 수 있습니다.

> **TIP** 검색어로 하이픈(–)을 추가하지 않으면 성이 아닌 이름 중에 '최'가 포함되는 직원도 검색됩니다. 그러므로 셀에 입력된 값의 규칙을 확인하여 원하는 데이터가 정확하게 검색될 수 있도록 검색어를 입력할 줄 알아야 합니다.

> **TIP** 현업이라면 위 실습과 같은 데이터가 있을 때 빠른 채우기 기능을 사용합니다. 자세한 방법은 다음 동영상 강의를 참고하세요.
>
> https://youtu.be/eMIk546ef2A

 **실무 상식** **필터링과 정렬 기능을 함께 사용할 때 주의할 점**

자동 필터를 적용한 후 필터 창을 열어 보면 기본으로 정렬 기능이 포함되어 있어 필터링과 정렬 기능을 함께 사용할 수 있습니다. 이때 주의할 점은 정렬부터 한 후 필터링해야 한다는 것입니다.

05-006.xlsx 예제 파일을 실행한 후 ❶ [주문일] 필드의 필터 창을 열고 ❷ [2015년], [2016년], [2017년]에 체크한 후 ❸ [확인] 버튼을 클릭하여 필터링을 합니다. ❹ 다시 [주문일] 필드의 필터 창을 열고 [날짜/시간 오름차순 정렬]을 선택합니다.

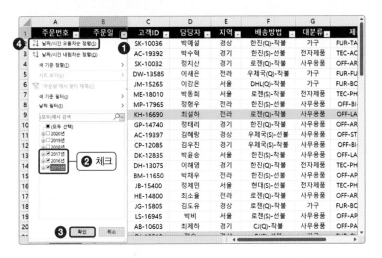

2015년~2017년에 주문한 목록이 오름차순으로 정렬되면서 별다른 문제가 없어 보입니다. 이제 [주문일] 필드에서 필터 창을 열고 ["주문일"에서 필터 해제]를 선택해서 필터를 해제해 보세요. 필터링했던 2015년~2017년 데이터는 정렬된 상태로 유지되고, 나머지 데이터는 정렬되지 않은 것을 확인할 수 있습니다. 이처럼 필터링 후 정렬을 실행하면 화면에 보이는 데이터만 정렬됩니다. 따라서 자동 필터에서 필터링과 정렬을 동시에 적용할 때는 전체 자료 정렬을 먼저 한 후 필터링하는 것을 추천합니다.

	A	B	C	D	E	F	G	
1	주문번호	주문일	고객ID	담당자	지역	배송방법	대분류	제
2	111682	2015-01-18	KE-16420	김희윤	경기	CJ(S)-선불	사무용품	OFF-ST
3	118983	2015-01-25	LS-16945	박비	서울	로젠(S)-선불	사무용품	OFF-AP
4	111682	2015-03-10	AC-19392	박수혁	경기	한진(S)-선불	전자제품	TEC-AC
5	108966	2015-04-17	SK-10036	박예설	경상	한진(Q)-착불	가구	FUR-TA
6	118255	2015-04-23	HR-14830	최민술	서울	대한통운(S)-착불	사무용품	OFF-BI
7	111682	2015-06-23	SK-10032	정지산	경기	로젠(Q)-착불	사무용품	OFF-AR
8	115812	2015-07-02	DW-13585	이새은	전라	우체국(Q)-착불	가구	FUR-FU
9	115812	2015-08-19	FC-14335	최유근	전라	대한통운(S)-선불	전자제품	TEC-PH
10	111682	2016-02-17	AB-10603	최제하	경기	CJ(Q)-착불	사무용품	OFF-PA
11	108966	2018-03-19	AC-19397	김혜랑	경상	우체국(S)-선불	사무용품	OFF-ST
12	111682	2018-06-26	CP-12085	김우진	경기	우체국(S)-착불	사무용품	OFF-BI
13	115742	2019-12-04	DK-12835	박윤승	서울	한진(S)-착불	사무용품	OFF-LA
14	105816	2020-09-25	DH-13075	이해영	경기	한진(Q)-착불	전자제품	TEC-PH
15	115812	2020-04-05	BM-11650	박채우	전라	한진(S)-선불	전자제품	OFF-AP
16	117590	2020-03-14	JB-15400	정제민	서울	현대(S)-선불	전자제품	TEC-PH
17	143336	2020-12-09	HE-14800	최소율	전라	로젠(Q)-착불	사무용품	OFF-AR
18	152156	2020-05-22	JG-15805	김도유	경상	로젠(S)-착불	가구	FUR-BC
19	161389	2016-02-27	ME-18010	이규미	전라	CJ(S)-선불	사무용품	OFF-EN
20	150630	2016-04-18	DW-13585	이주혜	경기	CJ(S)-선불	사무용품	OFF-EN

◀ 필터링 후 정렬 기능을 사용하면 화면에 보이지 않는 데이터는 정렬에서 제외됩니다.

자동 필터 기능은 데이터 분석에서 빠질 수 없는 필수 작업입니다. 그러므로 단축키를 활용해 빠르게 필터링할 수 있다면 업무 속도가 비약적으로 향상될 것입니다. 자세한 설명은 다음 동영상 강의에서도 확인할 수 있습니다.

https://youtu.be/ljqVwMqrrqg

필터링 단축키 콤보 Ctrl + Shift + L → Ctrl + ↑ → Alt + ↓ → E → 조건 입력 → Enter

- **자동 필터 활성화:** Ctrl + Shift + L

- **표 머리글로 이동:** Ctrl + ↑

- **필터 옵션 창 열기:** 표 머리글에서 Alt + ↓

- **검색란 이동:** E

- **검색 필터 적용:** 검색어 입력 후 Enter

빠른 필터링 기능 엑셀 2007 버전부터는 셀에서 [마우스 우클릭]하여 데이터를 빠르게 필터링할 수 있습니다. 필터링 기준이 될 값이 입력된 셀에서 [마우스 우클릭] 후 [필터]를 선택해 보세요. 선택한 셀 값, 셀색, 글꼴 색 등 선택한 셀과 같은 조건의 데이터를 빠르게 필터링할 수 있는 메뉴가 나타납니다.

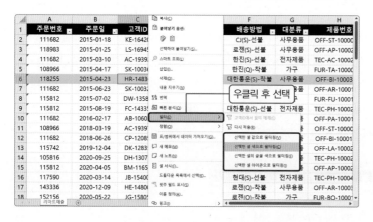

LESSON 04 자동 필터와 정렬 기능으로 판매 현황 보고서 만들기

예제 파일 05-007.xlsx 자동 필터 기능을 이용하면 범위의 평균보다 작은 값, 상위 10개 항목, 상위 10% 항목 등도 필터링할 수도 있습니다. 지금까지 배운 자동 필터 기능과 몇 가지 엑셀 필수 기능을 활용하여 5년간의 제품 판매내역이 정리되어 있는 예제 파일을 열고, Top 10 판매 현황 보고서를 제작해 보겠습니다.

실무 활용 매출이익률이 10% 이상인 데이터 필터링

05-007.xlsx 예제 파일을 실행해 보면 [I]열에 매출이익이 정리되어 있습니다. 이번 실습은 매출이익률이 10% 이상인 데이터를 찾는 것이므로 [J]열에서 **매출이익(I2)÷매출(H2)**을 계산해서 매출이익률을 구합니다. 그런 다음 자동 필터를 이용해 값이 10% 이상인 데이터를 찾아보겠습니다.

01 **매출이익률 파악** 05-007.xlsx 예제 파일에서 ❶ [J2]셀에 =I2/H2을 입력한 후 Enter 를 눌러 매출이익률을 구한 후 ❷ [J64]셀까지 자동 채우기를 실행합니다. ❸ [홈] 탭-[표시 형식] 그룹에서 % 모양의 [백분율 스타일]을 클릭하거나 Ctrl + Shift + % 를 눌러 값을 백분율 형식으로 변경합니다.

	D	E	F	G	H	I	J	K	L	M
1	담당자	대분류	제품번호	수량	매출	매출이익				
2	정우진	사무용품	OFF-ST-10003479	25	6,800	200	=I2/H2	❶		
3	이해영	전자제품	TEC-PH-10002447	90	17,100	3,080				
4	최서훈	사무용품	OFF-FA-10000304	90	99,600	4,980	5%			
5	정다해	사무용품	OFF-ST-10004186	40	3,391,800	440,930	13%			
6	최혜성	가구	FUR-TA-10000577	10	585,600	58,560	10%			
7	정예본	사무용품	OFF-PA-10000249	15	19,200	3,650	19%			
8	박예설	가구	FUR-TA-10000577	10	288,200	34,580	12%			
9	김혜랑	사무용품	OFF-ST-10000760	100	126,400	17,700	14%			
10	정지산	사무용품	OFF-AR-10001868	75	16,100	2,090	13%	❷ 드래그		
11	김우진	사무용품	OFF-BI-10001460	15	1,876,800	243,980	13%			
12	최제하	사무용품	OFF-PA-10001569	55	9,400	1,130	12%			
13	이지명	가구	FUR-CH-10003968	35	21,400	2,780	13%	❸ Ctrl + Shift + %		
14	박수혁	전자제품	TEC-AC-10002167	15	805,100	136,870	17%			
15	김희윤	사무용품	OFF-ST-10000604	50	24,000	720	3%			
16	이가원	사무용품	OFF-PA-10000587	20	1,800	70	4%			
17	정예한	사무용품	OFF-PA-10002365	40	1,132,900	215,250	19%			
18	박윤승	사무용품	OFF-LA-10002762	100	1,002,600	190,490	19%			
19	정초윤	가구	FUR-CH-10003061	25	233,300	11,670	5%			
20	최희경	사무용품	OFF-BI-10004410	35	161,900	32,380	20%			

02 매출이익률을 쉽게 파악할 수 있도록 값에 따라 아이콘을 추가해 구분하겠습니다. 매출이익률 범위가 선택된 상태에서 [홈] 탭-[스타일] 그룹에서 [조건부 서식]-[아이콘 집합]-[기타 규칙]을 선택합니다. **Link** 아이콘 집합에 대한 자세한 설명은 151쪽을 참고하세요.

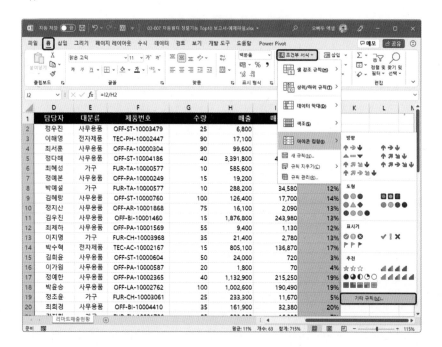

03 ❶ '새 서식 규칙(서식 규칙 편집)' 대화상자가 열리면 [셀 값을 기준으로 모든 셀의 서식 지정]을 선택하고, ❷ 첫 번째 아이콘 표시 규칙을 >=, 0.1, 숫자로, ❸ 두 번째 규칙을 >=, 0.05, 숫자로 설정한 후 ❹ [확인] 버튼을 클릭합니다.

TIP 첫 번째와 두 번째 규칙 값을 각각 10%, 5%로 입력한 후 종류를 백분율로 설정해도 됩니다.

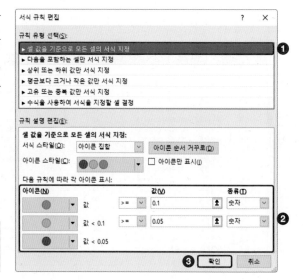

04 셀 값(매출이익률)에 따라 0.1(10%) 이상은 초록색 아이콘, 0.05(5%) 이상은 노란색 아이콘, 나머지에는 빨간색 아이콘이 표시됩니다.

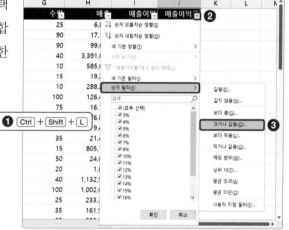

05 **자동 필터 적용 ❶** 표에서 임의의 셀을 선택한 후 Ctrl+Shift+L을 눌러 자동 필터를 적용합니다. ❷ [매출이익률] 필드의 [필터] 버튼을 클릭한 후 ❸ [숫자 필터]–[크거나 같음]을 선택합니다.

06 ❶ '사용자 지정 자동 필터' 대화상자가 열리면 >=, 10%로 설정한 후 ❷ [확인] 버튼을 클릭합니다. 매출이익률이 10% 이상인 데이터(초록색 아이콘)만 필터링됩니다.

실무 활용　매출이익 Top 10 필터링 후 시각화하기

앞서 실습을 진행하면서 매출이익률이 10% 이상인 데이터를 필터링했습니다. 이어서 매출이익률이 10% 이상인 데이터 중 매출이익이 상위 10위인 데이터를 찾고, 간단한 시각화까지 적용해 보고서를 완성해 보겠습니다.

01 매출이익률로 필터링한 **05-007.xlsx** 예제 파일에서 매출이익이 가장 높은 10개 데이터를 필터링하겠습니다. ❶ **[매출이익]** 필드의 **[필터]** 버튼을 클릭한 후 ❷ **[숫자 필터]-[상위 10]**을 선택합니다.

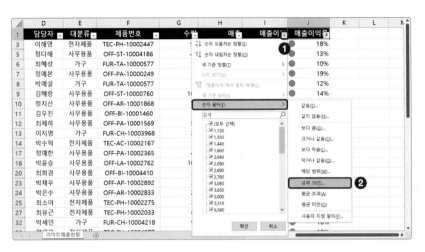

02 ❶ '상위 10 자동 필터' 대화상자가 열리면 **상위, 10, 항목**으로 조건을 설정하고 ❷ **[확인]** 버튼을 클릭합니다. 매출이익이 가장 높은 10개의 데이터가 필터링됩니다.

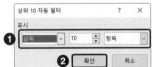

03 매출이익 상위 10개 데이터를 필터링했으나 정렬은 되지 않은 상태입니다. 매출이익이 높은 순서로 정렬하기 위해 ❶ [매출이익] 필드의 [필터] 버튼을 클릭한 후 ❷ [숫자 내림차순 정렬]을 선택합니다.

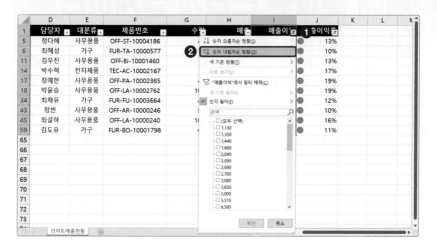

> **TIP** 필터링 후 정렬을 실행하면 필터링으로 가려진 데이터는 정렬되지 않습니다.

04 마지막으로 가독성을 높이기 위해 데이터 막대를 추가하겠습니다. [I]열 머리글을 클릭해서 [I]열 전체를 선택한 후 [홈] 탭-[스타일] 그룹에서 [조건부 서식]-[데이터 막대]에서 원하는 스타일을 선택하여 다음과 같이 데이터 막대를 추가합니다.

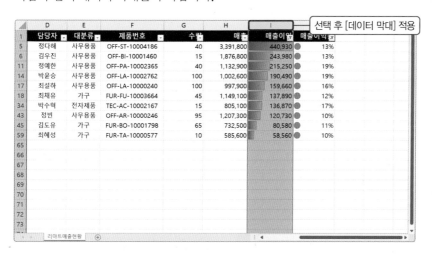

> **TIP** 열 전체를 선택한 상태에서 조건부 서식을 적용하면 필터링으로 제외된 범위에도 서식을 적용할 수 있습니다.

LESSON 05

필터 결과를 손쉽게 집계하는 SUBTOTAL 함수

예제 파일 05-008.xlsx 실무에서 자동 필터를 사용하면 항상 붙어 다니는 함수가 있습니다. 바로 SUBTOTAL 함수입니다. 엑셀에서 사용하는 일반 함수는 필터링 결과에 상관없이 모든 범위의 데이터를 집계하지만, SUBTOTAL 함수는 필터링이나 숨기기된 셀은 제외하고 화면에 보이는 셀만 집계합니다.

TIP SUBTOTAL 함수는 자동 필터와 밀접한 관계이므로 여기서 먼저 다루었습니다. 나머지 엑셀 함수에 대한 자세한 설명은 이후 [Chapter 07]에서 자세히 다룹니다.

 실무 상식 일반 집계 함수의 한계와 SUBTOTAL 함수 알고가기

05-008.xlsx 예제 파일을 실행해 보면 고객별 매출 현황이 정리되어 있으며, [H4]셀에는 SUM 함수로 모든 금액의 합계가 계산되어 있습니다. ❶ 표에서 임의의 셀을 선택한 후 Ctrl+Shift+L을 눌러 자동 필터를 적용한 후 ❷ [대분류] 필드에서 ❸ [사무용품]으로 필터링하고, ❹ [H4]셀의 값 변화를 확인해 보세요.

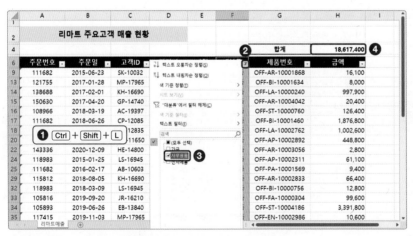

▲ 필터링 후에도 SUM 함수와 같은 일반 함수의 결과는 변화가 없습니다.

위 결과에서 알 수 있듯이 [H4]셀의 SUM 함수 합계는 필터링이 적용되기 전과 후의 차이가 없습니다. 즉, SUM 함수와 같은 일반 집계 함수는 필터링 여부에 상관없이 모든 범위를 집계하는 것을 확인할 수 있습니다.

SUBTOTAL 함수 SUBTOTAL 함수는 =SUBTOTAL(집계 방식, 범위1, [범위2], …) 형태로 사용하며, 필터링 결과만을 가지고 값을 집계할 수 있습니다. 집계 방식은 아래 목록 중 하나를 선택합니다. 일반 숫자를 입력하면 필터링 결과만 집계하며, 괄호에 있는 숫자를 입력하면 필터링과 숨기기로 가려진 모든 셀을 제외하고 집계합니다. SUBTOTAL 함수 사용법과 실습 과정은 다음 동영상 강의에서도 확인할 수 있습니다.

https://youtu.be/xRyyHcUMM84

집계 방식	기능(관련 함수)	집계 방식	기능(관련 함수)
1(101)	평균(AVERAGE)	7(107)	표본표준편차(STDEV.S)
2(102)	숫자 개수(COUNT)	8(108)	모표준편차(STDEV.P)
3(103)	값 개수(COUNTA)	9(109)	합계(SUM)
4(104)	최댓값(MAX)	10(110)	표본분산(VAR.S)
5(105)	최솟값(MIN)	11(111)	모분산(VAR.P)
6(106)	곱셈(PRODUCT)		

실무 활용　SUBTOTAL 함수로 필터링된 데이터만 집계하기

05-008.xlsx 예제 파일을 실행한 후 필터링된 데이터 값으로만 집계하기 위해 SUBTOTAL 함수를 사용해 보겠습니다. 실습을 통해 SUBTOTAL 함수의 사용 방법을 확인해 보세요.

01 05-008.xlsx 예제 파일을 열고, ❶ [H4]셀에 =SUBTOTAL(을 입력합니다. ❷ 인수 목록이 표시되면 [9-SUM]을 더블 클릭하거나, 9를 입력합니다.

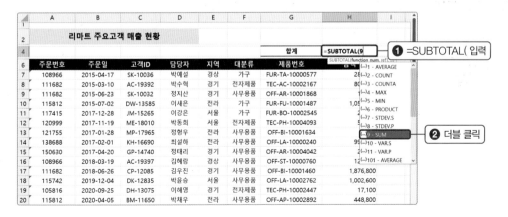

TIP SUBTOTAL 함수 사용 시 필터가 적용된 상태에서 수식을 입력하면 일부 범위가 누락되는 문제가 생길 수 있습니다. 그러므로 자동 필터를 해제한 후 수식을 작성해야 합니다.

02 계속해서 ❶ ,(쉼표)를 입력한 후 ❷ 두 번째 인수로 집계할 범위인 [H7:H69]를 드래그하거나 직접 입력하고 Enter 를 눌러 실행합니다. 첫 번째 인수인, 집계 방식에 **9**를 입력했으므로, [H4]셀에 금액의 합계인 **18,617,400**이 반환됩니다.

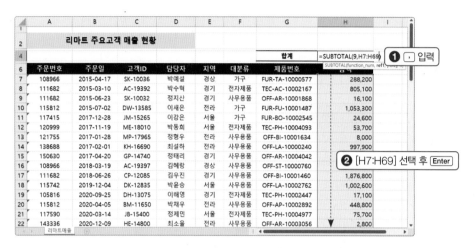

> **TIP** 수식을 작성한 후 마지막 닫는 괄호는 생략하고 실행해도 됩니다.

03 ❶ 표에서 임의의 셀을 선택한 후 Ctrl + Shift + L 을 눌러 자동 필터를 적용합니다. ❷ [대분류] 필드에서 ❸ [사무용품]만 선택해서 필터링하고 ❹ [H4]셀의 결과를 확인해 봅니다. 필터링 전과 달리 **11,944,600**으로 필터링 결과만 집계된 것을 확인할 수 있습니다.

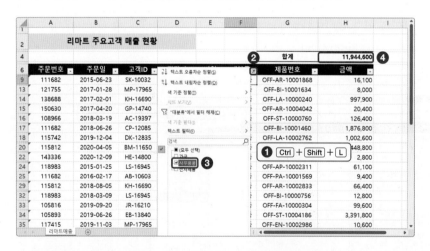

> **TIP** SUBTOTAL 함수를 사용하면 필터링 범위에 자동으로 갱신되는 순번을 만들 수도 있습니다. SUBTOTAL 함수를 사용해 자동 순번 만드는 방법은 다음 동영상 강의를 참고하세요.
>
> https://youtu.be/xkZEjUibBno

LESSON 06
원본 데이터는 유지하고, 다양한 조건을 지정하는 고급 필터

예제 파일 05-009.xlsx, 05-010.xlsx, 05-011.xlsx   자동 필터는 원본 데이터에서 바로 필터링하므로 자칫 원본 데이터가 손상될 우려가 있고, 조건도 최대 2개만 지정할 수 있습니다. 그러므로 원본 데이터를 보호하면서 여러 개의 조건으로 필터링하고 싶다면 고급 필터를 사용하는 것이 좋습니다.

TIP 고급 필터와 매크로를 같이 사용하면 실무에서 발생하는 다양한 필터링 업무를 편리하게 자동화할 수 있습니다. 자세한 방법은 다음 동영상 강의를 참고하세요

https://youtu.be/zkjhPqtc1aA

 실무 활용 ▏ 여러 고객사 목록을 한방에 필터링하기

자동 필터를 사용하면서 가장 어려움을 겪는 부분은 여러 값을 동시에 필터링할 때입니다.
05-009.xlsx 예제 파일을 실행한 후 [리마트매출현황] 시트에 있는 고객별 매출 현황을 고급 필터로 빠르게 필터링해 보겠습니다. 실습 과정은 다음 동영상 강의에서도 확인할 수 있습니다.

https://youtu.be/nBuqlsNqLac

01 **고급 필터 조건 작성** 고급 필터를 사용할 때는 별도로 조건을 만들어야 합니다. 05-009.xlsx 예제 파일의 ❶ [팀장님메일] 시트에서 ❷ 필터링할 고객사 목록인 [C12:C22] 범위를 드래그해서 선택한 후 Ctrl + C 를 눌러 복사합니다.

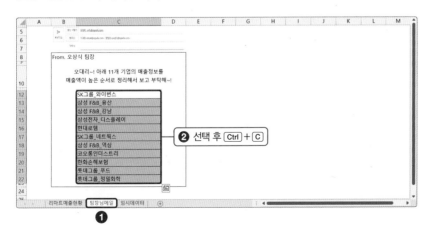

02 ❶ [리마트매출현황] 시트로 이동해서 ❷ [L2]셀을 선택한 후 [Ctrl]+[V]를 눌러 복사한 기업 목록을 붙여넣기합니다. ❸ [L1]셀에 **고객명**이라고 머리글을 입력하여 조건을 완성합니다.

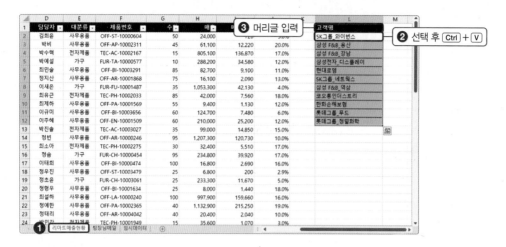

TIP 필터링 조건에는 원본 데이터의 머리글과 동일한 머리글과 필터링할 목록이 포함되어야 합니다. 즉, 원본 데이터의 [고객명] 필드에서 필터링하려면 조건 범위의 머리글도 **고객명**으로 작성해야 합니다.

03 **고급 필터 실행** ❶ 원본 데이터에서 임의의 셀을 선택한 후 ❷ [데이터] 탭-[정렬 및 필터] 그룹에서 [고급]을 클릭하여 '고급 필터' 대화상자를 엽니다. ❸ 대화상자를 보면 [목록 범위] 옵션에 원본 데이터 범위가 자동으로 설정되어 있습니다.

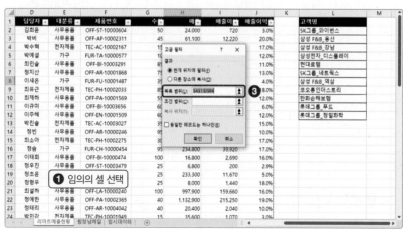

TIP 고급 필터도 자동 필터와 동일하게 현재 선택 중인 셀과 연속된 범위를 필터링 대상 범위로 자동 인식합니다.

04 ① '고급 필터' 대화상자에서 [결과] 옵션을 **현재 위치에 필터**로 선택하고 ② [조건 범위] 옵션의 입력란을 클릭한 후 ③ 앞서 작성한 [L1:L12] 범위를 드래그하여 조건 범위로 설정합니다. ④ [확인] 버튼을 클릭하여 고급 필터를 실행합니다.

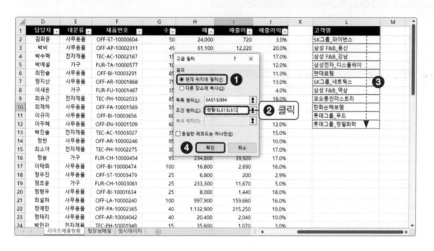

> **TIP** [조건 범위] 옵션을 설정할 때는 반드시 원본 데이터와 동일하게 입력한 머리글까지 포함해야 합니다.

05 원본 데이터에서 조건 범위에 입력한 11개 기업의 데이터만 필터링됩니다.

> **TIP** 고급 필터는 기본 조건으로 '텍스트 포함' 옵션으로 검색합니다. 따라서 조건으로 'SK그룹'을 입력하면 'SK그룹'을 포함하는 모든 데이터를 필터링합니다. 만약 정확히 일치하는 데이터를 필터링하려면 앞에 등호를 포함하여 조건을 입력하면 됩니다. 예를 들어, =SK그룹을 입력하면 'SK그룹'과 정확히 일치하는 데이터만 필터링됩니다.

06 **필터링 초기화** 원본 데이터에 고급 필터를 적용했다면 [데이터] 탭-[정렬 및 필터] 그룹에서 [지우기]를 클릭해서 초기화할 수 있습니다.

 **실무 활용** **AND, OR 조건으로 고급 필터 실행하기**

고급 필터를 사용하면 자동 필터에서 구현할 수 없는 여러 개의 복잡한 조건식으로 데이터를 필터링할 수 있습니다. AND와 OR 조건을 사용하여 여러 조건에 부합하는 데이터를 필터링해 보겠습니다. 앞서 실습에 이어서 진행한다면 고급 필터를 초기화한 후 진행하세요.

01 05-009.xlsx 예제 파일의 [리마트매출현황] 시트에서 앞서 실습에서 입력한 조건, [L1:L12] 범위의 내용을 지우고, [L1:P1] 범위의 각 셀에 **고객명, 대분류, 수량, 매출, 매출이익률**을 순서대로 입력한 후 열 너비를 적절하게 조절하여 머리글을 작성합니다.

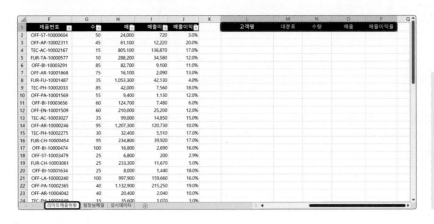

> **TIP** Ctrl을 누른 채 원본 데이터에서 필터링에 사용할 필드의 머리글을 모두 선택한 후 복사하고, [L1]셀에서 붙여넣기를 실행하면 간편하게 완성할 수 있습니다.

02 우선 AND 조건으로, '매출액이 1,000,000 이상이면서 매출이익율이 10% 이상'인 데이터를 필터링하겠습니다. AND 조건은 같은 행에 조건을 지정하므로 [O2]셀에 >=1000000을, [P2]셀에 >=10%를 입력하여 조건을 완성합니다.

L	M	N	O	P
고객명	대분류	수량	매출	매출이익률
			>=1000000	>=10%

AND와 OR 조건 구분하기

고급 필터를 사용할 때 여러 조건 중 모든 조건을 만족해야 한다면 AND 조건을, 여러 조건 중 하나만 만족해도 될 때는 OR 조건을 사용합니다.

· **AND 조건**: 같은 행에 조건을 입력하며, 지정한 모든 조건에 만족하는 값을 필터링합니다.

L	M	N	O	P
고객명	대분류	수량	매출	매출이익률
			>=1000000	>=10%

매출이 1,000,000 이상이면서 매출이익률이 10% 이상인 데이터

▲ AND 조건 지정 방법

· **OR 조건**: 서로 다른 행에 조건을 입력하며, 조건 중 한 가지라도 만족하는 값을 필터링합니다.

L	M	N	O	P
고객명	대분류	수량	매출	매출이익률
			>=1000000	
				>=10%

매출이 1,000,000 이상이거나 매출이익률이 10% 이상인 데이터

▲ OR 조건 지정 방법

03 고급 필터를 실행하기 위해 ❶ 원본 데이터에서 임의의 셀을 선택한 후 [데이터] 탭-[정렬 및 필터] 그룹에서 [고급]을 클릭하여 '고급 필터' 대화상자를 열고 ❷ [결과] 옵션을 **현재 위치에 필터**로 설정합니다. ❸ [조건 범위] 입력란을 클릭한 후 ❹ 조건이 입력된 [L1:P2] 범위를 드래그하여 선택하고 ❺ [확인] 버튼을 클릭합니다.

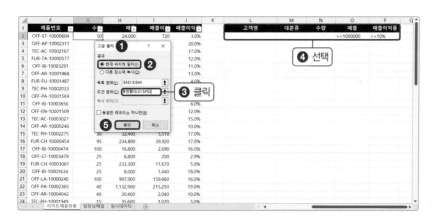

TIP 실습에서 실제 조건이 입력된 [O1:P2]만 조건 범위로 지정해도 됩니다.

04 원본 데이터에서 매출액이 1,000,000 이상이면서 매출이익률이 10% 이상인 데이터가 필터링됩니다.

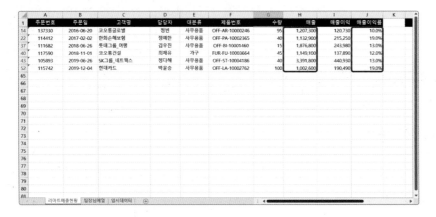

05 다음 실습을 위해 ❶ [데이터] 탭-[정렬 및 필터] 그룹에서 [지우기]를 클릭하여 필터링을 초기화한 후 ❷ [O2:P2] 범위에 입력한 조건을 삭제합니다.

06 이번에는 OR 조건으로 '매출액이 1,000,000 이상이거나 매출이익율이 10% 이상'인 데이터를 필터링하기 위해 [O2]셀에 >=1000000을, [P3]셀에 >=10%를 입력합니다.

L	M	N	O	P
고객명	대분류	수량	매출	매출이익률
			>=1000000	
				>=10%

07 원본 데이터의 임의의 셀을 선택한 후 ❶ [데이터] 탭-[정렬 및 필터] 그룹에서 [고급]을 클릭하여 '고급 필터' 대화상자를 엽니다. ❷ [조건 범위] 옵션으로 [L1:P3] 범위를 드래그하여 지정하고 ❸ [확인] 버튼을 클릭합니다. 두 조건 중 하나만 만족하면 되므로 AND 조건 때보다 많은 데이터가 필터링됩니다.

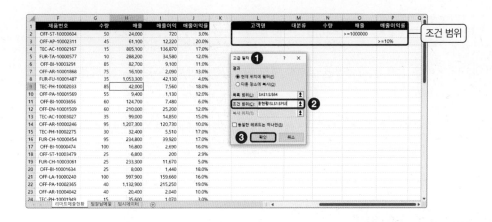

08 계속해서 필터링을 초기화한 후 AND와 OR 조건을 혼용해서 사용하기 위해 [M2:N3] 범위에 다음과 같이 입력합니다. '사무용품 중 100개 이상 팔리거나, 가구 중 80개 이상 팔린 제품'을 필터링하는 조건입니다.

고객명	대분류	수량	매출	매출이익률
	사무용품	>=100		
	가구	>=80		

> **TIP** ⓐ'사무용품이면서 100개 이상'이거나 ⓑ'가구이면서 80개 이상'인 데이터에서 ⓐ와 ⓑ는 OR 조건이므로 서로 다른 행에 작성했으며, 대분류에 따른 수량은 AND 조건이므로 같은 행에 작성했습니다.

09 앞서와 같은 방법으로 ❶ '고급 필터' 대화상자를 열고, ❷ [조건 범위] 옵션에서 [L1:P3] 범위를 드래그해서 지정한 후 ❸ [확인] 버튼을 클릭하여 필터링 결과를 확인합니다.

실무 활용 원본과 다른 시트에 필터링 결과 추출하기

사용 중인 원본 데이터가 매우 중요한 자료라면 실수로 변경되지 않도록 원본을 유지한 채 다른 시트에 필터링 결과를 출력하는 것이 좋습니다.

05-010.xlsx 예제 파일을 실행하면 **[추출시트]** 시트에 조건이 작성되어 있습니다. **[리마트매출현황]** 시트에서 조건에 맞는 데이터를 **[추출시트]**에 필터링해 보겠습니다.

01 05-010.xlsx 예제 파일의 ❶ **[추출시트]** 시트에서 ❷ **[A1:E3]** 범위에 입력된 조건을 확인합니다.

> **TIP** 작성된 조건은 '사무용품 중 100개 이상 팔리거나, 가구 중 80개 이상 팔린 제품'을 필터링하는 것으로, 자세한 설명은 앞서 진행한 254쪽 실습을 참고합니다.

02 ❶ **[추출시트]** 시트에서 **[데이터]** 탭-**[정렬 및 필터]** 그룹에 있는 **[고급]**을 클릭하여 '고급 필터' 대화상자를 엽니다. ❷ **[결과]** 옵션을 **다른 장소에 복사**로 설정하고, ❸ 다음 표를 참고하여 나머지 옵션을 직접 입력하거나 실제 범위를 드래그하여 지정한 후 ❹ **[확인]** 버튼을 클릭합니다.

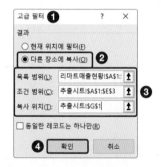

옵션	입력 내용	드래그 위치
목록 범위	리마트매출현황!$A$1:$J$66	[리마트매출현황] 시트의 [A1:J66]
조건 범위	추출시트!$A$1:$E$3	[추출시트] 시트의 [A1:E3]
복사 위치	추출시트!$G$1	[추출시트] 시트의 [G1]

> **TIP** 고급 필터는 반드시 결과가 출력될 시트에서 실행해야 합니다. 그렇지 않으면 '필터링된 데이터는 현재 시트에만 복사할 수 있습니다'라는 오류 메시지가 표시됩니다.

04 [복사 위치] 옵션에 지정한 [추출시트] 시트의 [G1]셀을 기준으로 [목록 범위] 옵션에 지정한 원본 데이터의 머리글이 자동으로 인식되어 필터링 데이터가 출력됩니다.

TIP [복사 위치] 옵션에 비어 있는 셀을 지정하면 원본 데이터의 모든 머리글이 자동으로 인식되어 출력됩니다.

이름 정의 기능 활용하여 고급 필터 사용하기

원본과 필터링 결과 시트가 서로 다를 때 원본 데이터를 이름으로 정의해 놓으면 좀 더 편하게 작업할 수 있습니다.

[리마트매출현황] 시트에서 Ctrl + F3 을 눌러 '이름 관리자' 대화상자를 열고, [새로 만들기] 버튼을 클릭하여 원본 데이터인 [A1:J66] 범위를 이름 범위로 지정해 보세요. **Link** 자세한 이름 정의 방법은 033쪽, 093쪽 을 참고하세요.

TIP 고급 필터 사용 후 '이름 관리자'를 실행해 보면 [Criteria]와 [Extract]라는 이름이 정의되어 있습니다. 이는 고급 필터를 실행하면 자동으로 생성되며, 조건 범위는 [Criteria], 복사 위치는 [Extract]라는 이름으로 정의됩니다. 이 범위는 각 시트마다 동일한 이름으로 중복 생성되며, 이름을 변경할 수 없습니다.

원본 데이터를 이름으로 정의했다면 이후 '고급 필터' 대화상자의 [목록 범위] 옵션 입력란에서 F3 을 눌러 '이름 붙여넣기' 대화상자를 열고, 정의된 이름을 선택해서 [목록 범위] 옵션으로 지정할 수 있습니다.

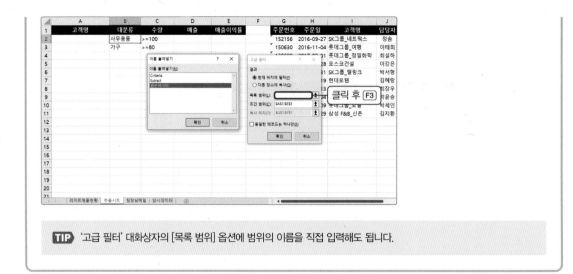

TIP '고급 필터' 대화상자의 [목록 범위] 옵션에 범위의 이름을 직접 입력해도 됩니다.

실무 활용 | 필요한 열만 선택해서 필터링하기

지금까지의 실습에서는 원본 데이터와 동일한 구성으로 데이터를 필터링했습니다. 하지만 실무에서는 원본 데이터의 일부 열(필드)만 추려서 가공할 때가 많습니다.

01 05-011.xlsx 예제 파일의 ❶ [추출시트] 시트에서 ❷ [데이터] 탭-[정렬 및 필터] 그룹의 [고급]을 클릭하여 '고급 필터' 대화상자를 엽니다. ❸ [결과] 옵션을 **다른 장소에 복사**로 설정한 후 ❹ [목록 범위]에 **원본데이터**를 입력하고, [조건 범위]에 [추출시트] 시트의 [A1:E3] 범위를, [복사 위치]에 [추출시트] 시트의 [G1:J1] 범위를 지정한 후 ❺ [확인] 버튼을 클릭합니다.

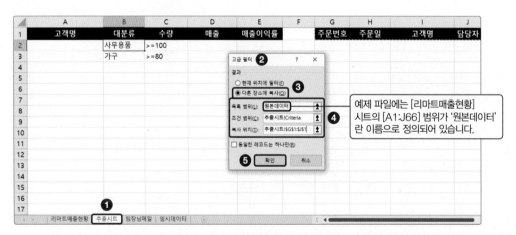

예제 파일에는 [리마트매출현황] 시트의 [A1:J66] 범위가 '원본데이터'란 이름으로 정의되어 있습니다.

TIP 동일한 범위로 조건 범위를 사용한 적이 있다면 조건 범위를 드래그해서 범위를 선택하면 **추출시트!Criteria**라고 표시됩니다. 고급 필터를 실행하면 해당 범위가 이름으로 정의되기 때문입니다.

02 고급 필터가 실행되면서 [복사 위치] 옵션에 지정한 [추출시트] 시트의 [G1:J1] 범위에 입력되어 있는 머리글에 해당하는 데이터만 필터링됩니다.

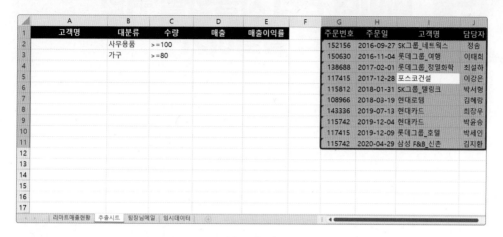

TIP 필터링 후 다른 열(필드)의 데이터를 추가하고 싶다면 기존 머리글 오른쪽에 추가할 머리글을 입력한 후 다시 '고급 필터' 대화상자를 열고, [복사 위치] 옵션만 새로운 열 머리글까지 포함되도록 변경하면 됩니다.

오빠두! 특강 ── **누적되는 원본 데이터를 동적 범위로 이름 정의 후 사용하기**

하나의 엑셀 파일에 새로운 데이터를 매번 누적해서 관리하는 상황이라면 새롭게 추가되는 데이터가 고급 필터의 원본 데이터로 자동 반영되도록 함수를 사용하여 동적 범위로 관리하면 편리합니다. **Link** 동적 범위 및 소개한 수식에 대한 자세한 설명은 이후 **418쪽**에서 자세히 소개합니다.

❶ Ctrl + F3 을 눌러 '이름 관리자'를 열고, [새로 만들기] 버튼을 클릭하여 '이름 편집' 대화상자를 엽니다. ❷ 정의한 범위를 파악할 수 있는 이름을 입력한 후 다음과 같이 ❸ [참조 대상]에 OFFSET 함수를 이용한 동적 범위 수식을 입력하고 ❹ [확인] 버튼을 클릭하세요. 이후 [리마트매출현황] 시트에 데이터가 추가되면 정의한 이름에도 해당 데이터가 반영됩니다.

=OFFSET(리마트매출현황!$A$1, , , COUNTA($A:$A), COUNTA($1:$1))

TIP 위 수식은 동적 범위를 지정할 때 사용하는 것으로 첫 번째 인수인 **리마트매출현황!$A$1**은 원본 데이터의 시작 위치입니다. 시작 위치에 따라 COUNTA 함수의 인수로 사용된 $A:$A와 $1:$1도 변경해서 사용하세요.

데이터 관리 자동화를 위한 파워 쿼리 활용하기

LESSON 07

예제 파일 05-012.xlsx 파워 쿼리는 엑셀 2016 이후 버전부터 제공되는 기능으로, 데이터 변환 및 가공을 자동화할 수 있는 엑셀 업무 자동화의 핵심 기능입니다. 생각만큼 어렵지 않으니 이번 레슨을 통해 그 진가를 확인해 보세요.

엑셀 기초 파워 쿼리 사용 준비하기

엑셀에서 사용하는 다양한 업무를 자동화할 수 있는 파워 쿼리는 다음과 같이 엑셀 2016 이상 버전에서 사용할 수 있으며, macOS용 엑셀에서는 사용할 수 없습니다. 또한 엑셀 2010 Professional Plus와 2013 버전에서 제공되던 파워 쿼리 추가 기능은 2019년 4월을 마지막으로 업데이트가 제공되지 않아 신규 기능을 사용할 수 없습니다. 사용 가능한 엑셀 버전은 다음과 같습니다.

* Microsoft 365 구독형 최신 버전
* 엑셀 2016 이상
* 엑셀 2013(추가 기능 설치 필요)
* 엑셀 2010 Professinal Plus(추가 기능 설치 필요)

라이선스 종류	2007 이전	2010	2013	2016	2019	2021	M365
일반 (Home/Personal, Professional 등)	미지원	추가 기능 설치 (비공식 지원) *인증된 Professional Plus 2010에서만 지원	추가 기능 설치 (비공식 지원)	지원	지원	지원	최신 기능 모두 지원
Professional Plus			미지원				

TIP 사용 중인 엑셀 버전은 [파일] 탭에서 [계정]을 클릭하여 확인할 수 있으며, 엑셀 2010 이하 버전은 [파일]-[도움말] 메뉴에서 확인할 수 있습니다.

엑셀 2016 이상에서 파워 쿼리 엑셀 2016 버전부터는 파워 쿼리가 기본으로 내장되어 있으며, [데이터] 탭에서 관련 메뉴들을 확인할 수 있습니다.

엑셀 2013 이전 버전에서 파워 쿼리 엑셀 2013 이전 버전 사용자는 아래 링크로 이동한 후 ❶ [언어 선택]을 한국어로 설정하고, [다운로드] 버튼을 클릭합니다. ❷ 다운로드 선택 화면이 열리면 사용 중인 환경 (32-bit/64-bit)에 따라 선택한 후 ❸ [다음] 버튼을 클릭하여 다운로드 및 설치를 진행합니다.

https://bit.ly/excel_query

파워 쿼리 설치가 끝나면 엑셀에서 [파일]-[옵션]-[추가기능]-[COM 추가기능]에서 [이동] 버튼을 클릭한 후 Microsoft Excel용 파워 쿼리를 선택하고 [확인] 버튼을 클릭하면 [파워 쿼리] 탭이 추가됩니다.

파워 쿼리 사용 시 주의 사항 파워 쿼리로 가공된 데이터는 엑셀 통합 문서 안에 포함 되어 있더라도 외부에서 연결된 데이터로 인 식됩니다. 따라서 파워 쿼리로 가공된 데이 터가 포함된 파일을 다른 사용자가 처음 실 행할 때면 '외부 데이터 연결을 사용할 수 없 도록 설정했습니다.'라는 안내 메시지가 표 시되며, 반드시 [콘텐츠 사용] 버튼을 클릭 해야 통합 문서에 포함된 파워 쿼리 기능을 사용할 수 있습니다.

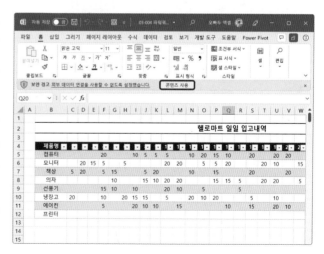

TIP 파워 쿼리를 사용할 수 없는 버전의 사용자와 파일을 공유한다면 파워 쿼리 기능이 동작하지 않습니다.

파워 쿼리 활용하기

최근 들어 대부분의 회사에서 ERP 시스템(중앙 관리 프로 그램)을 사용하면서 엑셀에서 작업하던 데이터 입력 및 편집은 ERP 시스템에서 진행되고, 엑셀에서는 서버에서 다운로드한 후 데이터를 가공하는 방식으로 작업이 이뤄집니다. 이런 상황에 파워 쿼리를 활용하면 복잡한 명령문이나 함수를 사용하지 않아도 실무에서 필요한 90% 이상의 업무를 자동화할 수 있습니다. 또한, 파워 쿼리 실행 후 화면 오른쪽에 있는 쿼리 설정 패널의 '적용된 단계' 영역에서 모든 작업 내역을 단계별로 확인할 수 있으며, 원하는 단계를 선택해서 손쉽게 이전 단계로 되돌리거나 수정할 수 있습니다.

▲ 파워 쿼리의 모든 작업은 단계별로 기록됩니다.

파워 쿼리를 사용하면 대표적으로 폴더에 있는 파일 자동으로 취합하기, 데이터 정렬 및 필터링, 원하는 텍스트 추출 등 실무에서 요구되는 다양한 데이터 가공 업무를 자동화할 수 있습니다. 책에서는 데이터 관리 규칙 관련해서만 소개하며, 다양한 고급 기능과 예제는 다음 동영상 강의에서 확인할 수 있습니다.

· 파워 쿼리 기초 및 활용

https://youtu.be/6qURkWcXd5U

· 파워 쿼리 크롤링

https://youtu.be/nJNCCH1lf10

· 키워드 자동 분석

https://youtu.be/G34HdAdrgRM

· 신규 기능, 파워 쿼리 Fuzzy Match

https://youtu.be/stM02iH3xqA

실무 활용 | **파워 쿼리 적용을 위한 데이터 정리하기**

05-012.xlsx 예제 파일을 실행해 보면 가전 제품 매장의 일일 입고내역이 정리되어 있으며 다음과 같이 데이터 관리 규칙에 어긋난 3가지 문제점을 발견할 수 있습니다. 그러므로 파워 쿼리를 사용하기 전 데이터 부터 정리해야 합니다.

• 날짜는 가로 방향, 제품은 세로 방향으로 누적되어 세로 방향 블록 쌓기 규칙에 어긋남

• 값 중간에 빈 셀이 포함되어 있음

• 합계(집계 데이터)가 원본 데이터에 포함되어 있음

01 05-012.xlsx 예제 파일에서 집계 데이터인 합계를 제거하기 위해 **[12]**행과 **[AH]**열에 있는 합계 데이터를 제거합니다. 각 행/열 머리글에서 **[마우스 우클릭]** 후 **[삭제]**를 선택하면 됩니다.

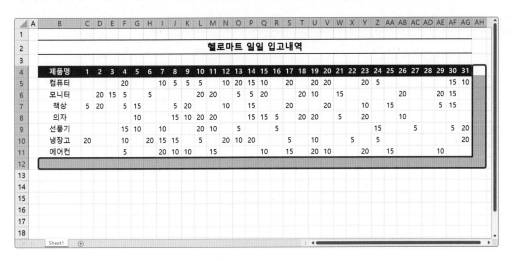

> **TIP** 원본 데이터를 그대로 유지한 채로 이후 파워 쿼리에서 집계 데이터를 제거할 수도 있습니다.

02 파워 쿼리로 데이터를 가공하려면 원본 데이터는 반드시 표 형태여야 합니다. ❶ **[B4:AG11]** 범위를 선택한 후 **[삽입]** 탭-**[표]** 그룹에서 **[표]**를 클릭하거나 Ctrl + T 를 눌러 '표 만들기' 대화상자를 엽니다. ❷ **[머리글 포함]**에 **체크**하고 ❸ **[확인]** 버튼을 클릭하여 표로 변환합니다.

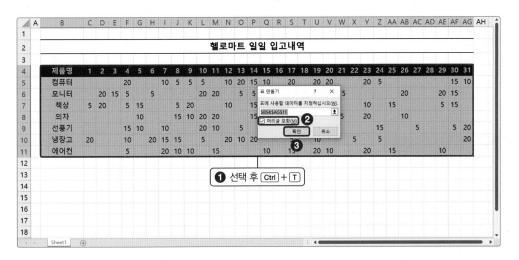

> **TIP** [B4:AG11] 범위를 모두 선택하지 않고, 표 범위의 셀 하나만 선택해도 엑셀에서 연속된 범위를 표 자동 인식합니다.

03 범위가 표로 변환되었으면 표의 이름을 변경하겠습니다. [테이블 디자인] 탭-[속성] 그룹에서 [표 이름]에 **표_입고내역**을 입력하여 이름을 변경합니다.

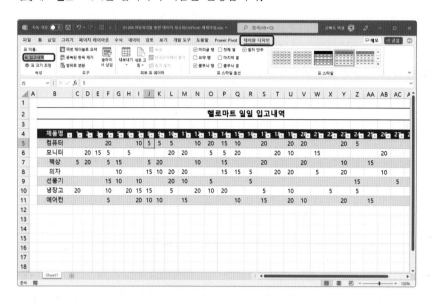

TIP 데이터 내용을 파악할 수 있도록 표 이름을 변경해야만 이후 여러 개의 표를 관리할 때 편리합니다.

실무 활용 | 파워 쿼리 실행 및 빈 셀 채워 넣기

앞서 정리한 데이터를 이용해 파워 쿼리를 실행하고, 기존 데이터의 문제점 중 하나인 빈 셀에 0을 채워 넣겠습니다.

01 표를 선택한 후 [데이터] 탭-[데이터 가져오기 및 변환] 그룹에서 [테이블/범위에서](또는 [시트에서])를 클릭하여 파워 쿼리 편집기를 실행합니다.

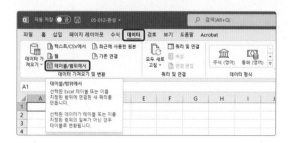

02 파워 쿼리(Power Query) 편집기가 실행되면 ❶ 오른쪽 쿼리 설정 패널의 '적용된 단계' 영역에서 **[원본]**과 **[변경된 유형]**을 번갈아 선택하면서 ❷ **[제품명]** 필드명 왼쪽에 표시되는 유형 변화를 확인해 보세요. 숫자/문자 ⏹123 에서, 문자 ⏹ 유형으로 바뀐 것을 확인할 수 있습니다. ❸ 유형 변화를 확인했으면 '적용된 단계'에서 **[변경된 유형]**을 선택합니다.

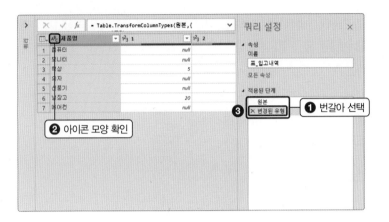

> **TIP** 파워 쿼리 편집기를 실행 중에는 다른 통합 문서를 포함한 엑셀 시트를 편집할 수 없습니다. 또한 필드명 왼쪽에 데이터 유형이 아이콘 형태로 표시되지 않는다면 **[홈]** 탭–[변환] 그룹에서 **[데이터 형식]** 버튼을 보면 확인할 수 있습니다.

03 이제 빈 셀(null)에 0을 채워 보겠습니다. 파워 쿼리 편집기에서 ❶ 임의의 값을 선택한 후 Ctrl + A 를 눌러 모든 값을 선택한 후 ❷ **[변환]** 탭 – **[변환]** 그룹에서 **[값 바꾸기]**를 클릭합니다. ❸ '값 바꾸기' 대화 상자가 열리면 **[찾을 값]**에 null, **[바꿀 항목]**에 0을 입력한 후 ❹ **[확인]** 버튼을 클릭합니다. 빈 칸(null)에 모두 0이 입력됩니다.

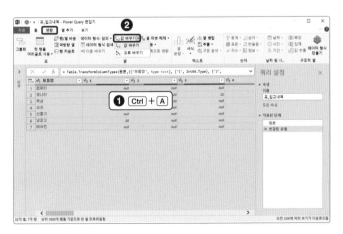

> **TIP** [변환] 탭–[열] 그룹에서 [채우기]를 사용하여 셀 병합 해제 후 생기는 빈칸을 일괄 채울 수도 있습니다.

실무 활용   가로 방향에서 세로 방향으로 변경하기

현재 데이터에서 가로 방향으로 잘못 관리되는 데이터는 날짜입니다. 따라서 날짜 데이터를 세로 방향으로 변경하겠습니다.

01 현재 데이터에서 [제품명] 필드를 제외한 나머지 필드(열)는 모두 날짜입니다. 그러므로 ❶ [제품명] 필드의 머리글을 클릭하여 선택한 후 ❷ [변환] 탭-[열] 그룹에서 [열 피벗 해제]의 [펼침] ▼ 버튼을 클릭한 후 ❸ [다른 열 피벗 해제]를 선택합니다.

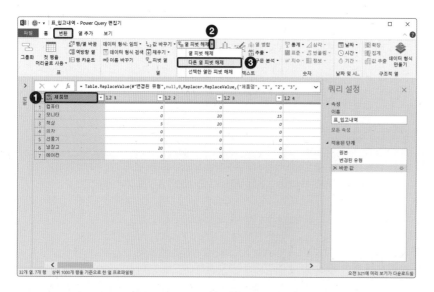

> **TIP** [다른 열 피벗 해제]를 선택하면 현재 선택 중인 열을 제외한 나머지 열의 피벗을 해제합니다.

02 날짜 열이 피벗 해제되면서 가로 방향 데이터가 [제품명], [특성], [값] 필드로 구성된 세로 방향 데이터로 변경되었습니다.

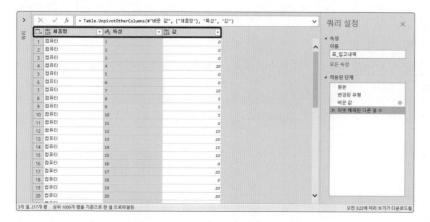

03 데이터에 따라 머리글을 변경할 수 있습니다. **[특성]** 머리글을 더블 클릭해서 **날짜**로, **[값]** 머리글을 더블 클릭해서 **입고수량**으로 변경합니다.

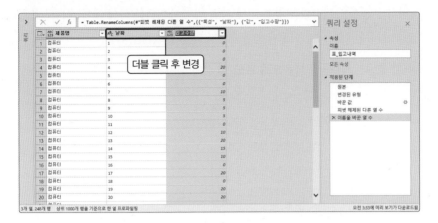

TIP 머리글을 선택한 후 F2 를 눌러서 변경할 수도 있습니다.

04 마지막으로 데이터 형식을 수정합니다. **[날짜]** 필드의 왼쪽에 유형을 구분하는 ❶ **[텍스트]** 아이콘을 클릭한 후 ❷ **[정수]** 로 변경합니다.

TIP 파워 쿼리를 사용하면 각 필드의 데이터 형식에 따라 사용하는 함수와 이후 결과물이 달라지거나 잘못된 데이터 형식으로 인해 오류가 발생하곤 합니다. 그러므로 파워 쿼리 작업을 마무리하기 전에는 항상 데이터 형식이 올바른지 확인하는 것이 좋습니다.

 **실무 활용** 파워 쿼리 데이터를 엑셀 시트에 출력하고 연동하기

지금까지 과정으로 원본 데이터의 문제점을 해결했습니다. 이제 파워 쿼리 데이터를 다시 엑셀 시트로 출력한 후 원본 데이터와 파워 쿼리로 가공된 데이터가 어떻게 연동되는지 확인해 보겠습니다.

01 파워 쿼리 편집기의 [**파일**] 탭에서 [**닫기 및 다음으로 로드**]를 선택합니다.

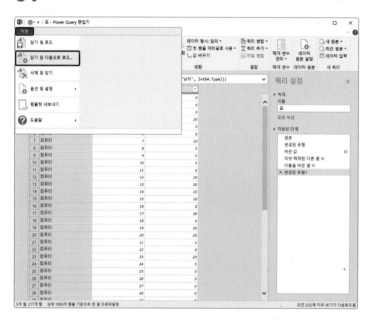

02 ❶ '데이터 가져오기' 대화상자가 열리면 [**표**]를 선택하고, ❷ [**기존 워크시트**]를 선택한 후 ❸ 엑셀 시트에서 가공된 데이터가 시작될 위치로 [**AI4**]셀을 클릭하여 지정한 다음 ❹ [**확인**] 버튼을 클릭합니다.

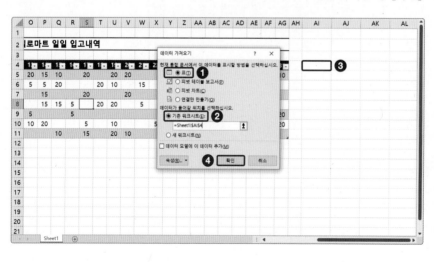

TIP '데이터 가져오기' 대화상자에서 [피벗 테이블 보고서]와 [피벗 차트] 항목은 M365 최신 버전이나 엑셀 2021에서 표시됩니다.

03 앞서 지정한 [AI4]셀부터 파워 쿼리에서 가공한 데이터가 표시됩니다.

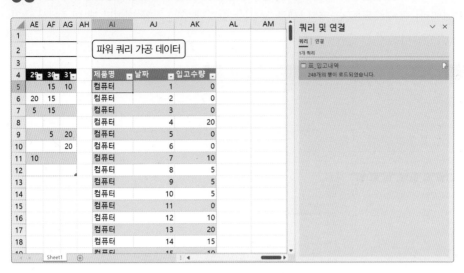

04 원본 데이터에 새로운 재고를 추가해 보겠습니다. [B12]셀에 **프린터**를 입력하여 표를 확장합니다.

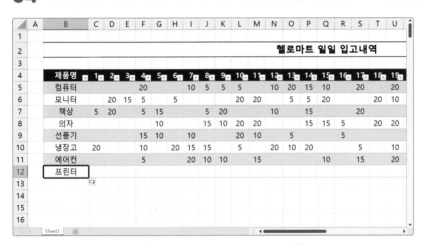

TIP 표가 자동으로 확장되지 않으면 [파일] 탭에서 [옵션]을 클릭한 후 'Excel 옵션' 대화상자의 [언어 교정] 범주에서 [자동 고침 옵션] 버튼을 클릭하고, '자동 고침' 대화상자가 열리면 [입력할 때 자동 서식] 탭에서 [표에 새 행 및 열 포함]에 **체크**합니다. **Link** 자 동 서식 설정에 대한 설명은 276쪽 을 참고하세요.

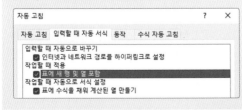

05 이어서 파워 쿼리 가공 데이터 위에서 [마우스 우클릭] 후 [새로 고침]을 선택하거나 파워 쿼리 가공 데이터를 선택한 후 [쿼리] 탭-[로드] 그룹에서 [새로 고침]을 클릭합니다. 가공 데이터 맨 아래에서 추가된 데이터를 확인할 수 있습니다.

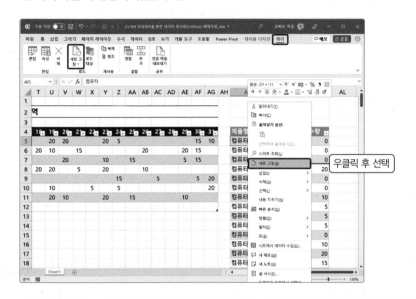

> **TIP** 파워 쿼리 데이터 규칙을 수정하려면 파워 쿼리 가공 데이터를 선택한 후 [쿼리] 탭-[편집] 그룹에서 [편집]을 클릭하여 파워 쿼리 편집기를 다시 실행합니다.

오빠두! 특강 | 자동으로 파워 쿼리 데이터 새로 고침하기

원본 데이터가 수시로 업데이트된다면 매번 새로 고침하는 것도 번거로울 수 있습니다. 이럴 때는 일정 시간 후 자동으로 새로 고침되도록 설정할 수 있습니다.

파워 쿼리로 출력된 표를 선택하면 리본 메뉴에 [쿼리] 탭이 추가되며, [쿼리] 탭-[편집] 그룹에서 [속성]을 클릭하면 '쿼리 속성' 대화상자가 열립니다. 여기서 [다음 간격으로 새로 고침] 옵션에 **체크**한 후 새로 고침 간격을 설정하여 일정 주기로 새로 고침할 수 있습니다. 최소 간격은 1분입니다.

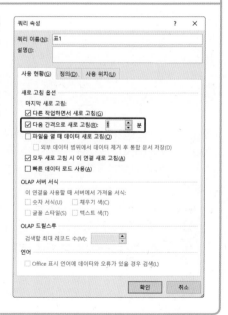

데이터 자동화 및 분석을 위한 표 & 피벗 테이블

엑셀 2003에서 제공되던 최대 행은 65,536개였으나, 지금은 1,048,576개로 16배나 증가했습니다.
얼핏 충분해 보이지만 이 조차도 부족하다고 느껴질 정도로 실무에서 다루는 데이터 양은 많아졌습니다.
데이터 관리 및 분석의 중요성이 날로 커지는 상황에서 엑셀에 포함된 파워 쿼리와 파워 피벗, 피벗 테이블 등
다양한 데이터 관리 및 분석 도구를 활용할 줄 알아야 합니다.
이러한 도구를 제대로 활용하려면 먼저 시트에 입력된 데이터를 표 형태로 변경해서 활용할 줄 알아야 합니다.
이번 챕터에서는 엑셀의 표 기능을 간단하게 알아보고, 데이터 분석의 시작이라고 할 수 있는
데이터 현황 파악을 위한 피벗 테이블에 대해 자세히 살펴보겠습니다.

LESSON 01 범위가 자동으로 확장되는 엑셀 표 기능

예제 파일 06-001.xlsx, 06-002.xlsx 셀을 참조하여 수식을 작성한 상태에서 범위를 참조하고, 이후 새로운 데이터를 추가한다면 참조 범위를 수정해야 합니다. 하지만 표 기능을 사용하면 새로운 데이터를 인식하여 자동으로 범위가 확장되므로 자동화 서식을 만드는 데 편리해집니다.

엑셀 기초 | 범위를 표로 변경하고 이름 지정하기

06-001.xlsx 예제 파일을 실행하면 업체의 일별 사용자가 정리되어 있습니다. 간단한 실습을 진행하면서 범위와 표의 차이 및 표 기능의 기본 사용 방법을 알아보겠습니다.

01 06-001.xlsx 예제 파일에서 [D4]셀에는 =SUM(D7:D14)가 입력되어 현재 데이터의 사용자수 합계를 계산하고 있습니다. ❶ 이 상태에서 기존 범위 맨 아래쪽에 새로운 데이터를 추가하고 ❷ [D4]셀의 변화를 확인해 봅니다. 추가한 데이터가 반영되지 않는 것을 확인할 수 있습니다.

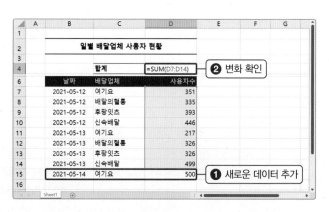

02 [D4]셀의 값 변화는 없지만 셀 왼쪽 위에 오류를 알리는 초록색 삼각형이 표시됩니다. ❶ [D4]셀에서 [오류] 버튼을 클릭한 후 ❷ 팝업 창에서 오류 내용을 확인하고, [수식 업데이트하여 셀 포함]을 선택하면 새로 추가된 데이터가 수식에 반영됩니다.

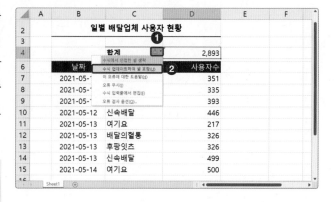

> **TIP** 복잡하게 입력된 범위에서는 오류 검사 기능이 제대로 동작하지 않을 수 있습니다. 그럴 때는 추가한 데이터를 직접 추가해야 합니다.

03 범위를 표로 변경하기 위해 ❶ 데이터가 입력된 범위에서 임의의 셀을 선택한 후 ❷ [삽입] 탭-[표] 그룹에서 [표]를 클릭하거나 Ctrl+T를 눌러 '표 만들기' 대화상자를 엽니다. ❸ 범위가 자동으로 지정된 것을 확인하고, [머리글 포함]에 **체크**한 후 ❹ [확인] 버튼을 클릭합니다.

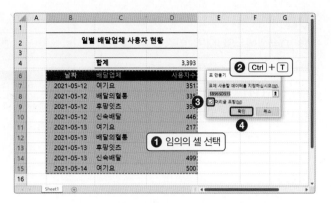

> **TIP** 선택한 셀이 연속된 범위이면 표로 변경할 범위를 자동으로 인식합니다. 만약 연속되지 않은 범위를 표로 변환한다면 직접 범위를 지정해야 합니다.

04 범위가 표로 바뀌면서 엑셀 기본 설정에 따라 표 스타일이 자동으로 적용됩니다. 또한 리본 메뉴를 보면 [테이블 디자인] 탭이 추가됩니다.

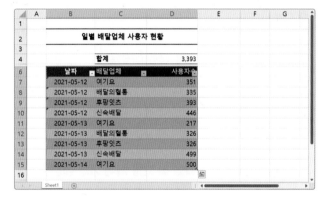

> **TIP** 범위를 표로 변경할 때는 첫 행에 머리글을 입력하는 것이 좋습니다. 범위에 머리글이 없거나 머리글이 두 줄 이상이라면 [머리글 포함] 옵션을 **체크 해제**해서 표를 만들고, 임의로 추가된 머리글을 수정해서 사용합니다.

05 이후 표 데이터를 쉽게 사용할 수 있도록 표 이름을 기억하기 쉽게 변경합니다. [테이블 디자인] 탭-[속성] 그룹에서 [표 이름] 입력란에 **일별사용자수**를 입력하여 표 이름을 변경합니다.

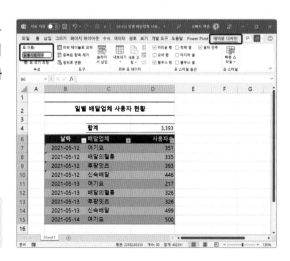

> **TIP** 표 이름은 이름 정의 기능과 동일한 규칙이 적용됩니다.
> **Link** 이름 정의 규칙은 `033쪽`에서 확인할 수 있습니다.

06 표 이름을 활용해 보겠습니다. ❶ [D4]셀에 =SUM(을 입력한 후 ❷ [D7: D15] 범위를 드래그해서 인수로 지정합니다. ❸ [D4]셀을 보면 =SUM(일별사용자수[사용자수]가 입력되어 있습니다. 그대로 Enter 를 눌러 수식을 실행합니다. **Link** 이러한 참조 방식을 구조적 참조라고 하며 자세한 내용은 279쪽 에서 설명합니다.

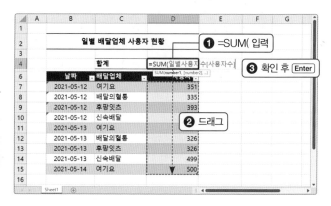

07 ❶ 표 아래로 새로운 데이터를 추가해 봅니다. 자동으로 표가 확장되면서 ❷ [D4] 셀의 합계 값도 변경됩니다.

> **TIP** 표 범위의 오른쪽 아래를 보면 파란색 굵은 꺾쇠 기호가 표시됩니다. 이 기호로 표의 범위를 확인할 수 있으며, 꺾쇠 기호를 직접 드래그하여 표 범위를 조절할 수도 있습니다.

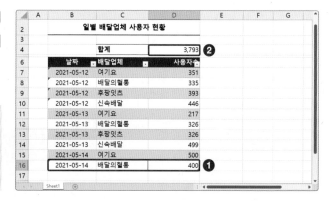

🔖 **오빠두!특강**

표의 자동 확장 및 자동 서식 기능 설정하기

표의 오른쪽 끝이나 아래에 새로운 데이터를 추가해도 표가 자동으로 확장되지 않는다면 [파일] 탭에서 [옵션]을 클릭해서 'Excel 옵션' 대화상자를 엽니다. 그런 다음 ❶ [언어 교정] 범주를 선택한 후 ❷ [자동 고침 옵션] 버튼을 클릭하세요. '자동 고침' 대화상자가 열리면 ❸ [입력할 때 자동 서식] 탭에서 ❹ [표에 새 행 및 열 포함]에 **체크**하면 해결됩니다.

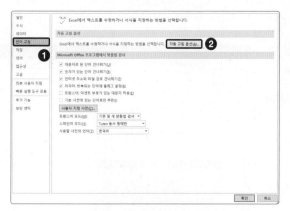 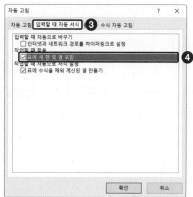

[입력할 때 자동 서식] 탭의 옵션 중 [표에 수식을 채워 계산된 열 만들기]는 표에서 수식을 입력하면 해당 열의 나머지 셀에도 동일한 수식을 자동으로 채우는 기능입니다.

병합된 셀이 포함되어 있거나 머리글이 두 줄 이상인 구조 등 범위에 입력된 데이터 구조가 올바르지 않을 때 표 기능을 사용하면 문제가 발생할 수 있습니다.

06-002.xlsx 예제 파일을 실행한 후 ❶ 데이터가 입력된 [B6:F15] 범위에서 [Ctrl]+[T]를 눌러 '표 만들기' 대화상자를 열고, ❷ [머리글 포함]에 체크한 후 ❸ [확인] 버튼을 클릭해 범위를 표로 변환합니다. 변환된 표를 보면서 표 기능을 올바르게 사용하기 위해 알아야 할 최소한의 규칙 3가지를 알아보겠습니다.

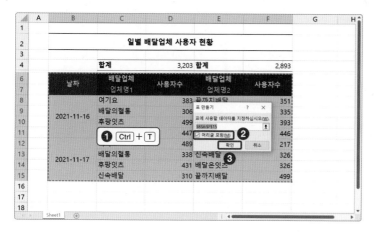

셀 병합 해제 범위에 병합된 셀이 있을 때 표로 변환하면 병합된 셀이 모두 해제되어 첫 번째 셀에는 기존 값이 유지되고 나머지는 빈 셀이 됩니다.

중복된 머리글 값 변경 표의 머리글은 열(필드)을 대표하는 고유 값 역할을 합니다. 그러므로 중복된 머리글이 있을 때 표로 변환하면 두 번째 머리글부터 2, 3, 4, …로 순번이 추가됩니다. 예제 파일에서도 **[배달업체2]**, **[사용자수3]**처럼 머리글이 변경된 것을 확인할 수 있습니다.

두 줄 이상으로 작성된 머리글 표를 포함한 모든 데이터베이스의 머리글은 반드시 한 행으로 작성해야 합니다. 기존 범위의 머리글이 여러 행으로 입력되었을 때 표로 변환하면 첫 번째 행만 머리글로 인식됩니다. 그러므로 기존 범위에서 머리글이 여러 행으로 입력되었다면 하나의 행으로 정리한 후 변환해야 합니다.

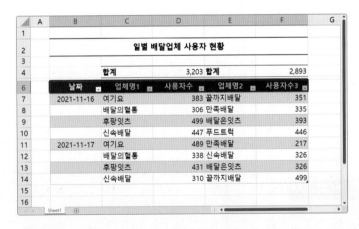

TIP 파워 쿼리를 사용하면 여러 행으로 입력된 머리글을 손쉽게 병합할 수 있습니다. 파워 쿼리를 이용하여 머리글을 합치는 방법은 다음 동영상 강의를 참고하세요.

https://youtu.be/WVKPye4XsAo

**실무 상식** **표에서만 사용되는 구조적 참조 방식 이해하기**

수식을 작성하기 위해 표에서 특정 셀을 참조했을 때 **표이름[@필드명]**처럼 변환된다면 이는 구조적 참조 방식입니다. 실무에서는 구조적 참조 방식을 직접 입력해서 사용하기 보다는 대부분 표를 선택하거나 범위를 지정했을 때 자동으로 변환되는 방식으로 사용됩니다. 그러므로 여기서는 구조적 참조 방식이 어떻게 동작하는지에 대해서만 이해하고 넘어가도 무방합니다.

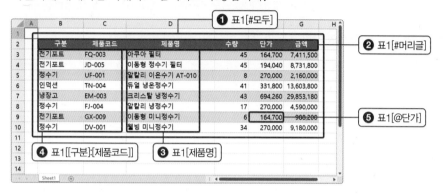

표기 방식	해당 범위
① 표이름[#모두]	표의 모든 범위를 참조합니다(머리글, 값 포함).
② 표이름[#머리글]	표의 머리글 범위를 참조합니다.
③ 표이름[필드명]	표의 해당 필드(열)에서 모든 값의 범위를 참조합니다.
④ 표이름[[필드명1]:[필드명2]]	필드명1부터 필드명2 사이의 모든 값 범위를 참조합니다.
⑤ 표이름[@필드명]	수식이 입력된 셀과 동일한 행의 필드 값을 참조합니다.

표에서 구조적 참조를 사용할 수 없을 때 표의 범위를 참조할 때 구조적 참조를 사용할 수 없는 경우도 있습니다. 아래처럼 특정 필드(열)에서 값 범위의 일부분을 참조하거나 서로 떨어진 필드(열)를 참조하면 구조적 참조 대신 일반 참조로 입력됩니다.

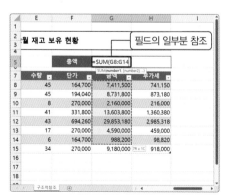

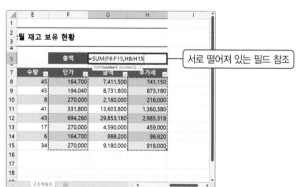

구조적 참조 방식의 효율적인 사용 업무에서 수식을 입력할 때 새롭게 추가되는 데이터를 손쉽게 참조하기 위해 [A:A]처럼 열 전체를 참조하곤 합니다. 하지만, 열 전체를 참조하면 수식을 처리하는 데 더 많은 시간이 소요될 수 있습니다. 따라서 데이터가 다음 2가지 상황에 해당한다면 표 기능을 활용한 구조적 참조 방식을 사용하는 것이 좋습니다.

- 사용 중인 데이터를 표로 변환할 수 있는 구조이면서, 새로운 데이터가 주기적으로 누적될 때
- 데이터의 열 개수가 20개 이상으로, 셀 참조 방식을 사용할 때 어떤 데이터가 참조되는지 찾기 어려울 때

끝으로 일반 참조 방식과 구조적 참조 방식의 장단점을 간략히 파악해 보면 다음과 같습니다.

참조 방식	장점	단점
일반 참조 (예, A1:A100)	• 데이터 구조에 상관없이 손쉽게 범위를 참조하고 수정할 수 있습니다. • 불가피하게 병합된 셀이 포함된 서식에서도 사용할 수 있습니다.	• 새롭게 추가되는 데이터를 참조할 수 없습니다. • 셀 주소만으로는 어떤 데이터가 참조되었는지 확인이 어렵습니다.
구조적 참조 (예, 표이름[필드명])	• 새롭게 추가되는 데이터를 자동으로 참조합니다. • 참조 구문만으로 어떤 표에서 어느 데이터를 참조하는지 알 수 있습니다.	• 표로 변환할 수 있는 올바른 데이터 구조에서만 사용할 수 있습니다. • 표의 일부분을 참조하거나 서로 떨어진 열을 참조할 때는 사용할 수 없습니다.

TIP 표 기능을 사용하면 요약 행, 표 스타일, 슬라이서 등의 다양한 기능을 활용할 수 있습니다. 표 기능에 대한 자세한 설명과 실전 서식을 만드는 예제는 다음 동영상 강의에서도 확인할 수 있습니다.

엑셀 표 기능의 모든 것
https://youtu.be/7Z5mfRcq_tl

표와 조건부 서식으로 일정 관리 서식 만들기
https://youtu.be/LNf-Hxqyq_c

LESSON 02

원하는 형태로 재정렬한 피벗 테이블 만들기

예제 파일 06-003.xlsx, 06-004.xlsx, 06-005.xlsx   피벗 테이블(Pivot Table)에서 피벗(Pivot)이라는 단어는 '돌리다, 정렬하다'라는 뜻을 포함합니다. 즉, 피벗 테이블은 '사용자가 원하는 대로 재정렬한 보고서'로 해석할 수 있습니다. 이러한 피벗 테이블은 동적인 데이터 분석의 핵심, 다시 말해서 실시간으로 데이터의 전반적인 현황을 분석하고 파악하는 데 반드시 필요한 엑셀의 핵심 기능입니다.

엑셀 기초   피벗 테이블 생성 및 데이터 정리에 따른 문제점 알기

피벗 테이블은 생각보다 간단히 사용할 수 있는 기능으로, 범위를 선택한 후 [삽입] 탭에서 [피벗 테이블] 아이콘을 클릭하면 바로 만들 수 있지만, 그 전에 데이터를 올바른 형태로 정리하는 작업이 선행되어야 합니다. 올바른 데이터 정리 규칙은 앞서 여러 차례 강조했으나 다시 한 번 정리하면 다음과 같습니다.

- 데이터가 세로 방향 블록 쌓기 규칙을 지키고 있는가?
- 머리글은 한 행으로 입력되어 있는가?
- 원본 데이터에 병합된 셀은 없는가?
- 원본 데이터에 합계나 평균 등 집계된 값은 없는가?

06-003.xlsx 예제 파일을 실행한 후 [잘못된데이터] 시트를 보면 세로 방향 블록 쌓기 규칙을 지키지 않은 데이터가 있고, [올바른데이터] 시트를 보면 세로 방향 블록 쌓기 규칙을 잘 지키고 있는 데이터가 있습니다 각 시트에서 피벗 테이블을 만들어 보면서 피벗 테이블의 기본 사용 방법과 데이터 정리 규칙을 지키지 않았을 때 어떤 문제가 있는지 살펴보겠습니다.

01 06-003.xlsx 예제 파일의 ❶ [올바른데이터] 시트에서 ❷ 임의의 셀을 선택 후 ❸ [삽입] 탭–[표] 그룹에서 [피벗 테이블]을 클릭하여 '표 또는 범위의 피벗 테이블' 대화상자를 엽니다. ❹ 연속된 데이터가 범위로 자동 선택된 것을 확인한 후 ❺ 피벗 테이블 배치 위치로 [기존 워크시트]를 선택하고, ❻ [I6]셀을 클릭하여 [위치] 옵션 값으로 지정한 후 ❼ [확인] 버튼을 클릭합니다.

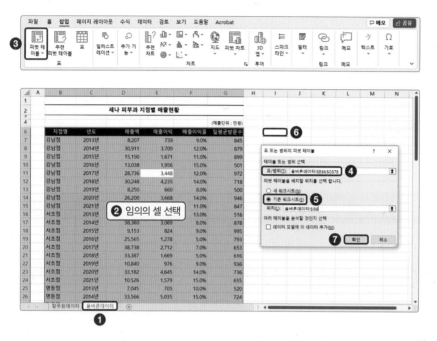

02 피벗 테이블이 생성되고 화면 오른쪽에는 '피벗 테이블 필드' 패널이 표시됩니다. '피벗 테이블 필드' 패널에서 필드명을 드래그하여 다음과 같이 각 영역에 배치하여 피벗 테이블을 완성합니다.

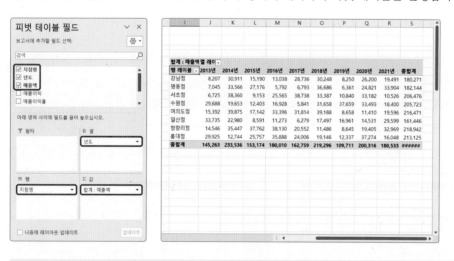

TIP 생성한 피벗 테이블을 선택한 상태에서 '피벗 테이블 필드' 패널이 표시되지 않는다면 [피벗 테이블 분석] 탭–[표시] 그룹에서 [필드 목록]을 클릭합니다.

03 세로 방향 블록 쌓기 규칙을 잘 지킨 데이터의 피벗 테이블에서는 간단하게 원하는 형태로 변경할 수 있습니다. 특정 연도의 매출액을 확인하고 싶다면 피벗 테이블에서 **[열 레이블(년도)]** 필터를 클릭하여 원하는 연도만 선택하고, 합계가 아닌 요약 방식으로 확인할 때는 임의의 값에서 **[마우스 우클릭]** 후 **[값 요약 기준]**에서 선택하면 됩니다.

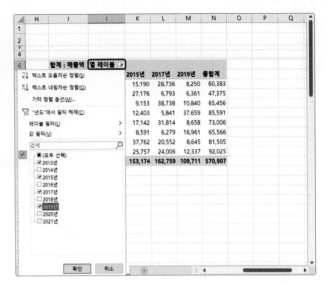

TIP 피벗 테이블에서 행이나 열의 특정 항목을 [마우스 우클릭] 후 [필터]–[선택한 항목만 유지]를 선택하면 해당 항목의 데이터를 빠르게 필터링할 수 있습니다.

04 이번에는 ❶ **[잘못된데이터]** 시트에서 ❷ 01번 과정을 참고하여 **[M6]**셀에 피벗 테이블을 생성하고, ❸ '피벗 테이블 필드' 패널에서 다음과 같이 각 영역에 필드를 배치합니다. 각 영역에 배치할 필드의 수가 많아서 번거롭다는 점을 빼면 완성된 피벗 테이블에서는 큰 차이나 불편함은 없어 보입니다.

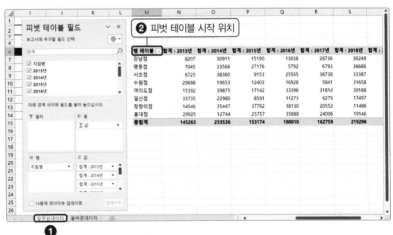

05 [잘못된데이터] 시트의 피벗 테이블에서 '2013년' 데이터만 분석해 보겠습니다. [올바른데이터] 시트에서와 달리 '피벗 테이블 필드' 패널의 필드 목록에서 [2013년]을 제외한 나머지 필드의 체크를 일일이 해제하거나 [값] 영역에서 바깥쪽으로 드래그하여 제거해야 합니다. 또한, 집계 방식을 변경하고 싶다면 필드마다 [마우스 우클릭] 후 [값 요약 기준]을 선택해서 변경해야 합니다.

 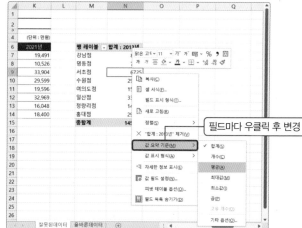

피벗 테이블을 최신 데이터로 유지하기

원본 데이터가 수정되거나 새로운 데이터가 추가된다고 실시간으로 피벗 테이블 보고서에 반영되지 않습니다. 피벗 테이블은 보다 효율적인 동작을 위해 원본 데이터를 그대로 불러오는 것이 아니라 원본 데이터로 계산된 피벗 캐시 (Pivot Cache)라는 임시 데이터를 바탕으로 만들어지기 때문입니다.

원본 데이터   피벗 캐시   피벗 테이블

따라서 원본 데이터가 변경되거나 새로운 데이터가 추가되면 피벗 테이블에서 [마우스 우클릭] 후 [새로 고침]을 선택하거나 단축키 Alt + F5 를 눌러 변경된 원본 데이터를 피벗 테이블에 반영해야 합니다.

> **TIP** 단축키 Ctrl + Alt + F5 를 누르면 실행 중인 통합 문서에 있는 모든 피벗 테이블이 새로 고침됩니다. 또한, 매크로를 사용하면 원본 데이터가 변경되었을 때 실시간으로 피벗 테이블을 새로 고침할 수 있습니다. 매크로 사용 방법은 다음 동영상 강의를 참고하세요.
>
> https://youtu.be/JWfDjPJVx28

이때, 피벗 테이블에서 새로 고침을 실행한다고 무조건 원본 데이터의 모든 변동 사항이 반영되는 것은 아닙니다. 원본 데이터 범위 내에서 값이 변경되었다면 새로 고침으로 반영되겠지만, 새로운 데이터가 추가된 경우에는 이야기가 달라집니다.

원본 데이터가 표 형식일 때: 원본 데이터가 표 형태고, 피벗 테이블을 생성할 때 범위에 표 이름으로 지정했다면 앞서 소개한 새로 고침 기능으로 추가된 데이터까지도 반영된 최신 데이터로 피벗 테이블을 업데이트할 수 있습니다. **Link** 표 기능에 대한 자세한 설명은 274쪽을 참고하세요.

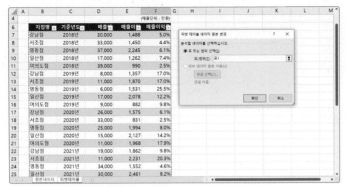

▲ 표 기능은 범위가 자동 확장되므로 피벗 테이블 데이터도 손쉽게 최신 상태로 유지할 수 있습니다.

원본 데이터가 범위일 때: 원본 데이터가 표 형식이 아닌 일반 범위라면 새롭게 추가한 데이터가 자동으로 반영되지 않습니다. 그러므로 피벗 테이블에서 [피벗 테이블 분석] 탭-[데이터] 그룹에서 [데이터 원본 변경]을 클릭한 후 추가된 데이터를 포함한 새로운 범위를 추가해 줘야 합니다.

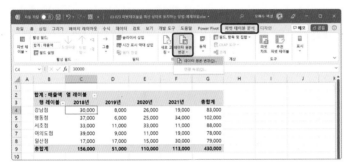

> **TIP** 원본 데이터가 범위일 때 자동으로 추가된 범위를 반영하고 싶다면 동적 범위를 활용하면 됩니다. **Link** 동적 범위에 대한 자세한 설명은 **418쪽** 을 참고하세요.

▲ 원본 데이터가 일반 범위라면 데이터가 추가되었을 때 피벗 테이블 범위를 다시 지정해야 합니다.

📊 엑셀 기초 | 피벗 테이블의 값 요약 방식 이해하기

피벗 테이블은 집계된 데이터를 출력하기 위해 사용하는 보고서입니다. 따라서 [값] 영역에는 기본적으로 '숫자'로 계산할 수 있는 필드를 배치하며, 기본 집계 방식은 '합계'입니다. 만약 [값] 영역으로 추가한 필드에 날짜 및 시간, 문자, 논리 값 등 숫자가 아닌 데이터가 포함되어 있으면 합계가 아닌 '개수'로 집계됩니다.

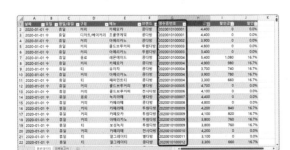

▲ [영수증번호] 필드 값은 숫자처럼 보이나 형식을 문자로 지정하여 개수로 집계되었습니다.

데이터 형태	기본 요약 방식
필드 값이 모두 숫자인 경우	합계
숫자 이외의 데이터(날짜, 시간, 논리 값 등)를 포함한 경우	개수

피벗 테이블에서 제공되는 집계 방식 엑셀 2013 이후 버전에서 데이터 모델 피벗 테이블을 사용할 경우 집계 방식은 다음과 같이 총 10가지입니다. 이 중 실무에서 자주 사용하는 집계 방식은 합계, 개수, 평균입니다. **Link** 데이터 모델 피벗 테이블은 490쪽 에서 자세히 소개합니다.

> **합계, 개수, 평균, 최대, 최소, 표본 표준편차, 표준편차,**
> **표본 분산, 분산, 고유 개수(데이터 모델 피벗 테이블 사용 시)**

집계 방식 변경 피벗 테이블에서 [값] 영역에 특정 필드를 배치하면 데이터 형태에 따라 합계나 개수로 집계됩니다. 만약 다른 집계 방식을 사용하고 싶다면 피벗 테이블을 완성한 후 값 영역을 [마우스 우클릭] 후 [값 요약 기준]에서 원하는 집계 방식을 선택합니다.

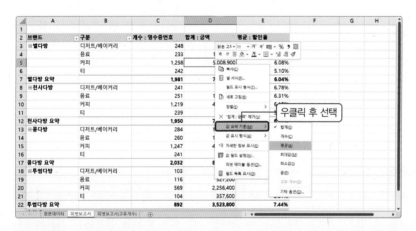

TIP 집계 방식을 변경해야 할 필드가 많아 직접 바꾸기 어렵다면 매크로를 이용하여 손쉽게 작업할 수 있습니다. 자세한 사용 방법은 다음 동영상 강의를 확인하세요.

https://youtu.be/1dlDcsw6bc4

 **실무 상식** **원하는 모양으로 피벗 테이블을 구성하기 위한 + 규칙**

다음과 같이 세로 방향 블록 쌓기 규칙을 잘 지키고, 그 구조만 이해한다면 피벗 테이블로 원하는 모양의 보고서를 만드는 것은 아주 간단합니다. 피벗 테이블 만들기 실습 과정은 다음 동영상 강의를 참고하세요.

https://youtu.be/cN9-302BVpc

지점	제품명	제조사	단가	할인가	수량	금액	무료배송
		헬로마트 추석맞이 행사 지점별 매출 요약 (21.09.01~21.09.30)					
강남지점	아쿠아 필터	필립스	164,700	161,410	35	5,649,350	O
강남지점	이동형 정수기 필터	다이슨	194,040	170,760	45	7,684,200	O
강남지점	알칼리 이온수기 AT-010	아이닉스	270,000	267,300	33	8,820,900	
강남지점	듀얼 냉온정수기	아이닉스	331,800	291,980	17	4,963,660	
강남지점	웰빙 미니정수기	소닉케어	270,000	256,500	9	2,308,500	
강남지점	알칼리 냉온수기	필립스	149,520	119,620	47	5,622,140	O
강남지점	그린 1세대 가정용 정수기	네오네이처	228,240	209,980	5	1,049,900	O
강남지점	분유 휴대용 무선포트	다이슨	366,000	303,780	34	10,328,520	
강남지점	커피용 무선포트	필립스	391,800	321,280	30	9,638,400	
강남지점	키친 코코 멀티포트	삼성전자	220,000	191,400	17	3,253,800	O
강남지점	휴대용 전기주전자	다이슨	277,650	258,210	33	8,520,930	O
강남지점	생활가전 전기국통	아이닉스	726,600	595,810	15	8,937,150	O
강남지점	전기 이중국통	네오네이처	418,800	414,610	29	12,023,690	
강남지점	킹스톤 멀티 티포트	소닉케어	190,200	152,160	15	2,282,400	
강남지점	헬리오스 티포트	일렉트릭홈	728,000	640,640	27	17,297,280	O
강남지점	대용량 가정용 티타늄 포트	네오네이처	169,500	164,420	42	6,905,640	
강남지점	스텐 전기포트	HTM	236,400	196,210	19	3,727,990	O
강서지점	아쿠아 필터	필립스	164,700	153,170	38	5,820,460	O

▲ 세로 방향 블록 쌓기를 잘 지킨 데이터의 각 열은 지점, 제품명, 제조사 등 개별적인 블록(필드)으로 구성되어 있습니다.

피벗 테이블의 모양은 '피벗 테이블 필드' 패널에서 각 영역에 필드를 어떻게 배치하느냐에 따라 달라집니다. 위와 같은 데이터에서 피벗 테이블을 생성했다면 '피벗 테이블 필드' 패널에 있는 4개의 영역에서 가상의 + 모양을 떠올리고, 피벗 테이블의 형태를 행과 열, 값으로 나누어 구상합니다. 그런 다음 구상한 형태에 따라 행/열 방향에 원하는 필드를 배치하고, [값] 영역에 사용할 필드를 추가하면 피벗 테이블이 완성됩니다.

합계 : 금액	열 레이블						
행 레이블	HTM	네오네이처	다이슨	모토로라	삼성전자	소닉케어	아이닉스
강남지점	3,727,990	42,140,070	26,533,650	5,909,280	3,253,800	14,116,500	22,721,710
강동지점	2,269,400	30,572,080	18,032,100	6,877,920	6,124,800	13,816,500	46,810,780
강북지점	3,817,860	25,540,760	23,862,130	4,591,700	3,524,400	23,145,360	22,375,090
강서지점	8,021,130	32,903,300	13,783,680	3,513,200	5,225,000	11,925,680	20,163,960
수원지점	8,758,620	34,573,280	27,237,720	5,780,970	4,382,400	23,831,900	22,264,280
판교지점	6,155,980	50,593,490	23,835,160	3,297,360	6,930,000	9,855,720	34,386,660
총합계	32,750,980	216,322,980	133,284,440	30,370,430	29,440,400	96,691,660	168,722,480

필드를 배치할 때 주의할 점이 있습니다. [값] 영역에서는 '숫자' 형식의 계산만 할 수 있다는 것입니다. 예를 들어, 각 지점에서 취급하는 제조사 목록을 확인하고 싶다고 [값] 영역에 [제조사] 필드를 배치하면 제조사 목록이 아닌 제조사의 개수가 계산됩니다. **Link** 데이터 모델 피벗 테이블을 활용하면 [값] 영역에 문자를 결과로 출력할 수 있습니다. 이 내용은 491쪽 에서 소개합니다.

▲ 피벗 테이블의 [값] 영역에는 숫자 형식의 계산만 출력할 수 있습니다.

오빠두! 특강 초보자도 쉽게 사용할 수 있는 추천 피벗 테이블 기능

피벗 테이블이 막연히 어렵게 느껴진다면 엑셀 2013 이후부터 제공되는 추천 피벗 테이블 기능을 사용해 보세요.

피벗 테이블을 생성할 범위를 직접 선택하거나 범위의 ❶ 임의의 셀을 선택한 후 ❷ [삽입] 탭-[표] 그룹에서 [추천 피벗 테이블]을 클릭합니다. ❸ '권장 피벗 테이블' 대화상자가 열리면 왼쪽 목록에서 원하는 모양의 피벗 테이블을 선택 후 ❹ [확인] 버튼을 클릭하면 피벗 테이블이 완성됩니다.

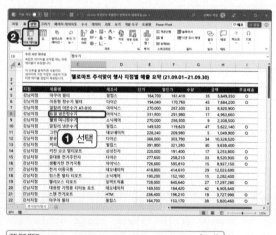

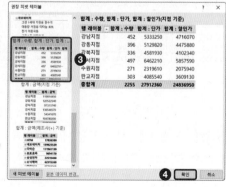

실무 활용 · 피벗 테이블 레이아웃 변경 및 꾸미기

06-004.xlsx 예제 파일을 실행하면 판매 내역이 정리된 표가 있습니다. 이 표로 피벗 테이블을 생성한 후 레이아웃을 변경해 보기 좋게 꾸며 보겠습니다.

01 06-004.xlsx 예제 파일에서 ❶ 표의 임의의 셀을 선택한 후 ❷ [삽입] 탭-[표] 그룹에서 [피벗 테이블]을 클릭하여 '피벗 테이블 만들기' 대화상자를 열고, 자동으로 지정된 범위를 확인합니다. ❸ [기존 워크시트]를 선택하고 ❹ [K4]셀을 클릭하여 [위치] 옵션을 지정한 후 ❺ [확인] 버튼을 클릭합니다.

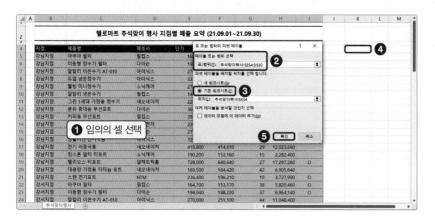

> **TIP** 선택한 셀이 연속된 범위이면 피벗 테이블로 추가할 범위가 자동으로 인식됩니다.

02 '피벗 테이블 필드' 패널이 열리면 [열] 영역에 [제조사], [행] 영역에 [지점], [값] 영역에 [수량] 필드를 배치합니다. 각 지점의 제조사별 판매된 제품 수량을 확인하는 피벗 테이블이 완성됩니다.

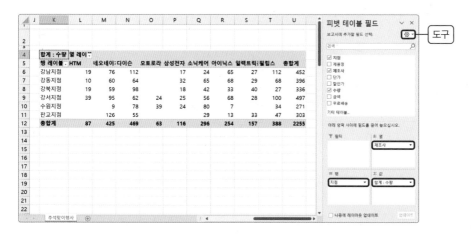

> **TIP** 필드 종류가 많아 원하는 필드를 찾기 어렵다면 필드 목록 오른쪽 위에 있는 톱니바퀴 모양의 [도구] 아이콘을 클릭한 후 [텍스트 오름차순 정렬]을 선택해서 필드 목록을 정렬할 수 있습니다. 기본 정렬 방식은 데이터 원본 순서입니다.

03 이어서 제조사별 제품의 판매 수량을 지점별로 확인하기 위해 아래와 같이 [**열**] 영역에 [**지점**], [**행**] 영역에 [**제조사**]와 [**제품명**], [**값**] 영역에 [**수량**]을 배치하여 피벗 테이블을 재구성해 봅니다.

TIP [제품명]은 [제조사]의 하위 값이므로, [행] 영역에 배치할 때 [제품명]이 [제조사] 아래에 있어야 합니다.

04 피벗 테이블의 레이아웃을 데이터 분석에 용이한 '테이블 형식'으로 변경하기 위해 [**디자인**] 탭–[**레이아웃**] 그룹에서 [**보고서 레이아웃**]–[**테이블 형식으로 표시**]를 선택합니다.

오빠두! 특강 — 피벗 테이블의 레이아웃 및 기본 레이아웃 설정

피벗 테이블의 기본 보고서 레이아웃은 '압축 형식'입니다. 압축 형식은 하나의 열에 많은 양의 정보를 담을 수 있지만, 이후에 함수를 사용하여 데이터를 분석하거나 깔끔한 보고서를 작성하기 어렵다는 문제가 있습니다. 따라서 실무에서는 데이터 분석에 용이한 '테이블 형식'을 사용하는 것이 대부분의 상황에서 효과적입니다.

엑셀 2019 이후 버전이라면 피벗 테이블의 기본 레이아웃을 '테이블 형식'으로 변경해서 사용할 수도 있습니다. [파일] 탭에서 [옵션]을 선택한 후 'Excel 옵션' 대화상자가 열리면 [데이터] 범주에서 [기본 레이아웃 편집] 버튼을 클릭합니다. 다음과 같은 '기본 레이아웃 편집' 대화상자가 열리면 기본 레이아웃으로 사용할 형태가 적용된 피벗 테이블을 선택한 후 [가져오기] 버튼을 클릭하거나 [부분합], [총합계] 등 레이아웃 설정 옵션을 변경 후 [확인] 버튼을 클릭합니다. 이후 새로운 피벗 테이블을 생성하면 레이아웃 기본 설정이 변경됩니다.

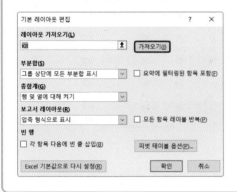

05 피벗 테이블의 레이아웃을 테이블 형식으로 변경했더니 보고서의 가독성이 좋아졌습니다. 여기에 스타일을 적용하면 더욱 보기 좋게 꾸밀 수 있습니다. **[디자인]** 탭 – **[피벗 테이블 스타일]** 그룹에는 원하는 디자인을 선택해서 적용합니다.

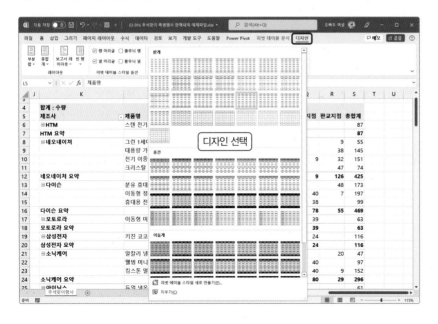

06 이어서 요약 행을 강조하기 위해 임의의 요약 행 왼쪽 끝으로 마우스 커서를 옮기고, 커서가 화살표 모양으로 바뀌면 클릭합니다. 모든 요약 행이 선택되면 [홈] 탭-[글꼴] 그룹에서 [채우기 색]을 변경하여 요약 행의 서식을 일괄 변경합니다.

합계 : 수량		지점						
제조사	제품명	강남지점	강동지점	강북지점	강서지점	수원지점	판교지점	총합계
⊟HTM	스텐 전기포트	19	10	19	39			87
HTM 요약		**19**	**10**	**19**	**39**			**87**
⊟네오네이처	그린 1세대 가정용 정수기	5		24	17		9	55
	대용량 가정용 티타늄 포트	42	22	26	17		38	145
	전기 이중국통	29	24	9	48	9	32	151
	크리스탈 냉정수기		14		13		47	74
네오네이처 요약		**76**	**60**	**59**	**95**	**9**	**126**	**425**
⊟다이슨	분유 휴대용 무선포트	34	37	45	9		48	173
	이동형 정수기 필터	45	27	41	37	40	7	197
	휴대용 전기주전자	33		12	16	38		99
다이슨 요약		**112**	**64**	**98**	**62**	**78**	**55**	**469**
⊟모토로라	이동형 미니정수기				24	39		63
모토로라 요약					**24**	**39**		**63**
⊟삼성전자	키친 코코 멀티포트	17	32	18	25	24		116
삼성전자 요약		**17**	**32**	**18**	**25**	**24**		**116**
⊟소닉케어	알칼리 냉정수기		17		10		20	47

클릭 후 채우기 색 변경

07 위와 유사하게 이번에는 임의의 제조사 이름 위쪽에서 클릭하여 모든 제조사 목록을 선택하고 [홈] 탭에서 [채우기 색]을 변경합니다.

합계 : 수량		지점						
제조사		강남지점	강동지점	강북지점	강서지점	수원지점	판교지점	총합계
⊟HTM		19	10	19	39			87
HTM 요약		**19**	**10**	**19**	**39**			**87**
⊟네오네이처	그린 1세대 가정용 정수기	5		24	17		9	55
	대용량 가정용 티타늄 포트	42	22	26	17		38	145
	전기 이중국통	29	24	9	48	9	32	151
	크리스탈 냉정수기		14		13		47	74
네오네이처 요약		**76**	**60**	**59**	**95**	**9**	**126**	**425**
⊟다이슨	분유 휴대용 무선포트	34	37	45	9		48	173
	이동형 정수기 필터	45	27	41	37	40	7	197
	휴대용 전기주전자	33		12	16	38		99
다이슨 요약		**112**	**64**	**98**	**62**	**78**	**55**	**469**
⊟모토로라	이동형 미니정수기				24	39		63
모토로라 요약					**24**	**39**		**63**
⊟삼성전자	키친 코코 멀티포트	17	32	18	25	24		116
삼성전자 요약		**17**	**32**	**18**	**25**	**24**		**116**
⊟소닉케어	알칼리 냉정수기		17		10		20	47
	웰빙 미니정수기	9	18		30	40		97

클릭 후 채우기 색 변경

08 끝으로 [행] 영역에서 제조사에 표시되어 있는 [−] 버튼을 클릭해 봅니다. 다음과 같이 버튼이 [+] 모양으로 바뀌고 제품명이 축소됩니다. '피벗 테이블 필드' 패널에서 [행] 영역에 [제조사]와 [제품명] 필드를 배치한 것처럼 영역에 여러 필드를 배치하면 [확장/축소] 버튼이 추가되며, 클릭해서 세부 항목을 표시하거나 가릴 수 있습니다.

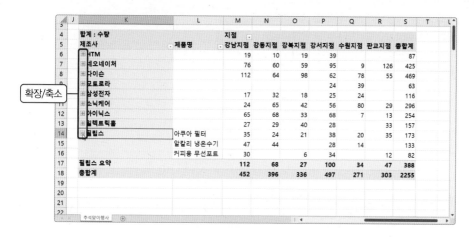

TIP 피벗 테이블의 행 또는 열 영역에서 [마우스 우클릭] 후 [확장/축소]-[전체 필드 확장] 또는 [전체 필드 축소]를 선택하면 모든 필드를 확장하거나 축소할 수 있습니다.

오빠두! 특강 | 피벗 테이블 옵션 대화상자 살펴보기

피벗 테이블에서 [마우스 우클릭] 후 [피벗 테이블 옵션]을 선택하면 다음과 같은 '피벗 테이블 옵션' 대화상자가 열리며, 여기서 [확장/축소] 버튼을 숨기거나 열 너비를 고정할 수 있습니다.

버튼 숨기기: '피벗 테이블 옵션' 대화상자의 [표시] 탭에서 [확장/축소 단추 표시] 옵션을 **체크 해제**하면 피벗 테이블에서 [확장/축소] 버튼이 사라집니다.

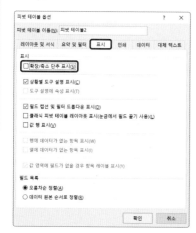

▲ [확장/축소] 버튼을 숨겨서 깔끔한 보고서를 완성할 수 있습니다.

> **TIP** 피벗 테이블에서 [확장/축소] 버튼을 숨겼다면 피벗 테이블에서 여러 필드를 배치한 영역에 마우스 커서를 놓고 Shift를 누른 채 마우스 휠을 위/아래로 조절해서 필드 영역을 일괄 확장/축소할 수 있습니다.

열 너비 고정: 피벗 테이블로 대시보드를 만들 때는 열 너비를 고정해서 항상 깔끔한 상태로 유지하는 것이 중요합니다. 하지만 피벗 테이블은 업데이트될 때마다 열 너비가 자동으로 조절됩니다. 피벗 테이블의 열 너비를 항상 고정하려면 '피벗 테이블 옵션' 대화상자의 [레이아웃 및 서식] 탭에서 [업데이트 시 열 자동 맞춤] 옵션을 **체크 해제**해야 합니다.

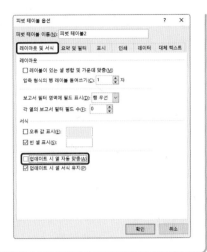

 실무 활용 **필드 표시 형식 및 집계 방식 변경하여 매출 현황 분석하기**

06-005.xlsx 예제 파일을 실행한 후 [원본데이터] 시트를 보면 카페 브랜드별 매출 현황이 정리되어 있습니다. [원본데이터] 시트의 데이터를 이용하여 [피벗보고서] 시트에 카페 브랜드별 매출 현황을 분석하는 피벗 테이블 보고서를 완성하면서 값 표시 형식 변경 방법을 알아보겠습니다. 실습 과정은 다음 동영상 강의에서도 확인할 수 있습니다.

https://youtu.be/iSlCCZlnt34

01 06-005.xlsx 예제 파일을 열고 ❶ [원본데이터] 시트의 표에서 임의의 셀을 선택한 후 ❷ [삽입] 탭-[표] 그룹의 [피벗 테이블]을 클릭하여 '표 또는 범위의 피벗 테이블' 대화상자를 엽니다. ❸ [기존 워크시트]를 선택하고, ❹ [피벗보고서] 시트의 ❺ [A1]셀을 클릭하여 [위치] 옵션으로 지정한 후 ❻ [확인] 버튼을 클릭합니다.

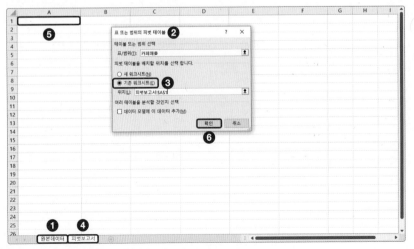

02 각 브랜드의 메뉴 구분별 매출액과 할인율을 분석하기 위해 ❶ 다음과 같이 [행]과 [값] 영역에 필드를 배치하여 피벗 테이블을 구성합니다. ❷ 가독성을 높이기 위해 [디자인] 탭-[레이아웃] 그룹에서 [보고서 레이아웃]-[테이블 형식으로 표시]를 선택합니다. **Link** 보고서 레이아웃 설정은 289쪽을 참고하세요.

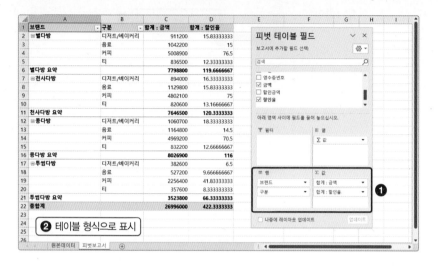

> **TIP** '피벗 테이블 필드' 패널에서 [열] 영역에 있는 [∑ 값] 필드는 [값] 영역에 여러 개의 필드를 추가하면 자동으로 생성됩니다.

03 매출 금액 합계가 집계되었으나, 천 단위 구분 기호가 없어 값을 파악하기 어렵습니다. ❶ [금액] 필드에 있는 임의의 값에서 [마우스 우클릭] 후 ❷ [필드 표시 형식]을 선택하여 '셀 서식' 대화상자를 엽니다. ❸ [숫자] 범주를 선택하고, ❹ [1000 단위 구분 기호 사용]에 체크한 후 ❺ [확인] 버튼을 클릭합니다.

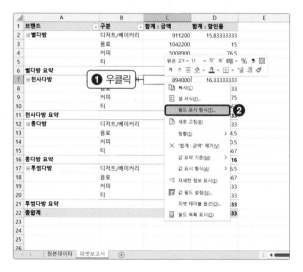

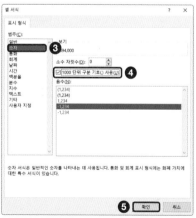

> **TIP** '셀 서식' 대화상자의 [사용자 지정] 범주에서 [형식] 옵션에 #,##0을 입력해도 됩니다.

04 계속해서 할인율의 표시 형식을 백분율로 변경하기 위해 ❶ [할인율] 필드에서 '셀 서식' 대화상자를 열어 ❷ [백분율] 범주를 선택하고 ❸ [소수 자릿수] 옵션을 2로 변경한 후 ❹ [확인] 버튼을 클릭합니다.

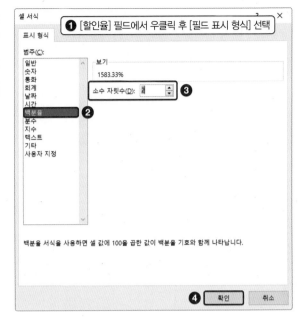

05 백분율 형식으로 변경한 [할인율] 필드를 보니 합계로 집계되어 데이터 분석이 어렵습니다. 그러므로 집계 방식을 평균으로 변경하겠습니다. ❶ [할인율] 필드의 값에서 [마우스 우클릭] 후 ❷ [값 요약 기준]-[평균]을 선택합니다.

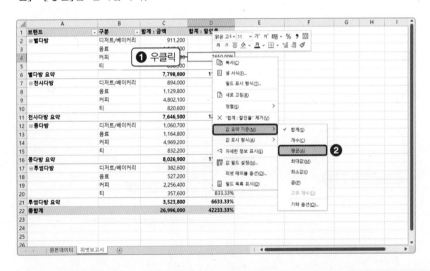

TIP 피벗 테이블 집계에 사용된 세부 항목이 궁금하다면 값을 빠르게 더블 클릭하거나 해당 값에서 [마우스 우클릭] 후 [자세한 정보 표시]를 선택합니다.

06 끝으로 항목별 판매된 개수를 집계하기 위해 [값] 영역의 맨 위에 **[영수증번호]**를 배치하고, 표시 형식으로 천 단위 구분 기호를 적용하여 완성합니다.

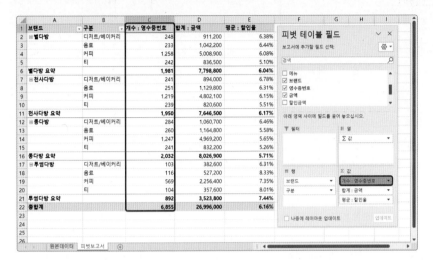

> **TIP** [영수증번호] 필드는 문자 값이므로 '개수'로 집계됩니다. [영수증번호] 필드가 아닌 [브랜드], [평일/휴일]처럼 숫자가 아닌 값을 가진 필드를 배치해도 됩니다. 단, 중간에 누락된 값이 있으면 개수에서 제외되므로 반드시 모든 값이 온전하게 입력된 필드를 사용해야 합니다.

데이터 해석의 오류가 발생할 수 있는 집계 방식 선택

피벗 테이블에서 합계와 평균으로 데이터를 집계할 때는 명확한 기준에 따라 집계 방식을 선택해야 합니다.

자칫 잘못된 방식을 사용해서 값을 비교하다 보면 데이터를 해석하는 데 오류가 발생할 수 있습니다. 예를 들어 06-005. xlsx 예제 파일의 [일별자료] 시트에 입력된 원본 데이터에서 다음과 같이 매장별 평일과 휴일의 매출 내역을 비교하기 위해 피벗 테이블을 추가하면 [값] 영역에 배치한 [금액] 필드는 숫자 데이터이므로 '합계' 방식으로 집계된 값이 표시됩니다.

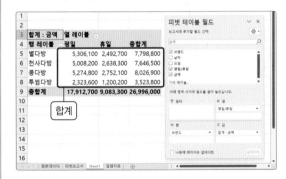

위와 같은 피벗 테이블을 보면 단순하게 평일의 매출이 휴일에 비해 2배 정도 많다고 분석할 수 있습니다. 하지만 한 주는 보통 평일이 5일이고, 휴일이 2일이라는 점을 고려해야 합니다. 그러므로 이런 상황에서는 집계 방식을 [합계]가 아닌 [평균]으로 변경하여 집계해야 합니다.

다음과 같이 평일과 휴일의 평균 매출액을 집계해 보면 앞서와 달리 별다방은 평일 매출이 높고, 나머지 매장은 휴일 매출이 높다고 분석할 수 있습니다.

위와 비슷한 상황으로 월별 매출을 비교할 때가 있습니다. 월에 따라 한 달이 28일이거나 30일 혹은 31일입니다. 그러므로 정확한 월별 매출을 비교할 때도 평균으로 집계하는 것이 좋습니다.

> **TIP** 피벗 테이블의 평균은 산술 평균으로 계산됩니다. 하지만 평균 계산 방식이 산술 평균만 있는 것은
> 아닙니다. 피벗 테이블의 산술 평균 사용으로 인한 문제점과 해결 방법은 다음 동영상 강의를 참고하세요.
>
> https://youtu.be/wy8he54nWmg

피벗 테이블의 값 표시 형식 파악하기

예제 파일 06-006.xlsx, 06-006-1.xlsx 피벗 테이블의 원본 데이터 값을 합계, 평균 등 다양한 방식으로 집계한 후 좀 더 효과적으로 확인하거나 명확하게 파악할 수 있도록 전체 합계 대비 비율이나 누계 등으로 결과를 표시하는 값 표시 형식에 대해 살펴보겠습니다.

엑셀 기초 | 피벗 테이블의 값 표시 형식 15가지

피벗 테이블의 값 표시 형식은 15종류이며, 자주 사용하는 값 표시 형식은 합계 비율과 누계입니다. 피벗 테이블의 임의의 값에서 [마우스 우클릭] 후 [값 표시 형식]을 선택하면 다음과 같은 15가지 형식 중 하나를 선택할 수 있습니다. 아래 표에서 강조한 형식만 주로 사용되므로, 나머지 값 표시 형식은 간단히 살펴보고 넘어가도 괜찮습니다.

값 표시 형식	설명	계산식
계산 없음	입력된 그대로의 값을 표시	–
총합계 비율	총 합계에 대한 비율	해당 값 ÷ 총 합계
행 합계 비율/열 합계 비율	행/열 합계에 대한 비율	해당 값 ÷ 행(열) 합계
[기준값]에 대한 비율	특정 필드에 있는 값에 대한 비율	해당 값 ÷ 기준 필드의 값
상위 합계 비율	상위 항목 값에 대한 비율	해당 값 ÷ 상위 항목의 값
[기준값]과의 차이	특정 필드에 있는 값과의 차이	기준 필드의 값–해당 값
[기준값]에 대한 비율의 차이	특정 필드에 있는 값과의 차이를 비율로 표시	(기준 필드의 값–해당 값) ÷ 해당 값
누계	기준 필드의 연속된 값의 합계	이전 값 + 해당 값
누계 비율	기준 필드의 연속된 값의 합계를 비율로 표시	(이전 값 + 해당 값) ÷ 필드 합계
오름차순 순위 지정 내림차순 순위 지정	특정 필드의 가장 크거나 작은 값 기준으로 순위를 계산	–
인덱스	각 필드 값의 상대적인 중요도 표시	(필드 값 x 총 합계) ÷ (행 합계 x 열 합계)

TIP 엑셀 2007 이하 버전에서는 [총 합계 비율]이 [전체에 대한 비율]로, [열 합계 비율]이 [행 방향의 비율]로, [행 합계 비율]이 [열 방향의 비율]로 표시됩니다.

실무 활용 조건부 서식과 값 표시 형식으로 입고 내역 분석하기

06-006.xlsx 예제 파일을 실행해 보면 전자 제품 매장의 7일간 재고 입고 내역이 정리되어 있습니다. 피 벗 테이블을 추가하여 일별 입고 내역을 확인한 후 값 표시 형식과 조건부 서식을 활용하여 다양한 방식으로 입고 내역을 분석해 보겠습니다.

01 06-006.xlsx 예제 파일에서 ❶ 표에 있는 임의의 셀을 선택하고 ❷ [삽입] 탭−[표] 그룹에서 [피벗 테이블]을 클릭하여 대화상자를 엽니다. ❸ 기존 워크시트의 ❹ [G4]셀을 [위치] 옵션으로 지정하고 ❺ [확인] 버튼을 클릭합니다.

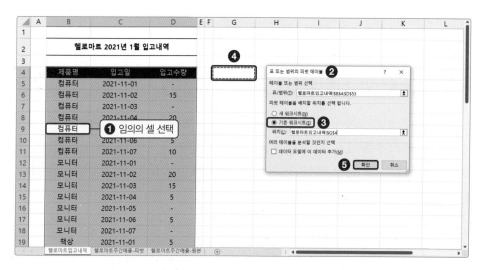

02 '피벗 테이블 필드' 패널이 열리면 [행] 영역에 [제품명], [열] 영역에 [입고일], [값] 영역에 [입고수량] 필드를 배치하여 피벗 테이블을 완성하면 각 제품의 일별 입고 수량이 정리됩니다.

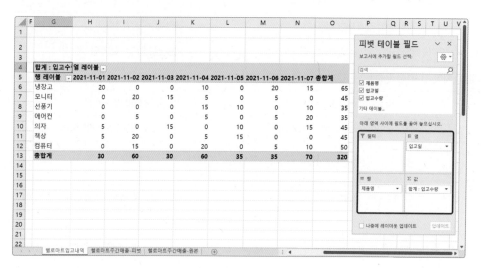

03 피벗 테이블에서 입고가 되지 않은 항목을 좀 더 쉽게 파악할 수 있도록 0을 하이픈(-)으로 변경하겠습니다. ❶ 임의의 입고수량 값에서 [마우스 우클릭] 후 ❷ [필드 표시 형식]을 선택합니다.

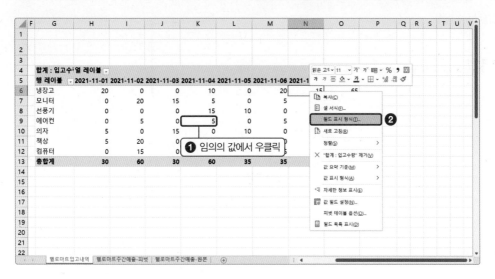

04 ❶ '셀 서식' 대화상자가 열리면 [회계] 범주를 선택한 후 ❷ [기호] 옵션을 **없음**, ❸ [소수 자릿수] 옵션을 0으로 변경하고 ❹ [확인] 버튼을 클릭합니다. 숫자 0이 모두 하이픈(-)으로 변경됩니다.

> **TIP** '셀 서식' 대화상자에서 [사용자 지정 서식] 범주를 선택하고 [형식] 옵션에 0;-0;-;@을 입력해도 0이 하이픈(-)으로 변경됩니다.

05 값 표시 형식을 변경하여 각 재고의 일별 입고 내역의 누계를 파악해 보겠습니다. 임의의 입고수량 값에서 [마우스 우클릭] 후 [값 표시 형식] – [누계]를 선택합니다.

06 '값 표시 형식' 대화상자가 열리면 입고일별 누계를 구할 것이므로, ❶ [기준 필드] 옵션을 **입고일**로 설정하고 ❷ [확인] 버튼을 클릭합니다. 피벗 테이블에서 [총합계] 필드 값이 사라지고, 일자별 입고수량이 누계로 변경됩니다.

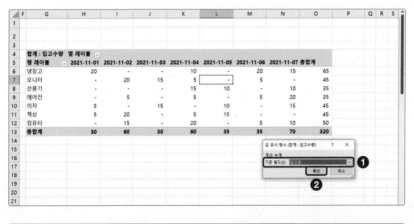

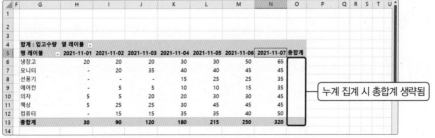

TIP 값 표시 형식 중 [누계], [오름차순/내림차순 순위 지정] 등 일부 메뉴는 집계되는 방향의 총합계를 계산하지 않습니다.

07 마지막으로 조건부 서식을 추가해서 입고 내역의 트렌드를 분석하겠습니다. 피벗 테이블에서 **❶** 값 영역인 **[H6:N12]** 범위를 선택한 후 **❷** **[홈]** 탭–**[스타일]** 그룹에서 **[조건부 서식]**–**[색조]**–**[녹색–흰색 색조]**를 선택하여 조건부 서식을 적용합니다.

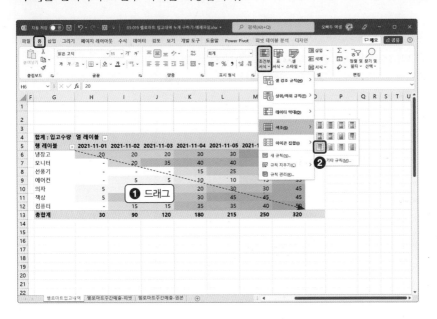

08 피벗 테이블의 범위는 원본 데이터에 따라 수시로 확장/축소됩니다. 따라서 조건부 서식의 범위도 피 벗 테이블 범위에 맞춰서 변경되도록 설정해야 합니다. 조건부 서식이 적용된 범위의 오른쪽 아래에 표시되는 **❶** **[서식 옵션]** 버튼을 클릭한 후 **❷** **["제품명" 및 "입고일"에 대해 "입고수량" 값을 표시하는 모든 셀]**을 선택합니다.

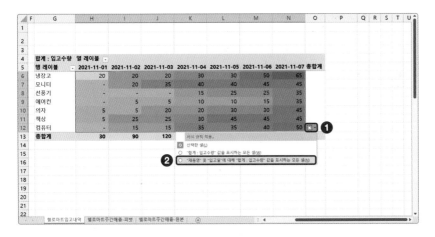

> **TIP** [서식 옵션] 버튼이 보이지 않을 때는 [홈] 탭–[스타일] 그룹에서 [조건부 서식]–[규칙 관리]를 선택하여 '조건부 서식 규칙 관리자'를 열고, 적용한 조건부 서식을 선택한 후 [규칙 편집]을 클릭하여 규칙 적용 대상을 설정합니다.

오빠두! 특강

주 단위로 매출 변화량 분석하기

피벗 테이블의 값 표시 형식을 사용하면 시간 흐름에 따른 매출의 변화량도 분석할 수 있습니다.

06-006-1.xlsx 예제 파일을 실행한 후 [헬로마트주간매출—피벗] 시트를 보면 [헬로마트주간매출—원본] 시트의 데이터를 이용해 완성한 피벗 테이블이 있으며, [조건부 서식]—[데이터 막대] 기능으로 서식이 적용되어 있습니다.

피벗 테이블에서 ❶ 임의의 매출액 값을 [마우스 우클릭] 후 ❷ [값 표시 형식]—[기준값과의 차이]를 선택합니다. ❸ '값 표시 형식' 대화상자에서 [기준 필드] 옵션을 **주번호**로, [기준 항목] 옵션을 **(이전)**으로 설정하고 ❹ [확인] 버튼을 클릭하면 한 주 전을 기준으로 매출 변화량을 확인할 수 있습니다.

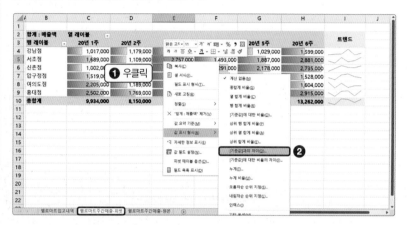

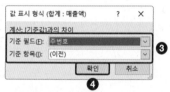

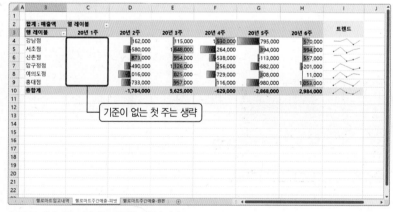

▲ 전 주 대비 매출 변화량을 확인할 수 있습니다.

 **실무 활용** **값 표시 형식으로 입고 수량의 합계와 비율 표시하기**

값 표시 형식을 활용하면 값의 합계와 비율을 동시에 표시할 수도 있습니다. 전자 제품 매장의 7일간 재고 입고 내역이 정리되어 있는 예제 파일을 실행한 후 제품별 재고 수량과 비율을 동시에 확인해 보겠습니다.

01 06-006.xlsx 예제 파일에서 [G4]셀에 피벗 테이블을 생성한 후 '피벗 테이블 필드' 패널에서 [행] 영역에 [제품명], [값] 영역에 [입고수량] 필드를 배치하여 제품별 보관 중인 재고 수량을 확인하는 피벗 테 이블을 완성합니다.

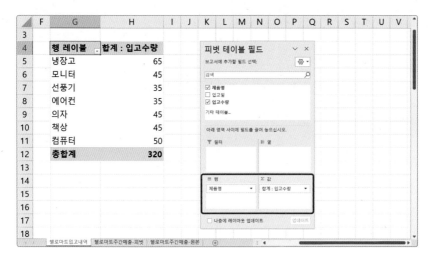

02 입고수량의 합계를 유지한 채 제품별 재고 비율을 표시하기 위해 '피벗 테이블 필드' 패널에서 [값] 영 역으로 [입고수량] 필드를 드래그하여 추가로 배치합니다. 추가로 배치한 [입고수량] 필드가 [입고수량2] 필 드로 표시됩니다.

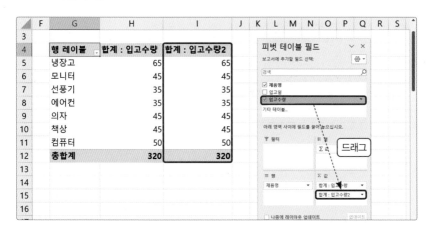

03 피벗 테이블에서 새롭게 추가된 [입고수량2] 필드의 값에서 [마우스 우클릭] 후 [값 표시 형식]-[총합계 비율]을 선택합니다.

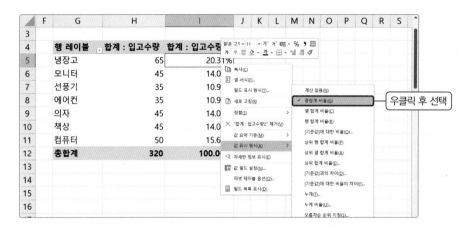

TIP 총합계 비율은 '해당 값÷총합계'가 백분율 스타일로 표시됩니다.

04 [입고수량] 필드에는 합계가, [입고수량2] 필드에는 비율이 표시되었습니다. 피벗 테이블에서 ❶ [입고수량]과 [입고수량2] 필드명을 각각 더블 클릭해서 '값 필드 설정' 대화상자를 열고 ❷ [사용자 지정 이름] 옵션에 **입고합계**와 **입고비율**을 각각 입력한 후 ❸ [확인] 버튼을 클릭하면 최종 피벗 테이블 보고서가 완성됩니다.

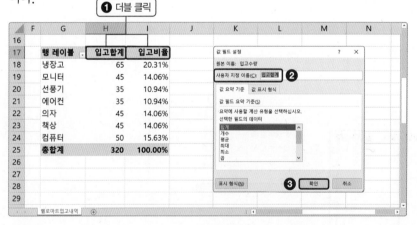

TIP 필드명을 클릭해서 선택한 후 수식 입력줄을 이용하거나 F2를 누르면 좀 더 간편하게 필드명을 변경할 수 있습니다.

데이터를 빠르게 집계하는 그룹 및 정렬 기능

> **예제 파일** 06-007.xlsx, 06-008.xlsx, 06-009.xlsx 피벗 테이블의 기본적인 사용 방법만으로도 충분히 데이터를 집계하여 멋진 보고서를 완성할 수 있습니다. 하지만 수없이 많은 데이터 중 필요한 내용을 좀 더 빠르고 명확하게 집계하고 싶을 때 그룹 및 정렬 기능을 함께 활용하면 효과적입니다.

실무 활용 그룹 기능으로 구간별 데이터 분석하기

피벗 테이블의 '그룹' 기능을 사용하면 나이나 금액처럼 숫자 형식의 데이터가 넓은 범위로 흩어져서 입력되어 있을 때 지정한 구간별로 묶어서 분석할 수 있습니다. 이러한 그룹 기능은 필드 값에 텍스트가 하나도 포함되어 있지 않은 숫자일 때만 사용할 수 있습니다.

06-007.xlsx 예제 파일을 실행해 보면 [행] 영역에 [성별]과 [나이], [값] 영역에 [수량]과 [금액] 필드를 배치하여 고객의 성별/나이별 구매 현황을 파악할 수 있는 피벗 테이블 보고서가 생성되어 있습니다. 그룹 기능을 사용하여 특정 구간별로 데이터를 분석해 보겠습니다.

01 06-007.xlsx 예제 파일의 피벗 테이블에서 다양하게 분포된 나이를 5살 단위로 묶어서 분류해 보겠습니다. ❶ 피벗 테이블에서 임의의 나이 값을 [마우스 우클릭] 후 ❷ [그룹]을 선택합니다.

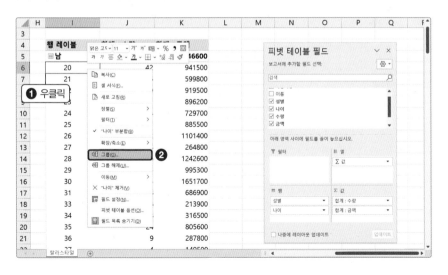

02 ❶ '그룹화' 대화상자가 열리면 [단위] 옵션에 5를 입력한 후 ❷ [확인] 버튼을 클릭합니다. 성별로 구분된 상태에서 다시 5살 단위의 나이대별로 분류한 분석 보고서가 완성되었습니다.

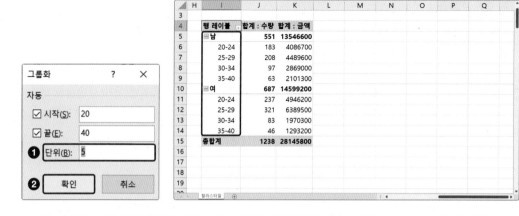

TIP 필드 값이 나이나 금액 같은 숫자라면 [시작], [끝], 묶을 [단위] 옵션을 설정해서 그룹화할 수 있습니다. 이때 [시작]과 [끝] 옵션은 필드에 입력된 값에 따라 자동으로 설정됩니다.

03 구매 현황 파악에 용이하도록 [수량]과 [금액] 필드 값에서 각각 [마우스 우클릭] 후 [값 요약 기준]-[평균]을 선택해서 집계 방식을 변경합니다.

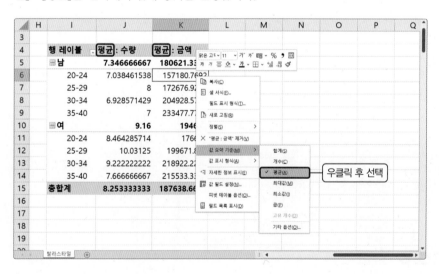

04 계속해서 ❶ [수량]과 [금액] 필드 값에서 각각 [마우스 우클릭] 후 [필드 표시 형식]을 선택하고, '셀 서식' 대화상자가 열리면 ❷ [숫자] 범주에서 [소수 자릿수] 옵션은 1, [1000 단위 구분 기호 사용]은 **체크**로 설정하고 ❸ [확인] 버튼을 클릭합니다.

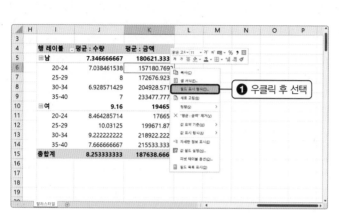

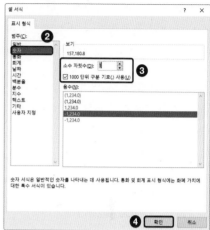

TIP 수량과 금액 값이 입력된 범위를 모두 선택한 후 Ctrl + Shift + 1 을 눌러 천 단위 구분 기호를 표시하고, [홈] 탭-[표시 형식] 그룹에서 [자릿수 늘림]을 클릭하여 소수 자릿수를 추가해도 됩니다.

05 마지막으로 보고서를 시각화하기 위해 [수량]과 [금액] 필드에서 각각 요약 행([5], [10], [15]행)을 제외한 값 범위를 선택한 후 [홈] 탭-[스타일] 그룹에서 [조건부 서식]을 적용하면 고객의 나이대별 구매 현황 분석 보고서가 완성됩니다.

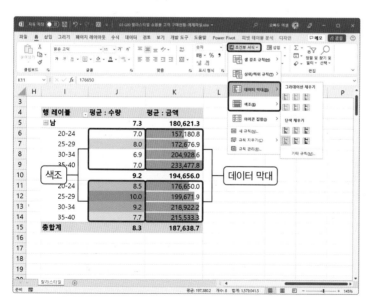

TIP [수량] 필드 값에는 [색조]를, [금액] 필드 값에는 [데이터 막대]를 적용했습니다.

필드에 입력된 값이 날짜나 시간이라면 시작 날짜(시간)와 마지막 날짜(시간)로 묶어서 표시할 수 있습니다. 이러한 날짜나 시간 그룹화는 '연도, 분기, 월, 일, 시, 분, 초'로만 가능하며 '요일'과 '주 번호'는 제공하지 않습니다. 따라서 요일과 주 번호로 그룹화하려면 원본 데이터에서 요일과 주 번호가 입력된 임시열을 추가해야 합니다. 예제 파일을 실행한 후 날짜 데이터 그룹화를 실습해 보겠습니다.

01 06-008.xlsx 예제 파일의 [원본데이터] 시트에 있는 표를 이용해 새로운 시트에 피벗 테이블을 생성하고 다음과 같이 [열] 영역에 [평일/휴일], [행] 영역에 [날짜], [값] 영역에 [금액] 필드를 배치합니다. [행] 영역에 [날짜] 필드를 배치하면 자동으로 날짜가 인덱싱되어 [월] 필드가 추가됩니다.

> **TIP** 날짜 자동 인덱싱은 엑셀 2016 이후 버전에서만 제공됩니다. 2013 이전 버전 사용자는 직접 날짜를 그룹화해야 합니다.

02 [월] 필드 이외에 자동으로 인덱싱된 그룹을 추가하기 위해 ❶ 월 항목에서 [마우스 우클릭] 후 ❷ [그룹]을 선택해서 '그룹화' 대화상자를 엽니다. ❸ '단위' 영역에서 자동으로 인덱싱된 그룹 중 [월]과 [연]을 선택하고 ❹ [확인] 버튼을 클릭하면 날짜가 연도/월 단위로 집계됩니다.

TIP 날짜 데이터에서 단위를 선택할 때는 기준을 올바르게 설정해야 제대로 된 결과를 얻을 수 있습니다. 만약 2019년부터 2021년까지 3개년의 데이터가 있는 상황에서 [월]로만 그룹화하면 연도는 무시된 채 월별 데이터가 집계됩니다.

03 이번에는 특정 일자(3일)를 기준으로 날짜 데이터를 그룹화하여 집계해 보겠습니다. ❶ '그룹화' 대화상자를 열고 단위 목록에서 [일]만 선택한 후 ❷ [날짜 수] 옵션에 3을 입력하고 ❸ [확인] 버튼을 클릭합니다.

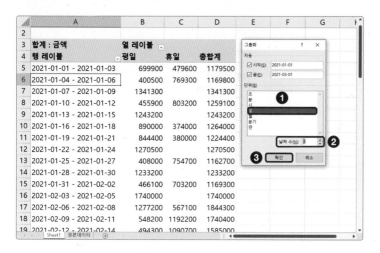

04 특정 요일을 시작으로 주 단위 데이터를 집계할 수도 있습니다. ❶ '그룹화' 대화상자를 열고, [시작] 옵션에 기준으로 삼을 첫 주의 월요일 날짜인 2020-12-28을 입력합니다. ❷ 목록에서는 [일]만 선택하고, ❸ [날짜 수]에 7을 입력한 후 ❹ [확인] 버튼을 클릭하면 매주 월요일부터 일주일 단위로 그룹화됩니다.

TIP [날짜 수] 옵션은 단위 목록에서 [일]을 선택했을 때만 사용할 수 있습니다.

피벗 테이블 보고서에서 사용할 수 있는 필터는 **[필터] 영역 필터, 값 필터, 레이블 필터** 3개로 구분됩니다. 피벗 테이블 보고서의 행과 열 영역에 표시되는 **[필터]** 버튼을 클릭하면 **[레이블 필터]**와 **[값 필터]** 메뉴가 있고, '피벗 테이블 필드' 패널에서 **[필터]** 영역으로 필드를 배치하면 해당 필드에 있는 값 중에서 원하는 데이터만 필터링할 수 있습니다.

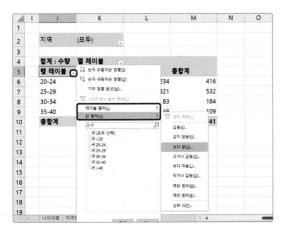 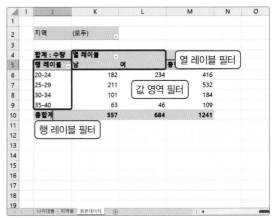

▲ 피벗 테이블에 있는 기본 [필터] 버튼을 클릭하면 레이블 필터와 값 필터를 사용할 수 있습니다.

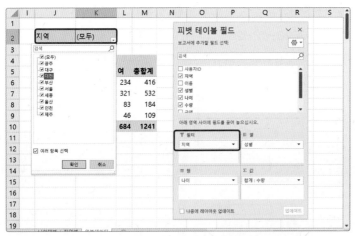

▲ [필터] 영역에 필드를 배치하면 피벗 테이블 위쪽으로 별도의 필터가 추가됩니다.

필터 종류	대상	기능
[필터] 영역	[필터] 영역에 배치한 필드의 원본 데이터	원본 데이터를 대상으로 필터를 적용합니다. '~보다 큰 값', '~를 포함하는 값' 등의 조건을 지정할 수 없으며, 항목을 선택하는 형태로만 사용할 수 있습니다. 실무에서는 필터 영역 필터 대신 슬라이서를 사용합니다. **Link** 슬라이서 기능은 **326쪽**을 참고하세요.

필터 종류	대상	기능
레이블 필터	피벗 테이블 보고서에 표시된 값	피벗 테이블의 행과 열 영역에 적용되는 필터입니다. 일반 필터와 동일하게 사용할 수 있습니다.
값 필터		피벗 테이블의 값 영역에 적용되는 필터입니다. 피벗 테이블의 값 영역에는 숫자만 표시되므로, 숫자와 관련된 필터(~보다 큼, ~보다 작음 등)만 사용할 수 있습니다.

실무 활용 │ 필터 및 정렬 기능으로 우수 고객 빠르게 파악하기

06-009.xlsx 예제 파일을 실행해 보면 [원본데이터] 시트의 표를 이용하여 생성한 나이대별, 지역별 피벗 테이블 보고서가 각각의 시트에 배치되어 있습니다. 완성된 피벗 테이블 보고서에서 필터를 이용하여 원하는 내용을 빠르게 확인해 보겠습니다.

01 06-009.xlsx 예제 파일의 ❶ [나이대별] 시트에서 특정 지역의 고객 현황을 확인하기 위해 ❷ '피벗 테이블 필드' 패널의 [필터] 영역에 [지역] 필드를 배치합니다.

> **TIP** '피벗 테이블 필드' 패널이 보이지 않으면 피벗 테이블에서 [마우스 우클릭] 후 [필드 목록 표시]를 선택합니다.

02 피벗 테이블 위로 지역 필터가 추가되면 ❶ [필터] 버튼을 클릭한 후 ❷ 지역 목록에서 [서울]에만 **체크**하고 ❸ [확인] 버튼을 클릭합니다. 피벗 테이블 보고서에 서울 지역의 고객 현황만 표시됩니다.

> **TIP** 필터를 적용한 후 적용된 모든 필터를 초기화할 때는 [피벗 테이블 분석] 탭-[동작] 그룹에서 [지우기]-[필터 해제]를 선택합니다.

03 [필터] 영역을 이용하면 피벗 테이블 보고서에 필터링된 항목이 표시되지 않는 단점이 있습니다. 그러므로 [행] 영역에 배치한 후 [레이블 필터]를 이용하는 것이 좋습니다. '피벗 테이블 필드' 패널에서 [지역] 필드를 [행] 영역의 맨 위로 드래그해서 옮깁니다.

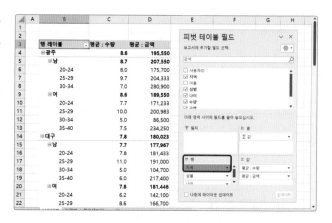

04 행 레이블 필터는 테이블 형식 레이아웃에서 좀 더 편리하게 사용할 수 있습니다. [디자인] 탭-[레이아웃] 그룹에서 [보고서 레이아웃]-[테이블 형식으로 표시]를 선택합니다.

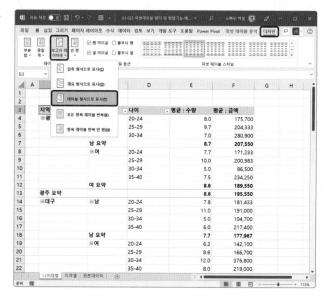

TIP 289쪽에서 소개한 방법으로 기본 레이아웃 설정을 변경하지 않았다면 피벗 테이블의 기본 레이아웃은 압축 형식입니다. 압축 형식은 한 열에 모든 필드를 표시하기 때문에 원하는 필드에 필터를 적용하기 번거롭습니다.

05 피벗 테이블이 테이블 형식으로 바뀌면 ❶ [지역] 필드에서 [필터] 버튼을 클릭한 후 ❷ 필터링할 지역에 체크하고 ❸ [확인] 버튼을 클릭하여 원하는 지역의 구매 현황을 확인합니다.

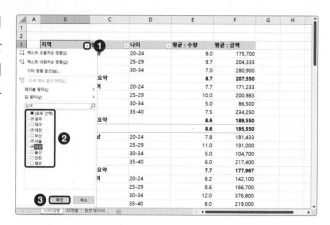

오빠두! 특강

단축키로 특정 항목 빠르게 제외하기

단축키를 사용해서 피벗 테이블의 특정 항목을 제외하면 원하는 항목만 빠르게 확인할 수 있습니다.

예를 들어, [나이] 필드 값 중 [25-29] 항목을 숨기고 싶다면 피벗 테이블에서 [25-29]를 선택한 후 Ctrl + - 를 누릅니다. 이후 [나이] 필드의 [필터] 버튼을 클릭해 보면 값 목록 중 [25-29] 항목만 체크가 해제된 것을 확인할 수 있습니다.

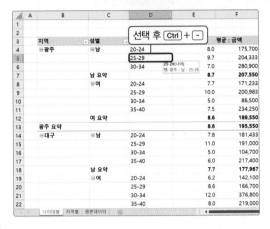 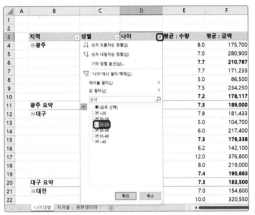

06 이번에는 지역별 우수 고객을 선발해 보겠습니다. ❶ [지역별] 시트로 이동한 후 ❷ [이름] 필드의 [필터] 버튼을 클릭하고 ❸ [값 필터]-[상위 10]을 선택합니다.

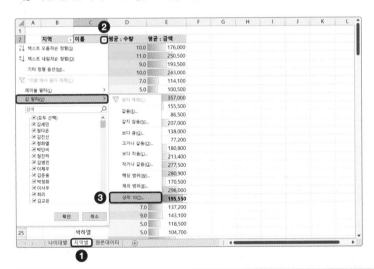

> **TIP** 지역별 우수 고객을 선발해야 하므로 [이름] 필드에서 [금액]을 기준으로 값 필터를 적용합니다. 만약 [지역] 필드에서 필터를 적용하면 금액이 높은 상위 3개 지역이 필터링됩니다.

07 ❶ '상위 10 필터' 대화상자가 열리면 다음과 같이 **상위, 3, 항목, 평균:금액**으로 설정한 후 ❷ [확인] 버튼을 클릭합니다. 지역별로 구매를 많이 한 상위 3명의 고객이 필터링됩니다.

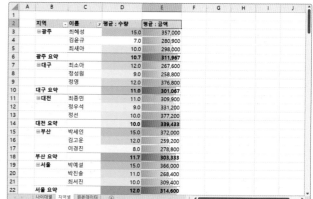

08 지역별 우수 고객 3명을 선발했으니 이제 데이터를 정렬하여 지역별 최우수 고객을 확인해 보겠습니다. 금액이 높은 순서대로 정렬하기 위해 ❶ [이름] 필드에서 [필터] 버튼을 클릭한 후 ❷ [기타 정렬 옵션]을 선택합니다.

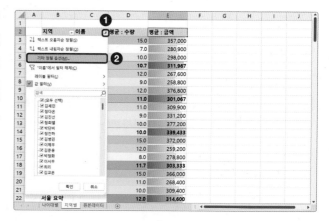

09 ❶ '정렬' 대화상자가 열리면 [내림차순 기준]을 선택하고 **평균:금액**으로 설정한 후 ❷ [확인] 버튼을 클릭합니다. 금액이 높은 값부터 낮은 순으로 정렬됩니다.

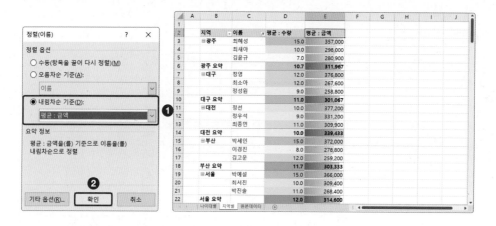

LESSON
05

피벗 테이블의 활용도를 높여 줄 유용한 기능

예제 파일 06-010.xlsx, 06-011.xlsx　지금까지 피벗 테이블을 이용해 데이터를 재배열한 후 보기 좋게 꾸미고, 원하는 데이터를 빠르게 찾는 방법을 소개했습니다. 마지막으로 피벗 테이블을 사용할 때 좀 더 효과적으로 활용할 수 있는 몇 가지 추가 기능을 소개합니다.

실무 활용　피벗 테이블 보고서를 여러 시트로 나누기

피벗 테이블에서 필터를 활용하면 원하는 항목을 빠르게 볼 수 있을 뿐만 아니라 항목별 보고서를 분리하여 여러 시트에 나눠서 배치할 수도 있습니다. 예제 파일을 실행한 후 **[나이대별]** 시트에서 지역별로 시트를 구분해 보겠습니다. 피벗 테이블 보고서를 여러 시트로 나누는 방법은 다음 동영상 강의에서도 확인할 수 있습니다.

https://youtu.be/tHwaDYPPfp8

01 06-010.xlsx 예제 파일의 ❶ **[나이대별]** 시트에서 ❷ 피벗 테이블에 있는 **[지역]** 필드의 **[필터]** 버튼을 클릭한 후 ❸ 확인하고 싶은 지역만 찾아 **체크**한 후 ❹ **[확인]**을 클릭합니다. **Link** 피벗 테이블 필터에 대한 자세한 설명은 312쪽을 참고합니다.

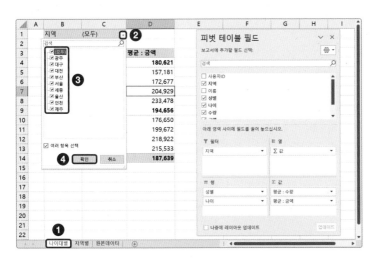

02 원하는 지역을 선택해서 필터링했다면 이제 필터링한 지역별로 시트를 구분해 보겠습니다. ❶ [피벗 테이블 분석] 탭-[피벗 테이블] 그룹에서 [옵션]의 [펼침]☑ 버튼을 클릭한 후 ❷ [보고서 필터 페이지 표시]를 선택합니다.

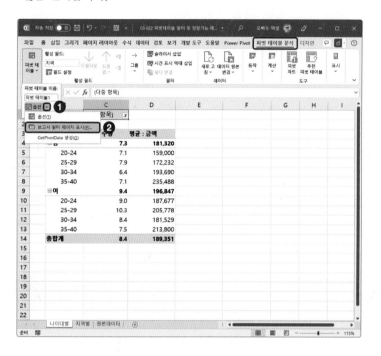

03 ❶ '보고서 필터 페이지 표시' 대화상자가 열리면 시트별로 나눌 [지역] 필드를 선택한 후 ❷ [확인] 버튼을 클릭합니다. [나이대별] 시트는 유지된 채 앞서 필터링한 지역별로 새로운 시트에 피벗 테이블 보고서가 추가됩니다.

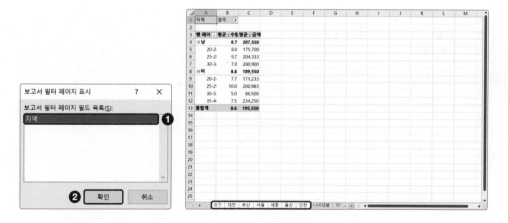

현업에서 사용하는 자료는 주기적으로 다운로드하여 관리할 때가 많으므로, 원본 데이터의 형태를 유지하는 일은 매우 중요합니다. 만약 서버에서 다운로드한 데이터에는 [지역], [지점명], [기준년도], [매출액], [매출이익], [예약률] 필드만 있으나 다음과 같이 필요에 따라 '매출이익/매출액'으로 계산한 [매출이익률] 필드를 추가하여 관리했다면 어떤 문제가 발생할까요?

일정 기간이 지난 후 새로운 데이터를 다운로드하여 기존 데이터에 추가할 경우 [매출이익률] 필드 때문에 데이터의 열이 제대로 맞지 않게 됩니다. 이러한 문제에 대응하고자 임시 방편으로 계산된 값이 있는 필드를 표의 오른쪽 끝에 추가해서 관리할 수도 있지만, 완벽한 해결 방법은 아닙니다.

해결 방법은 간단합니다. 원본 데이터는 그대로 유지한 채 피벗 테이블에서 '계산 필드' 또는 '계산 항목'을 추가해서 관리하면 됩니다. 계산 필드와 계산 항목의 차이점은 다음과 같으며, 계산 항목은 사용하는 데 제약이 많으므로 계산 필드만 알아도 충분합니다. Link 계산 필드 및 계산 항목의 자세한 사용 방법은 이어지는 [실무 활용] 실습을 참고하세요.

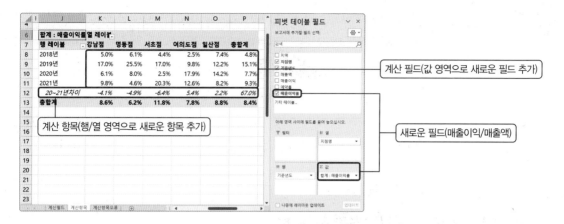

구분	설명	주의 사항
계산 필드	지정한 필드를 계산하여 값 영역에 새로운 필드를 추가합니다. 예) 이익률 = 매출이익 / 매출 　　총 단가 = 단가 + 배송 단가	• 덧셈, 뺄셈, 곱셈, 나눗셈 등 숫자 형식의 계산과 함수 사용 가능, 문자 & 문자 형식의 문자 계산은 불가 • 데이터 모델 피벗 테이블을 사용하면 문자 & 문자 형태의 계산도 가능
계산 항목	행/열에 있는 항목을 참조하여 새롭게 계산된 항목을 추가합니다. 예) 20년 대비 증감 = 2021년 – 2020년 　　강남 지역 합계 = 강남점 + 서초점	• 그룹화된 필드에서 사용할 수 없음 • 행/열 영역으로 하나의 필드만 배치해야 함

실무 활용　계산 필드로 매출이익률 구하고 #DIV/0! 오류 해결하기

06-011.xlsx 예제 파일을 실행한 후 [계산필드] 시트를 보면 연도별 매출액과 매출이익이 정리된 표와 피벗 테이블이 있습니다. 피벗 테이블에 계산 필드를 추가하여 매출이익률을 구해 보겠습니다.

01 06-011.xlsx 예제 파일의 ❶ [계산 필드] 시트에서 피벗 테이블을 선택한 후 ❷ [피벗 테이블 분석] 탭-[계산] 그룹에서 [필드, 항목 및 집합]-[계산 필드]를 선택합니다.

02 ❶ '계산 필드 삽입' 대화상자가 열리면 **[이름]** 옵션에 **매출이익률**을 입력하고, ❷ **[수식]** 옵션에 **= 매출이익 / 매출액**을 입력한 후 ❸ **[확인]**을 클릭합니다.

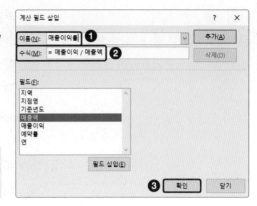

> **TIP** 대화상자에서 [필드] 목록에 있는 필드 이름을 더블 클릭하면 [수식] 입력란에 해당 필드명이 바로 입력됩니다.

03 피벗 테이블을 보면 **[매출이익률]** 필드에 수식 계산 결과가 추가됩니다. ❶ 추가된 임의의 **[매출이익률]** 필드 값에서 **[마우스 우클릭]** 후 ❷ **[필드 표시 형식]**을 선택합니다. ❸ '셀 서식' 대화상자가 열리면 **[백분율]** 범주를 선택한 후 ❹ **[소수 자릿수]**에 **2**로 지정하고 ❺ **[확인]** 버튼을 클릭하여 백분율로 표시합니다.

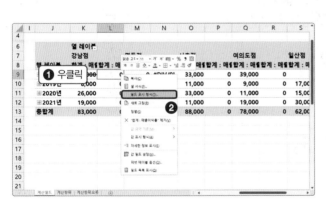

04 명동점과 일산점은 2018년 매출액이 0이므로 **[매출이익률]** 값에 **#DIV/0!**이 표시됩니다. ❶ 피벗 테이블에서 **[마우스 우클릭]** 후 ❷ **[피벗 테이블 옵션]**을 선택합니다.

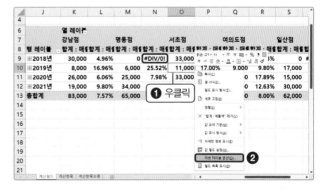

05 ❶ '피벗 테이블 옵션' 대화상자가 열리면 [레이아웃 및 서식] 탭에서 [오류 값 표시]에 **체크**한 후 0을 입력하고 ❷ [확인] 버튼을 클릭합니다. #DIV/0! 오류가 모두 0으로 바뀝니다.

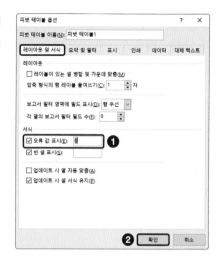

실무 활용 · 계산 항목으로 행과 열의 항목 간 계산된 값 추가하기

계산 항목으로는 행과 열에 표시된 각 항목을 지정하여 항목 간 계산된 값을 추가할 수 있습니다. 하지만 다음 몇 가지 주의할 점이 있습니다.

- 계산 항목은 그룹화된 필드에서는 사용할 수 없습니다.
- 계산 항목을 올바르게 사용하려면 [행], [열] 영역에 하나의 필드만 배치해야 합니다. 2개 이상의 필드를 배치하면 비어 있는 영역이 모두 표시되는 문제가 발생합니다.
- 계산 필드를 사용한 상태에서 계산 항목으로 다시 계산하면 올바르지 않게 계산될 수도 있습니다.

06-011.xlsx 예제 파일을 실행한 후 [계산항목] 시트에서 위 주의 사항에 유의한 채 계산 항목을 추가해 보겠습니다.

01 06-011.xlsx 예제 파일의 [계산항목] 시트에서 2021년과 2020년의 매출액 차이를 계산해 보겠습니다. ❶ 피벗 테이블에서 임의의 연도를 선택한 후 ❷ [피벗 테이블 분석] 탭-[계산] 그룹에서 [필드, 항목및 집합]-[계산 항목]을 선택합니다. 그룹화된 필드는 계산 항목을 추가할 수 없다는 오류 메시지가 나타납니다.

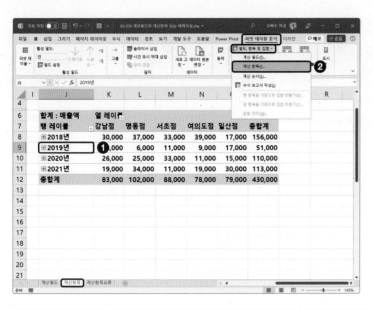

TIP [계산 항목]은 피벗 테이블의 행 또는 열 영역을 선택했을 때만 활성화됩니다.

02 피벗 테이블에서 ❶ 임의의 연도를 [마우스 우클릭] 후 ❷ [그룹 해제]를 선택하여 날짜 그룹화를 해제합니다.

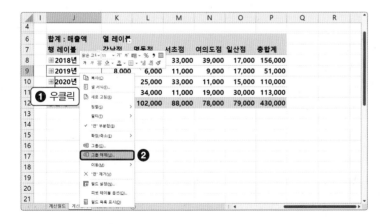

TIP 예제에서는 [기준년도] 필드 값이 2018/1/1, 2019/1/1, 2020/1/1, 2021/1/1처럼 1월 1일에 맞춰진 한 날짜로 입력되어 있어서 그룹을 해제해도 큰 차이가 없어 보입니다. 만약 서로 다른 날짜로 입력되어 있을 때 그룹을 해제하면 연도가 여러 개 표시되며, 이럴 경우 기준연도를 맞추기 위한 보조열을 하나 추가한 뒤 보조열을 기준으로 계산 항목을 추가합니다.

03 ❶ 피벗 테이블에서 그룹을 해제한 임의의 연도를 선택한 후 다시 [피벗 테이블 분석] 탭-[계산] 그룹의 [필드, 항목 및 집합]-[계산 항목]을 선택하면 '계산 항목 삽입' 대화상자가 열립니다. ❷ [이름]에 **20~21년 차이**를 입력하고, ❸ [수식]에 **= '2021년' – '2020년'**을 입력한 후 ❹ [확인] 버튼을 클릭합니다.

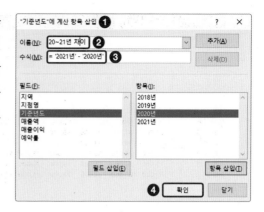

04 지정한 이름으로 계산 항목이 추가되며, 수식에 따른 계산 결과가 표시됩니다. [20~21년 차이] 항목을 모두 선택한 후 [홈] 탭-[맞춤] 그룹에서 [들여쓰기]를, [글꼴] 그룹에서 [기울임꼴]을 적용하고, '셀 서식' 대화상자에서 점선 테두리를 적용하여 보고서를 완성합니다.

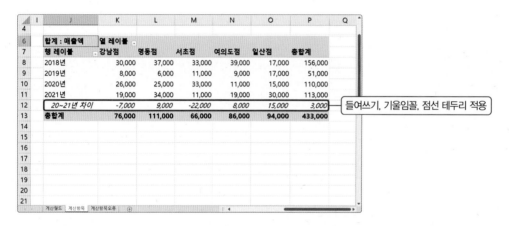

오빠두! 특강

계산 필드를 계산 항목으로 계산 시 발생하는 문제

앞서 예제 파일에서 [계산항목오류] 시트의 피벗 테이블을 보면 계산 필드로 계산한 [매출이익률] 필드 값이 계산 항목에서 이용되고 있습니다. 결과를 보면 강남점의 매출이익률은 20년 6.06%에서 21년 9.80%로 증가했지만, 계산 항목의 값은 −4.10%라는 잘못된 결과로 계산된 것을 확인할 수 있습니다.

이처럼 계산 필드로 계산한 필드에서 계산 항목을 구하면 기존 필드의 차이를 우선 구한 뒤 계산 필드가 이후에 계산되므로 옳지 않은 결과가 나올 수 있으니 주의해야 합니다.

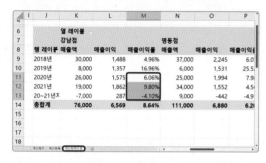

위의 사례처럼 계산 항목은 일부 제한 사항이나 오류 발생 가능성이 있으므로 값 표시 형식 옵션 값 중 [[기준값]에 대한 차이] 등을 활용하여 대체하는 방법을 활용하는 것이 좋습니다.

예를 들어 06-011.xlsx 예제 파일의 [계산항목] 시트에서 이전 연도와 현재 연도의 차이를 구한다면 ❶ 임의의 값에서 [마우스 우클릭] 후 [값 표시 형식]−[[기준값]과의 차이]를 선택하고, ❷ 다음과 같이 대화상자를 설정한 후 ❸ [확인] 버튼을 클릭하면 값 영역에서 연도별 이전 연도와의 차이를 쉽게 파악할 수 있습니다.

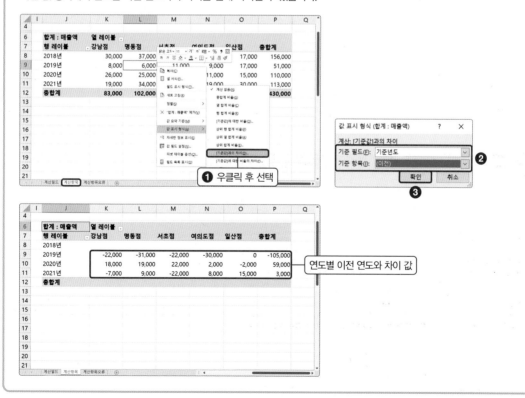

LESSON 06

실시간 데이터 분석을 위한 슬라이서, 시간 표시 막대

예제 파일 06-012.xlsx, 06-013.xlsx, 06-014.xlsx   슬라이서와 시간 표시 막대는 표나 피벗 테이블 보고서에 사용된 항목들을 보기 좋은 형태로 출력하고, 사용자가 클릭한 항목으로 실시간 필터링해 주는 도구입니다. 특히 슬라이서는 엑셀로 실시간 보고서나 대시보드를 만들 때 꼭 필요한 기능으로 사용법을 제대로 숙지하는 것이 좋습니다.

엑셀 기초   피벗 테이블의 최강 콤비, 슬라이서 추가하기

피벗 테이블에서 필터를 빈번하게 활용하거나 적용할 조건이 많다면 일반 필터 기능으로는 다소 불편함이 있습니다. 이럴 때 사용하는 기능이 바로 슬라이서입니다. 예제 파일을 실행한 후 [피벗테이블] 시트에 있는 피벗 테이블 옆에 슬라이서를 추가하여 다양한 조건에 따른 현황을 실시간으로 파악해 보겠습니다. 다음 동영상 강의에서 실습 과정과 책에서 다루지 못한 날짜 데이터 필터링 팁까지 확인해 보세요.

https://youtu.be/9Ep0ksk7bBc

01 06-012.xlsx 예제 파일의 [피벗테이블] 시트에 슬라이서를 추가하기 위해 ❶ 피벗 테이블 내 임의의 값을 선택한 후 ❷ [피벗 테이블 분석] 탭-[필터] 그룹에서 [슬라이서 삽입]을 클릭합니다.

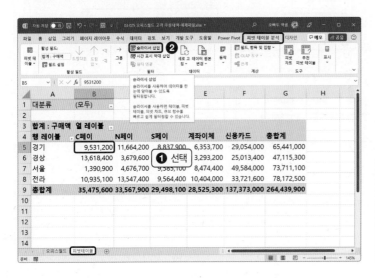

> **TIP** 엑셀 2013 이후 버전이라면 표에서도 슬라이서를 사용할 수 있습니다. 표에서 임의의 셀을 선택한 후 [테이블 디자인] 탭-[도구] 그룹에서 [슬라이서 삽입]을 클릭합니다.

02 ❶ '슬라이서 삽입' 대화상자가 열리면 슬라이서로 추가할 필드에 모두 **체크**한 후 ❷ [확인] 버튼을 클릭합니다. 여기서는 [대분류]와 [소분류]에 체크했습니다.

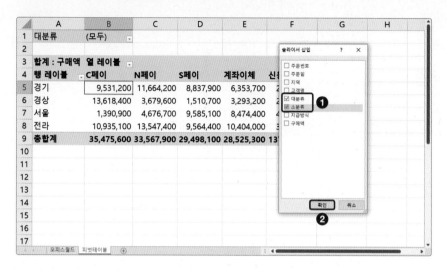

> **TIP** 슬라이서를 사용하면 피벗 테이블에서 [필터] 영역을 사용하지 않아도 됩니다.

03 앞서 체크한 [대분류]와 [소분류] 슬라이서가 각각 추가됩니다. 슬라이서를 드래그해서 적절한 위치로 옮긴 후 각 슬라이서에서 필터링할 항목(다중 선택 가능)을 클릭해 봅니다. 피벗 테이블이 실시간으로 필터링됩니다.

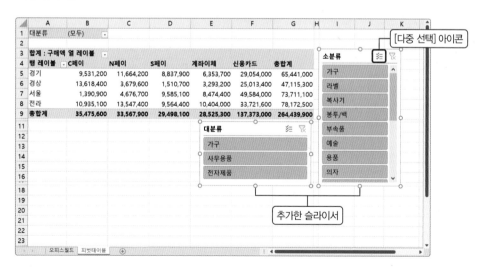

> **TIP** 슬라이서에서 여러 항목을 선택할 때는 슬라이서 오른쪽 위에 있는 [다중 선택] 아이콘을 클릭한 후 필터링할 항목을 하나씩 클릭해서 선택하거나, [Ctrl] 또는 [Shift]를 누른 채 필터링할 항목을 클릭해서 선택합니다.

04 ❶ 필터링을 초기화할 때는 슬라이서 오른쪽 위에 있는 **[필터 지우기]** 아이콘을 클릭하고, ❷ 슬라이서를 삭제할 때는 슬라이서가 선택된 상태에서 Delete 를 누르거나, 슬라이서에서 **[마우스 우클릭]**한 후 **["필드명" 제거]**를 선택합니다.

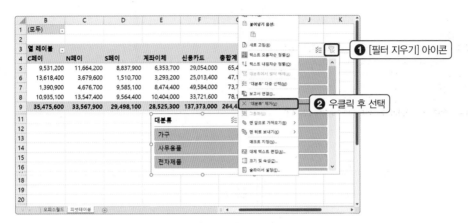

오빠두! 특강

데이터가 있는 항목만 표시하기

슬라이서에서 필터링할 항목을 선택하다 보면 하위 필드의 슬라이서에서 흐리게 표시되는 항목이 있습니다. 상위 필드의 필터링 결과에 해당 항목이 포함되어 있지 않다는 의미입니다.

위와 같은 상황에서 상위 필드 필터링 결과에 따라 하위 필드 슬라이스에서 데이터가 없는 항목을 아예 표시되지 않게 변경할 수도 있습니다. ❶ 해당 슬라이서(소분류 슬라이서)에서 **[마우스 우클릭]** 후 [슬라이서 설정]을 선택하여 '슬라이서 설정' 대화상자를 열고 [데이터가 없는 항목 숨기기]에 **체크**한 후 ❷ **[확인]** 버튼을 클릭해 보세요. 이후로는 실제 데이터가 있는 항목만 표시됩니다.

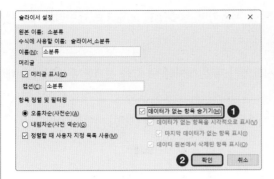

▲ 데이터가 없는 항목만 표시된 [소분류] 슬라이서

이외에도 '슬라이서 설정' 대화상자에서는 다음과 같은 옵션을 설정할 수 있습니다.

- **이름**: 슬라이서의 이름을 변경합니다. VBA 명령문을 작성할 때 주로 사용합니다.
- **캡션**: 슬라이서 상단에 표시할 머리글을 변경합니다. [머리글 표시] 옵션의 체크를 해제하면 머리글 없이 필터링할 항목 버튼만 표시됩니다.
- **오름차순/내림차순**: 필터링된 데이터의 정렬 방법을 선택합니다.
- **데이터가 없는 항목 숨기기**: 체크하면 실제 데이터가 있는 항목만 표시됩니다.
- **데이터가 없는 항목은 시각적으로 표시**: 데이터가 있는 항목과 없는 항목의 버튼이 다르게 표시됩니다.
- **마지막 데이터가 없는 항목 표시**: [데이터가 없는 항목 숨기기]에 체크하지 않았을 때 사용할 수 있으며, 체크하면 데이터가 없는 항목이 슬라이서 아래쪽으로 정렬됩니다.
- **데이터 원본에서 삭제된 항목 표시**: 체크하면 원본 데이터에서 삭제되었으나, 피벗 테이블 캐시에 보관 중인 데이터가 모두 표시됩니다.

![실무 활용 아이콘] **실무 활용** | **시간 표시 막대와 슬라이서로 날짜 필터링하기**

피벗 테이블에서 날짜가 입력된 필드를 피벗 테이블 영역에 추가하면 자동으로 연/분기/월로 인덱싱됩니다. 이렇게 인덱싱된 필드는 슬라이서나 시간 표시 막대를 이용할 때 좀 더 편리하게 필터링할 수 있습니다. 단, 몇 가지 주의 사항이 있습니다.

- 날짜가 입력된 범위에 문자 형식의 날짜(삼월 오일)나 잘못된 날짜(2020/2/31)가 입력되어 있으면 날짜로 인덱싱할 수 없습니다.
- 슬라이서를 사용하기 전, 날짜가 입력된 필드를 피벗 테이블 영역에 등록해야만 인덱싱된 날짜를 사용할 수 있습니다. 그렇지 않으면 모든 날짜가 슬라이서에 표시됩니다.
- 시간 표시 막대는 연속된 기간만 선택할 수 있습니다. '1월, 3월, 5월'처럼 떨어진 기간을 필터링할 때는 슬라이서를 사용합니다.
- 슬라이서와 시간 표시 막대는 동시에 만들 수 있지만, 별개로 동작하므로 둘 중 하나만 추가해서 사용하는 것이 좋습니다.

06-013.xlsx 예제 파일을 실행한 후 앞서 주의 사항을 떠올리며, 주문일을 기준으로 데이터를 필터링해 보겠습니다.

01 06-013.xlsx 예제 파일의 ❶ [피벗테이블] 시트에서 피벗 테이블 내 값을 선택한 후 ❷ [피벗 테이블 분석] 탭-[필터] 그룹에서 [시간 표시 막대 삽입]을 클릭하여 '시간 표시 막대 삽입' 대화상자를 엽니다. ❸ 시간 표시 막대로 추가할 수 있는 필드가 표시되면 [주문일]에 체크한 후 ❹ [확인] 버튼을 클릭합니다.

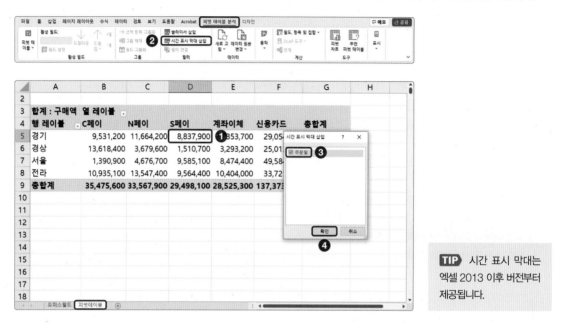

> **TIP** 시간 표시 막대는 엑셀 2013 이후 버전부터 제공됩니다.

02 ❶ 시간 표시 막대가 추가되면 데이터를 확인하고 싶은 기간만큼 드래그해 봅니다. 피벗 테이블의 데이터가 실시간으로 필터링됩니다. ❷ 시간 표시 막대 오른쪽 위에 있는 단위를 클릭해서 변경해 보고, ③[필터 지우기] 아이콘을 클릭하여 필터링을 초기화합니다.

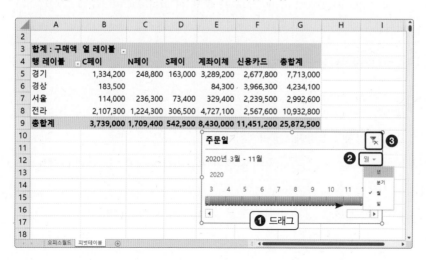

03 연속되지 않은 기간을 필터링할 때는 슬라이서를 이용합니다. '피벗 테이블 필드' 패널에서 [주문일] 필드를 [행] 영역의 [지역] 필드 아래로 드래그합니다. 날짜가 '연/분기/월(주문일)'로 인덱싱되어 각각의 필드로 추가됩니다.

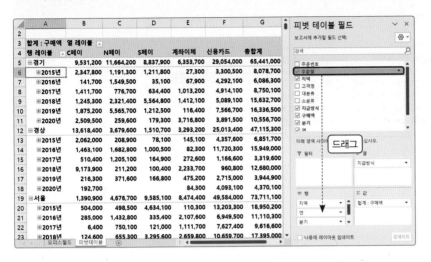

> **TIP** 시간 표시 막대를 사용하지 않을 때는 선택한 후 [Delete]를 눌러 제거하거나 시간 표시 막대에서 [마우스 우클릭] 후 [시간 표시 막대 제거]를 선택합니다.

04 날짜를 연, 월 그룹으로 묶기 위해 ❶ 피벗 테이블에서 임의의 날짜 값을 [마우스 우클릭] 후 ❷ [그룹]을 선택하여 '그룹화' 대화상자를 엽니다. ❸ '그룹화' 대화상자에서 그룹화할 단위로 [연], [월]을 선택하고 ❹ [확인] 버튼을 클릭합니다.

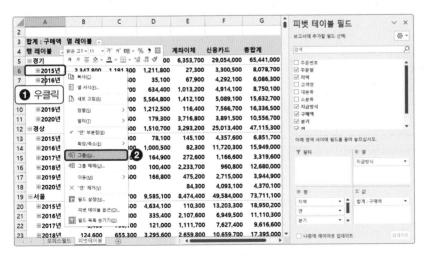

05 날짜를 원하는 단위로 그룹화하였으니 ❶ '피벗 테이블 필드' 패널의 [행] 영역에서 [연]과 [주문일] 필드를 영역 바깥으로 드래그해서 제거합니다. ❷ [피벗 테이블 분석] 탭-[필터] 그룹에서 [슬라이서 삽입]을 클릭하여 '슬라이서 삽입' 대화상자를 열고, ❸ [주문일]과 [연]에 **체크**한 후 ❹ [확인] 버튼을 클릭합니다.

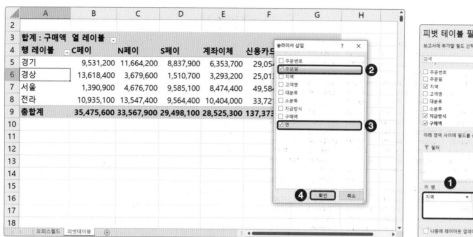

06 [연]과 [주문일] 슬라이서가 나타나면 적당한 위치에 배치하고 원하는 월 또는 연도를 선택해서 피벗 테이블을 필터링합니다.

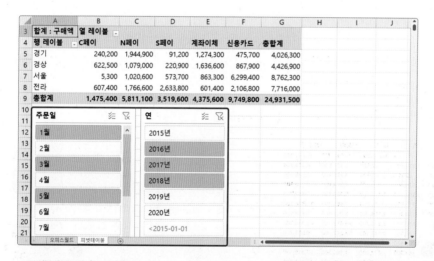

> **TIP** 날짜 필드를 슬라이서로 만들면 입력된 데이터의 이전/이후 날짜가 슬라이서에 회색(없는 데이터)으로 표시됩니다. 엑셀의 구현 원리 때문에 표시되지만 사용할 수는 없는 기능이므로 328쪽을 참고하여 [데이터가 없는 항목 숨기기]를 활성화해서 가릴 수 있습니다.

실무 활용 대시보드 제작을 위한 슬라이서 꾸미기

주기적으로 사용하는 엑셀 보고서나 대시보드에 슬라이서를 추가할 때는 회사 서식에 어울리도록 슬라이서를 꾸민다면 더욱 멋진 보고서를 만들 수 있습니다. 예제 파일을 실행한 후 슬라이서 설정 중 가장 핵심적인 3가지만 변경해서 슬라이서 디자인을 완성해 보세요.

> **TIP** 복잡한 함수나 기능을 사용하지 않고 피벗 테이블과 슬라이서만 잘 활용해도 멋지고 실용적인 대시보드를 만들 수 있습니다. 자세한 대시보드 제작 방법은 다음 동영상 강의를 참고하세요.
>
> https://youtu.be/bDOG_uzn0_g   https://youtu.be/2T38XS82I0E

01 06-014.xlsx 예제 파일의 [피벗테이블] 시트에서 슬라이서 디자인을 변경하는 가장 손쉬운 방법인 테마 기능부터 사용해 보겠습니다. ❶ [페이지 레이아웃] 탭-[테마] 그룹에 있는 [테마]를 클릭한 후 ❷ 원하는 색 조합을 선택합니다.

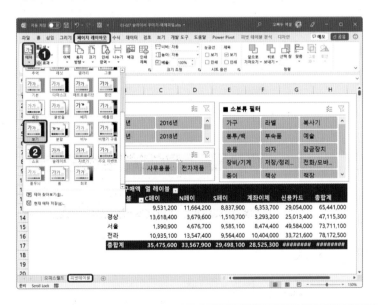

> **TIP** 테마를 변경하면 통합 문서 내 모든 시트에 사용된 차트, 피벗 테이블, 슬라이서 뿐만 아니라 글꼴, 기본 색상 등 모든 개체의 서식이 일괄 변경됩니다.

02 특정 슬라이서의 디자인만 변경하고 싶다면 ❶ 변경할 슬라이서를 선택한 후 ❷ [슬라이서] 탭-[슬라이서 스타일] 그룹에서 [펼침]🔽 버튼을 클릭한 후 원하는 스타일을 선택합니다.

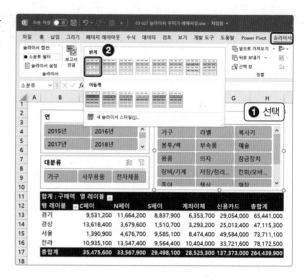

03 기본으로 제공하는 스타일 중 일부 디자인을 변경해서 사용하고 싶다면 ❶ 스타일 목록 중 원하는 디자인과 가장 유사한 스타일을 찾아 [마우스 우클릭]한 후 ❷ [중복]을 선택합니다.

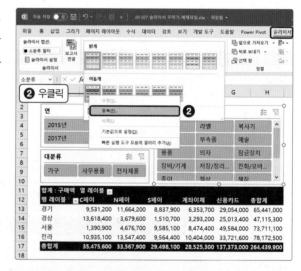

04 ❶ '슬라이서 스타일 수정' 대화상자가 열리면 스타일 목록에 등록될 이름을 입력합니다. 여기서는 **내슬라이서**라고 입력했습니다. ❷ 이어서 슬라이서 요소 목록에서 [**전체 슬라이서**]를 선택 후 ❸ [**서식**] 버튼을 클릭합니다.

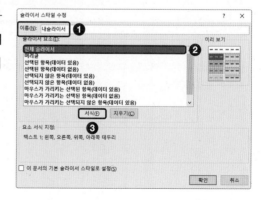

05 '슬라이서 요소 서식' 대화상자가 열리면 사용할 보고서 서식에 맞춰 각 탭에서 원하는 서식을 지정하고 [확인] 버튼을 클릭해 적용합니다. 여기서는 [글꼴] 탭에서 글꼴 크기를 10, [테두리] 탭에서 색을 회색 계열로 변경해서 윤곽선에 적용했습니다.

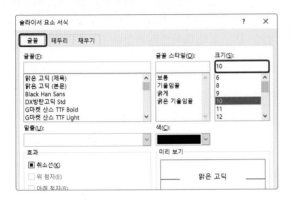 

06 '슬라이서 스타일 수정' 대화상자로 돌아오면 슬라이서의 각 요소를 선택한 후 [서식] 버튼을 클릭해서 적당한 서식을 적용합니다. 모든 서식 적용이 끝나면 [확인] 버튼을 클릭합니다.

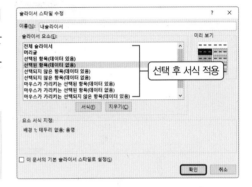

> **TIP** 보통의 경우 슬라이서 요소 중 [전체 슬라이서], [머리글], [선택된 항목(데이터 있음)], [선택된 항목(데이터 없음)] 4개 항목의 서식만 변경해도 멋진 슬라이서가 완성됩니다.

> **TIP** 위와 같은 과정으로 슬라이서 요소별 서식을 적용하여 원하는 디자인을 완성할 수 있습니다. 슬라이서를 꾸미는 보다 자세한 내용은 다음 동영상 강의에서 확인할 수 있습니다.

https://youtu.be/awb-0laKWVs

07 요소별 서식 지정이 끝난 후 [슬라이서] 탭-[슬라이서 스타일] 그룹에서 [펼침] 버튼을 클릭해 보면 앞서 입력한 이름(내슬라이서)으로 스타일이 추가되어 있습니다. 이제 다른 슬라이서를 선택한 후 [내슬라이서] 스타일을 선택하면 앞서 지정한 서식과 동일한 디자인이 적용됩니다.

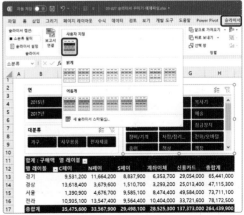

보고서 연결 기능을 사용하면 한 개의 슬라이서로 여러 개의 피벗 테이블을 동시에 필터링할 수 있습니다. **06-015.xlsx** 예제 파일을 실행한 후 [**피벗테이블**] 시트를 보면 지역별 매출 현황 피벗 테이블 보고서가 완성되어 있으며, '소분류매출' 피벗 테이블이 생성만 되어 있습니다. 피벗 테이블을 완성한 후 기존 피벗 테이블과 연결하여 동시에 필터링해 보겠습니다.

01 06-015.xlsx 예제 파일의 [**피벗테이블**] 시트에서 '소분류매출' 피벗 테이블을 선택하여 '피벗 테이블 필드' 패널이 열리면 [**열**] 영역에 [**지급방식**], [**행**] 영역에 [**소분류**], [**값**] 영역에 [**구매액**] 필드를 배치하여 피벗 테이블을 완성합니다.

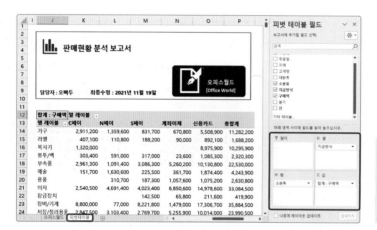

> **TIP** '피벗 테이블 필드' 패널이 열리지 않으면 '소분류매출' 피벗 테이블에서 [마우스 우클릭] 후 [필드 목록 표시]를 선택합니다.

02 완성한 피벗 테이블 보고서가 선택된 상태에서 [**디자인**] 탭-[**피벗 테이블 스타일**] 그룹에서 스타일 목록을 펼친 후 예제 파일에 추가해 놓은 [**사용자 지정**] 스타일을 선택해서 적용합니다.

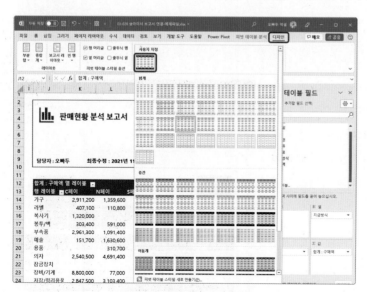

03 이제 슬라이서를 추가하겠습니다. 임의의 피벗 테이블을 선택한 후 ❶ [피벗 테이블 분석] 탭-[필터] 그룹에서 [슬라이서 삽입]을 클릭해서 '슬라이서 삽입' 대화상자를 엽니다. ❷ [대분류], [소분류], [연]에 체크한 후 ❸ [확인] 버튼을 클릭합니다.

04 각 슬라이서를 드래그해서 적당한 위치에 배치합니다. 이어서 ❶ 보고서 연결 기능을 적용하기 위해 슬라이서에서 [마우스 우클릭] 후 ❷ [보고서 연결]을 선택합니다.

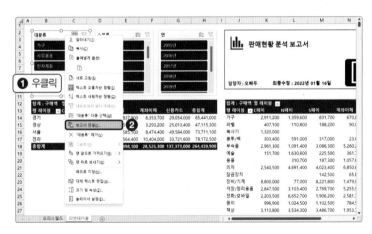

05 '보고서 연결' 대화상자가 열리면 현재 사용 중인 피벗 테이블 목록이 표시됩니다. ❶ 연결할 2개의 피벗 테이블(소분류매출, 지역별매출)에 모두 체크한 후 ❷ [확인] 버튼을 클릭합니다.

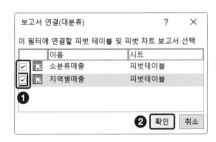

> **TIP** 피벗 테이블의 이름은 [피벗 테이블 분석] 탭-[피벗 테이블] 그룹에서 변경할 수 있습니다.

06 남은 2개의 슬라이서에서도 앞서와 같은 방법으로 2개의 피벗 테이블을 연결합니다. 보고서 연결을 완료한 후 슬라이서에서 원하는 항목을 클릭해서 필터링해 보세요. 연결된 2개의 피벗 테이블에서 동시에 필터링되는 것을 확인할 수 있습니다.

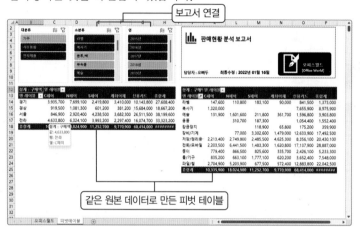

같은 원본 데이터로 만든 피벗 테이블

TIP 슬라이서와 미리 연결된 상태의 피벗 테이블을 복사한 후 붙여 넣으면 추가된 피벗 테이블은 자동으로 슬라이서와 연결됩니다. 그 상태에서 붙여넣기한 피벗 테이블의 필드를 변경하는 방법을 이용하면, 슬라이서의 보고서 연결 작업을 간소화할 수 있습니다.

오빠두! 특강

보고서 연결 사용 시 주의 사항

슬라이서에서 보고서 연결 기능을 사용할 때에는 다음과 같은 세 가지 주의 사항에 유의해야 합니다.

· 슬라이서에서 한 번에 연결할 수 있는 피벗 테이블은 동일한 원본 데이터를 사용해서 만든 피벗 테이블로 제한됩니다.

· 보고서 연결 시 각 필드의 그룹 설정도 연동됩니다. 예를 들어 기존 피벗 테이블의 날짜 필드를 '연도/월'로 그룹화했다면 추가로 연결한 피벗 테이블의 날짜 필드도 '연도/월'로 그룹화됩니다.

· 다른 보고서와 연결된 피벗 테이블의 원본 데이터는 변경할 수 없습니다. 원본 데이터를 변경하려면 보고서 연결을 해제해야 합니다.

실무에서는 특히 첫 번째 주의 사항이 제대로 지켜지지 않아 보고서 연결을 사용할 수 없는 상황이 종종 발생합니다. 예를 들어, 같은 범위의 원본 데이터라도 셀 참조 범위(예: A1:A100)와 표(예: 표1) 혹은 이름 정의 범위처럼 원본 데이터를 지정한 형태가 달라도 보고서 연결을 사용할 수 없습니다. 그러므로 분명 같은 원본 데이터로 만든 피벗 테이블임에도 '보고서 연결' 대화상자에 표시되지 않는다면 지정한 형태를 확인해 보는 것이 좋습니다. 두 번째 주의 사항인 필드 그룹 관련 문제 원인과 해결 방법은 다음 동영상 강의를 참고하세요.

https://youtu.be/KjyZrOKYDL8

TIP [피벗 테이블 분석] 탭-[데이터] 그룹에서 [데이터 원본 변경]을 클릭하면 원본 데이터 범위 및 지정 방법을 확인할 수 있습니다.

엑셀 활용의 10%를 채워 줄
기본 & 필수 함수 익히기

분야마다 사용하는 함수의 종류나 개수가 조금씩 다를 수 있겠지만,
예전과 달리 요즘은 대부분의 기업이 전사관리프로그램(ERP)을 도입하면서
전반적인 업무 형태가 많이 변하고 있으며, 지금까지 소개한 원본 데이터의 관리 규칙만 잘 지킨다면
피벗 테이블만으로 실무 보고서 작성에 필요한 대부분의 계산을 처리할 수 있습니다.

하지만 복잡한 계산이 필요할 경우 피벗 테이블만으로
해결할 수 없는 상황도 발생하므로 필수 함수 몇 개는 반드시 숙지해야 합니다.
여기서는 실무자가 반드시 알아야 할 필수 함수와 엑셀 활용도를 높여 줄
실무 보조 함수, 그리고 엑셀 2021과 M365 버전에 추가된
신규 핵심 함수 3가지를 살펴보겠습니다

TIP 책에서 다루지 못한 함수의 다양한 예제와 사용 시 주의 사항 등은 다음 오빠두엑셀 홈페이지를
참고하세요.

www.oppadu.com/엑셀-함수-목록/

LESSON 01

엑셀 기초 계산 함수와 통계 함수 사용하기

> **예제 파일** 07-001.xlsx, 07-002.xlsx   엑셀 필수 함수는 계산 함수, 통계 함수, 논리 함수, 참조 함수, 집계 함수, 총 5가지로 구분할 수 있으며, 그중 가장 기초 함수를 꼽으라면 계산 함수와 통계 함수를 이야기할 수 있습니다.

엑셀 기초 | 함수 사용을 위한 기본기 다지기

엑셀에서는 반복적이고 복잡한 계산을 함수 기능으로 간단하게 처리할 수 있으며, 함수마다 사용 방법이 정해져 있습니다. 이러한 함수 사용은 수식 작성의 일환이므로 등호(=)를 입력해서 시작하며 다음과 같이 함수명과 함수에 따른 인수, 즉 함수 계산에 필요한 값을 입력해서 완성합니다.

= 함수명(인수1, 인수2, [인수3], ...)

위 형식과 같이 인수는 괄호 안에 작성하며, 사용하는 인수의 개수와 종류는 함수마다 다릅니다. 또한, 함수에 따라 반드시 입력해야 하는 인수가 있고, 생략할 수 있는 선택 인수도 있습니다. 함수 설명 중 생략할 수 있는 선택 인수는 대괄호를 써서 **[인수명]** 형태로 표시했습니다.

수식 입력 방식 이해하기

엑셀에서 수식을 입력할 때 입력/편집/참조 모드로 나눠지며, 각각 다음과 같은 차이가 있습니다.

▲ 현재 편집 모드로, 상태 표시줄 왼쪽 끝에 표시됩니다.

- **입력 모드:** 빈 셀에서 등호(=)를 입력하면 입력 모드가 실행되며, 입력 모드에서 방향 키를 누르면 셀 참조를 입력할 수 있습니다. 입력 모드에서 편집 모드로 전환할 때는 F2를 누릅니다.
- **편집 모드:** 내용이 입력된 셀에서 더블 클릭하거나 F2를 누르면 편집 모드가 실행되며, 편집 모드에서 방향 키를 누르면 커서의 위치를 옮길 수 있습니다.

- **참조 모드:** 수식 작성 중 인수를 입력하는 단계에서 특정 셀을 클릭하면 참조 모드가 활성화됩니다. 참조 모드에서 [Shift]를 누른 채 방향 키를 누르면 참조 범위가 확장되며, [Ctrl]과 방향 키를 누르면 연속된 범위의 끝으로 이동합니다.

> **TIP** 실무에서 복잡한 수식을 입력할 때, [F2]를 잘 활용하면 작업 시간을 효과적으로 줄일 수 있습니다. [F2]를 활용한 보다 다양한 예제는 다음 동영상 강의를 참고하세요.
>
> https://youtu.be/lUjDHdomtHk

함수 사용이 쉬워지는 함수 마법사 활용하기

함수를 처음 사용하거나 함수에 포함되는 인수 설명이 필요하다면 수식 입력줄 왼쪽에 있는 **[함수 삽입]** f_x 아이콘을 클릭하거나, **[수식]** 탭-**[함수 라이브러리]** 그룹에 있는 **[함수 삽입]** 버튼을 클릭해서 함수 마법사 기능을 실행합니다.

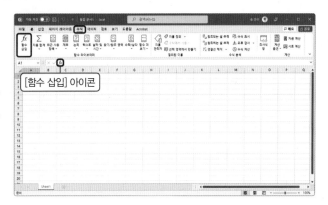

> **TIP** [Shift]+[F3]을 눌러서 '함수 마법사'를 열 수 있습니다.

'함수 마법사'가 열리면 ❶ **[함수 검색]** 입력란에 사용 방법이 궁금한 함수를 입력한 후 ❷ **[검색]** 버튼을 클릭하고, ❸ **[함수 선택]** 목록에서 궁금한 함수를 선택한 후 ❹ **[확인]** 버튼을 클릭합니다. '함수 인수' 대화상자가 열리면 해당 함수의 자세한 설명을 확인하고 인수를 작성합니다.

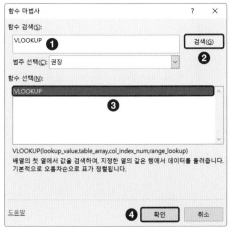

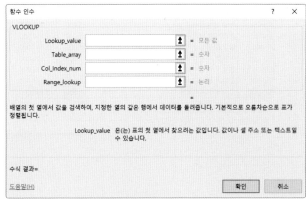

 **실무 활용** **SUM, AVERAGE, COUNTA 함수로 재고 현황 파악하기**

07-001.xlsx 예제 파일을 실행해 보면 [재고현황] 시트에 전자상가의 재고 현황이 정리되어 있습니다. 대표적인 계산 함수인 SUM, AVERAGE, COUNTA 함수를 이용하여 재고 현황 보고서를 완성해 보겠습니다.

 오빠두! 특강 **기초 계산 함수 알고가기**

SUM, AVERAGE, COUNTA 함수는 대표적인 엑셀 기초 계산 함수입니다.

SUM 함수: 범위의 합계를 계산합니다.

= SUM (범위1, [범위2], …)

www.oppadu.com/엑셀-sum-함수

AVERAGE 함수: 범위의 평균을 계산합니다.

= AVERAGE(범위1, [범위2], …)

www.oppadu.com/엑셀-average-함수

COUNTA 함수: 범위 내 비어 있지 않은 셀의 개수를 셉니다.

= COUNTA(범위1, [범위2], …)

www.oppadu.com/엑셀-counta-함수

01 07-001.xlsx 예제 파일에서 제품의 개수를 구하기 위해 비어 있지 않은 셀의 개수를 구하는 COUNTA 함수를 사용합니다. [F4]셀에 **=COUNTA(B6:B15)**을 입력한 후 Enter 를 눌러 수식을 계산하면 결과로 **10**이 계산됩니다.

TIP 실무에서 COUNT 함수와 COUNTA 함수를 혼동해서 사용하는 실수가 많습니다. COUNT 함수는 '숫자가 입력된 셀'의 개수를 세고, COUNTA 함수는 '비어 있지 않은 셀'의 개수를 셉니다. 따라서 =COUNT(B6:B15)를 실행했다면 결과로 0이 반환됩니다.

02 계속해서 SUM 함수로 제품 수량과 금액의 합계를 구하겠습니다. 먼저 ❶ [D16]셀에 =SUM(D6: D15)를 입력한 후 Enter 를 눌러 수량 합계를 구하고, ❷ [F16]셀에 =SUM(F6:F15)를 입력한 후 Enter 를 눌러 금액의 합계를 구합니다.

	A	B	C	D	E	F	G	H
1								
2			RA 전자상가 용산점 재고 현황					
4					제품수 :			
5		제품코드	제품명	수량	단가	금액		
6		FQ-003	아쿠아 필터	53	8,500	450,500		
7		JD-005	이동형 정수기 필터	81	3,700	299,700		
8		UF-001	알칼리 이온수기 AT-010	137	57,100	7,822,700		
9		TN-004	듀얼 냉온정수기	124	83,000	10,292,000		
10		EM-003	크리스탈 냉정수기	122	75,000	9,150,000		
11		FJ-004	알칼리 냉정수기	55	68,000	3,740,000		
12		GX-009	이동형 미니정수기	132	57,000	7,524,000		
13		DV-001	웰빙 미니정수기	146	54,000	7,884,000		
14		RS-004	알칼리 냉온수기	55	87,000	4,785,000		
15		SC-006	그린 1세대 가정용 정수기	150	93,000	13,950,000		
16			합계	1,055		=SUM(F6:F15) ❷		
17			평균					
18								

❶ =SUM(D6:D15)

재고현황 +

> **TIP** [D16]셀을 선택한 후 [수식] 탭-[함수 라이브러리] 그룹에서 [자동 합계]를 클릭하면 현재 셀을 기준으로 연속된 범위의 합계를 구하는 수식, =SUM(F6:F15)가 자동으로 입력됩니다.

03 이번에는 AVERAGE 함수로 수량의 평균을 구하겠습니다. [D17]셀에 =AVERAGE(D6:D15)를 입력한 후 Enter 를 눌러 실행합니다.

	A	B	C	D	E	F	G	H
1								
2			RA 전자상가 용산점 재고 현황			범위에 있는 셀 값의 평균		
4					제품수 :	10		
5		제품코드	제품명	수량	단가	금액		
6		FQ-003	아쿠아 필터	53	8,500	450,500		
7		JD-005	이동형 정수기 필터	81	3,700	299,700		
8		UF-001	알칼리 이온수기 AT-010	137	57,100	7,822,700		
9		TN-004	듀얼 냉온정수기	124	83,000	10,292,000		
10		EM-003	크리스탈 냉정수기	122	75,000	9,150,000		
11		FJ-004	알칼리 냉정수기	55	68,000	3,740,000		
12		GX-009	이동형 미니정수기	132	57,000	7,524,000		
13		DV-001	웰빙 미니정수기	146	54,000	7,884,000		
14		RS-004	알칼리 냉온수기	55	87,000	4,785,000		
15		SC-006	그린 1세대 가정용 정수기	150	93,000	13,950,000		
16			합계	1,055		65,897,900		
17			평균	=AVERAGE(D6:D15)				
18								

재고현황

AVERAGE(number1, [number2], ...)

> **TIP** =AVER까지만 입력하면 관련 함수 목록이 나오고, 상하 방향 키를 눌러 사용할 함수를 선택한 후 Tab 을 누르면 사용할 함수를 빠르게 입력할 수 있습니다.

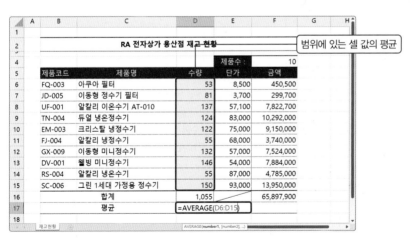

04 [D17]셀에 있는 채우기 핸들을 [F17]셀까지 드래그해서 단가와 금액의 평균까지 구합니다.

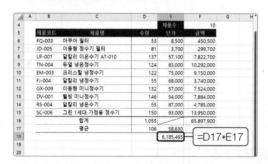

오빠두! 특강 실무에서 평균을 구할 때 주의 사항

얼핏 생각하면 '평균 수량'과 '평균 단가'를 곱하면 '평균 금액'이 될 것 같습니다. 평균 수량과 평균 단가를 곱한 금액을 확인하기 위해 [E18]셀에 =D17*E17을 입력해서 결과를 확인해 보세요. 6,185,465가 계산되며, [F17]셀의 평균 금액과 다른 값임을 확인할 수 있습니다.

왜 그럴까요? AVERAGE 함수로 계산한 단가의 평균은 제품의 수량이 모두 1개로 동일하다고 가정했을 때의 결과이기 때문입니다. 하지만 실제 보관 중인 제품의 수량은 모두 다르기 때문에 재고 수량이 많을수록 단가에 더 가중치를 둬서 계산해야 합니다. 이러한 계산 방식을 '가중 평균'이라고 하며, 가중 평균은 '금액 합계÷수량 합계'로 계산해야 합니다. 따라서 올바른 단가 평균은 **평균 금액 ÷ 평균 수량**으로 계산해야 하며, [E17]셀의 수식을 **=F17/D17**로 수정해야 합니다.

가중 평균과 공식에 대한 사례는 다음 오빠두엑셀 홈페이지에서 자세히 확인할 수 있습니다.

www.oppadu.com/엑셀-가중평균-구하기/

 **실무 활용** | **MAX, MIN, LARGE, SMALL 함수로 만족도 통계 구하기**

07-002.xlsx 예제 파일을 실행해 보면 [만족도조사] 시트에 한 레스토랑의 설문조사 결과가 정리되어 있습니다. 대표적인 기초 통계 함수를 사용하여 설문조사 만족도 보고서를 완성해 보겠습니다.

 오빠두! 특강 | **기초 통계 함수 알고가기**

대표적인 기초 통계 함수는 다음과 같습니다.

MAX 함수: 범위 내 최댓값을 계산합니다.

= MAX(범위1, [범위2], ⋯)

www.oppadu.com/엑셀-max-함수

MIN 함수: 범위 내 최솟값을 계산합니다.

= MIN(범위1, [범위2], ⋯)

www.oppadu.com/엑셀-min-함수

LARGE 함수: 범위 내 n번째로 큰 값을 계산합니다.

= LARGE(범위, 순번)

www.oppadu.com/엑셀-large-함수

SMALL 함수: 범위 내 n번째로 작은 값을 계산합니다.

= SMALL(범위, 순번)

www.oppadu.com/엑셀-small-함수

01 07-002.xlsx 예제 파일에서 MAX 함수를 이용하여 가장 높은 만족도 점수부터 찾아보겠습니다. [F4]셀에 =MAX(F9:F20)를 입력한 후 Enter 를 눌러 실행합니다. [F9:F20] 범위에서 가장 높은 값인 100 이 계산됩니다.

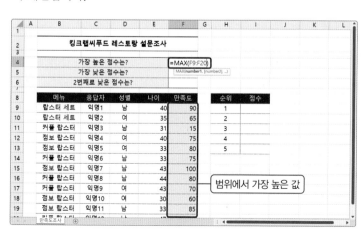

TIP [수식]탭-[함수 라이브러리] 그룹에서 [함수 더 보기]-[통계]에서 MAX 함수를 선택해서 사용할 수 있습니다.

02 이번에는 MIN 함수로 가장 낮은 점수를 찾아보겠습니다. [F5]셀에 **=MIN(F9:F20)**을 입력한 후 Enter를 눌러 실행합니다. [F9:F20] 범위에서 가장 낮은 점수인 **15**가 계산됩니다.

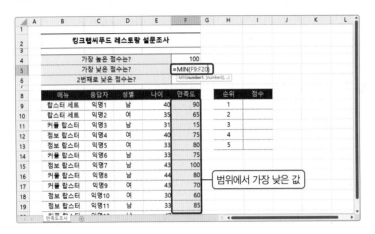

03 SMALL 함수를 이용하여 만족도 중 2번째로 작은 값을 구해 보겠습니다. [F6]셀에 **=SMALL(F9: F20, 2)**를 입력한 후 Enter를 눌러 실행합니다. [F9:F20] 범위에서 2번째로 작은 값인 **60**이 계산됩니다.

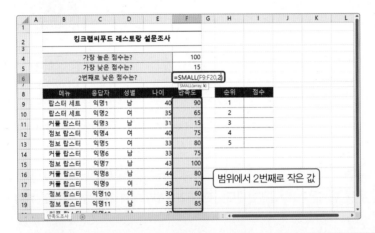

TIP 기초 계산 함수와 통계 함수의 실습 과정은 다음 동영상 강의에서 확인할 수 있습니다.

https://youtu.be/Gv4a7GvlBGs

04 마지막으로 순위에 따른 점수를 입력해 보겠습니다. LARGE 함수를 이용하여 1번째부터 5번째로 큰 값을 차례대로 구하면 됩니다. [I9]셀에 **=LARGE($F$9:$F$20, H9)**를 입력한 후 Enter 를 눌러 [F9:F20] 범위에서 1번째([H9]셀 값)로 큰 값을 계산합니다.

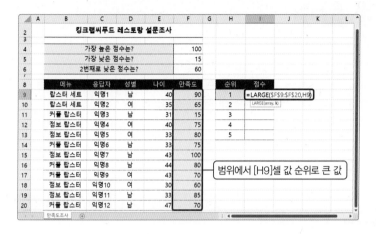

TIP 범위 인수($F$9:$F$20)는 이후 자동 채우기를 해도 변하지 않도록 절대 참조로 작성했으며, 순번 인수(H9)인 순위는 자동 채우기를 했을 때 변경되도록 상대 참조로 작성했습니다. Link 셀 참조 방식은 043쪽 을 참고하세요.

05 [I9]셀에서 채우기 핸들을 [I13]셀까지 드래그해서 자동 채우기를 실행합니다. 범위는 고정된 채 '순번' 인수만 H10, H11, H12, H13으로 바뀌면서 각각 2번째, 3번째, 4번째, 5번째로 만족도가 높은 점수가 구해집니다.

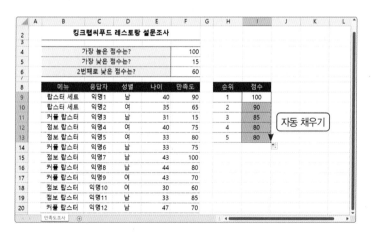

LESSON 02

논리 함수, 참조 함수, 집계 함수

예제 파일 07-003.xlsx, 07-004.xlsx, 07-005.xlsx   엑셀 필수 함수 중에서 기초라고 할 수 있는 계산과 통계 함수를 제외하고, 실무자가 꼭 알아야 할 함수 투표를 진행하면 대부분 논리 함수와 참조 함수, 집계 함수가 순위권을 차지합니다. 논리, 참조, 집계 함수 중에서도 대표적으로 실무에 쓰임이 많은 함수를 알아보겠습니다.

실무 활용 | IF 함수로 성적 관리하기

07-003.xlsx 예제 파일을 실행해 보면 1, 2차 실기 평가 점수와 평균이 정리되어 있습니다. 평균 점수를 기준으로 합격과 불합격을 파악한 후 불합격이라면 몇 점이 부족한지까지 계산해 보겠습니다. IF 함수와 VLOOKUP 함수 소개 및 실습 과정은 다음 동영상 강의에서도 확인할 수 있습니다.

https://youtu.be/wJ3wm1t-Vc4

오빠두! 특강 | IF 함수 알고가기

IF 함수는 여러 고급 공식에 빠지지 않고 중요하게 사용되는 핵심 논리 함수입니다. 그러므로 기본 동작 원리를 정확하게 이해하고 있어야 합니다.

IF 함수: 조건에 따라 참일 때와 거짓일 때 지정한 결과를 출력합니다.

=IF(조건, 결과(참), [결과(거짓)])

예) =IF(C3>80, "합격", "불합격"): [C3]셀 값이 80보다 크면 '합격', 80 이하면 '불합격'이 출력됩니다.

www.oppadu.com/엑셀-if-함수

위와 같이 조건 인수에 따라 결과가 참일 때와 거짓일 때 출력할 인수 값을 지정합니다. 조건이 거짓일 때의 결과 값은 생략할 수 있으며, 생략했을 때 조건이 거짓이면 FALSE가 출력됩니다. 만약 조건이 거짓일 때 빈칸을 출력하고 싶다면 " "(공란)을 입력합니다.

01 07-003.xlsx 예제 파일의 **[B4]**셀에는 평가 기준이 입력되어 있습니다. 평균을 기준으로 140cm 이상이면 합격, 140cm 미만이면 불합격이 표시되도록 **[F7]**셀에 **=IF(E7)=140, "합격", "불합격")**을 입력하고 **Enter**를 눌러 실행합니다.

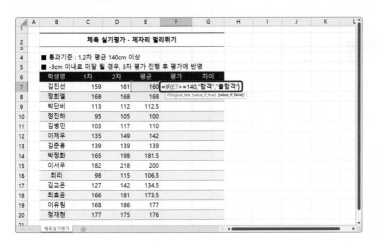

TIP IF 함수 사용이 어렵다면 [수식] 탭 –[함수 라이브러리] 그룹에서 [논리]– [IF]를 선택해서 함수 마법사를 실행하여 좀 더 쉽게 함수를 사용할 수 있습니다.

수식 이해하기 지정한 조건은 평균(E7) 140 이상()=)입니다. 그러므로 조건 인수로 E7)=140을 입력한 후 조건이 참일 때와 거짓일 때 표시할 결과를 쉼표(,)로 구분해서 입력했습니다. 이때 결과를 문자로 표시할 것이므로 큰따옴표(" ") 안에 입력했습니다.

02 **[F7]**셀의 채우기 핸들을 **[F20]**셀까지 드래그해서 자동 채우기를 실행합니다. 각 셀에서 왼쪽에 있는 평균 값을 기준으로 합격 혹은 불합격이 출력됩니다.

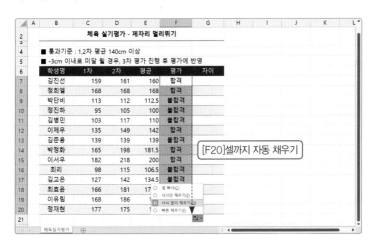

[F20]셀까지 자동 채우기

TIP [F7]셀에서 자동 채우기를 실행하면 격 행으로 적용되어 있는 서식이 사라집니다. 그러므로 자동 채우기를 실행한 후 자동 채우기 옵션에서 [서식 없이 채우기]를 선택합니다. **Link** 자동 채우기 옵션은 036쪽 을 참고하세요.

03 계속해서 [B5]셀에 입력된 3차 평가 진행 여부를 확인하기 위해 불합격인 학생들의 [차이] 필드에 미달 점수를 표시해 보겠습니다. [G7]셀에 **=IF(F7="불합격", E7−140, "")**을 입력한 후 Enter를 눌러 실행합니다.

수식 이해하기 3차 평가 대상자를 확인하기 위한 작업이므로 불합격인 학생의 [차이] 필드에만 미달 점수를 표시합니다. 그러므로 조건 인수에 **F7="불합격"**을 지정해서 평가가 불합격인지 확인합니다. 조건이 참이면(불합격이면) 평균(E7)과 기준 점수(140)의 차이를 파악하기 위해 **E7−140**의 결과를, 거짓이면 공백(" ")을 출력합니다.

04 [G7]셀의 채우기 핸들을 더블 클릭하거나 [G20]셀까지 드래그하여 자동 채우기를 실행합니다. 그 결과 김준용 학생만 1cm 차이로 미달되어 3차 평가를 진행함을 알 수 있습니다.

A	B 학생명	C 1차	D 2차	E 평균	F 평가	G 차이	H	I	J	K	L
	체육 실기평가 - 제자리 멀리뛰기										
	■ 통과기준 : 1,2차 평균 140cm 이상										
	■ -3cm 이내로 미달 될 경우, 3차 평가 진행 후 평가에 반영										
	김진선	159	161	160	합격						
	정희열	168	168	168	합격						
	박단비	113	112	112.5	불합격	-27.5					
	정진하	95	105	100	불합격	-40					
	김병민	103	117	110	불합격	-30					
	이제우	135	149	142	합격						
	김준용	139	139	139	불합격	-1	자동 채우기				
	박정화	165	198	181.5	합격						
	이서우	182	218	200	합격						
	최리	98	115	106.5	불합격	-33.5					
	김교은	127	142	134.5	불합격	-5.5					
	최효윤	166	181	173.5	합격						
	이유림	168	186	177	합격						
	정재현	177	175	176	합격						

TIP [G7]셀에 **=IF(AND(F7="불합격", E7−140)= −3), "재시험", "")**을 입력한 후 실행하면 평가 결과가 불합격이면서 동시에 평균과 기준 점수 차이가 3cm 이내일 때 '재시험'이 출력되어 좀 더 쉽게 3차 평가 대상(재시험)을 파악할 수 있습니다. Link AND 함수는 두 조건이 모두 참일 때 TRUE를 반환하는 함수로 143쪽 을 참고하세요.

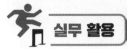 **실무 활용** | **VLOOKUP, IFERROR 함수로 재고 현황 관리하기**

07-004.xlsx 예제 파일을 실행하면 전체 목록 중에서 조회할 특정 재고의 제품코드가 입력되어 있습니다. VLOOKUP 함수를 사용해서 조회할 제품코드의 제품명과 수량을 찾아보겠습니다.

 오빠두! 특강

VLOOKUP 함수 알고가기

VLOOKUP 함수는 대표적인 참조 함수로 특정 값의 자료를 찾아 주는 함수입니다.

VLOOKUP 함수: 세로로 입력된 넓은 범위에서 '찾을 값'을 찾은 후 범위에서 지정한 '열 번호'의 값을 출력합니다.
=VLOOKUP(찾을 값, 범위, 열 번호, [일치 옵션])

- [일치 옵션] 인수는 찾을 값 인수와 정확하게 일치하는 데이터를 찾을지 혹은 유사한 데이터를 찾을지 결정합니다. 1 또는 **TRUE**를 입력하면 유사한 데이터, 0 또는 **FALSE**를 입력하면 정확히 일치하는 데이터를 찾으며, 기본 값은 유사 일치입니다.
- VLOOKUP 함수의 '찾을 값' 인수는 범위의 맨 왼쪽에 있어야 합니다.
- 특별한 상황을 제외하고 참조 범위는 반드시 절대 참조, 일치 옵션은 정확히 일치(0 또는 FALSE)로 사용합니다.

VLOOKUP 함수는 다소 어렵게 느껴질 수 있지만, 다음 4단계 과정과 위의 주의 사항을 기억하면 쉽게 사용할 수 있습니다. 보다 자세한 설명은 다음 동영상 강의 및 오빠두엑셀 홈페이지를 확인해 보세요.

찾을 값 선택 → 범위 선택 후 <kbd>F4</kbd>(절대 참조) → 열 번호 입력 → 0

https://youtu.be/ywx14pb0s-E

www.oppadu.com/엑셀-vlookup-함수

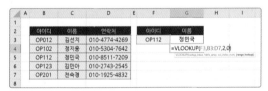

▲ [B3:D7] 범위의 첫 번째 열에서 [F3]셀 값과 정확하게 일치하는 값을 찾고, 범위에서 2번째 열 값을 출력합니다.

같이 알아 두면 좋은 함수

- **HLOOKUP 함수**: VLOOKUP 함수와 유사한 함수로, 가로로 입력된 넓은 표에서 특정 값의 정보를 찾아 출력합니다.
=HLOOKUP(찾을 값, 범위, 행 번호, [일치 옵션])

 www.oppadu.com/엑셀-hlookup-함수

- **IFERROR 함수**: 입력한 수식이 오류를 반환할 때, 오류 대신 지정한 결과를 출력합니다.
=IFERROR(수식, 오류일 때 표시 값)

 www.oppadu.com/엑셀-iferror-함수

01 07-004.xlsx 예제 파일의 전체 재고 목록을 참조하여 오른쪽에 있는 제품코드별 제품명부터 확인해 보겠습니다. [I5]셀에 **=VLOOKUP(H5,**까지 입력합니다. VLOOKUP 함수와 첫 번째 인수인 찾을 값으로 왼쪽 셀(H5)인 제품코드를 지정했습니다.

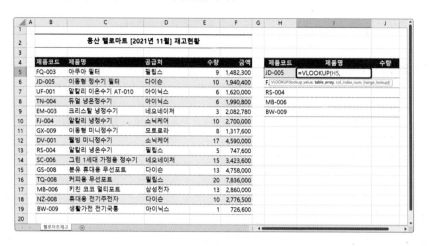

TIP 찾을 값 인수에 "*"를 & 기호로 결합해서 입력하면 해당 단어를 포함하는 조건으로 검색할 수 있습니다. 예를 들어 찾을 값 인수로 "*"&A1&"*"를 입력했다면 [A1]셀에 입력된 단어를 포함하는 값을 검색할 수 있습니다.

02 계속해서 두 번째 인수인 찾을 범위를 지정하기 위해 왼쪽에 있는 ❶ 전체 제품 목록인 **[B5:F19]** 범위를 드래그해서 선택한 후 F4를 눌러 절대 참조로 변환합니다. ❷ 다음 인수를 추가하기 위해 ,(쉼표)를 입력합니다.

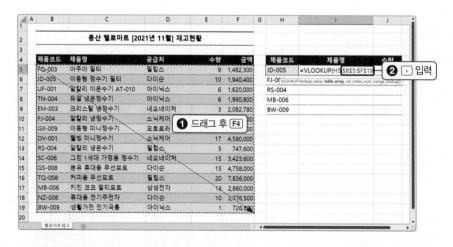

TIP VLOOKUP 함수를 사용하면 인수로 지정한 '찾을 범위'의 가장 왼쪽 열에서 '찾을 값' 인수를 검색합니다.

03 세 번째 인수는 가져올 데이터가 있는 열의 위치입니다. 지정한 범위에서 제품명은 2번째 열에 있습니다. 그러므로 2를 입력하고, 마지막으로 일치 옵션 인수에 정확한 값을 찾기 위해 ,(쉼표) 입력 후 0을 입력하고 Enter 를 눌러 =VLOOKUP(H5, $B$5:$F$19, 2, 0) 수식을 실행합니다.

TIP 수식에서 마지막 닫는 괄호는 생략할 수 있습니다.

TIP 일치 옵션 인수 중 1 또는 TRUE는 '유사 일치'라고 표시하지만 실제로는 '정확히 일치하는 값이 없을 때, '찾는 값 이전에 있는 값'을 구하며, 찾을 범위가 '오름차순'으로 정렬되어 있을 때만 사용할 수 있습니다. 유사 일치 옵션은 실무에서 종합소득세를 계산하는 등의 아주 특별한 상황을 제외하면 거의 사용하지 않는다고 생각하면 됩니다.

04 [I5]셀에 제품코드 JD-005의 제품명인 **이동형 정수기 필터**가 조회됐다면 채우기 핸들을 더블 클릭하거나 [I9]셀까지 드래그해서 자동 채우기를 실행하여 나머지 제품코드의 제품명을 구합니다.

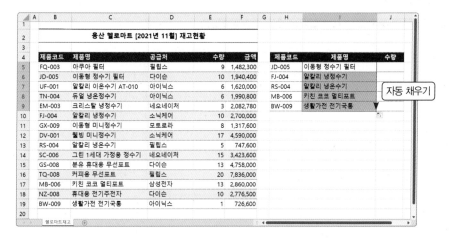

05 앞서의 과정과 같은 방법으로 제품코드에 따른 수량을 구합니다. ❶ [J5]셀에 열 번호 인수만 2열에서, 4열로 변경한 =VLOOKUP(H5, $B$5:$F$19, 4, 0)을 입력한 후 Enter 를 눌러 실행합니다. ❷ [J9]셀까지 자동 채우기를 실행하여 완성합니다.

06 ❶ 오류 발생 상황을 만들기 위해 [H5]셀 값을 JD-004로 바꿔 봅니다. 제품코드에 없는 값이므로 [I5]셀과 [J5]셀에 #N/A 오류가 반환됩니다. ❷ 오류가 발생할 때 -가 표시되도록 [I5]셀에서 기존 함수식을 IFERROR 함수로 감싸서 =IFERROR(VLOOKUP(H5, $B$5:$F$19, 2, 0), "-")로 수정하여 실행한 후 ❸ [I9]셀까지 자동 채우기를 실행합니다.

> **수식 이해하기** IFERROR 함수는 =IFERROR(수식, 오류일 때 표시 값) 형태로 사용합니다. 그러므로 기존에 입력한 수식을 수식 인수로 사용하고, 오류일 때 표시 값 인수로 "-"를 입력해서 수식을 완성합니다.

07 ❶ [J5]셀도 마찬가지로 =IFERROR(VLOOKUP(H5, $B$5:$F$19, 4, 0), "–")로 수정한 후 실행하고, ❷ [J9]셀까지 자동 채우기를 실행합니다. 결과를 확인하기 위해 ❸ [H7]셀의 제품코드도 목록에 없는 값으로 변경해 보세요. 제품명과 수량이 –로 표시됩니다.

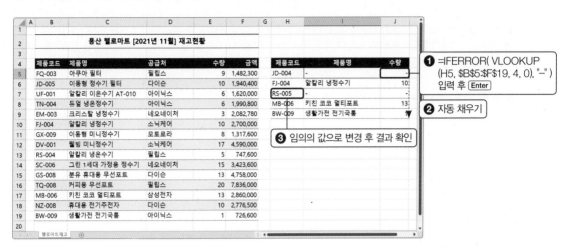

이번 실습은 실무자가 꼭 알아야 할 필수 함수의 마지막으로 집계 함수에 대해 알아봅니다. 예제 파일을 실행한 후 집계 함수를 사용하여 제품별, 지역별 주문 내역을 파악해 보겠습니다.

오빠두! 특강 **대표적인 집계 함수 알고가기**

집계 함수는 VLOOKUP 함수와 더불어 실무에서 굉장히 자주 사용하는 함수지만, 최소한으로 사용하는 것을 추천합니다. 집계 함수로 구하는 모든 결과는 피벗 테이블을 사용하면 훨씬 손쉽게 구할 수 있을 뿐만 아니라, 넓은 범위에서 집계 함수를 사용하면 처리 속도가 느려지는 문제가 발생하기 때문입니다. 따라서, 일회성의 값을 구하거나 데이터 구조의 문제로 피벗 테이블로 집계할 수 없을 때만 사용하고, 나머지 상황에서는 피벗 테이블 사용을 권장합니다.

SUMIF 함수: 조건을 만족하는 셀의 합계를 계산합니다.

= SUMIF(조건 범위, 조건, [합계 범위])

www.oppadu.com/엑셀–sumif–함수

SUMIFS 함수: 여러 조건을 만족하는 값의 합계를 계산합니다.

=SUMIFS(합계 범위, 조건 범위1, 조건1, [조건 범위2], [조건2], …)

www.oppadu.com/엑셀–sumifs–함수

AVERAGEIF 함수: 조건을 만족하는 셀의 평균을 계산합니다.

=AVERAGEIF(조건 범위, 조건, [평균 범위])

www.oppadu.com/엑셀–averageif–함수

AVERAGEIFS 함수: 여러 조건을 만족하는 값의 평균을 계산합니다.

=AVERAGEIFS(평균 범위, 조건 범위1, 조건1, [조건 범위2], [조건2], …)

www.oppadu.com/엑셀-averageifs-함수

> **TIP** SUMIF 함수와 AVERAGEIF 함수는 하나의 조건만 사용하므로 '합계 범위'와 '평균 범위' 인수를 마지막에 입력합니다. 하지만 SUMIFS 함수와 AVERAGEIFS 함수는 여러 개의 조건을 지정하므로 '합계 범위'와 '평균 범위'를 먼저 지정한 후 '조건 범위'와 '조건'을 한 세트로 지정합니다.

COUNTIF 함수: 조건을 만족하는 셀의 개수를 구합니다.

=COUNTIF(조건 범위, 조건)

www.oppadu.com/엑셀-countif-함수

COUNTIFS: 여러 조건을 만족하는 셀의 개수를 구합니다.

=COUNTIFS(조건 범위1, 조건1, [조건 범위2], [조건2])

www.oppadu.com/엑셀-countifs-함수

01 **대분류별 판매 금액 집계** 07-005.xlsx 예제 파일에서 대분류별(사무용품/가구/전자제품) 매출 합계를 계산하기 위해 우선 대분류의 고유 값을 정리해야 합니다. ❶ 대분류가 입력된 [F4:F60] 범위를 선택한 후 Ctrl+C를 눌러 복사하고, ❷ [K4]셀에서 Ctrl+V를 눌러 붙여 넣습니다.

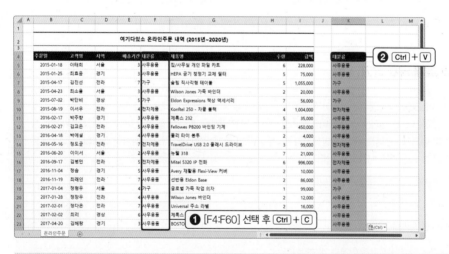

> **TIP** [F4]셀을 선택한 후 Ctrl+Shift+↓을 누르면 빠르게 [F4:F60] 범위를 선택할 수 있습니다.

02 붙여 넣은 목록에서 중복 값을 제거하기 위해 [데이터] 탭-[데이터 도구] 그룹에서 [중복된 항목 제거]를 클릭합니다.

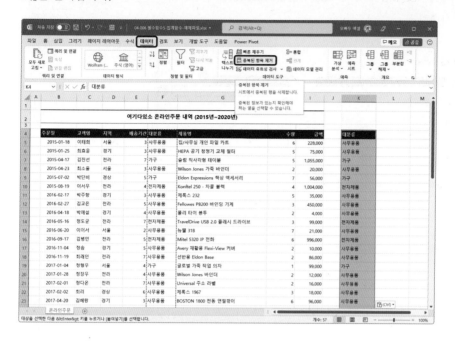

03 ❶ '중복 값 제거' 대화상자가 열리면 [대분류]에 체크한 후 ❷ [확인] 버튼을 클릭합니다. 53개의 중복 값이 제거되면서 대분류의 고유 값 3개가 표시됩니다.

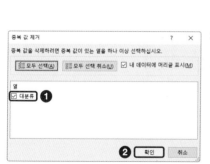

TIP 선택 중인 열과 연속된 열이 있는 상태에서 [중복된 항목 제거]를 클릭하면 선택 영역 확장 여부를 묻는 대화상자가 열립니다. 연속된 범위 모두에서 중복 값을 제거하려면 [선택 영역 확장]을, 현재 선택 중인 범위에서만 중복 값을 제거하려면 [현재 선택 영역으로 정렬]을 선택하면 됩니다.

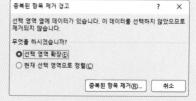

04 SUMIF 함수로 남아 있는 3개의 대분류별 금액 합계를 구하기 위해 ❶ [L4]셀에 필드명으로 **금액합계**를 입력하고, ❷ [L5]셀에 =SUMIF($F$4:$F$60, K5, $I$4:$I$60)을 입력한 후 Enter를 눌러 대분류(사무용품)의 금액 합계를 구합니다.

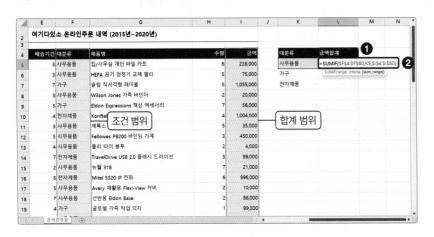

수식 이해하기 SUMIF 함수의 첫 번째 인수인 '조건 범위'는 조건 인수를 찾을 범위이므로 전체 대분류가 입력된 범위(F4:F60)를, 두 번째 인수인 '조건'은 왼쪽에 입력된 대분류 항목(K5)을, 세 번째 인수인 '구할 범위'는 합계를 구할 값이 있는 금액 범위(I4:I60)를 지정합니다. 이때 자동 채우기를 고려하여 조건 범위와 합계 범위는 항상 고정되도록 절대 참조로 입력합니다.

05 [L5]셀에서 채우기 핸들을 [L7]셀까지 드래그하여 자동 채우기를 실행하면 대분류별 매출 합계가 계산됩니다.

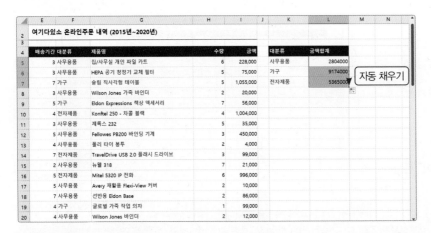

TIP 매출 금액 합계가 계산된 범위를 선택한 후 단축키 Ctrl+Shift+1 눌러 천 단위 구분 기호를 추가하면 더욱 완벽한 보고서가 완성됩니다.

06 집계 함수를 사용할 때 잘못된 데이터가 포함되어 있으면 데이터가 제대로 집계되지 않을 수 있습니다. 그러므로 데이터 집계 후 검산하는 습관을 갖는 것이 좋습니다. ❶ 집계한 합계 금액이 입력된 **[L5:L7]** 범위를 선택한 후 ❷ 상태 표시줄에서 **[합계: 17,343,000]**을 확인하고, ❸ 원본 데이터의 **[금액]** 필드인 **[I5:I60]** 범위를 선택한 후 ❹ **[합계: 17,343,000]**을 확인하는 방법으로 검산을 진행합니다.

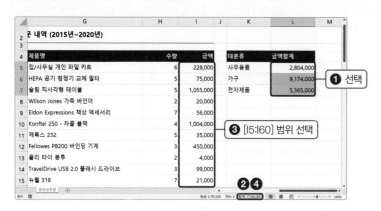

날짜별 합계 계산하기

SUMIF 함수로 날짜가 입력된 범위를 참조해서 월별, 연도별 합계를 구해야 할 때가 있습니다.

SUMIF 함수의 인수는 무조건 특정 범위만 사용해야 하므로 생각보다 쉽지 않은 미션입니다. 따라서 날짜가 입력된 범위를 참조해서 월별, 연도별 합계를 구해야 한다면 다음 수식을 이용합니다.

=SUMIFS($합계 범위, $날짜 범위, ">=" & DATE(연도, 월, 1), $날짜 범위, "<=" & EOMONTH(DATE(연도, 월, 1), 0))

수식에 대한 자세한 설명은 다음 동영상 강의를 참고하세요.

https://youtu.be/ohK3ZrhHLHQ

07 **지역별 주문 건수 집계하기** 지역별 주문 건수 집계도 고유 지역 목록부터 만들어야 합니다. ❶ 전체 지역 목록인 **[D4:D60]** 범위를 복사(**Ctrl**+**C**)한 후 ❷ **[K9]**셀에 붙여 넣고(**Ctrl**+**V**), ❸ **[데이터]** 탭–**[데이터 도구]** 그룹에서 **[중복된 항목 제거]** 버튼을 클릭하여 중복 값을 제거합니다.

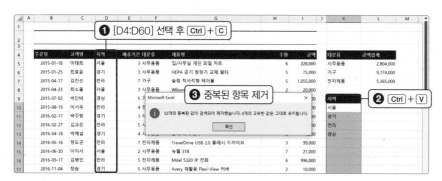

TIP 고유 값을 알고 있다면 중복된 항목 제거 기능을 사용하지 않고 직접 입력하는 것이 빠를 수 있습니다. 하지만, 직접 입력하다 보면 '서울'을 '사울'로 잘못 입력하는 것처럼 오탈자로 인해 문제가 발생할 수도 있으니 주의가 필요합니다.

08 ❶ [L9]셀에 필드명으로 **주문건수**를 입력하고, ❷ [L10]셀에 =COUNTIF($D$4:$D$60, K10)을 입력한 후 Enter 를 눌러 실행합니다.

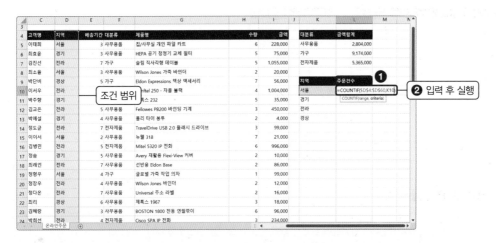

수식 이해하기 COUNTIF 함수는 조건 범위에서 조건과 일치하는 데이터 개수를 구하는 함수입니다. 첫 번째 인수인 '조건 범위'에는 자동 채우기를 고려하여 지역 목록($D$4:$D$60)을 절대 참조로, 두 번째 인수인 '조건'은 왼쪽에 입력된 지역(K10)을 지정했습니다.

09 [L9]셀의 채우기 핸들을 [L13]셀까지 드래그해서 자동 채우기를 실행하여 지역별 주문 건수를 집계합니다. 서울에서 20개로 가장 많이 주문하였고, 경상도에서 5개로 가장 적게 주문한 것을 확인할 수 있습니다.

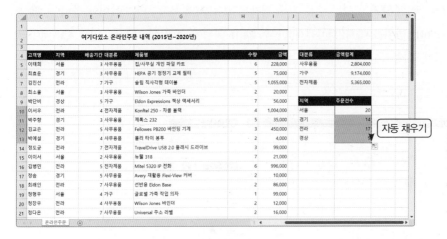

10 **지역별 평균 배송 기간 구하기** AVERAGEIF 함수로 지역별 평균 배송일을 계산하겠습니다. ❶ [K9:K13] 범위의 지역 고유 목록을 복사해서 ❷ [K15]셀에 붙여 넣고, ❸ [L15]셀에 필드명 **평균배송일**을 입력합니다.

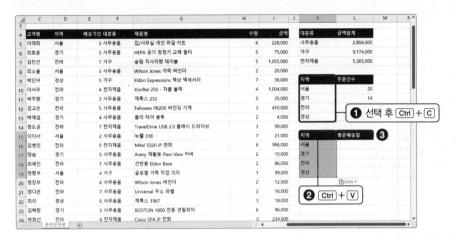

11 [L16]셀에 =AVERAGEIF($D$4:$D$60, K16, $E$4:$E$60)을 입력한 후 Enter 를 눌러 실행합니다.

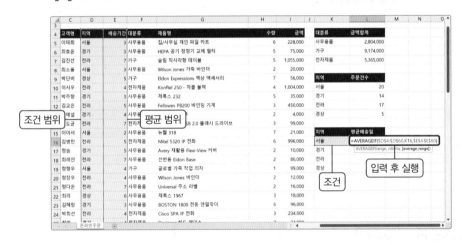

수식 이해하기 AVERAGEIF 함수의 첫 번째 인수인 '조건 범위'는 전체 지역 범위($D$4:$D$60)를, 두 번째 인수인 '조건'은 지역(K16)을, 세 번째 인수인 '평균 구할 범위'는 배송기간($E$4:$E$60)을 각각 지정했습니다. 이때 자동 채우기를 고려하여 조건 범위와 평균 구할 범위는 절대 참조로 입력합니다.

12 ● [L16]셀의 채우기 핸들을 [L19]셀까지 드래그하여 자동 채우기를 실행하면 지역별 평균 배송일이 계산됩니다. 평균 배송일 범위(L16:L19)가 선택된 상태에서 ❷ Ctrl + 1 을 눌러 '셀 서식' 대화상자를 열고 [표시 형식] 탭에서 ❸ [사용자 지정] 범주를 선택한 후 ❹ [형식] 입력란에 0.0을 입력합니다. ❺ [확인] 버튼을 클릭하면 결과 값이 소수 첫째 자리까지 표시됩니다.

> **TIP** 범위가 선택된 상태에서 Ctrl + Shift + 1 을 눌러 통화 서식으로 빠르게 변경 후, [홈] 탭-[표시 형식] 그룹에서 [자릿수 늘림]⬚을 클릭해도 됩니다.

13 **대분류와 지역별 매출 현황 구하기** 마지막으로 대분류 매출이 지역별로 어떻게 구성되었는지 확인해 보겠습니다. 대분류와 지역 조건을 동시에 만족할 때 매출 합계를 계산해야 하므로 SUMIFS 함수를 사용하며, 앞서 만든 고유 값을 활용합니다. ● 우선 [K4:K7] 범위를 선택해서 복사한 후 ❷ [N4]셀에 붙여 넣습니다.

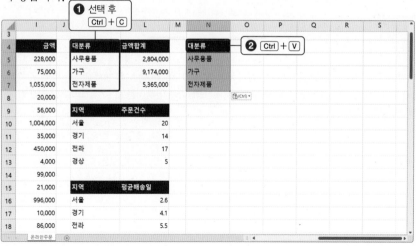

14 계속해서 ❶ [K10:K13] 범위를 복사한 후 ❷ [O4]셀에서 Ctrl + Alt + V 를 눌러 '선택하여 붙여넣기' 대화상자를 선택합니다. ❸ '선택하여 붙여넣기' 대화상자에서 [행/열 바꿈]에 체크한 후 ❹ [확인] 버튼을 클릭하여 필드명을 구성합니다.

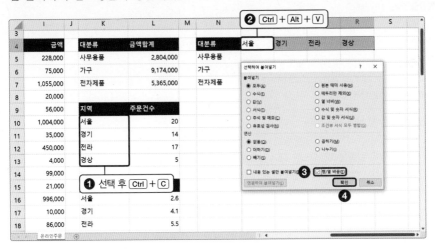

15 ❶ 필드명 범위의 서식을 동일하게 꾸밉니다. ❷ [O5]셀에 =SUMIFS($I$4:$I$60, $F$4:$F$60, $N5, $D$4:$D$60, O$4)를 입력한 후 Enter 를 눌러 실행합니다.

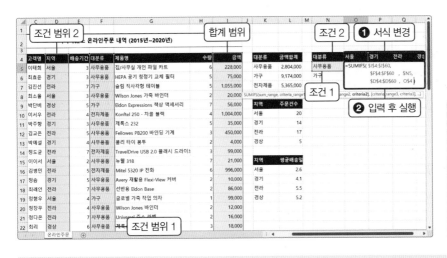

> **TIP** 그림에 표시된 수식은 Alt + Enter 를 눌러 줄 바꿈한 것으로, 수식이 길어질 때 인수를 구분하는 용도 등으로 활용할 수 있습니다.

> **TIP** [K4]셀을 선택한 후 [홈] 탭–[클립보드] 그룹에서 [서식 복사]를 클릭하고, [N4:R4] 범위를 드래그해서 선택하면 동일한 서식이 붙여넣기됩니다.

수식 이해하기 =SUMIFS($I$4:$I$60, $F$4:$F$60, $N5, $D$4:$D$60, O$4)

SUMIFS 함수는 첫 번째 인수로 '합계 범위'를 지정하고, 이어서 '조건 범위'와 '조건' 인수를 한 세트로 반복해서 지정합니다. 판매 금액 합계를 구할 것이므로 첫 번째 인수로 금액이 입력된 범위를 절대 참조($I$4:$I$60)로 지정했으며, 다음과 같이 조건 범위와 조건, 2세트를 순서대로 지정했습니다.

조건 범위1	$F$4:$F$60 (전체 대분류 범위)
조건1	$N5 (찾고자 하는 첫 번째 대분류 항목)
조건 범위2	$D$4:$D$60 (전체 지역 범위)
조건2	O$4 (찾고자 하는 첫 번째 지역 항목)

위와 같이 각 인수를 지정할 때 조건 범위는 항상 고정되도록 절대 참조를 사용했습니다. 또한, 대분류 조건($N5)은 이후 오른쪽으로 자동 채우기를 실행해도 [N]열이 변하지 않도록 열을 고정하는 혼합 참조를, 지역 조건(O$4)은 아래쪽으로 자동 채우기를 실행해도 [4]행이 변하지 않도록 행을 고정하는 혼합 참조를 사용했습니다.

16 ❶ [O5]셀의 채우기 핸들을 [R5]셀까지 드래그한 후 이어서 [R7]셀까지 드래그해서 대분류와 지역별 매출 합계를 구합니다. 끝으로 수식 결과 범위(O5:R7)가 선택된 상태에서 ❷ Ctrl + Shift + 1을 눌러 천 단위 구분 기호를 추가합니다.

TIP 결과 값 검산을 위해 [O5:R7] 범위와 [I5:I60] 범위를 각각 선택한 후 상태 표시줄에서 [합계] 값을 보면 동일하게 [17,343,000]임을 확인할 수 있습니다.

TIP 기본 서식으로 작성한 보고서에 조건부 서식을 적용하면 더욱 멋진 보고서를 완성할 수 있습니다. 다음 동영상 강의에서 실습 과정을 확인해 보세요.

https://youtu.be/DALnc9_7W1I

SUMIFS 함수 사용 시 주의 사항

SUMIFS 함수는 여러 조건을 모두 만족할 때 합계를 계산하지만, AND 조건으로만 계산할 수 있습니다.

예를 들어, =SUMIFS(금액 범위, 대분류 범위, "사무용품", 지역 범위, "서울") 같은 형태로 수식을 입력하면 대분류가 '사무용품'이고 지역이 '서울'인 금액의 합계를 계산합니다. 하지만, =SUMIFS(금액 범위, 대분류 범위, "사무용품", 대분류 범위, "가구") 형태로, 대분류 범위에서 사무용품과 가구 금액의 합계를 구하는 수식을 입력하면 결과로 0이 계산됩니다.

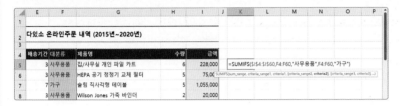

왜 그럴까요? SUMIFS 함수를 위와 같이 사용하면, 대분류가 사무용품이면서 동시에 가구인 경우를 검색하지만, 둘 다 대분류에 해당하므로 위 조건을 만족할 수 없는 것입니다.

따라서, '같은 범위에서 여러 조건을 만족하는 경우'의 합계를 계산하고 싶다면 다음과 같이 SUMIF 함수로 각 조건의 합계를 구한 후 그 값들을 더하는 방식으로 계산합니다.

=SUMIF(대분류 범위, "사무용품", 금액 범위) + SUMIF(대분류 범위, "가구", 금액 범위)

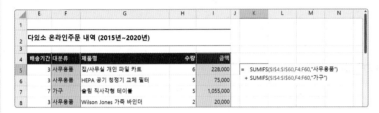

만약 조건의 개수가 많아 여러 개의 SUMIF 함수로 나누어 작성하기 어렵다면 다음과 같이 여러 조건을 가로 방향으로 입력한 뒤, =SUMPRODUCT(SUMIFS(합계 범위, 조건 범위, OR 조건)) 형태로 사용하면 OR 조건 합계를 편리하게 계산할 수 있습니다. 공식에 대한 자세한 설명은 다음 동영상 강의를 참고하세요.

https://youtu.be/23Taqjs8JGw

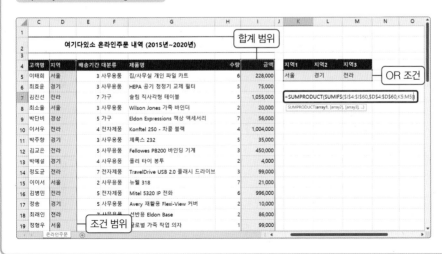

LESSON 03

엑셀의 활용도를 올려 줄 실무 보조 함수

> **예제 파일** 07-006.xlsx, 07-007.xlsx, 07-008.xlsx, 07-009.xlsx, 07-010.xlsx, 07-011.xlsx, 07-012.xlsx, 07-013.xlsx 계산, 통계, 분석 이외에 다양한 상황에 활용하기 위해 두 가지 함수가 추가로 사용됩니다. 바로 텍스트 함수와 날짜/시간 함수입니다. 텍스트 함수는 문자의 처음 4자리를 가져오는 등 문자를 가공할 때 사용하고, 날짜/시간 함수는 두 날짜 사이의 개월 수를 계산하는 등 날짜를 계산할 때 사용합니다.

실무 활용 ▶ LEFT, RIGHT, MID 함수로 텍스트 가공하기

07-006.xlsx 예제 파일을 실행하면 사원 목록이 정리되어 있습니다. 텍스트 관련 함수를 이용하여 데이터를 가공해 보겠습니다.

오빠두! 특강 │ LEFT, RIGHT, MID 함수 알고가기

실무 엑셀 데이터는 대부분 제품코드, 사번, 주소지와 같이 일정한 패턴을 갖는 문자열로 입력됩니다. 따라서 일회성으로 문자열을 가공한다면 빠른 채우기 기능을 사용하는 것이 좋습니다. 하지만 새로운 데이터를 계속 누적해서 관리한다면 LEFT, RIGHT, MID 함수를 사용하여 자동화하는 것이 좋습니다. **Link** 빠른 채우기 기능은 **039쪽** 에서 자세히 설명합니다.

LEFT 함수: 문자열의 왼쪽부터 원하는 개수만큼 문자를 추출합니다.

=LEFT(셀, [문자 개수])

https://www.oppadu.com/엑셀-left-함수

RIGHT 함수: 문자열의 오른쪽부터 원하는 개수만큼 문자를 추출합니다.

=RIGHT(셀, [문자 개수])

https://www.oppadu.com/엑셀-right-함수

> **TIP** LEFT 함수와 RIGHT 함수에서 '문자 개수' 인수를 생략하면 기본으로 1개의 문자가 추출됩니다.

MID 함수: 문자열의 중간부터 원하는 개수만큼 문자를 추출합니다.

=MID(셀, 시작 위치, 문자 개수)

https://www.oppadu.com/엑셀-mid-함수

01 **직원의 성씨 추출하기** 07-006.xlsx 예제 파일에서 우선 LEFT 함수로 직원 이름에서 성씨를 추출하겠습니다. [H5]셀에 **=LEFT(C5, 1)**을 입력한 후 Enter를 눌러 첫 번째 직원의 성씨(이)를 추출합니다.

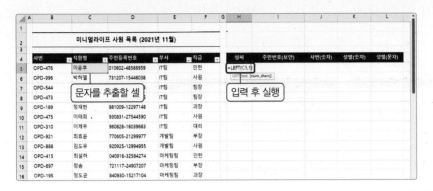

> **수식 이해하기** LEFT 함수의 첫 번째 인수는 추출할 데이터가 있는 셀이므로, 이름이 입력된 [C5]셀을 지정했습니다. LEFT 함수의 두 번째 인수인 '문자 개수'는 기본 값이 1이므로 생략한 채 **=LEFT(C5)**만 입력하고 실행해도 됩니다.

02 [C5]셀의 채우기 핸들을 더블 클릭하거나 [C50]셀까지 드래그하여 자동 채우기를 실행하면 모든 직원의 성씨가 추출됩니다.

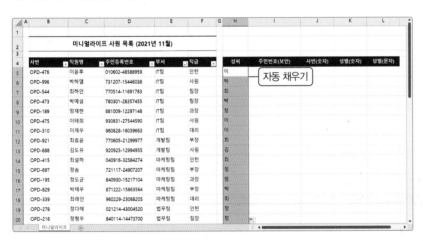

📌 **오빠두!**
특강

성이 2글자인 직원의 성씨 추출하기

IF 함수와 LEN 함수를 함께 사용하면 성이 2글자인 직원의 성씨(예, 황보, 제갈 등)도 추출할 수 있습니다. [C5]셀에 다음과 같이 수식을 작성한 후 실행하면 됩니다.

=IF(LEN(C5)>=4, LEFT(C5, 2), LEFT(C5, 1))

LEN 함수는 셀에 입력된 글자 수를 셉니다. 그러므로 위 수식은 글자 수가 4글자 이상이면(LEN(C5)>=4), 왼쪽부터 2글자를(LEFT(C5, 2)), 그렇지 않으면 왼쪽부터 1글자를 추출합니다(LEFT(C5, 1)).

03 주민등록번호 숨기기 LEFT 함수를 활용하여 주민등록번호에서 뒤 6자리를 별표로 표시하겠습니다. ❶ [I5]셀에 **=LEFT(D5, 8) & "******"**를 입력한 후 Enter를 눌러 실행합니다. 주민등록번호의 뒤 6자리가 별표로 보안 처리됩니다. 이후 ❷ [I50]셀까지 자동 채우기를 실행합니다.

수식 이해하기 =LEFT(D5, 8) 수식을 사용하여 주민등록번호 앞 8자리(생년월일)를 추출한 후 연산자 &를 이용하여 수식의 결과 값에 별표(*) 기호 6개를 연결했습니다. 여기서는 6개의 문자열만 추가하면 되므로 직접 입력하는 형태("******")로 수식을 작성했지만, 연결할 문자열 개수가 많다면 특정 문자열을 반복 출력하는 REPT 함수를 사용해서 =LEFT(C5, 8) & REPT("*", 6)을 입력해도 됩니다.

04 사번 끝자리 추출하기 계속해서 RIGHT 함수를 사용해서 사번의 오른쪽 끝 3자리만 추출하겠습니다. ❶ [J5]셀에 **=RIGHT(B5, 3)**을 입력한 후 Enter를 눌러 사번에서 숫자 부분을 추출하고, ❷ [J50]셀까지 자동 채우기합니다.

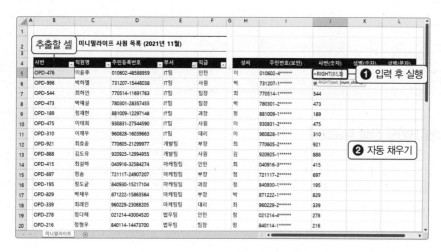

**오빠두!
특강**

결과 값을 숫자로 처리하기

LEFT, RIGHT, MID, TEXT 등의 텍스트 함수로 추출한 결과 값은 숫자처럼 보이더라도 문자 형태로 출력됩니다. 따라서 앞서의 실습에서 추출한 사번은 문자로 인식되어 왼쪽으로 정렬됩니다. 만약, 추출할 결과 값을 숫자로 처리해야 한다면 VALUE 함수를 활용하여 =VALUE(RIGHT(B5,3))로 수식을 작성하거나, 기존에 입력한 수식 뒤에 1을 곱한 형태인 =RIGHT(B5,3)*1을 작성하면 숫자로 처리할 수 있습니다.

> **TIP** VALUE 함수는 =VALUE(값) 형태로 사용하며, 텍스트 문자열로 작성된 숫자를 올바른 숫자로 변환합니다.

05 주민등록번호로 성별 파악하기 주민등록번호에서 7번째 숫자를 확인하면 성별을 구분할 수 있습니다. 우선 MID 함수를 사용해서 주민등록번호의 7번째 숫자를 추출하기 위해 ❶ [K5]셀에 =MID(D5, 8, 1)을 입력한 후 Enter 를 눌러 실행하고, ❷ [K50]셀까지 자동 채우기를 실행합니다.

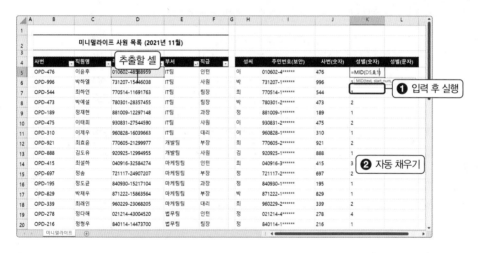

> **수식 이해하기** MID 함수를 이용하여 [D5]셀의 8번째 자리부터 1개의 문자열을 추출하는 수식입니다. 주민등록번호가 -기호로 연결되어 있으므로 8번째 자리부터 추출해야 주민등록번호 7번째 숫자를 추출할 수 있습니다.

06 주민등록번호 7번째 숫자가 홀수면 남성, 짝수면 여성입니다. 따라서 홀수 여부를 판단하는 ISODD 함수와 IF 함수를 사용해서 남성, 여성을 구분합니다. ❶ **[L5]**셀에 **=IF(ISODD(K5), "남", "여")**를 입력한 후 Enter를 눌러 실행하고 ❷ **[L50]**셀까지 자동 채우기를 실행하면 직원의 성별이 구분됩니다.

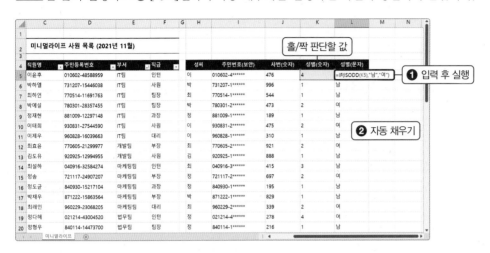

> **TIP** ISODD 함수는 지정한 인수 값이 홀수일 때 TRUE를 반환하며, ISEVEN 함수는 지정한 인수 값이 짝수일 때 TRUE를 반환합니다.

실무 활용   TRIM 함수 사용으로 보이지 않는 문자로 인한 오류 방지하기

07-007.xlsx 예제 파일을 실행한 후 **[서울시총조사인구]** 시트를 보면 통계청에서 제공한 2020년 서울특별시의 총조사인구 데이터가 있습니다. VLOOKUP 함수를 이용하여 데이터를 찾아 보고, 그 과정에서 발생하는 오류를 해결해 보겠습니다.

> **오빠두!특강**
>
> ### TRIM 함수 알고가기
>
> 정부에서 제공하는 공공 데이터와 같은 외부 데이터를 활용할 때면 보이지 않는 문자나 들여쓰기를 위해 사용한 공백 등으로 함수를 사용했을 때 #N/A 오류가 발생하곤 합니다. 이럴 때 TRIM 함수를 사용하면 보이지 않는 문자를 손쉽게 제거할 수 있습니다.
>
> **TRIM 함수:** 문자열의 앞/뒤에 입력된 공백을 제거합니다.
> =TRIM(문자열)
>
> https://www.oppadu.com/엑셀-trim-함수
>
>

01 오류 상황 파악하기 07-007.xlsx 예제 파일을 열고 ❶ [서울시총조사인구] 시트의 [H6]셀에 **용산구**를 입력합니다. ❷ [I6]셀에는 **=VLOOKUP(H6, $B$5:$E$31, 2, 0)**를 입력한 다음 Enter 를 눌러 용산구의 총인구를 찾습니다. **Link** VLOOKUP 함수 사용 방법은 351 쪽을 참고합니다.

> **TIP** 국가통계포털(https://kosis.kr/)을 활용하면 통계청에서 제공하는 다양한 데이터를 무료로 확인할 수 있습니다.

02 VLOOKUP 함수를 사용한 수식의 결과로 #N/A 오류가 출력됩니다. 원인을 파악하기 위해 ❶ [F6]셀에 **=LEN(B6)**을 입력한 후 Enter 를 눌러 실행하고 ❷ [F30]셀까지 자동 채우기를 실행하여 [B]열에 있는 각 지역의 글자 수를 확인합니다.

> **TIP** LEN 함수는 인수의 글자 수를 셉니다.

03 결과 값으로 2~4를 예상했으나 전혀 다른 결과가 나타납니다. 즉, [B]열의 문자열에는 보이지 않는 무엇인가가 있음을 예상할 수 있습니다. [B]열에 있는 임의의 셀을 더블 클릭한 후 입력된 문자열을 드래그해 보세요. 문자열 앞쪽으로 공백을 확인할 수 있습니다.

> **TIP** 실무에서 문자열 앞에 여백을 추가할 때 예제 파일처럼 공백을 사용하면 여러 문제가 발생할 수 있습니다. 따라서 공백을 입력하는 방법보다는 [홈] 탭–[맞춤] 그룹에 있는 [들여쓰기]를 사용하는 것이 좋습니다.

04 **TRIM 함수로 공백 제거하기** 오류의 원인인 공백을 제거하기 위해 ❶ [G6]셀에 =TRIM(B6)을 입력한 후 Enter를 누릅니다. ❷ 공백이 제거된 문자열이 출력되면 [B30]셀까지 자동 채우기를 실행하여 나머지 지역명을 출력합니다.

> **TIP** TRIM 함수는 인수로 지정한 문자열 양옆에 추가된 공백 이외에도, **사과 밭**처럼 2번 이상 중복으로 입력된 띄어쓰기도 **사과 밭**으로 변경합니다.

05 공백을 제거한 지역명인 **❶ [G6:G30]** 범위를 드래그해서 선택한 후 Ctrl + C 를 눌러 복사합니다. **❷ [B6]**셀에서 Ctrl + Alt + V 를 눌러 '선택하여 붙여넣기' 대화상자가 열리면 **❸ [값]**을 선택하고 **❹ [확인]** 버튼을 클릭하여 값만 붙여 넣습니다.

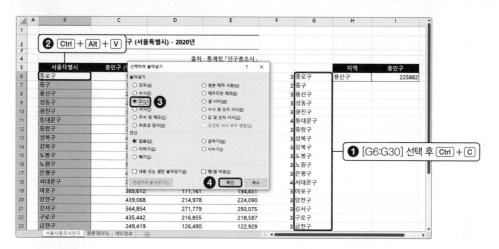

TIP 붙여넣기할 셀에서 [마우스 우클릭] 후 [선택하여 붙여넣기]를 선택해서 '선택하여 붙여넣기' 대화상자를 열 수도 있습니다.

06 **[F6:F30]** 범위의 결과가 정상적으로 표시되고, **[I6]**셀에도 용산구 총인구가 제대로 표시되는 것을 확인할 수 있습니다.

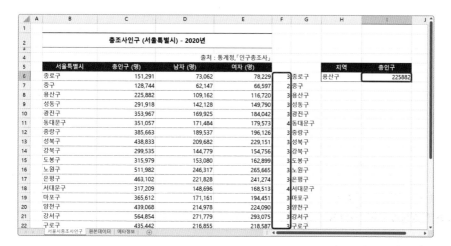

 **실무 활용** | **FIND, SEARCH 함수로 업무 자동화하기**

07-008.xlsx 예제 파일을 실행하면 직원 목록과 영문명을 바탕으로 이메일 주소가 작성되어 있습니다. 직원마다 영문명의 길이가 다르므로 FIND와 SEARCH 함수를 사용하여 이메일 주소에서 영문명을 추출해 보겠습니다. 실습 과정은 다음 동영상 강의에서도 확인할 수 있습니다.

https://youtu.be/Dv69JjsENC4

오빠두! 특강 | **FIND, SEARCH 함수 알고가기**

LEFT 함수와 RIGHT 함수를 사용하면 주민등록번호나 제품코드처럼 길이가 일정할 때 원하는 문자를 쉽게 추출할 수 있습니다. 하지만 문자열의 길이가 제각각이라면 FIND 함수와 SEARCH 함수를 사용해서 자동화할 수 있습니다.

FIND 함수: 문자열에서 찾을 문자가 몇 번째 위치하는지 순번을 반환합니다. 찾을 문자는 대소문자를 구분하며, 와일드카드(*, ?) 문자는 사용할 수 없습니다.

=FIND(찾을 문자, 문자열, [시작 위치])

https://www.oppadu.com/엑셀-find-함수

SEARCH 함수: 문자열에서 찾을 문자가 몇 번째 위치하는지 순번을 반환합니다. 대소문자를 구분하지 않으며, 와일드카드(*, ?)도 사용할 수 있습니다.

=SEARCH(찾을 문자, 문자열, [시작 위치])

https://www.oppadu.com/엑셀-search-함수

두 함수 모두 시작 위치의 기본 값은 1입니다. 그러므로 시작 위치를 생략하면 문자열의 첫 번째 문자부터 검색을 시작합니다.

01 이메일 주소에서 영문명 추출하기 07-008.xlsx 예제 파일의 이메일 주소에서 직원의 영문명은 @ 기호 위치를 기준으로 왼쪽 문자열입니다. 우선 @ 기호의 위치를 찾기 위해 ❶ [F5]셀에 =FIND("@", E5)를 입력한 후 Enter 를 눌러 위치를 찾고, ❷ [F16]셀까지 자동 채우기를 실행합니다.

이름	직급	부서	이메일주소	영문이름	도메인
최경민	대리	인사팀	Stephen.Choi@OneGlobal.com	=FIND("@",E5)	
박재현	대리	회계팀	JH.Park@OneKorea.com		
김인후	사원	영업팀	John.Kim@OneGlobal.com	9	
김민형	사원	총무팀	MinHyung.Kim@OneGlobal.com	13	
이승오	팀장	회계팀	Robert.Lee@OneKorea.com	11	
정수미	대리	IT팀	Sara.Jeong@OneGlobal.com	11	
이은새	대리	영업팀	EunSae.Lee@OneGlobal.com	11	
박제니	팀장	생산팀	Jenny.Park@OneGlobal.com	11	
박지해	사원	기획팀	Julia.Park@OneGlobal.com	11	
박수현	사원	회계팀	SuHyeon.Park@OneGlobal.com	13	
김주승	사원	인사팀	James.Kim@OneGlobal.com	10	
이제원	대리	물류팀	Sean.Lee@OneKorea.com	9	

❶ 입력 후 실행
❷ 자동 채우기

TIP FIND 함수 대신 SEARCH 함수를 사용해도 동일하게 동작합니다.

02 이제 처음부터 @ 기호 직전까지의 문자열을 추출하면 됩니다. ❶ [F5]셀을 더블 클릭하거나 `F2`를 눌러 편집 모드를 실행한 후 수식을 **=LEFT(E5, FIND("@", E5)−1)**로 변경하여 실행하고, ❷ [F16]셀까지 자동 채우기를 실행합니다.

수식 이해하기 FIND 함수로 @ 기호의 위치를 찾는 수식을 LEFT 함수로 묶었습니다. LEFT 함수의 첫 번째 인수인 문자열은 이메일 주소(E5)를 지정했으며, 추출할 문자 개수는 @ 위치보다 한 자리 앞이므로 FIND 함수의 결과에서 1을 뺀 값 FIND("@", E5)−1을 지정했습니다.

03 **이메일에서 도메인 주소 추출하기** 이번에는 이메일에서 @ 기호 이후에 있는 도메인 주소를 추출합니다. 도메인 주소의 문자 수는 '전체 문자 수−@ 위치'이므로 ❶ [G5]셀에 **=LEN(E5)−FIND("@", E5)**를 입력한 후 `Enter`를 눌러 실행하고 ❷ [G16]셀까지 자동 채우기를 실행합니다.

수식 이해하기 도메인 주소는 이메일에서 @ 기호 이후의 문자열을 RIGHT 함수로 추출할 예정입니다. 그러므로 도메인 주소의 문자 수를 알아야 합니다. LEN(E5)은 이메일의 전체 문자 수이고, FIND("@", E5)는 @ 위치이므로, =LEN(E5) − FIND("@", E5)를 계산하면 도메인 주소의 문자 수가 됩니다.

04 이제 RIGHT 함수를 사용해서 도메인 주소를 추출합니다. ❶ [G5]셀을 더블 클릭해서 편집 모드를 활성화하고 수식을 =RIGHT(E5, LEN(E5)−FIND("@", E5))로 변경하여 실행한 뒤, ❷ 자동 채우기를 실행하여 도메인 주소를 추출합니다.

TIP 이번 실습처럼 FIND, SEARCH 함수를 사용하면 '특정 문자 부분 일치 검색', '문장 내 단어 개수 세기' 등 다양한 용도로 수식을 작성할 수 있습니다.
Link 특정 단어 포함 여부를 검색하는 ISNUMBER/SEARCH 공식은 407쪽을 참고하세요.

 실무 활용 **SUBSTITUTE 함수로 텍스트 가공하기**

07−009.xlsx 예제 파일을 실행하면 커피 매장의 메뉴판이 텍스트로 정리되어 있습니다. SUBSTITUTE 함수를 사용하여 메뉴를 좀 더 보기 좋게 가공해 보겠습니다. 실습 과정은 다음 동영상 강의에서도 확인할 수 있습니다.

https://youtu.be/M5-uzZmDL1Y

오빠두!
특강 **SUBSTITUTE 함수 알고가기**

SUBSTITUTE 함수는 엑셀의 찾기 및 바꾸기 기능을 함수로 구현할 수 있는 유용한 함수입니다. 보통의 찾기 및 바꾸기 기능은 새로운 데이터가 추가될 때마다 실행해야 하지만, SUBSTITUTE 함수를 사용하면 찾기 및 바꾸기 기능을 자동화할 수 있습니다.

SUBSTITUTE 함수: 문자열에서 특정 문자를 찾아 다른 문자로 바꿉니다.
=SUBSTITUTE(문자열, 찾을 문자, 새로운 문자, [바꿀 지점])

https://www.oppadu.com/엑셀-substitute-함수

'바꿀 지점' 인수를 지정하면 문자열에서 n번째에 있는 문자만 바꿀 수 있습니다. 예를 들어 =SUBSTITUTE("사과나무에 **사과** 열렸네", "사과", "배", 2)를 실행하면 2번째 사과만 배로 바뀌므로 **사과나무에 배 열렸네**가 출력됩니다.

SUBSTITUTE 함수와 LEN 함수를 함께 사용하여 다음과 같은 공식을 이용하면 셀 안의 '단어 개수'를 셀 수 있습니다. 공식에 대한 자세한 설명과 사용 방법은 동영상 강의를 참고합니다.

=LEN(셀) − LEN(SUBSTITUTE(셀, " ", "")) + 1

https://youtu.be/BTiTcGaIm6Q

01 **줄 바꿈을 쉼표로 변경하기** 07-009.xlsx 예제 파일의 메뉴판에서 줄 바꿈으로 입력된 메뉴를 쉼표로 구분하기 위해 ❶ [E5]셀에 =SUBSTITUTE(B5, CHAR(10), ",")을 입력한 후 [Enter]를 눌러 실행하고, [E8]셀까지 자동 채우기를 실행하면 모든 줄 바꿈이 쉼표로 변경됩니다.

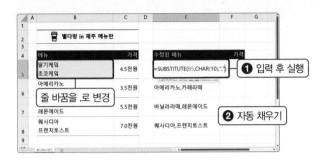

수식 이해하기 SUBSTITUTE 함수의 첫 번째 인수인 문자열은 줄 바꿈으로 구분된 메뉴(B5)를 지정했습니다. 두 번째 인수인 찾을 문자는 줄 바꿈 기호에 해당하는 CHAR(10)을 입력하고, 세 번째 인수인 새로운 문자는 쉼표(",")를 지정하여 모든 줄 바꿈이 쉼표로 변경됩니다. 이때 쉼표 뒤에 띄어쓰기가 포함되도록 ", "를 입력해도 좋습니다.

02 **단위 및 종류 변경하기** 메뉴판의 가격 정보를 보면, '천원'이라는 문자가 포함되어 있어 계산에 활용할 수 없습니다. 따라서 가격에 있는 '천원'을 공백("")으로 변경하기 위해 ❶ [F5]셀에 =SUBSTITUTE(C5, "천원", "")을 입력한 후 [Enter]를 누르고, ❷ [F8]셀까지 자동 채우기를 실행합니다.

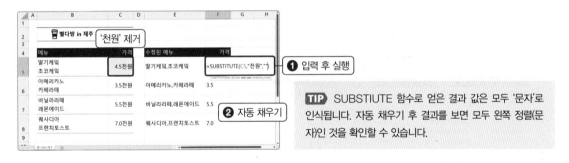

TIP SUBSTIUTE 함수로 얻은 결과 값은 모두 '문자'로 인식됩니다. 자동 채우기 후 결과를 보면 모두 왼쪽 정렬(문자)인 것을 확인할 수 있습니다.

03 ❶ [F5]셀을 더블 클릭하거나 [F2]를 눌러 편집 모드를 실행한 후 수식 뒤에 1000을 곱하는 형태인 =SUBSTITUTE(C5, "천원", "") * 1000으로 변경한 다음 ❷ [F8]셀까지 자동 채우기를 실행합니다. 결과 값이 우측 정렬(숫자)되면서 가격도 정확하게 표시되는 것을 확인할 수 있습니다.

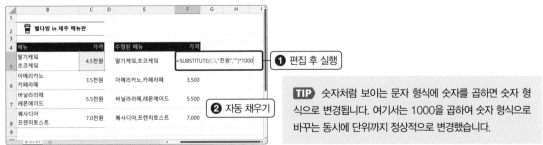

TIP 숫자처럼 보이는 문자 형식에 숫자를 곱하면 숫자 형식으로 변경됩니다. 여기서는 1000을 곱하여 숫자 형식으로 바꾸는 동시에 단위까지 정상적으로 변경했습니다.

07-010.xlsx 예제 파일을 실행해 보면 한 매장의 일자별 제품 입고 내역이 정리되어 있습니다. TEXT 함수를 사용해서 기존 날짜 형식은 유지한 채 다른 형태로 값을 표시해 보고, 등록일, 제품명, 가격을 연결하여 가격표 레이블까지 완성해 보겠습니다.

오빠두! 특강

TEXT 함수 알고가기

보고서를 작성할 때면 셀에 입력된 숫자나 날짜 형식은 유지한 채 다른 형태로 값을 표시해야 할 때가 있습니다. 특히 여러 개의 셀로 나뉘어 입력된 값을 하나의 셀에 합쳐야 할 때 TEXT 함수를 활용하면 편리합니다.

TEXT 함수: 숫자, 날짜 등으로 입력된 값을 지정한 서식의 문자로 변환합니다.

=TEXT(값, "표시 형식")

https://www.oppadu.com/엑셀-text-함수

'표시 형식' 인수를 직접 입력할 때는 반드시 큰따옴표("")에 입력해야 합니다.

---

01 **서식 일괄 변경하기** 07-010.xlsx 예제 파일의 [B]열에 있는 날짜를 '1월 1일' 형태의 서식으로 일괄 변경하겠습니다. ❶ [E6]셀에 =TEXT(B6, "m월 d일")을 입력한 후 Enter 를 눌러 실행하고, ❷ [E20]셀까지 자동 채우기를 실행합니다.

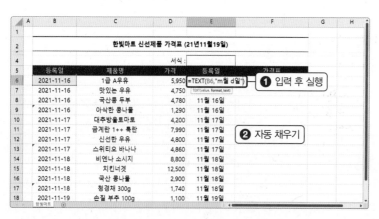

> **TIP** 날짜 서식을 지정할 때 m은 월, d는 일, aaa는 요일을 표시합니다.

02 이번에는 다른 셀에 입력된 표시 형식을 실시간으로 반영하도록 자동화해 보겠습니다. 우선 [E4]셀에 **m월 d일 (aaa)**를 입력합니다.

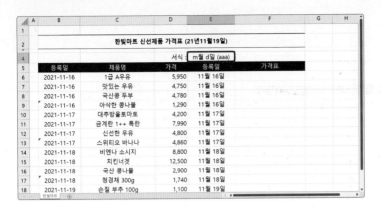

03 ❶ [E6]셀을 더블 클릭해서 편집 모드를 실행한 후 **=TEXT(B6, $E$4)**로 변경하여 실행한 뒤, ❷ [E20]셀까지 자동 채우기를 실행합니다. 이제 [E4]셀의 서식을 변경하면 [E]열에 있는 [등록일] 필드의 날짜 표시 형식이 실시간으로 변경됩니다.

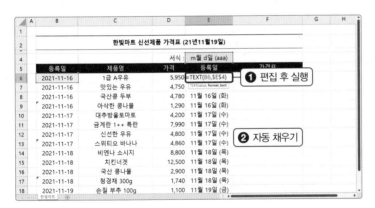

TIP 수식을 작성한 후 자동 채우기를 실행했을 때 표시 형식 인수로 사용할 [E4]셀은 변경되지 않도록 절대 참조로 입력해야 합니다.

04 자동화된 수식을 확인하기 위해 [E4]셀에 입력된 표시 형식을 **d일**로 변경해 봅니다. [E]열의 날짜 형식이 일괄 변경되는 것을 확인할 수 있습니다.

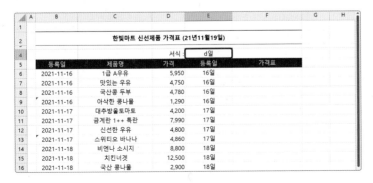

05 가격표 레이블 만들기 이번에는 제품명, 등록일, 가격을 한 셀에 표시하여 가격표 레이블을 만들어 보겠습니다. ❶ [F6]셀에 =C6 & TEXT(B6, " (m/d)") & CHAR(10) & TEXT(D6, "#,##0원")을 입력하고 Enter 를 눌러 실행한 뒤, ❷ [F20]셀까지 자동 채우기를 실행합니다.

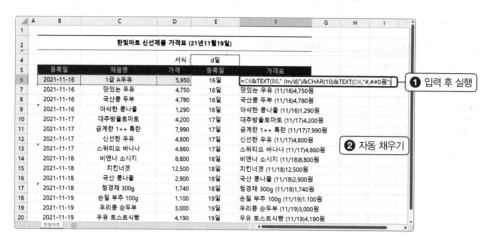

수식 이해하기 =C6 & TEXT(B6, " (m/d)") & CHAR(10) & TEXT(D6, "#,##0원")

수식을 단순하게 =C6 & B6 & CHAR(10) & D6으로 입력한다면 결과로 1급 A우유444635950이 표시됩니다. 엑셀은 날짜를 1900년 1월 1일을 기준으로 1부터 증가하는 순번으로 관리하며, 다른 셀과 함께 날짜가 입력된 셀을 참조하면 숫자가 그대로 표시되기 때문입니다. 이럴 때 TEXT 함수를 사용하면 다른 셀과 함께 날짜를 참조할 때에도 원하는 형태의 날짜를 표현할 수 있습니다.

제품명인 [C6]셀은 & 기호를 이용하여 셀 값을 그대로 연결했으며, 등록일인 [B6]셀은 TEXT 함수를 사용하여 m/d 형식을 괄호 안에 입력했습니다. 이때 " (m/d)"처럼 앞에 한 칸을 띄움으로써 제품명과 등록일 사이에 공백을 추가했습니다. 가격은 천 자리 구분 기호와 단위가 함께 표시되도록 "#,##0원"을 인수로 지정했으며, 등록일과 가격 사이에 줄 바꿈 기호인 CHAR(10)을 추가하여 줄 바꿈으로 등록일과 가격을 구분합니다.

---

06 수식에 줄 바꿈 기호 CHAR(10)을 연결했는데도 결과를 보면 줄 바꿈이 적용되지 않습니다. 가격표 범위(F6:F20)가 선택된 상태에서 [홈] 탭-[맞춤] 그룹의 [자동 줄 바꿈]을 클릭해서 줄 바꿈을 적용하여 레이블을 완성합니다.

TIP 보고서의 완성도를 높이기 위해 [홈] 탭-[맞춤] 그룹의 [오른쪽 맞춤]을 클릭하여 오른쪽으로 정렬하면 더욱 깔끔한 보고서가 완성됩니다.

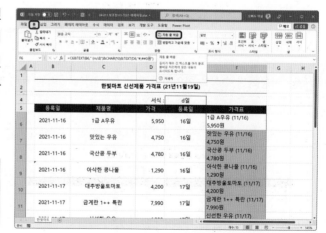

 **실무 활용** **TODAY, DATE, YEAR/MONTH/DATE 함수로 날짜 구하기**

07-011.xlsx 예제 파일을 실행하면 한 업체의 설비 자재 목록이 정리되어 있습니다. [B]열에 입력된 등록 코드를 보면 마지막 6자리 숫자가 자재 구매일에 해당하므로, 이를 활용하여 날짜를 구분한 후 비어 있는 필드를 채워 보겠습니다.

오빠두! 특강 날짜 함수 알고가기

날짜 데이터를 다룰 때면 '20220101'처럼 분명히 날짜로 보이지만 올바른 형태로 입력되지 않아 쉽게 파악하기 어렵거나 날짜 계산이 어려운 상황이 종종 발생합니다. 이럴 때 DATE 함수 등을 활용해서 날짜를 올바른 형태로 변경한 후 계산에 사용합니다.

TODAY 함수: 오늘 날짜를 출력합니다.
=TODAY( )

https://www.oppadu.com/엑셀-today-함수

YEAR/MONTH/DAY 함수: 지정한 날짜 값 인수에서 연도/월/일을 분리합니다.
=YEAR(날짜), =MONTH(날짜), =DAY(날짜)

https://www.oppadu.com/엑셀-year-함수

DATE 함수: 연도, 월, 일을 지정해서 날짜를 입력합니다.
=DATE(연도, 월, 일)

https://www.oppadu.com/엑셀-date-함수

01 날짜코드를 올바른 형태로 변경하기 07-011.xlsx 예제 파일의 [등록코드] 필드에서 마지막 6자리를 추출하기 위해 ❶ [D7]셀에 =RIGHT(B7, 6)을 입력한 후 Enter 를 눌러 실행하고, ❷ [D18]셀까지 자동 채우기를 실행합니다. **Link** RIGHT 함수는 366쪽 을 참고합니다.

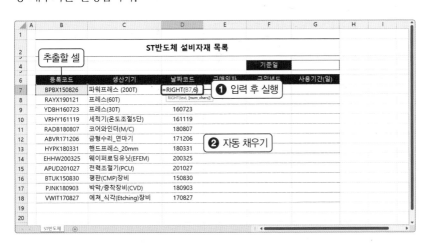

02 날짜코드를 올바른 날짜 값으로 변경하기 위해 ❶ [E6]셀에 =DATE(LEFT(D7, 2) + 2000, MID(D7, 3, 2), RIGHT(D7, 2))를 입력한 후 실행하고, ❷ [E18]셀까지 자동 채우기를 실행합니다.

수식 이해하기 DATE 함수는 '연도', '월', '일'을 각각 인수로 지정해야 합니다. 문제는 연도 계산입니다. 엑셀은 날짜를 1900년부터 인식하므로, DATE 함수의 첫 번째 인수인 연도로 '15'와 같이 2자리 숫자만 지정하면 1915년으로 표시됩니다. 그러므로 앞서 구한 날짜코드의 앞 2자리에 2000을 더하는 형태인 LEFT(D7, 2) + 2000을 연도 인수로 지정했습니다. 계속해서 숫자코드의 셋째 자리부터 2개의 문자를 구하는 MID(D7, 3, 2)를 월 인수로, 오른쪽 끝 2자리를 구하는 RIGHT(D7, 2)를 일 인수로 지정했습니다.

03 **구매연도와 사용기간 구하기** 구매일자를 구했으니 구매연도는 간단합니다. ❶ [F7]셀에 =YEAR (E7)을 입력해서 실행한 후 ❷ [F18]셀까지 자동 채우기를 실행합니다.

TIP 인사/총무 부서와 관련된 날짜 함수 6개를 다룬 실전 예제는 다음 동영상 강의를 참고하세요.

https://youtu.be/FNM7kUt4SmY

04 사용기간은 '오늘 날짜－구매 일자'로 계산합니다. 우선 ❶ [G4]셀에 =TODAY( )를 입력한 후 실행해서 오늘 날짜를 표시하고, ❷ [G7]셀에 =$G$4－E7을 입력하여 실행한 후 ❸ [G18]셀까지 자동 채우기를 실행합니다. 기준일은 고정되어야 하므로 절대 참조로 입력했습니다.

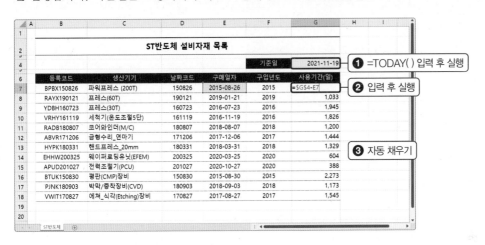

> **TIP** Ctrl + ; 를 누르면 오늘 날짜를, Ctrl + Shift + ; 를 누르면 현재 시간을 빠르게 입력할 수 있습니다.

오빠두! 특강 TODAY 함수 자동 업데이트 문제

TODAY 함수는 수식을 새롭게 입력하거나 파일을 열때마다 새로고침됩니다. 따라서, TODAY 함수로 입력한 날짜가 변경되지 않고 고정되어야 하는 상황이라면 IF 함수와 반복 계산 옵션을 설정해서 해결할 수 있습니다.

TODAY 함수 자동 업데이트 문제를 해결하는 자세한 방법은 다음 동영상 강의를 참고하세요.

https://youtu.be/fZV0n7pFSNQ

 실무 활용 DATEDIF, YEARFRAC 함수로 날짜 사이 계산하기

07-012.xlsx 예제 파일을 실행해 보면 한 업체의 설비자재 목록이 정리되어 있습니다. 구매일자와 기준일을 활용하여 각 설비를 얼마나 사용했는지 개월 수를 확인해 보겠습니다.

오빠두! 특강 날짜 계산 함수 알고가기

직원의 근속연수나 도구를 사용한 개월 수를 계산할 때처럼 두 날짜 사이의 연도, 개월 차이를 계산할 때는 크게 2가지 상황으로 구분할 수 있습니다.

- **꽉찬 기간을 계산할 때:** 근속연수, 나이, 감가상각 기간을 계산할 때는 DATEDIF 함수를 사용합니다.
- **정확한 기간을 계산할 때:** 자재 사용기간, 프로젝트 진행기간 등을 계산할 때에는 YEARFRAC 함수를 사용합니다.

DATEDIF 함수: 두 날짜 사이의 기간을 연, 월, 일 단위로 계산합니다.

=DATEDIF(시작 일, 종료 일, 단위)

단위 인수	기능
Y	연도 차이
M	개월 차이
D	날짜 차이
YD	연도를 무시한 날짜 차이 예) 2018-01-01과 2019-02-03 날짜 차이는 33
YM	연도를 무시한 개월 차이 예) 2018-01-01, 2019-03-01 개월 차이는 2
MD	월과 연도를 무시한 날짜 차이 예) 2018-01-01, 2018-02-03 날짜 차이는 2

YEARFRAC 함수: 두 날짜 사이 기간이 일 년 중 차지하는 비율을 계산합니다.

=YEARFRAC(시작 일, 종료 일, [기준])

DATEDIF 함수는 과거 다른 프로그램과의 호환성을 위해 제공되는 함수이므로, 함수 목록에 표시되지 않으며, 함수를 입력해도 안내 메시지가 표시되지 않습니다(MD 인수는 오류가 많으므로 사용을 권장하지 않습니다).

또한, DATEDIF 함수는 두 날짜 사이의 '온전한 기간만 계산 결과에 포함'합니다. 예를 들어, =DATE("2020-1-1", "2021-12-31", "y")를 입력해서 2020/01/01과 2021/12/31의 연도 차이를 DATEDIF 함수로 계산하면, 결과 값으로 1이 계산됩니다. 계산 결과에 2020년만 포함되고, 2021년은 온전히 지나지 않아 버리기 때문입니다. 따라서 근속연수, 나이, 감가상각 등 시작일을 기준으로 기간이 증가하는 경우에 DATEDIF 함수를 사용합니다.

01 **사용 개월 수 계산하기** 07-012.xlsx 예제 파일을 열고 ❶ [E7]셀에 **=DATEDIF(D7, $F$4, "m")**을 입력하고 Enter 를 눌러 실행한 후 ❷ [E18]셀까지 자동 채우기를 하면 설비자재별 사용 개월 수가 계산됩니다.

수식 이해하기 DATEDIF 함수는 수식 입력 시 인수 설명이 표시되지 않으므로, 시작일, 종료일, 단위 인수를 차례대로 입력합니다. 이때, 단위로 "M"을 지정함으로써 시작 일(D7)과 종료 일(F4) 사이의 개월 차이가 계산됩니다. 종료 일은 자동 채우기를 실행해도 항상 고정되도록 절대 참조로 입력합니다. 만약 설비 자재의 사용 연수를 계산하려면 단위 인수로 "Y"를 지정합니다.

02 소수점을 포함한 사용 개월 수 계산하기 DATEDIF 함수는 두 날짜 사이에서 '온전히 지난' 기간만 계산하므로, 소수점을 포함해서 정확한 기간을 계산할 때는 YEARFRAC 함수를 사용합니다. ❶ [F7]셀에 =YEARFRAC(D7, $F$4)*12를 입력한 후 Enter를 눌러 실행하고, ❷ [F18]셀까지 자동 채우기를 합니다.

> **수식 이해하기** YEARFRAC 함수는 두 날짜 사이의 기간이 일 년 중 차지하는 비율을 계산합니다. 그러므로 YEARFRAC 함수 결과에 12를 곱하면 두 날짜 사이의 개월 수 차이가 계산됩니다. 두 날짜 사이의 소수점을 포함한 사용 연수를 계산하려면 =YEARFRAC(D7, $F$4)로 수정합니다.

실무 활용 — INDIRECT 함수로 여러 시트 실시간 참조하기

07-013.xlsx 예제 파일을 실행하면 1반 ~ 4반 학생들의 성적표가 시트별로 작성되어 있습니다. 이번에는 INDIRECT 함수를 사용해 여러 시트의 자료를 실시간으로 조회하는 방법을 알아보겠습니다. 실습 과정은 다음 동영상 강의에서도 확인할 수 있습니다.

https://youtu.be/abTGBEdfLtc

> **오빠두! 특강** **INDIRECT 함수 알고가기**
>
> INDIRECT 함수는 여러 시트로 나누어서 데이터를 관리하는 엑셀 파일을 자동화하거나, 조건에 따라 다른 범위를 참조하는 고급 수식을 작성할 때 매우 유용합니다.
>
> **INDIRECT 함수**: 셀 주소를 문자열로 입력해서 참조할 수 있습니다.
> =INDIRECT(셀 주소, [A1 방식])
>
> 'A1방식' 인수의 기본 값은 TRUE이며, 우리가 평소 사용하는 참조 방식입니다. 만약 'A1 방식' 인수에 FALSE를 지정하면 R1C1 스타일로 셀 주소를 입력해야 합니다.

01 VLOOKUP 함수로 다른 시트 참조

하기 07-013.xlsx 예제 파일의 ❶ [성적조회] 시트에서 1반의 1등부터 5등인 학생의 이름부터 확인해 보겠습니다. ❷ [C7]셀에 =VLOOKUP(B7,로 VLOOKUP 함수의 첫 번째 인수(찾을 값)까지 입력합니다.

Link VLOOKUP 함수는 351쪽 에서 자세히 설명합니다.

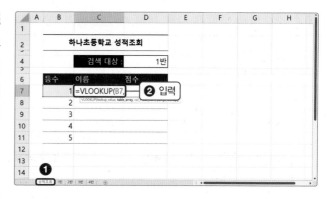

02

계속해서 두 번째 인수(범위)로 [1반] 시트의 [A1:C13] 범위를 지정하기 위해 ❶ 시트 탭에서 [1반] 시트를 클릭한 후 ❷ [A1:C13] 범위를 드래그해서 선택합니다. 그런 다음 F4를 눌러 범위 인수를 절대 참조($A$1:$C$13)로 변환합니다.

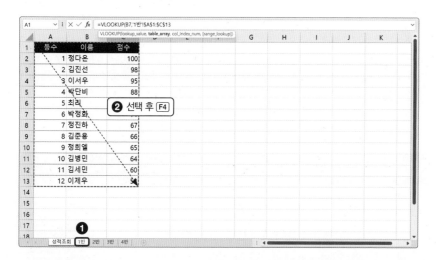

03

범위 인수가 입력되면 '열 번호' 인수로 [이름] 필드 값을 표시하기 위해 2를, '일치 옵션' 인수로 정확하게 일치하는 값을 찾기 위해 0을 지정해서 ❶ =VLOOKUP(B7, '1반'!$A$1:$C$13, 2, 0) 수식을 완성하고 Enter 를 눌러 실행한 후 ❷ [C11]셀까지 자동 채우기를 실행합니다.

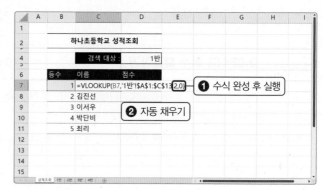

04 계속해서 1반의 1등부터 5등까지 점수를 구하기 위해 ❶ [D7]셀에 세 번째 인수만 3([점수] 필드)으로 변경한 =VLOOKUP(B7, '1반'!$A$1:$C$13, 3, 0)을 입력하여 실행한 후 ❷ 자동 채우기를 실행하면 점수가 구해집니다.

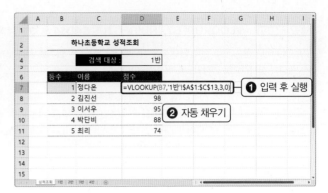

오빠두! 특강

다른 시트의 범위를 참조하는 방법

앞서 실습에서 수식을 자세히 보면 [1반] 시트의 범위를 참조했더니 '1반'!$A$1:$C$13처럼 범위 주소 앞쪽에 '**시트명**'가 표시되었습니다. 이처럼 엑셀에서 다른 시트의 범위를 참조할 때는 셀 주소를 '**시트명**'!셀 주소 형태로 입력합니다. 시트를 구분하는 작은따옴표(' ')는 시트명에 띄어쓰기가 없을 때 생략할 수 있습니다.

▲ 통합 문서 내에서 다른 시트를 참조할 때

만약, 같은 통합 문서가 아닌 열려 있는 다른 통합 문서의 시트를 참조한다면 ='**[통합 문서명]시트명**'!셀 주소 형태로 입력하고, 닫혀 있는 파일의 범위를 참조한다면 ='C:₩...₩**[통합 문서명.xlsx]시트명**'!셀 주소와 같이 전체 경로까지 지정해야 합니다.

또한, 닫혀 있는 파일을 참조할 때 SUMIF 함수 등 일부 함수는 #VALUE! 오류를 출력할 수 있으므로 주의합니다.

▲ 열려 있는 다른 통합 문서의 시트를 참조할 때

---

05 참조 범위 자동화하기 이제 INDIRECT 함수를 사용해서 [C4]셀에 반을 입력하면 VLOOKUP 함수의 참조 범위가 변경되도록 자동화해 보겠습니다. ❶ [성적조회] 시트의 [C7]셀을 더블 클릭한 후 =VLOOKUP(B7, INDIRECT("'" & $D$4 & "'!$A$1:$C$13"), 2, 0)으로 변경하여 실행한 다음 ❷ [D11]셀까지 자동 채우기를 실행하면 이전과 동일한 값이 출력됩니다.

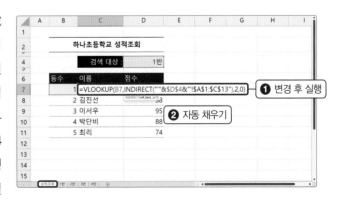

수식 이해하기 =VLOOKUP(B7, INDIRECT("'" & $D$4 & "'!$A$1:$C$13"), 2, 0)

VLOOKUP 함수의 두 번째 인수(찾을 범위)를 INDIRECT 함수를 사용하여 [D4]셀에 입력한 값(1반, 2반, 3반…)에 따라 참조할 시트명이 실시간으로 변경되도록 작성했습니다.

다른 시트를 참조할 때 '시트명'!셀 주소 형태로 입력한다는 점을 떠올리면 INDIRECT 함수로 작성한 수식, INDIRECT("'" & $D$4 & "'!$A$1:$C$13")을 쉽게 이해할 수 있습니다. & 기호를 사용하여 [D4]셀 값 앞에 '를, 뒤에 '!$A$1:$C$13를 연결하면 '시트명'!셀 주소 형태의 문자열이 INDREСT 함수로 입력되고 [D4]셀에 입력한 값에 따라 참조할 시트가 변경됩니다. 이때 [D4]셀은 항상 고정되어야 하므로 절대 참조로 입력합니다.

06 계속해서 ❶ [D7]셀의 수식을 =VLOOKUP(B7, INDIRECT("'" & $D$4 & "'!$A$1:$C$13"), 3, 0)으로 변경하고, ❷ [D11]셀까지 자동 채우기를 실행합니다.

> **TIP** [C7]셀의 수식을 복사한 후 VLOOKUP 함수의 세 번째 인수(열 번호)만 3으로 변경해도 됩니다.

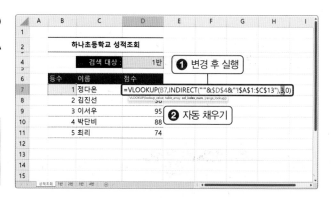

07 자동화 결과를 확인하기 위해 [D4]셀을 **4반**으로 변경해 봅니다. 실시간으로 4반의 성적이 조회되는 것을 확인할 수 있습니다.

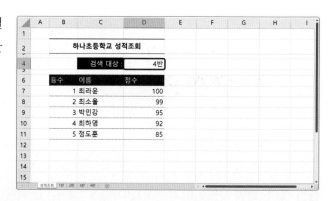

> **TIP** [D4]셀에 없는 시트명을 입력하거나 잘못된 형식으로 입력하면 #REF! 오류가 표시됩니다. 이럴 때는 IFERROR 함수를 사용해서 다른 값을 표시할 수 있습니다. **Link** IFERROR 함수의 사용 방법은 **351쪽**을 참고하세요.

LESSON 04

더욱 강력한 기능을 제공하는 엑셀 2021, M365 신규 함수

예제 파일 07-014.xlsx, 07-015.xlsx, 07-016.xlsx, 07-017.xlsx 엑셀 2021 또는 M365 버전을 사용 중이라면 최신 버전의 엑셀에서 제공되는 강력한 기능을 사용할 수 있습니다. 대표적으로 동적 배열 함수와 공유 기능, 그리고 사용자 데이터 타입, 파워 쿼리/파워BI 연동 등이 있습니다.

TIP 엑셀 2021 버전과 M365에 새롭게 추가된 동적 배열과 분산 범위에 대한 자세한 설명과 실습 과정은 다음 동영상 강의를 참고하세요.

https://youtu.be/XHwATzZIK4U

엑셀 기초 ┃ 동적 배열 함수, 분산 범위 이해하기

동적 배열 함수(Dynamic Array Formula)는 결과 값으로 배열이 반환되는 함수이며 2018년 9월, M365 버전에서 처음으로 공개된 새로운 형태의 함수입니다.

▲ 2020년 2월에는 XLOOKUP 함수가 공개되면서 더 많은 사용자가 동적 배열 함수에 대해 알게 되었습니다.

VLOOKUP 함수처럼 흔히 알고 있는 대부분의 함수는 계산 결과로 하나의 값만 반환합니다. 물론 일부 함수는 결과 값으로 '배열'을 반환할 수도 있습니다. 하지만 결과 값으로 배열이 반환되더라도 결과로 하나의 값만 출력되도록 제한되어 있으며, 이러한 문제를 해결하기 위해서 INDEX 함수와 MATCH 함수를 이용하여 배열 수식을 작성했습니다. MS에서는 이러한 배열 수식을 CSE 배열 수식 또는 레거시 배열 수식(Legacy Array Formula)이라고 합니다.

TIP CSE란 Ctrl, Shift, Enter의 약자로 기존 배열 수식을 작성할 때 Ctrl + Shift + Enter 를 눌러서 실행했기 때문에 CSE 수식이라고도 부릅니다.

시간이 흐르면서 사용자가 다루는 데이터의 양이 많아지고, 다양한 상황이 발생했습니다. 따라서 MS에서는 사용자의 요구를 적극적으로 수용해서, 기존의 함수만으로는 해결할 수 없는 다양한 문제를 쉽게 해결할 수 있도록 M365 버전에 동적 배열 함수라는 새로운 형식의 함수를 공개하였습니다. 동적 배열 함수의 특징은 아래와 같습니다.

• 동적 배열 함수는 결과로 배열을 반환합니다. 따라서 수식을 입력한 셀 주변으로 '분산 범위'가 파란색으로 표시됩니다.

• 함수가 입력된 셀 주소 뒤에 # 기호를 추가하면 분산 범위를 포함해서 선택합니다.

• 동적 배열 함수 결과 값이 출력될 범위에 다른 값이 있으면 #SPILL! 오류가 출력됩니다.

동적 배열 함수는 기존 CSE 수식과는 비교할 수 없을 정도로 사용법이 쉽고 간편하므로 특별한 주의 사항은 없습니다. 단, 동적 배열 함수를 지원하지 않는 이전 버전 엑셀 사용자와 파일을 공유했을 때 **=_xlfn.함수명**(…)처럼 변경되어 함수를 사용할 수 없는 등 호환성 문제가 발생하므로 여러 사용자와 공유하는 파일이라면 사용 시 주의가 필요합니다.

배열은 엑셀 초보자가 한 번에 이해하기에 다소 어려운 내용이었습니다. 하지만 엑셀 2021 및 M365 버전에서는 배열이 동적으로 반환되므로 손쉽게 배열 수식을 이해하고 사용할 수 있습니다. 예제 파일을 실행한 후 간단한 실습을 진행하면서 배열의 개념을 파악해 보세요.

01 07-014.xlsx 예제 파일에서 [D5]셀에 =B5:B9를 입력한 후 Enter 를 눌러 실행해 보세요. [B5:B9] 범위에 입력된 직원명이 [D5:D9] 범위에 표시되며, [D5:D9] 범위가 파란색 테두리로 구분됩니다.

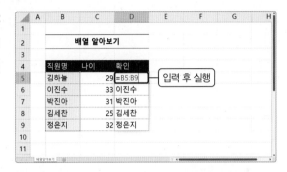

> **TIP** 분산 범위를 지원하지 않는 버전이라면 [D4]셀에만 값이 표시됩니다. 엑셀 2021과 M365 버전에서는 분산 범위를 지원하면서 결과 값으로 범위가 반환되고 해당 영역을 쉽게 파악할 수 있도록 분산 범위를 선택하면 파란색 테두리로 강조됩니다.

02 직접 수식을 입력하거나 자동 채우기를 실행하지 않은 [D6:D9] 범위에는 수식이 어떻게 표시되는지 확인하기 위해 ❶ [D6]셀을 선택한 후 ❷ 수식 입력줄을 보면 회색으로 =B5:B9가 표시됩니다. 이는 [D6]셀부터 [D9]셀까지의 값은 [D5]셀에서 확장된 분산 범위의 값이라는 의미입니다.

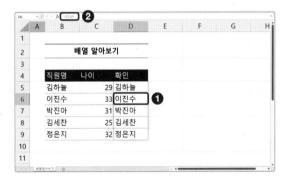

03 분산 범위로 출력된 결과 범위 중 하나인 ❶ [D7]셀을 더블 클릭한 후 임의의 값을 입력해 봅니다. ❷ [D5]셀에 #SPILL! 오류가 반환됩니다.

> **TIP** #SPILL! 오류는 분산 범위를 지원하는 엑셀 2021과 M365 버전 또는 웹 버전에서만 표시되며, 결과가 출력될 범위에 다른 값이 입력되어 있을 때 나타납니다.

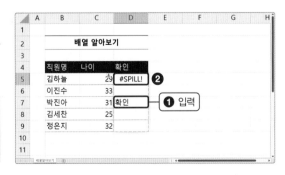

04 이번에는 LEFT 함수를 사용해 직원명의 첫 번째 문자를 배열로 확인해 보겠습니다. [D5]셀에 =LEFT(B5:B9)를 입력한 후 Enter를 눌러 실행합니다. [D5:D9] 범위에 직원명의 첫 번째 문자가 출력됩니다.

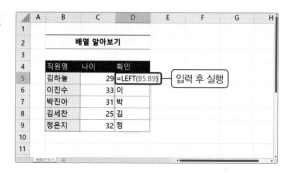

TIP 이전 버전 엑셀에서는 [D5:D9] 범위를 선택한 후 =LEFT(B5:B9)를 입력하고 Ctrl + Shift + Enter를 눌러 배열 수식으로 실행해야 합니다.

05 계속해서 IF 함수를 사용해서 성이 '김'인 직원의 나이만 출력하고, 나머지 셀은 빈칸으로 표시해 보겠습니다. [D5]셀을 더블 클릭한 후 수식을 =IF(LEFT(B5:B9) = "김", C5:C9, "")로 변경하고 Enter를 눌러 실행합니다. [D5:D9] 범위에 김씨인 직원만 나이가 표시됩니다.

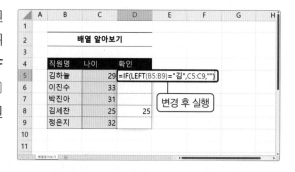

TIP 이전 버전 사용자라면 [D5:D9] 범위를 선택하고, =IF(LEFT(B5:B9) = "김", C5:C9, "")를 입력한 후 Ctrl + Shift + Enter를 눌러 배열 수식으로 실행합니다.

06 마지막으로 수식을 SUM 함수로 묶어서 성이 김씨인 직원의 나이 합계를 계산해 보겠습니다. [D5]셀을 더블 클릭한 후 수식을 =SUM(IF(LEFT(B5:B9) = "김", C5:C9, ""))으로 수정하면 [D5]셀에 결과 값으로 54가 계산됩니다.

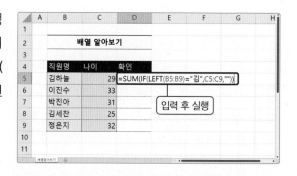

TIP 이전 버전 사용자는 [D5]셀에 =SUM(IF(LEFT(B5:B9) = "김", C5:C9, ""))을 입력한 후 Ctrl + Shift + Enter를 눌러 배열 수식으로 실행합니다.

 실무 활용 | **VLOOKUP보다 중요한 필수 신규 함수, FILTER**

07-015.xlsx 예제 파일을 실행하면 의류 매장의 판매 내역이 정리되어 있습니다. 여기서는 FILTER 함수를 사용해 판매 채널별 데이터를 빠르게 필터링해 보겠습니다. 실습 과정은 다음 동영상 강의에서도 확인할 수 있습니다.

https://youtu.be/wvYzERdh7jQ

오빠두! 특강

FILTER 함수 알고가기

VLOOKUP 함수를 사용하면서 불편한 점 2가지를 이야기하라면 '여러 조건을 동시에 만족하는 값 찾기'와 '여러 값을 동시에 구하기'입니다. 여러 조건을 동시에 만족하는 값 찾기는 흔히 INDEX/MATCH 함수를 활용한 다중 조건 VLOOKUP이라고 불리는 공식으로 해결할 수 있습니다. **Link** 다중 조건 VLOOKUP 함수는 415쪽에서 자세히 소개합니다.

반면, 여러 값을 동시에 출력하는 방법은 상당히 복잡한 공식을 사용해야 되고, 많은 양의 데이터를 다룰 때 처리 속도가 느려지는 문제가 있어 사용에 어려움이 있었습니다. 하지만, 엑셀 2021 및 M365 버전에서는 FILTER 함수를 사용하여 완벽하게 해결할 수 있습니다.

FILTER 함수: 조건을 만족하는 필터링 데이터를 범위로 출력합니다.
=FILTER(범위, 조건, [결과 없음 반환 값])

https://www.oppadu.com/엑셀-filter-함수

- **범위**: 필터를 적용할 전체 범위를 지정합니다.
- **조건**: 범위에서 필터링할 조건입니다. 조건의 너비/높이는 범위의 너비/높이와 반드시 동일해야 합니다.
- **결과 없음 반환 값**: FILTER 함수 결과가 비어 있을 때 출력할 결과입니다. 기본 값은 #CALC! 오류를 출력합니다.

FILTER 함수를 지원하지 않는 이전 버전 사용자와 공유할 파일이라면 'VLOOKUP 여러 개 값 불러오기' 공식을 사용합니다. 자세한 동작 원리는 다음 동영상 강의를 참고하세요.

https://youtu.be/OHQx744ZmVk

01 07-015.xlsx 예제 파일에서 판매 채널이 '매장 소매'인 목록을 필터링하겠습니다. [I5셀]에 =FILTER (B5:G232, E5:E232 = J2, "결과없음")을 입력한 후 Enter 를 눌러 실행합니다.

수식 이해하기 =FILTER(B5:G232, E5:E232 = J2, "결과없음")

판매 채널이 '매장 소매'인 모든 정보를 필터링하기 위해 FILTER 함수의 첫 번째 인수(필터 적용 범위)로 B5:G232를 지정하고, 두 번째 인수(필터링 조건)로 [E5:E232] 범위 값 중 '매장 소매'인 목록을 찾기 위해 E5:E232 = "매장 소매"를 지정하면 됩니다.

이때, 필터링 조건을 [J2]셀 값에 따라 자동화할 것이므로, E5:E232 = J2를 입력합니다. 끝으로 마지막 인수(조건에 맞는 결과가 없을 때 반환할 값)는 "결과없음"을 입력했습니다.

02 '매장 소매'에 해당하는 매출 정보가 필터링되면 [J2]셀의 값을 **봄신상 특가**, **직영판매** 등으로 변경하면서 입력한 판매 채널의 매출이 실시간으로 필터링되는지 확인합니다.

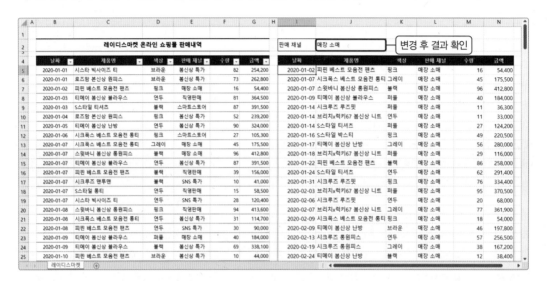

03 조건을 2가지 이상 지정하여 필터링할 수도 있습니다. [I5]셀의 수식을 =FILTER(B5:G232, (E5:E232=J2) * (G5:G232)300000), "결과없음")으로 변경한 후 실행합니다. 판매 채널이 [J2]셀 값이면서, 금액이 30만 원 이상인 목록이 필터링됩니다.

수식 이해하기 **=FILTER(B5:G232, (E5:E232=J2) * (G5:G232>300000), "결과없음")**

엑셀에서 TRUE는 1, FALSE는 0으로 계산됩니다. 따라서 [J2]셀 값과 동일한 판매 채널을 찾는 조건 E5:E232 =J2와 금액이 30만 원 이상인 조건 G5:G232)300000을 곱하는 (E5:E232=J2) * (G5:G232>300000)을 조건 인수로 입력 하면 두 조건 모두 TRUE일 때만 결과로 1(TRUE)이 계산되고, FILTER 함수의 결과로 출력됩니다.

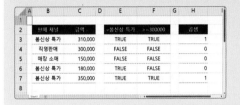

이처럼 2개 이상의 조건을 모두 만족하는 AND 조건으로 필터링할 때는 곱셈을, 2개 이상의 조건 중 하나라도 만 족하는 OR 조건으로 필터링할 때는 덧셈을 사용합니다. 이러한 배열 계산에 대한 설명은 'VLOOKUP 다중 조건 공식' 동영상 강의에서 자세히 설명합니다.

https://youtu.be/xABxO5ZBL1s

04 앞서 수식처럼 FILTER 함수를 사용할 때는 첫 번째 인수로 전체 범위를 한 번에 입력합니다. 만약, 전체 범위 중에 날짜와 제품명, 수량, 금액 등 일부 필드만 표시하려면 FILTER 함수로 한 번 더 묶어 주 면 해결됩니다. [I5]셀의 수식을 FILTER 함수로 묶어서 **=FILTER(FILTER(B4:G232, (E4:E232=J2) * (G4:G232>300000), "결과없음"), {1,1,0,0,1,1})**으로 변경한 후 실행합니다.

수식 이해하기 위와 같이 수식을 변경하면 판매 채널이 [J2]셀 값과 같고, 금액이 30만 원 이상인 기존 수식의 결과 값이 바깥에 입 력한 FILTER 함수의 첫 번째 인수인 범위가 됩니다. 그리고 두 번째 인수인 조건으로 배열인 {1,1,0,0,1,1}을 입력함으로써 범위 의 각 필드인 [날짜, 제품명, 색상, 판매 채널, 수량, 금액] 중 [날짜, 제품명, 수량, 금액]만 선택해서 표시합니다.

05 마지막으로 [I4:N4] 범위의 필드명만 필터링 결과에 맞춰 변경합니다.

> **TIP** 다중 조건 적용 시 빈칸이 반환되는 문제, 부분 일치 조건으로 필터를 적용하는 방법 등 FILTER 함수의 다양한 고급 활용 예제는 다음 동영상 강의를 참고하세요.
>
> https://youtu.be/_0MqNWPtrgU

🏃 실무 활용 ▌이름만으로도 강력해 보이는 M365 신규 함수, XLOOKUP

07-016.xlsx 예제 파일을 실행하면 한 매장의 고객 방문기록이 정리되어 있습니다. 여기에서 오른쪽 끝에 있는 [비고] 필드를 참조하여 왼쪽에 있는 요금을 조회하려고 합니다. 찾을 범위가 오른쪽 끝에 있으므로 VLOOKUP 함수는 사용할 수 없고, XLOOKUP 함수를 이용합니다. 단계별 실습 과정은 다음 동영상 강의에서도 확인할 수 있습니다.

https://youtu.be/FgOOZSIClwQ

📔 오빠두! 특강 ▌XLOOKUP 함수 알고가기

엑셀 필수 함수인 VLOOKUP 함수를 사용하려면 범위에서 값을 찾을 범위가 반드시 첫 번째 열에 있어야 한다는 점, 찾을 값이 여러 개 있을 때 첫 번째로 일치하는 값만 반환한다는 점, 찾을 값이 없으면 #N/A! 오류를 반환한다는 점 등 제한 사항이 많은 편입니다. 하지만, M365 버전의 XLOOKUP 함수는 이런 제한을 고려하지 않고 사용할 수 있습니다.

XLOOKUP 함수: 범위에서 일치하는 항목을 찾아 반환합니다.
=XLOOKUP(찾을 값, 찾을 범위, 출력 범위, [N/A값], [일치 옵션], [검색 방향])

https://www.oppadu.com/엑셀-xlookup-함수

- **찾을 값**: VLOOKUP 함수의 찾을 값 인수와 동일합니다.
- **찾을 범위**: 찾을 값을 검색할 범위입니다.
- **출력 범위**: 값을 찾았을 때 출력할 값이 입력된 범위입니다.
- **N/A값**: 값이 없을 때 출력할 값입니다.

- **일치 옵션**: 기본 값은 정확히 일치입니다. −1은 작거나 같은 값, 1은 크거나 같은 값, 2는 와일드카드 검색을 실행합니다.
- **검색 방향**: 기본 값은 위에서 아래로 검색입니다. −1은 아래에서 위로, 2는 위에서 아래로 빠르게, −2는 아래에서 위로 빠르게 검색합니다. 단, 2를 사용할 때는 '찾을 범위'가 오름차순으로, −2를 사용할 때는 내림차순으로 정렬되어 있어야 합니다.

01 **XLOOKUP 함수 사용하기** 07−016.xlsx 예제 파일에서 [I5]셀에 =XLOOKUP(H5, F5:F18, E5:E18)을 입력한 후 [Enter]를 눌러 실행합니다. [F5:F18] 범위에서 [H5]셀과 같은 값을 찾아 [E5:E18] 범위에서 같은 위치에 있는 값을 출력합니다.

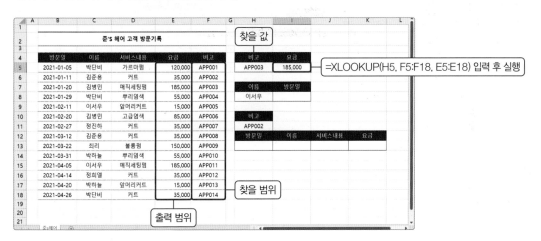

02 찾을 값이 범위에 없을 때에는 #N/A 오류 대신 '값이 없음'이 출력되도록 수식을 변경하겠습니다. ❶ 우선 [H5]셀 값을 범위에 없는 APP015로 변경하고, ❷ [I5]셀의 수식을 =XLOOKUP(H5, F5:F18, E5:E18, "값이 없음")으로 변경한 후 실행하면 **값이 없음**이 출력됩니다.

TIP VLOOKUP 함수는 #N/A 오류를 처리하기 위해 IFERROR 함수를 사용했지만, XLOOKUP 함수는 4번째 인수를 지정함으로써 #N/A 오류를 쉽게 처리할 수 있습니다.

03 결과의 마지막 값 출력하기 찾는 값이 여러 개 있을 때 마지막 값을 출력해 보겠습니다. [I8]셀에 =XLOOKUP(H8, C5:C18, B5:B18, "–", 0, –1)을 입력한 후 Enter를 눌러 실행합니다. [H8]셀에 입력된 고객의 마지막 방문일이 출력됩니다.

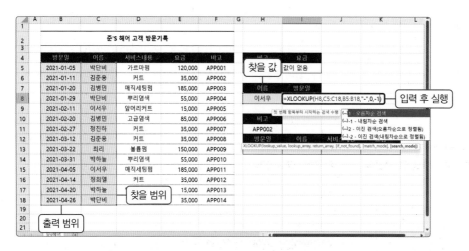

수식 이해하기 1번째 인수(찾을 값)로 H8을, 2번째 인수(찾을 범위)로 C5:C18을, 3번째 인수(출력 범위)로 B5:B18을, 4번째 인수(찾을 값 없을 때 출력할 값)로 "–"을 지정했습니다. 계속해서 5번째 인수는 정확히 일치하는 값을 찾기 위해 0을, 6번째 인수(검색 방향)는 마지막 값을 찾기 위해 내림차순 검색인 –1을 지정하여 수식을 완성했습니다.

04 여러 범위를 한 번에 반환하기 XLOOKUP 함수는 결과로 범위를 반환할 수 있습니다. [H11]셀의 비고 값과 일치하는 [방문일, 이름, 서비스내용, 요금]을 한 번에 찾기 위해 [H13]셀에 =XLOOKUP(H11, F5:F18, B5:E18)을 입력한 후 실행합니다. 출력 범위 인수의 필드별로 값이 출력됩니다.

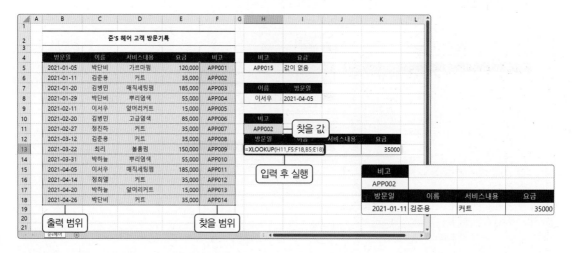

TIP XLOOKUP 함수의 결과를 FILTER 함수로 묶어서 =FILTER(XLOOKUP(H11, F5:F18, B5:E18), {0,1,0,1})을 입력하면 [방문일, 이름, 서비스내용, 요금] 중 [이름, 요금]만 출력됩니다.

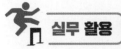 **실무 활용** 다른 기능과 만나면 활용도가 배가 되는 UNIQUE, SORT 함수

목록 상자를 사용하기 위해 고유 값을 분리할 때 UNIQUE 함수를 사용하면 실시간으로 변하는 데이터의 고유 값 목록을 만들 수 있습니다.

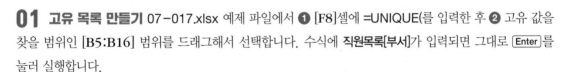

오빠두! 특강 **UNIQUE, SORT 함수 알고가기**

UNIQUE 함수와 SORT 함수를 사용하면 많은 양의 데이터에서 고유 값을 빠르게 추출하고, 동적으로 변하는 범위를 자동으로 감지해서 데이터 유효성 검사 목록 상자를 좀 더 편리하게 만들 수 있습니다.

UNIQUE 함수: 고유 값으로 필터링된 범위를 반환합니다.

=UNIQUE(범위, [가로 방향 조회], [단독 발생])

https://www.oppadu.com/엑셀-unique-함수

- **범위**: 고유 값으로 필터링할 대상 범위입니다.
- **가로 방향 조회**: 기본 값은 FALSE(세로 방향)입니다. 가로 방향으로 조회할 때는 TRUE를 사용합니다.
- **단독 발생**: 기본 값은 FALSE입니다. TRUE를 사용하면 범위에서 한 번만 발생한 값을 표시합니다.

SORT 함수: 오름차순 또는 내림차순으로 정렬된 범위를 반환합니다.

=SORT(범위, [열 번호], [정렬 순서], [가로 방향 정렬])

https://www.oppadu.com/엑셀-sort-함수

- **범위**: 정렬할 값이 입력된 범위입니다.
- **열 번호**: 값을 정렬할 기준 열 번호(또는 행 번호)입니다. 기본 값은 1(첫 번째 열)입니다.
- **정렬 순서**: 기본 값은 1(오름차순)입니다. −1을 입력하면 내림차순으로 정렬합니다.
- **가로 방향 정렬**: 기본 값은 FALSE이며, TRUE를 사용하면 가로 방향으로 정렬합니다.

01 고유 목록 만들기 07-017.xlsx 예제 파일에서 ❶ [F8]셀에 =UNIQUE(를 입력한 후 ❷ 고유 값을 찾을 범위인 [B5:B16] 범위를 드래그해서 선택합니다. 수식에 **직원목록[부서]**가 입력되면 그대로 Enter 를 눌러 실행합니다.

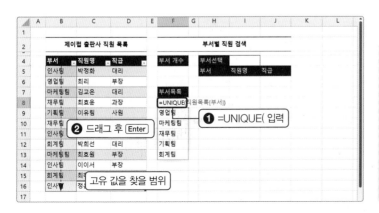

TIP 예제 파일의 [B4:D16] 범위는 표로 지정되어 있습니다. 수식 작성 중 표로 지정된 범위의 특정 필드를 모두 선택하면 **표 이름[필드명]** 형식으로 변경되며, 이후 표에 새롭게 추가되는 데이터도 실시간으로 반영됩니다.

Link 표 기능에 대한 자세한 설명은 274쪽 을 참고하세요.

02 계속해서 부서 개수를 구해 보겠습니다. [F5]셀에 **=COUNTA(F8#)**을 입력한 후 Enter 를 눌러 실행합니다. [F8]셀에서 작성한 동적 배열 함수의 결과 범위가 범위 인수로 지정되어 부서의 개수가 구해집니다.

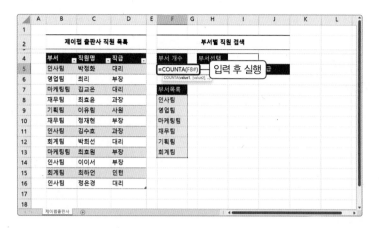

수식 이해하기 [F5]셀에 **=COUNTA(F8:F13)**을 입력해서 부서의 개수를 구할 수도 있습니다. 하지만, 부서의 변동이 생겨서 UNIQUE 함수로 반환되는 범위가 달라지는 상황을 대비해야 합니다. 그러므로 엑셀 2021과 M365 버전에서 제공되는 # 기호를 사용합니다. 수식 입력 시 셀 주소 뒤에 # 기호를 추가한 형태인 **F8#**을 입력하면 [F8]셀에서 시작되는 분산 범위가 인수로 지정됩니다.

03 **고유 값 정렬하기** UNIQUE 함수로 반환된 결과는 원본 범위에 입력된 순서입니다. 고유 값 목록을 오름차순으로 정렬하기 위해 [F8]셀에서 수식을 **=SORT(UNIQUE(직원목록[부서]))**로 변경한 후 실행합니다.

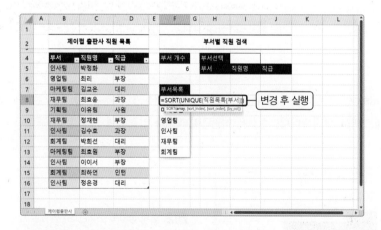

수식 이해하기 SORT 함수의 두 번째 인수는 정렬할 기준 열 번호이고, 세 번째 인수는 정렬 방법입니다. 위 수식에서는 열 번호와 정렬 순서가 생략되어 기본 값인 1열 기준, 오름차순으로 정렬합니다. 만약 범위를 내림차순 정렬하고 싶다면 **=SORT(UNIQUE(직원목록[부서]), , −1)**로 입력합니다.

04 동적 데이터 유효성 목록 상자 만들기 ❶ [I4]셀을 선택한 후 [데이터] 탭-[데이터 도구] 그룹에서 [데이터 유효성 검사]를 클릭하여 '데이터 유효성' 대화상자를 엽니다. ❷ [제한 대상] 옵션을 **목록**, ❸ [원본] 입력란에 **=$F$8#**을 입력한 후 ❹ [확인] 버튼을 클릭합니다.

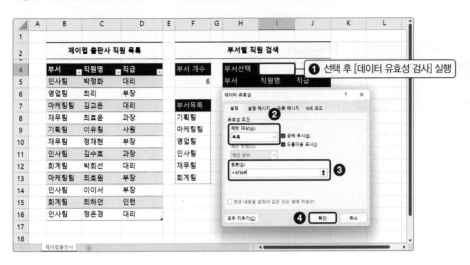

TIP 엑셀 2021 또는 M365 버전에서 # 기호를 사용하면 분산 범위가 자동으로 선택되므로 위와 같이 데이터 유효성 목록 상자도 손쉽게 만들 수 있습니다.

05 [I4]셀에 데이터 유효성 목록 상자가 표시됩니다. 이제 원본 데이터가 실시간으로 반영되는지 확인하기 위해 ❶ 원본 범위에서 가장 아래쪽에 새로운 데이터(물류팀, 오빠두, 대리)를 입력해 봅니다. ❷ 목록 상자에서 버튼을 클릭해 보면 새로운 목록이 추가된 것을 확인할 수 있습니다.

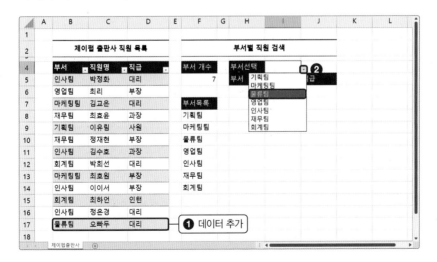

06 마지막으로 선택한 부서의 직원 목록을 출력하기 위해 **[H6]**셀에 **=FILTER(직원목록, 직원목록[부서] = I4)**를 입력한 후 실행합니다. **[I4]**셀에서 선택한 부서의 직원 목록이 표시됩니다. **Link** FILTER 함수 사용 방법은 **393쪽**을 참고하세요.

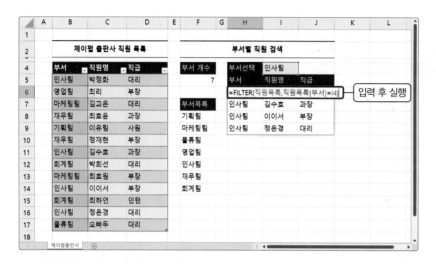

TIP SORT 와 UNIQUE 함수 사용법의 전체 실습 과정은 다음 동영상 강의에서도 확인할 수 있습니다.

https://youtu.be/XPkibu9E1DY

LESSON 05

실무에서 발생하는 어려움을 해결하는 필수 함수 공식

예제 파일 07-018.xlsx, 07-019.xlsx, 07-020.xlsx, 07-021.xlsx, 07-022.xlsx, 07-023.xlsx

지금까지 소개한 함수만 잘 활용해도 대부분의 업무를 해결할 수 있지만, 많은 양의 데이터를 다루다 보면 함수 하나만으로 해결할 수 없는 문제도 종종 발생합니다. 여기서는 실무자라면 꼭 알아야 할 엑셀 함수 필수 공식 5 가지를 살펴보겠습니다.

TIP 오빠두엑셀 홈페이지에 방문하면 책에서 소개하지 않는 다양한 공식 예제를 확인할 수 있습니다.

www.oppadu.com/엑셀-함수-공식-총정리/

 실무 활용 여러 조건을 비교해서 결과 출력하기, 다중 조건 IF 함수

07-018.xlsx 예제 파일을 실행하면 듣기와 쓰기 시험 결과가 정리되어 있습니다. 다중 조건 IF 함수를 사용하여 여러 조건을 동시에 비교해서 한 결과를 출력하거나 여러 조건을 각각 비교해서 서로 다른 결과 출력하는 방법을 알아보겠습니다. 실습 과정은 다음 동영상 강의에서도 확인할 수 있습니다.

https://youtu.be/-kyxSDLNHzQ

오빠두! 특강 | **다중 조건 IF 함수 알고가기**

다중 조건 IF 함수는 여러 조건을 동시에 비교할 때와 각 조건을 비교해서 그에 맞는 결과를 출력할 때 사용합니다.

여러 조건을 동시에 비교해서 한 결과를 출력

IF와 AND 조합: 여러 조건을 동시에 비교한 후 조건을 모두 만족할 때만 결과를 출력합니다.

=IF(AND(조건1, 조건2, …), 참일 때 결과, 거짓일 때 결과)

IF와 OR 조합: 여러 조건을 동시에 비교한 후 조건 중 하나라도 만족하면 결과를 출력합니다.

=IF(OR(조건1, 조건2, …), 참일 때 결과, 거짓일 때 결과)

여러 조건을 각각 비교해서 서로 다른 결과를 출력

다중 IF 함수 공식: 조건마다 서로 다른 결과를 출력하고, 조건에 포함되지 않을 때 그 외 결과를 출력합니다.

=IF(조건1, 결과1, IF(조건2, 결과2, IF(조건3, 결과3, … 그 외 결과)))

Link 다중 IF 함수는 VLOOKUP 함수로 간단하게 대체할 수 있습니다. 자세한 설명은 **407쪽**을 참고하세요.

IFS 함수: 엑셀 2019 이후 버전에서 사용할 수 있는 함수로 다중 IF 함수 공식을 대체할 수 있습니다.

=IFS(조건1, 결과1, [조건2], [결과2], [조건3], [결과3], …, [TRUE], [그 외 결과])

https://www.oppadu.com/엑셀-ifs-함수

TIP 여러 사용자와 공유할 예정이라면 호환성 문제가 생길 수 있으므로, 다중 IF 함수 공식을 사용하는 것이 좋습니다.

---

01 **여러 조건을 동시에 만족할 때** 07-018.xlsx 예제 파일에서 듣기와 쓰기 모두 60점 이상이면 합격, 그렇지 않으면 불합격을 표시하겠습니다. ❶ [E7]셀에 =IF(AND(C7 >= 60, D7 >= 60), "합격", "불합격")을 입력하여 실행하고 ❷ [E20]셀까지 자동 채우기를 실행합니다.

수식 이해하기 C7 >= 60(듣기 점수), D7 >= 60(쓰기 점수) 두 조건을 모두 만족해야 하므로 AND 함수를 사용하여 =AND(C7 >= 60, D7 >= 60)을 실행하면 두 조건 모두 만족할 때 TRUE, 하나라도 만족하지 않을 때 FALSE가 반환됩니다. 이 수식을 IF 함수로 묶어서 =IF(AND(C7 >= 60, D7 >= 60), "합격", "불합격")을 입력함으로써 모두 만족할 때 '합격', 하나라도 만족하지 않을 때 '불합격'이 반환됩니다.

---

02 **조건에 따라 결과 출력하기** 이어서 평균 점수에 따른 등급을 계산해 보겠습니다. ❶ 평균부터 계산하기 위해 [F7]셀에 =AVERAGE(C7:D7)을 입력해서 실행하고, ❷ [F20]셀까지 자동 채우기를 실행합니다.

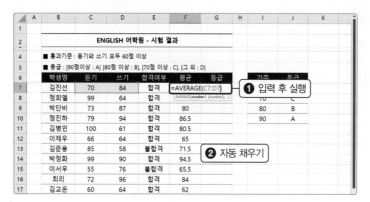

03 평균에 따라 등급을 반환하기 위해 [G7]셀에 =IF(F7>=90, "A", IF(F7)=80, "B", IF(F7)=70, "C", "D")
))를 입력한 후 Enter를 눌러 실행합니다.

수식 이해하기 평균 점수에 따라 90점 이상이면 A, 80점 이상이면 B, 70점 이상이면 C, 나머지는 D로 계산합니다. 이처럼 조건에
따라 다른 결과를 출력할 때는 IF 함수를 묶어서 다중 IF 공식을 사용합니다.

=①IF(평균)=90, "A", ②IF(평균)=80, "B", ③IF(평균)=70, "C", ④"D")))

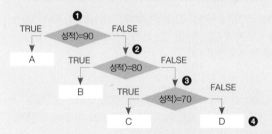

첫 번째 IF 함수에서 평균이 90점 이상이면 A를 표시하고, 그렇지 않으면 두 번째 IF 함수에서 평균이 80점 이상이면 B를 표시합니
다. 두 번째 IF 함수에서도 조건에 맞지 않으면 세 번째 IF 함수에서 평균이 70점 이상인지 확인하여 최종으로 C와 D를 구분합니다.

TIP 여러 함수를 중첩해서 입력하면 닫는 괄호 개수를 파악하기 어려울 수 있습니다. 그럴 경우 괄호의 색상으로 비교하면
편리합니다. 마지막으로 닫는 괄호는 검은색으로 표시된다는 점을 기억하세요.

04 [G7]셀에서 결과를 확인한 후 채우기 핸들을 [G20]셀까지 드래그하여 자동 채우기를 실행하면 학생별 등급을 확인할 수 있습니다.

학생명	듣기	쓰기	합격여부	평균	등급		기준	등급
			ENGLISH 어학원 - 시험 결과					
	■ 통과기준 : 듣기와 쓰기 모두 60점 이상							
	■ 등급 : [90점이상 : A], [80점 이상 : B], [70점 이상 : C], [그 외 : D]							
김진선	70	84	합격	77	C		0	D
정희열	99	64	합격	81.5	B		70	C
박단비	73	87	합격	80	B		80	B
정진하	79	94	합격	86.5	B		90	A
김병민	100	61	합격	80.5	B			
이제우	66	64	합격	65	D			
김준용	85	58	불합격	71.5	C	자동 채우기		
박정환	99	90	합격	94.5	A			
이서우	55	76	불합격	65.5	D			
최리	72	96	합격	84	B			
김교온	60	64	합격	81	B			
최호운	91	71	합격	81	B			
이유림	100	74	합격	87	B			
정재현	53	89	불합격	71	C			

오빠두! 특강 : 다중 IF 함수 사용 시 주의 사항

다중 IF 함수를 사용할 때는 조건을 최댓값 혹은 최솟값부터 순서대로 입력하며, 앞에 작성한 조건이 뒤에 작성한 조건을 포함하는 더 넓은 범위가 되지 않아야 합니다. 예를 들어, 아래와 같은 수식을 단순하게 해석해 보면 점수가 70점 이상일 때 D, 80점 이상일 때 C, 90점 이상일 때 B, 그렇지 않을 때 A가 됩니다.

=IF(점수)=70, "D", IF(점수)=80, "C", IF(점수)=90, "B", "A")))

얼핏 보면 문제없어 보입니다. 하지만 첫 번째로 입력한 70점 이상인 조건이 두 번째로 입력한 80점 이상인 조건보다 더 넓은 조건이므로 옳지 않은 결과가 계산됩니다. 예를 들어 85점을 입력하면 70점 이상에도 포함되므로 첫 번째 조건부터 TRUR가 되어 D가 반환됩니다. 그러므로 이 식이 제대로 작동하려면 다음과 같이 입력해야 합니다.

=IF(점수<=70, "D", IF(점수<=80, "C", IF(점수<=90, "B", "A")))

위와 같은 수식을 실행하면 70 이하면 D, 71 ~ 80이면 C, 81 ~ 90이면 B, 90 초과면 A가 출력됩니다.

05 **VLOOKUP 함수로 대체하기** VLOOKUP 함수로 다중 IF 함수를 대체하기 위해 ❶ [G7]셀에 =VLOOKUP(F7, $I$7:$J$10, 2)를 입력해서 실행한 후 ❷ [G20]셀까지 자동 채우기를 실행합니다. 매우 간결해진 수식으로 같은 결과를 얻을 수 있습니다.

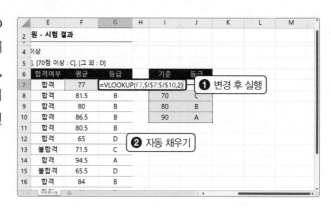

수식 이해하기 다중 IF 함수는 다양한 상황에서 유용하지만, 조건이 많아지면 수식이 길어져서 실수할 가능성도 높아집니다. 이럴 때 VLOOKUP 함수를 활용하여 다중 IF 함수를 대체할 수 있습니다. 원리는 간단합니다. VLOOKUP 함수의 네 번째 인수(일치 옵션)를 생략하거나 1를 입력하여 '유사 일치'로 검색하면 작거나 같은 값을 검색한다는 점을 이용하는 것입니다. 단, [I6:J10] 범위처럼 IF 함수에 입력할 조건별 결과를 미리 작성해야 하며, 크기를 비교할 경우 가장 작은 값부터 오름차순으로 입력해야 합니다. 이는 VLOOKUP 함수에서 유사 일치로 값을 찾을 때 비교할 범위가 반드시 오름차순으로 정렬되어야 하기 때문입니다.

이처럼 VLOOKUP 함수를 사용하면 수식이 간결해질 뿐만 아니라 관리하기도 편해집니다. 예를 들어 점수별 등급이 A, B, C, D에서 수, 우, 미, 양으로 바뀌면 참조 범위(I6:J10)에서 해당 값만 변경하면 수식이 갱신됩니다.

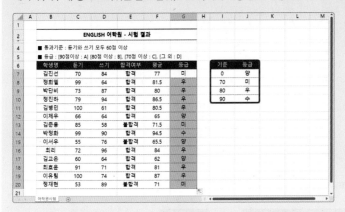

위 방법을 사용하면 소득구간별 소득세 계산도 VLOOKUP 함수 하나로 간단히 해결할 수 있습니다.
VLOOKUP 함수를 활용한 소득세 계산 방법은 다음 동영상 강의를 참고하세요.

https://youtu.be/z9w8F2kZRB4

 실무 활용 **단어의 포함 여부를 검색하는 ISNUMBER, SEARCH 함수 공식**

07-019.xlsx 예제 파일을 실행하면 카드 사용내역이 정리되어 있습니다. 카드사 홈페이지에서 다운로드한 카드 사용내역으로, 가맹점명에 '택시, 카페, 호텔' 등의 단어가 포함되었는지 여부를 판단하여 지출 내역을 구분해 보겠습니다. 실습 과정은 다음 동영상 강의에서도 확인할 수 있습니다.

https://youtu.be/Ph2GHWLIXhQ

오빠두! 특강

ISNUMBER, SEARCH 함수 공식 알고가기

'제이펍전자, 제이펍물산, 제이펍생명'과 같이 한 그룹에서 파생된 여러 기업이 있을 때 기업 이름에서 '제이펍'이라는 단어의 포함 여부를 판단해서 하나의 그룹으로 묶고 싶다면 ISNUMBER, SEARCH 부분 일치 검색 공식을 이용해 긴 문장에서 특정 단어의 포함 여부를 파악합니다.

ISNUMBER, SEARCH 부분 일치 검색: 긴 문장에서 특정 단어의 포함 여부를 파악한 후 지정한 값을 출력합니다.
=IF(ISNUMBER(SEARCH(찾을 문자, 셀)), 출력 값, " ")

- **찾을 문자**: 셀 안에서 검색할 단어입니다.
- **셀**: 전체 문장이 입력된 셀입니다.
- **출력 값**: 셀 안에 찾을 문자가 포함되었을 때 출력할 값입니다.

범위로 입력된 여러 문자의 포함 여부를 한 번에 검색하려면 다음 공식을 사용합니다. 해당 공식은 배열 수식이므로 엑셀 2021 이후 버전 사용자는 Enter를 눌러 실행할 수 있지만, 엑셀 2019 이전 버전 사용자는 Ctrl+Shift+Enter를 눌러 배열 수식으로 실행합니다.

- **여러 문자의 포함 여부 검색**
  =IF(OR(ISNUMBER(SEARCH(찾을 문자 범위, 셀))), "출력 값", " ")

01 **단어 포함 여부 확인하기** 07-019.xlsx 예제 파일에서 가맹점명에 '카페' 포함 여부를 확인하기 위해 ❶ [E5]셀에 =SEARCH($G$5, C5)를 입력하여 실행하고 ❷ [E20]셀까지 자동 채우기를 실행합니다. 가맹점명에 '카페'가 포함되었으면 숫자가, 그렇지 않으면 VALUE! 오류가 반환됩니다.

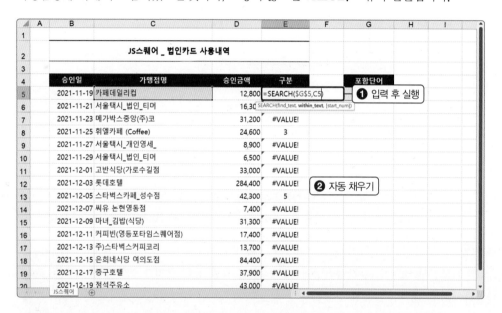

> **TIP** SEARCH 함수 대신 FIND 함수를 사용해도 동일하게 동작하며, 포함 단어가 입력된 [G5]셀은 자동 채우기를 해도 고정되어야 하므로 절대 참조로 입력했습니다. **Link** SEARCH, FIND 함수의 차이점 및 사용 방법은 374쪽을 참고합니다.

02 ❶ [E5]셀의 수식을 ISNUMBER 함수로 묶어서 =ISNUMBER(SEARCH($G$5, C5))으로 변경해서 실행한 후 ❷ 자동 채우기를 실행합니다. 숫자가 반환된 셀에는 TRUE가 오류가 반환된 셀에는 FALSE가 반환됩니다.

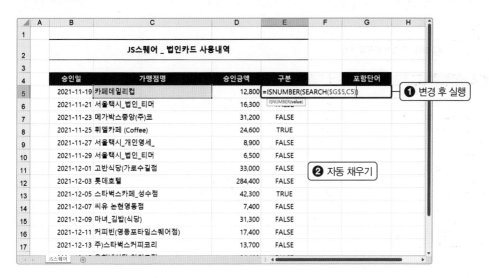

수식 이해하기 ISNUMBER 함수는 =ISNUMBER(값) 형태로 사용하며 값이 숫자일 때만 TRUE를 반환합니다. 그러므로 =ISNUMBER(SEARCH($G$5, C5))을 실행하면 SEARCH 함수의 결과가 숫자일 때 TRUE가, 오류일 때 FALSE가 반환됩니다.

03 마지막 단계로 IF 함수를 사용해서 TRUE일 때(단어가 포함되었을 때)와 FALSE일 때 표시할 값을 지정하면 됩니다. ❶ [E5]셀의 수식을 IF 함수로 묶어서 =IF(ISNUMBER(SEARCH($G$5,C5)),"포함", " ")로 변경한 후 ❷ 자동 채우기를 실행합니다.

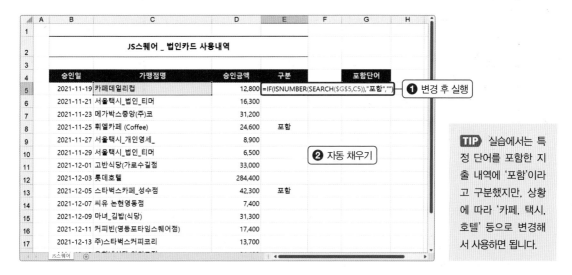

TIP 실습에서는 특정 단어를 포함한 지출 내역에 '포함'이라고 구분했지만, 상황에 따라 '카페, 택시, 호텔' 등으로 변경해서 사용하면 됩니다.

04 **여러 단어의 포함 여부 한 번에 비교하기** 카드 내역을 보면 '커피빈'처럼 분명 카페지만, '카페'라는 단어가 없고, 대신 '커피'를 포함하고 있는 가맹점도 있습니다. 그래서 두 단어 중 하나라도 포함하면 '포함'을 반환할 수 있어야 합니다. 우선 [G6]셀에 **커피**를 입력합니다.

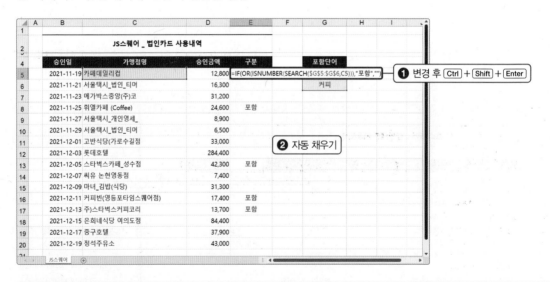

05 ❶ [E5]셀의 수식을 **=IF(OR(ISNUMBER(SEARCH($G$5:$G$6, C5))), "포함", "")**로 변경한 후 Ctrl+Shift+Enter를 눌러 배열 수식으로 실행하고, ❷ [E20]셀까지 자동 채우기를 실행합니다. '커피' 혹은 '카페'가 포함된 내역에 '포함'이 반환됩니다.

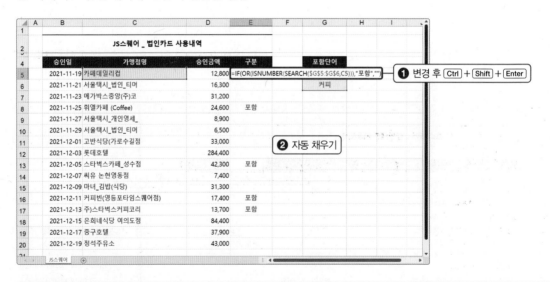

> **TIP** 엑셀 2021 또는 M365 버전 사용자는 Enter를 눌러서 실행해도 됩니다.

수식 이해하기 SEARCH($G$5:$G$6, C5)는 [C5]셀의 값이 [G5:G6] 범위에 입력된 '카페', '커피'를 포함하는지 각각 검색합니다. 포함 여부에 따라 ISNUMBER 함수에서 TRUE와 FALSE를 구분하고, 마지막으로 OR 함수를 사용하여 '카페' 또는 '커피' 중 하나라도 포함할 때 TRUE가 반환되면서 IF 함수의 결과로 '포함'이 출력됩니다.

카드 사용 내역 분류 자동화 공식

보다 완벽한 자동화 문서를 만들어야 한다면 아래 공식을 사용합니다.

=IFERROR(INDEX($출력범위, MIN(IF(ISNUMBER(FIND($단어범위, 분류대상)), ROW($단어범위) – ROW($단어범위시작셀) + 1, ROWS($단어범위) + 1))), "")

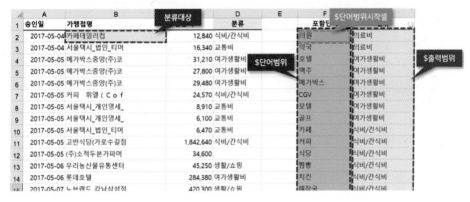

위 공식의 동작 원리 및 자세한 사용 방법은 다음 동영상 강의를 확인해 주세요.

https://youtu.be/nH6WxFmSUGY

 **실무 활용** **VLOOKUP 함수의 단점을 해결해 주는 INDEX/MATCH 함수 공식**

07-020.xlsx 예제 파일을 실행한 후 [준s헤어] 시트를 보면 고객 방문기록이 정리되어 있습니다. INDEX /MATCH 함수 공식을 이용하여 고객별 방문일, 이름, 서비스 내용, 요금 정보를 검색해 보겠습니다.

오빠두! 특강 **INDEX/MATCH 함수 공식 이해하기**

VLOOKUP 함수를 사용하려면 찾을 값이 범위의 가장 왼쪽에 있어야 하지만, INDEX/MATCH 함수 공식을 이용하면 찾을 범위 위치와 무관하게 검색할 수 있습니다. 단, INDEX/MATCH 함수 공식은 배열 수식이므로 엑셀 2021 이후 버전 사용자는 Enter 를, 엑셀 2019 이전 버전 사용자는 Ctrl + Shift + Enter 를 눌러 실행해야 합니다.

MATCH 함수: '찾을 범위'에서 '찾을 값'의 위치 순번을 반환합니다. '일치 옵션'은 생략하거나 1을 지정하면 작거나 같은 값을 검색하고, 0을 지정하면 정확히 일치하는 값을 찾습니다.

=MATCH(찾을 값, 찾을 범위, [일치 옵션])

INDEX 함수: '범위'에서 지정한 위치의 값을 반환합니다.

=INDEX(범위, 행 번호, [열 번호], [배열 번호])

INDEX/MATCH 함수 공식: 찾을 범위에서 원하는 값의 위치를 찾고, 출력 범위에서 같은 위치의 값을 출력합니다.

=INDEX(출력 범위, MATCH(찾을 값, 찾을 범위, 0))

https://youtu.be/ciH_RqCAPJI

- **출력 범위**: 출력할 값이 입력된 범위입니다.
- **찾을 값**: 검색할 값입니다.
- **찾을 범위**: 값을 검색할 범위입니다.

작동 원리를 비교한 아래 그림을 보면 알 수 있듯이 VLOOKUP 함수는 범위 인수의 첫 번째 열에서 값을 찾고, 지정한 열의 값을 반환하지만, INDEX/MATCH 함수 공식에서는 ❶ MATCH 함수로 범위에서 찾을 값의 위치를 검색하고, ❷ INDEX 함수로 출력 범위에서 지정한 위치(MATCH 함수의 결과)의 값을 반환합니다.

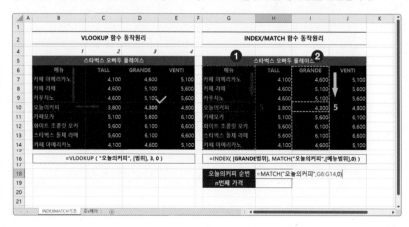

01 07-020.xlsx 예제 파일의 [준s헤어] 시트에서 원본 데이터의 [비고] 필드를 참조해서 고객별 방문일, 이름, 서비스 내용, 요금 정보를 검색하겠습니다. 우선 [H7]셀에 =MATCH($H$5, $F$5:$F$18, 0)을 입력한 후 실행하면 순번으로 5가 출력됩니다.

수식 이해하기 MATCH 함수의 찾을 값 인수로 [H5]셀의 비고 값을, 찾을 범위 인수로 비고가 입력된 [F5:F18] 범위를 지정했으며, 정확하게 일치하는 값을 찾기 위해 일치 옵션 인수로 0을 입력했습니다. 찾을 값과 찾을 범위는 자동 채우기 시 항상 고정되어야 하므로 절대 참조로 입력합니다.

02 [H7]셀의 수식을 INDEX 함수로 묶은 =INDEX(B5:B18, MATCH($H$5, $F$5:$F$18, 0))으로 변경한 후 Ctrl + Shift + Enter 를 눌러 실행합니다(엑셀 2021 이후라면 Enter). MATCH 함수의 결과로 5가 계산되었으므로, [B5:B18] 범위에서 5번째 값인 44238이 반환됩니다.

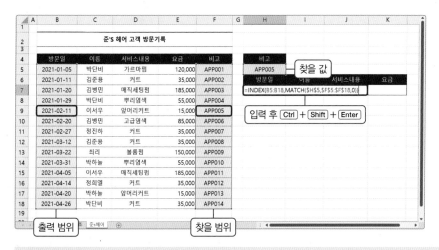

TIP 출력 범위 인수인 [B5:B18] 범위([방문일] 필드 값)는 수식을 오른쪽으로 자동 채우기 시 [이름], [서비스내용], [요금] 필드 값으로 바뀌어야 하므로 상대 참조로 입력합니다.

03 [H7]셀이 선택된 채 Ctrl + Shift + 3 을 눌러 셀 서식을 날짜 형식으로 빠르게 변경합니다.

> **TIP** [홈] 탭-[표시 형식] 그룹에서 표시 형식을 다양하게 변경할 수 있습니다.

04 [H7]셀에서 채우기 핸들을 오른쪽으로 드래그하여 자동 채우기를 실행하면 [H5]셀에 있는 비고 값에 따라 방문일, 이름, 서비스 내용, 요금이 검색됩니다.

05 자동 채우기를 실행했더니 [K7]셀의 요금이 날짜 서식으로 표시되었습니다. [K7]셀에서 `Ctrl`+`Shift`+`1`을 눌러 셀 서식을 통화 형식으로 빠르게 변경하여 문서를 완성합니다.

방문일	이름	서비스내용	요금	비고
		준'S 헤어 고객 방문기록		
2021-01-05	박단비	가르마펌	120,000	APP001
2021-01-11	김준용	커트	35,000	APP002
2021-01-20	김병민	매직세팅펌	185,000	APP003
2021-01-29	박단비	뿌리염색	55,000	APP004
2021-02-11	이서우	앞머리커트	15,000	APP005
2021-02-20	김병민	고급염색	85,000	APP006
2021-02-27	정진하	커트	35,000	APP007
2021-03-12	김준용	커트	35,000	APP008
2021-03-22	최리	볼륨펌	150,000	APP009
2021-03-31	박하늘	뿌리염색	55,000	APP010
2021-04-05	이서우	매직세팅펌	185,000	APP011
2021-04-14	정희열	커트	35,000	APP012
2021-04-17	박하늘	앞머리커트	15,000	APP013
2021-04-26	박단비	커트	35,000	APP014

비고
APP005

방문일	이름	서비스내용	요금
2021-02-11	이서우	앞머리커트	15,000

 실무 활용 **여러 조건을 만족하는 결과 검색하기, VLOOKUP 다중 조건 공식**

07-021.xlsx 예제 파일을 실행해 보면 제품 판매내역이 정리되어 있습니다. 고객의 이름과 방문일을 참조해서 고객이 구매한 물건과 금액을 검색하는 자동화 문서를 완성해 보겠습니다.

오빠두! 특강 **INDEX/MATCH 함수 공식을 응용한 VLOOKUP 다중 조건 공식**

INDEX/MATCH 함수 공식을 응용하면 여러 조건을 동시에 만족할 경우의 값을 검색하는 VLOOKUP 다중 조건 공식을 작성할 수 있습니다.

VLOOKUP 다중 조건 공식: MATCH 함수의 첫 번째 인수(찾는 값)는 '1'이며 두 번째 인수인 ––(조건 범위1 = 조건1) * (조건 범위2 = 조건2)는 모든 조건을 만족할 때 TRUE(1)를 반환합니다. 그러므로 모든 조건을 만족할 때 순번이 반환됩니다. 나머지는 INDEX/MATCH 공식과 동일하게 동작합니다. 자세한 설명은 동영상 강의를 참고하세요.

https://youtu.be/5wp98BpfbpM

=INDEX(출력 범위, MATCH(1, ––(조건 범위1 = 조건1) * (조건 범위2 = 조건2)…, 0))

- **출력 범위:** 출력할 값이 입력된 범위입니다.
- **조건 범위:** 조건이 입력된 범위입니다. 출력 범위와 높이가 동일해야 합니다.
- **조건:** 조건 범위에서 비교할 조건입니다.

만약 여러 조건을 만족할 때의 마지막 값을 검색해야 한다면 아래 공식을 사용합니다. 공식에 대한 자세한 설명은 동영상 강의를 참고하세요.

https://youtu.be/4_ZZqpGvehw

=LOOKUP(2, 1/––((조건 범위1 = 조건1) * (조건 범위2 = 조건2)…), 출력 범위)

01 07-021.xlsx 예제 파일을 자동화하려면 우선 조건이 어떻게 작성되는지 확인해야 합니다. 방문일과 이름이 일치하는 항목을 확인하기 위해 비어 있는 ❶ [A5:A18] 범위를 선택한 후 ❷ =−−(B5:B18=I4) * (C5:C18=I5)를 입력한 뒤 Ctrl + Shift + Enter (2021 버전부터는 Enter)를 눌러 배열 수식으로 실행합니다. 배열 수식이므로 반드시 [A5:A18] 범위가 선택된 상태에서 수식을 실행해야 합니다.

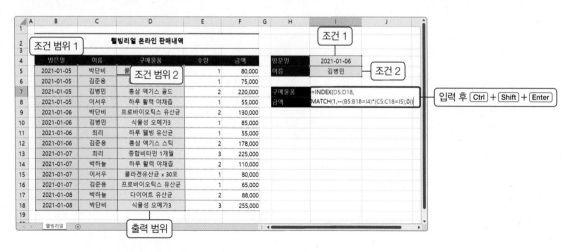

수식 이해하기 조건 B5:B18=I4와 C5:C18=I5은 각각 [방문일] 필드와 [이름] 필드의 값이 [I4]셀과 [I5]셀의 값과 일치하는지 확인합니다. 즉, 각 행의 값이 지정한 방문일/이름과 같으면 TRUE(1), 같지 않으면 FALSE(0)가 반환됩니다. 이렇게 방문일과 이름 일치 여부를 각각 확인할 수 있는 2개의 수식을 곱셈으로 연결하여 =(B5:B18=I4) * (C5:C18=I5)을 작성하면 2개의 조건이 모두 만족할 때만 1이 반환됩니다. 끝으로 논리 값(TRUE, FALSE)을 계산할 때 오류가 발생할 수 있으므로, 논리 값이 숫자로 변경되도록 수식 앞에 빼기 기호 2개(−−)를 추가했습니다. TRUE 앞에 빼기 기호 1개를 추가하여 −TRUE로 입력하면 −1로 계산되고, 빼기 기호를 1개 더 추가하여 −−TRUE를 입력하면 1로 계산됩니다.

02 이제 앞서 작성한 조건을 INDEX/MATCH 함수 공식에 적용합니다. 먼저, 2가지 조건에 만족하는 구매물품을 확인하기 위해 [I7]셀에 =INDEX(D5:D18, MATCH(1, −−(B5:B18=I4) * (C5:C18=I5), 0)) 을 입력한 후 Ctrl + Shift + Enter (엑셀 2021 이후는 Enter)를 눌러 배열 수식을 입력합니다.

수식 이해하기 =INDEX(D5:D18, MATCH(1, ――(B5:B18=I4) * (C5:C18=I5), 0))

MATCH 함수의 찾을 값 인수를 1, 찾을 범위 인수를 ――(B5:B18=I4) * (C5:C18=I5)로 지정함으로써 2개의 조건이 모두 만족하는 항목(조건식 결과 값이 1인 항목)을 찾습니다. 그런 다음 INDEX 함수로 묶어 첫 번째 인수를 구매 물품 목록으로 지정함으로써 2개의 조건이 모두 만족하는 구매 물품을 확인할 수 있습니다. **Link** INDEX/MATCH 함수 공식의 자세한 설명은 412쪽을 참고하세요.

03 [I8]셀은 [I7]셀의 수식을 복사한 후 INDEX 함수의 '출력 범위' 인수만 [금액] 필드로 변경하면 됩니다. [I8]셀에 =INDEX(F5:F18, MATCH(1, ――(B5:B18=I4) * (C5:C18=I5), 0))을 입력한 후 배열 수식으로 실행합니다.

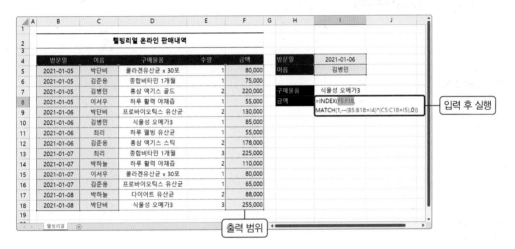

04 자동화 서식이 완성되었습니다. 제대로 작동하는지 확인하기 위해 [I4]셀과 [I5]셀 값을 변경한 후 [I7]셀과 [I8]셀의 결과를 확인해 보세요. 고객이 구매한 물품 정보가 실시간으로 검색됩니다.

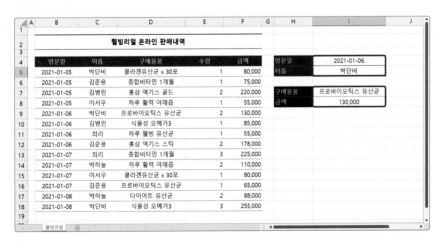

실무에서 다루는 대부분의 데이터는 주기적으로 변하거나 누적되는 자료입니다. 따라서 함수를 작성할 때 고정된 범위를 참조해서 작성하면 이후에 새로운 값이 추가되었을 때 매번 함수를 수정해야 하는 문제가 생깁니다. 이러한 문제는 표 기능을 사용하거나 전체 열을 선택함으로써 해결할 수도 있습니다. 하지만, 아래 그림처럼 위/아래로 여러 개의 표가 겹쳐서 작성된 상황이라면 전체 열을 선택하는 방법으로도 해결하기 어렵습니다.

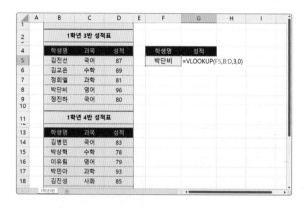

이럴 때 동적 범위를 사용하면 새로운 값에 대한 참조 범위 문제를 해결할 수 있습니다. 우선 표와 동적 범위의 차이부터 확인해 보세요.

표	동적 범위
초보자도 사용 가능	공식에 대한 이해 필요
셀 병합이 없는 연속된 데이터에서만 사용	셀 병합이 있는 범위에서도 사용
넓은 범위에서도 빠르게 동작	데이터 양에 따라 속도가 느려질 수 있음

동적 범위는 크게 OFFSET 함수를 이용한 범위와 INDEX 함수를 이용한 범위가 있습니다. INDEX 함수를 이용하면 조금 더 빨리 동작하는 장점이 있지만, 최근에는 기본 PC 사양이 좋아져서 사용하기에 편리한 OFFSET 함수를 주로 사용합니다.

오빠두! 특강

OFFSET 함수 및 OFFSET 동적 함수 알고가기

OFFSET 동적 함수는 OFFSET 함수와 비어 있지 않는 셀의 개수를 세는 COUNTA 함수를 사용합니다.

OFFSET 함수: 시작 셀에서 행, 열 방향으로 지정한 만큼 이동한 범위를 참조하는 함수입니다.

=OFFSET(시작 셀, 행 이동, 열 이동, [높이], [너비])

OFFSET 동적 범위: COUNTA 함수의 결과 값을 OFFSET 함수의 높이 인수로 사용함으로써 참조 범위를 동적으로 변경할 수 있습니다.

=OFFSET(시작 셀, , , COUNTA(세로 범위))

- **시작 셀:** 동적으로 확장할 범위의 시작 셀입니다.
- **세로 범위:** 동적 범위의 행 개수를 받아 올 범위입니다. 세로 방향으로 넉넉하게 입력하는 것이 좋습니다.

OFFSET 동적 범위 공식에서 시작 셀 뒤에 추가로 입력한 2개의 쉼표는 각각 '행 이동'과 '열 이동' 인수가 비어 있다는 의미입니다. 따라서 위 공식에서는 시작 셀부터 COUNTA 함수의 결과 값만큼 높이를 확장합니다.

예를 들어, 아래 그림과 같은 상황에서 [C1]셀에 =OFFSET(A1, , ,COUNTA(A1:A10))을 입력한 후 실행하면 COUNTA(A1:A10)의 결과 값으로 7이 계산되므로, 간단하게 =OFFSET(A1, , ,7)과 같은 결과로 [A1]셀부터 아래로 7칸 확장된 범위가 반환됩니다.

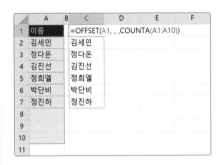

세로 방향(높이)과 가로 방향(너비)으로 동시에 확장하는 동적 범위라면 아래와 같이 작성합니다.

=OFFSET(시작 셀, , , COUNTA(세로 범위), COUNTA(가로 범위))

대부분 위와 같이 COUNTA 함수로 동적 범위를 작성하지만, 간혹 범위에 빈칸이 있거나 셀 병합이 있다면 아래 공식으로 문제를 해결할 수 있습니다.

=OFFSET(시작 셀, , , MAX(IFERROR(MATCH("*", 세로 범위, −1), 0), IFERROR(MATCH(9E+307, 세로 범위, 1), 0)))

위 2가지 보너스 공식의 동작 원리와 자세한 사용법은 다음 동영상 강의를 참고하세요.

https://youtu.be/7HCnbGGmclA

 **실무 활용** | **OFFSET 동적 범위로 목록 상자 자동화하기**

07-022.xlsx 예제 파일을 실행하면 학생별 성적표 양식이 준비되어 있습니다. [F]열에 있는 과목을 참조하는 목록 상자를 사용해서 과목을 입력할 예정입니다. 이때, 목록 참조 범위를 직접 지정하면 과목 변동에 따라 매번 새롭게 범위를 지정해야 합니다. 그러므로 목록이 자동으로 변경되도록 OFFSET 동적 범위 함수를 활용합니다.

01 **동적 범위 만들기** 07-022.xlsx 예제 파일에서 데이터 유효성 검사의 목록 상자에 활용할 동적 범위부터 만들어 보겠습니다. ❶ [수식] 탭-[정의된 이름] 그룹에서 [이름 관리자]를 클릭하거나 [Ctrl]+[F3]을 눌러 '이름 관리자'를 열고, ❷ [새로 만들기] 버튼을 클릭합니다.

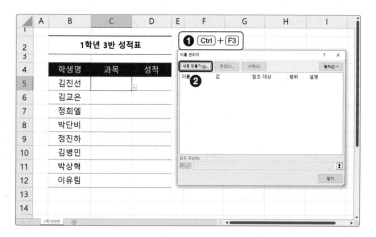

02 ❶ '새 이름' 대화상자가 열리면 [이름] 입력란에 **과목동적범위**, ❷ [참조 대상] 입력란에 **=OFFSET('1학년3반'!$F$5, , , COUNTA('1학년3반'!$F$5:$F$11))**을 입력한 후 ❸ [확인] 버튼을 클릭합니다. **Link** 이름 정의 시 주의 사항은 033쪽에서 자세히 설명합니다.

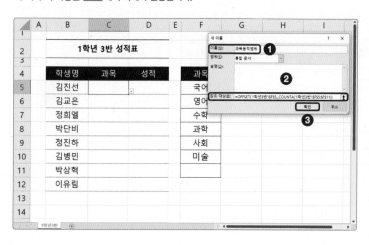

TIP 동적 범위는 특별한 상황이 아니라면 절대 참조를 사용합니다. 따라서 이름 정의 시 참조 대상을 입력할 때 실제 범위를 드래그해서 입력하면 절대 참조로 쉽게 입력할 수 있습니다. 또한, 이후 데이터가 추가되는 상황을 고려하여 참조 대상을 [F11]셀 이후까지 넉넉하게 지정해도 좋습니다.

03 '이름 관리자'에 과목명에 따른 동적 범위가 '과목동적범위'라는 이름으로 정의된 것을 확인할 수 있습니다. ❶ [과목동적범위]를 선택한 후 ❷ [참조 대상] 입력에 있는 수식을 클릭하면 시트에서 과목 범위가 점선으로 표시됩니다. ❸ [닫기] 버튼을 클릭해서 '이름 관리자'를 닫습니다.

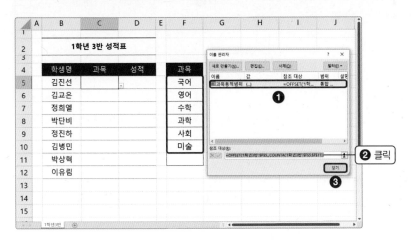

04 동적 범위로 목록 상자 만들기 동적 범위를 목록 상자에 적용해 보겠습니다. ❶ 목록 상자가 표시될 [C5:C12] 범위를 선택한 후 ❷ '데이터 유효성 검사' 대화상자를 엽니다. ❸ [제한 대상] 옵션에서 **목록**을 선택하고, ❹ [원본] 입력란에서 F3을 누릅니다. ❺ '이름 붙여넣기' 대화상자가 열리면 [과목동적범위]를 선택한 후 ❻ [확인] 버튼을 클릭합니다. ❼ '데이터 유효성 검사' 대화상자에서도 [확인] 버튼을 클릭하여 목록 상자를 적용합니다.

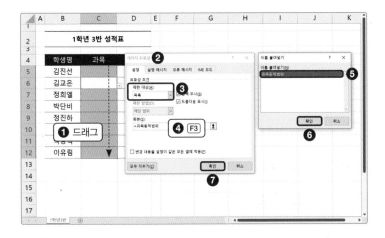

TIP '데이터 유효성' 대화상자는 [데이터] 탭-[데이터 도구] 그룹에서 [데이터 유효성 검사]를 클릭해서 열 수 있으며, '이름 붙여넣기' 대화상자는 셀, 수식 입력줄, 조건부 서식 입력 창 등에서도 같은 방법으로 활용할 수 있습니다.

05 이제 ❶ 새로운 과목을 추가하거나 삭제한 다음, ❷ [C5:C12] 범위의 목록 상자를 확인해 보면 추가/삭제된 과목이 자동으로 인식되어 목록 상자가 만들어지는 걸 확인할 수 있습니다.

> **TIP** 목록 상자가 적용된 셀을 선택한 상태에서 Alt + ↓를 누르면 목록 상자를 바로 실행할 수 있습니다.

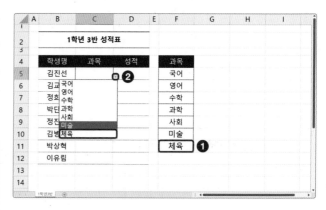

🎯 실무 상식 　복잡한 공식을 단계별로 분석하는 방법

업무 중에 사용하는 공식은 책에서 소개한 것 이상으로 복잡하고 어려울 수 있고, 예상치 못한 오류가 발생하면 원인을 찾지 못해 시간만 허비하는 상황이 발생하기도 합니다. 엑셀에서 제공하는 오류 검사와 수식 계산과 F9를 사용하면 공식 사용 중에 발생한 오류를 좀 더 쉽게 분석할 수 있습니다.

> **TIP** 책에서 소개하지 않은 각종 오류에 대한 자세한 설명과 해결 방법은 다음 오빠두엑셀 홈페이지에서 확인할 수 있습니다.
>
> https://www.oppadu.com/엑셀-오류-종류-해결/

07-023.xlsx 예제 파일을 실행해 보면 VLOOKUP 다중 조건 공식을 이용한 자동화 문서가 있으며, [I7] 셀과 [I8]셀에 #N/A 오류로 반환되어 있습니다. 오류 검사/수식 계산 기능과 F9를 각각 활용하여 오류 원인 분석 방법을 알아보겠습니다.

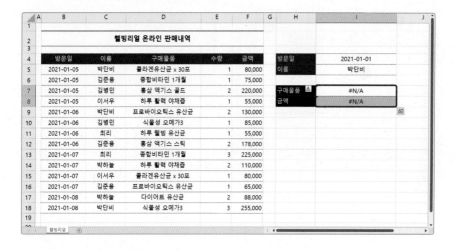

오류 검사/수식 계산 기능 활용하기

우선 오류가 발생한 셀을 선택한 후 ❶ [수식] 탭–[수식 분석] 그룹에서 [오류 검사]를 클릭해서 '오류 검사' 대화상자를 열고 ❷ [계산 단계 표시]를 클릭합니다.

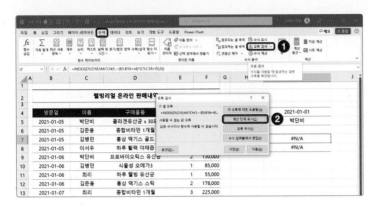

❶ '수식 계산' 대화상자가 열리면서 오류가 발생한 부분이 밑줄로 표시됩니다. 밑줄 부분을 보면 MATCH 함수로 '1'을 검색했는데, 검색할 범위에는 '0'만 있으므로 #N/A 오류가 반환된 것을 파악할 수 있습니다. ❷ 이 상태에서 [계산] 버튼을 클릭해 보면 ❸ MATCH 함수의 계산 결과로 #N/A 오류가 반환된 것을 확인할 수 있습니다.

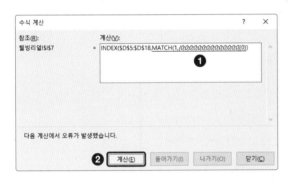

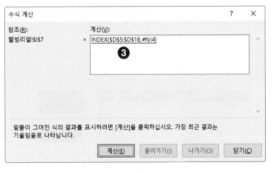

만약 수식 계산이 익숙하지 않다면 공식의 처음부터 차례대로 결과를 확인하면서 계산 원리를 파악할 수도 있습니다. 수식을 분석할 셀을 선택한 후 [수식] 탭–[수식 분석] 그룹에서 [수식 계산]을 클릭하면 위와 동일한 '수식 계산' 대화상자가 열리고, 선택한 셀의 전체 공식이 표시됩니다. 이 상태에서 [계산] 버튼을 클릭하면서 밑줄로 표시된 위치부터 한 단계씩 수식의 계산 과정을 확인할 수 있습니다.

단축키 F9로 빠르게 검산하기

만약 빠르게 수식을 분석해야 한다면 F9를 눌러 계산 결과를 빠르게 검산할 수 있습니다. 예제 파일의 [I7] 셀을 더블 클릭한 후 분석할 수식 부분을 드래그하거나 수식 입력줄에서 분석할 수식 부분을 드래그해서 선택한 후 F9를 누르면 선택한 부분의 계산 결과가 표시됩니다.

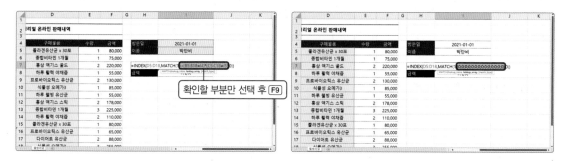

확인할 부분만 선택 후 F9

> **TIP** 특정 부분의 계산 결과가 표시된 상태에서 Enter를 누르면 계산 결과가 그대로 수식에 입력되므로 주의해야 합니다. 실수로 계산 결과 값을 수식에 반영했다면 Ctrl+Z를 눌러 이전 단계로 돌아가면 됩니다.

수식에 사용된 괄호가 많다면 계산 결과를 확인할 범위를 선택하기가 쉽지 않습니다. 이럴 때는 괄호의 색 상을 비교하여 일부 수식의 시작과 끝을 파악합니다. 만약 잘못된 범위를 드래그해서 선택한 후 F9를 누르 면 아래와 같이 '수식에 문제가 있다'는 오류 메시지가 출력됩니다.

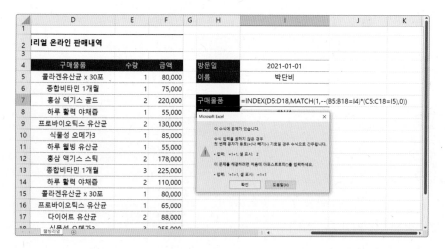

CHAPTER

08

실무에서 필요한
엑셀 데이터 시각화의 모든 것

엑셀 데이터 시각화는 크게 '표'와 '차트'로 구분할 수 있습니다.
여기서는 차트를 활용한 시각화 핵심 스킬을 소개합니다.
여기서 소개하는 내용들만 잘 활용해도 결과물을 효율적으로 전달할 수 있는
시각화 보고서를 작성할 수 있게 될 겁니다.

TIP 책에서 다루지 못한 표 시각화 방법에 대한 내용은 다음 동영상 강의에서 자세히 소개합니다.
한 번쯤 참고하고 넘어가세요.

https://youtu.be/s2bPQ9GLq8I

LESSON 01

시각화 차트를 잘 만들기 위한 3가지 규칙

데이터 시각화를 어렵게 생각하는 사람이 많습니다. 하지만 실무에서 보통의 직장인에게 디자인적으로 화려하고 멋진 시각화 자료를 원하지는 않습니다. 일종의 보고서 개념으로 이해하고, 색감과 무엇을 어떻게 보여줄지 중점적으로 고민하면 충분합니다.

 실무 상식 | **디자인 요소는 색감만 기억하라**

'데이터 시각화'라는 말을 들었을 때 가장 먼저 떠올리는 단어는 아마도 디자인에 대한 걱정일 겁니다. 상당수의 실무자는 데이터 시각화를 할 때 '예쁘게 꾸며야 한다!'는 생각에 디자인 실력에 대한 부담을 느낍니다. 걱정할 필요 없습니다. 데이터 시각화 실무에서는 '색감' 한 가지만 기억하면 됩니다.

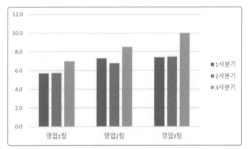 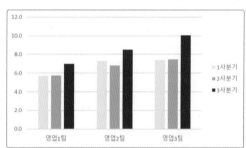

위 두 차트는 분명히 같은 데이터, 같은 형식으로 작성했으나 '색감 차이' 하나로 전혀 다른 느낌을 연출했습니다. 물론 색감 이외에도 차트 관련 스킬을 활용해서 상대방을 사로잡는 시각화 차트를 만들 수도 있습니다. 하지만 실무에서는 전달하고자 하는(또는 상대방이 듣고자 하는) 주제만 효과적으로 전달한다는 관점만 중요하게 생각하면 됩니다.

다음 사례에서 왼쪽에 비해 단순한 도형으로 표현한 오른쪽이 더 좋은 시각화 사례라고 할 수 있습니다. 그 이유는 '전체 사용자 중 상위 3개 지역 사용자가 월등하게 많다'는 메시지를 확실하게 전달하고 있기 때문입니다.

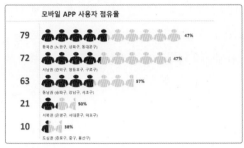
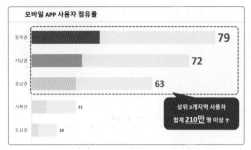

▲ 디자인보다 전달하고자 하는 메시지가 명확한 것이 더욱 중요합니다.

TIP 색감 선택이 고민이라면 [한걸음더] 폴더에서 **A-001.xlsx** 예제 파일로 제공하는 유명 브랜드 색 조합표를 참고하세요.

Link 색 선택 및 자세한 사용 방법은 486쪽을 참고하세요.

실무 상식 무엇을 전달할지 명확하게 표현하라

실무에서 필요한 데이터 시각화란 내가 보여 주고 싶은 자료(또는 상대방이 보고싶어 하는 자료)를 이해하기 쉽게 전달하는 것이라고 해석할 수 있습니다. 즉, 데이터 시각화 자료는 누가 보더라도 주제를 이해할 수 있어야 합니다.

예를 들어 아래와 같은 제품별 판매량에 대한 분석 보고서를 받았다고 가정하겠습니다. 10초 정도 살펴본 뒤 보고서의 문제점이 무엇인지 파악해 보세요.

20년 상반기 제품별 판매량

제품명	1월	2월	3월	4월	5월	6월
김치냉장고	21029	15135	7738	7653	7302	7022
냉정수기	40203	42449	41188	26853	11739	16485
슬로우쿠커	19640	17291	14129	11864	9719	9512
에그마스터	19201	10843	10286	14029	15291	13023
에어프라이어	32910	34271	35103	40491	42321	45251
일반가스레인지	31291	35292	40239	43291	47930	51920
전기그릴	37201	28235	25719	20000	23918	27182
전기찜기	62010	60291	56281	54391	52102	50192
정수기필터	19283	17920	14620	13201	11920	9817
총합	**282,768**	**261,727**	**245,303**	**231,773**	**222,242**	**230,404**

얼핏 보기에는 큰 문제가 없어 보이죠? 이 문서가 '분석 보고서'란 사실에 유의해야 합니다. 위 문서는 보고서가 아닌 정리된 표라고 할 수 있습니다. 보고서의 핵심인 전달하고자 하는 주제, 즉 '무엇을 전달하고 싶은지'에 대한 핵심 콘텐츠가 없기 때문입니다.

이외에도 제품별 판매량을 분석할 때는 판매량이 높은 순서대로 보는 것이 일반적이지만, 현재 작성된 보고서는 제품 이름 기준으로 오름차순 정렬되어 있으며, 보고서에 사용된 숫자 단위와 천 단위 구분 기호 등이 누락되어 내용을 파악하는 데 어려움이 있습니다.

이제 앞서의 보고서를 핵심 주제가 드러나도록 살짝 수정해 보겠습니다. 우선 보고서의 주제가 제품별 판매량이므로 판매량이 높은 순서대로 내림차순 정렬한 후, 월별 제품의 판매량 변화를 보여주기 위해 [트렌드] 필드를 추가하여 스파크라인 차트를 배치했습니다. 끝으로, 판매량이 급격하게 감소한 항목을 강조하기 위해 도형(점선 테두리 사각형)을 추가했습니다.

20년 상반기 제품별 판매량							
제품명	1월	2월	3월	4월	5월	6월	트렌드
일반가스레인지	31,291	35,292	40,239	43,291	47,930	51,920	
전기찜기	62,010	60,291	56,281	54,391	52,102	50,192	
에어프라이어	32,910	34,271	35,103	40,491	42,321	45,251	
전기그릴	37,201	28,235	25,719	20,000	23,918	27,182	
에그마스터	19,201	10,843	10,286	14,029	15,291	13,023	
냉정수기	40,203	42,449	41,188	26,853	11,739	16,485	
정수기필터	19,283	17,920	14,620	13,201	11,920	9,817	
슬로우쿠커	19,640	17,291	14,129	11,864	9,719	9,512	
김치냉장고	21,029	15,135	7,738	7,653	7,302	7,022	
총합	282,768	261,727	245,303	231,773	222,242	230,404	

간단한 작업으로 완전히 다른 보고서가 완성되었죠? 위와 같은 보고서를 받는다면 단번에 다음과 같은 사실을 파악할 수 있을 것입니다.

> **핵심 메시지:** 전반적인 제품 판매량이 감소했습니다.
> **원인:** 판매량이 높은 주력 제품의 판매량에는 큰 변화가 없지만, 판매량이 적은 비주류 아이템의 판매량이 급격히 감소했습니다.

🎯 실무 상식 ┃ 어떻게 전달할지 고민하라

다음과 같은 시각화 자료를 제공하고 사람이 총 몇 명인지 묻는다면 어떤 사람은 2명, 어떤 사람은 뱃속의 아기까지 고려해서 3명이라고 이야기할 겁니다.

이렇게 같은 그림이라도 자세한 설명이나 기준이 없다면 서로 다른 결과를 도출할 수 있습니다. 실무에서는 이보다 더욱 복잡하고 다양한 이해관계가 얽혀 있습니다. 그러다 보니 사용된 단어의 정의, 계산 방식, 단위 등을 정확하게 명시하지 않을 경우 전혀 다른 해석으로 오해가 쌓이고, 큰 문제로 야기될 수 있으므로 더욱 주의해야 합니다.

> **TIP** 일례로 '당월매출'이라고 하면 매출을 높여야 하는 영업팀에서는 이번 달 말일에 판매되었지만 아직 결제가 되지 않은 매출을 당월매출에 포함할 수 있고, 기획팀이나 회계팀에서는 결제가 되지 않은 매출을 익월 예정 매출로 구분해서 볼 수 있습니다.

또한, 부정적이거나 긍정적인 단어 사용에도 주의가 필요합니다. 이를 '프레이밍 효과'라고 하는데요, 아래와 같이 A 그룹과 B 그룹에서 치료제 A와 B에 대해 설명하고, 어떤 치료제를 사용할지 물었습니다. 여러분이라면 각 보고서에서 어떤 치료제를 선택하실 건가요?

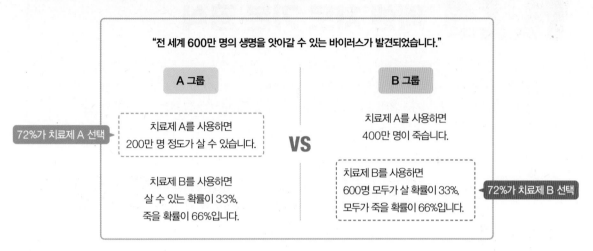

두 보고서는 분명히 같은 내용을 이야기하고 있습니다. 하지만, A 그룹의 보고서를 본 사람들의 대부분은 치료제 A를 선택했고, B 그룹의 보고서를 본 사람들은 치료제 B를 선택했습니다. 이처럼 같은 내용의 보고서를 작성하더라도 적절한 키워드를 사용해야 설득력을 높이는 효과적인 보고서를 작성할 수 있습니다.

LESSON
02

실무에서 사용하는 엑셀 차트 기본 공식

예제 파일 08-001.xlsx   엑셀 차트를 이용해 데이터를 시각화할 때 알아야 할 핵심 규칙 3가지는 '색감, 무엇을, 어떻게'였습니다. 이 3가지를 기억하면서 실전 차트 만들기에 필요한 5단계 차트 제작 방법을 알아보겠습니다.

 실무 상식 엑셀 차트 만들기 5단계

1. 주제 정하기

차트 시각화의 첫 번째 단계인 주제 정하기는 차트를 만들 때 가장 중요한 단계입니다.

---

1 차트 = 1 주제

엑셀로 작성하는 보고서는 크게 '표' 형태와 '차트' 형태로 나눌 수 있는데, 차트와 비교했을 때 많은 양의 데이터가 포함된 표 형태에서는 2~3개의 주제를 동시에 표현할 수 있습니다. 하지만, 데이터를 차트로 시각화한다면 그 목적이 한 가지로 분명해야 합니다. 차트 위에 잡다한 정보는 과감하게 제거하고, 중요한 1~2개의 정보만 강조해서 표현하는 것이 중요합니다.

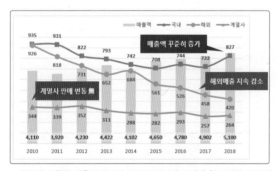 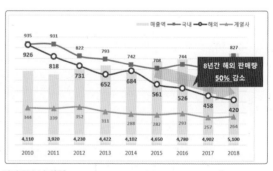

▲ 차트에 포함된 내용이 많으면 시선이 분산되므로(좌) 한 가지를 강조하는 것이 좋습니다(우).

TIP 꼭 전달해야 할 주제가 많다면 가장 핵심이 되는 주제를 첫 페이지에서 강조하고, 나머지는 별첨 자료로 첨부하는 방법을 이용합니다.

2. 차트 종류 결정

차트의 주제를 정했으면 사용할 차트의 종류를 결정합니다. 차트의 주 목적은 '내용 전달'입니다. 따라서 입체감이 들어간 3D 차트나 여러 그림이 포함된 시각화 차트보다는 핵심 내용을 정확하게 전달할 수 있는 2D 차트를 사용하는 것이 좋습니다.

오빠두! 특강

3D 차트는 언제 사용할까?

평소 사용하는 2D 차트는 X축과 Y축, 2개의 변수를 이용해 표시하며, 3D 차트는 3개 이상의 변수를 동시에 시각화할 때 사용합니다. 하지만, 이 역시도 3D 차트보다는 2D 차트를 여러 개로 나누어 시각화하면 상황에 따라 더욱 명확하게 내용을 전달할 수 있습니다.

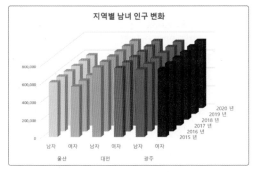

▲ 연도 vs. 지역 vs. 인구 수 변화를 표현한 3D차트

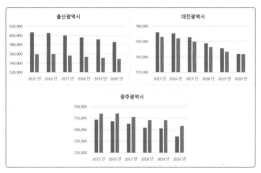

▲ 연도 vs. 지역 vs. 인구 수 변화를 여러 개로 나눠서 표현한 2D 차트

지금부터 실무에서 사용하기 좋은 5종류의 차트를 추천합니다. 물론, '파레토 차트, 간트 차트, 폭포수 차트' 등 다양한 차트가 있지만, 실무에서는 여기서 소개하는 5종류만 사용해도 충분합니다.

차트	사용 사례
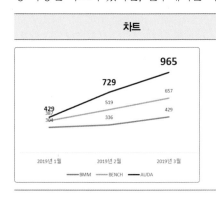	**꺾은선형 차트** 시간의 흐름을 나타내는 시계열 데이터, 미래 예측 데이터를 강조할 때 사용합니다. **Link** 445쪽 에서 자세히 설명합니다.

차트	사용 사례
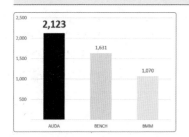	**세로 막대형 차트** 항목별 값의 차이를 강조, 특정 항목의 비약적인 증감을 강조할 때 사용합니다. Link 450쪽에서 자세히 설명합니다.
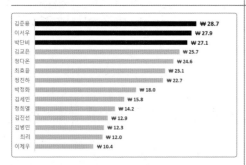	**가로 막대형 차트** 세로 막대형 차트로는 모든 항목을 표현하기에 적절하지 않으므로 표시할 항목의 개수가 많을 때 가로 막대형 차트를 사용합니다. Link 452쪽에서 자세히 설명합니다.
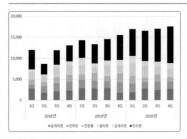	**누적 세로 막대형 차트** 기간별 점유율 변화, 값의 변동 요인을 강조할 때 사용합니다. Link 455쪽에서 자세히 설명합니다.
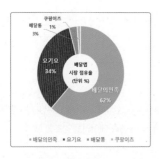	**원형 차트** 특정 항목의 값이 비약적으로 높을 때 점유율을 강조하기 위해 사용합니다. Link 459쪽에서 자세히 설명합니다.

TIP 5가지 실무자 필수 차트에 대한 자세한 설명 및 실습 방법은 다음 동영상 강의에서도 확인할 수 있습니다.

https://youtu.be/TDY83es73Ms

3. 색감, 스타일 등 테마 정하기

차트 선택 다음으로 차트의 색감과 스타일을 정합니다. 차트 시각화에서 '색감'은 매우 중요한 부분입니다. 규모가 있는 회사면 보고서를 작성할 때 주로 사용하는 색상이 정해져 있을 겁니다. 그렇지 않다면 차트에 사용할 '강조 색상'과 '보조 색상'을 정해야 합니다.

강조 색상은 [한걸음더] 폴더에 있는 A-001.xlsx 예제 파일의 [색조합표] 시트에 첨부한 색 조합을 참고하거나, 밝거나 따뜻한 색, 또는 기업에서 주로 사용하는 색을 선택하고, 보조 색상은 따로 정해져 있지 않다면 과감하게 회색 계열의 색상을 사용하거나 차가운 계열의 색을 선택합니다.

만약 차트를 꾸밀 시간이나 색상 선택이 너무 어렵다고 느껴진다면 [페이지 레이아웃] 탭-[테마] 그룹에서 [테마]를 클릭하여 색 조합을 변경하거나 [차트 디자인] 탭-[차트 스타일] 그룹에서 [색 변경]을 클릭하여 원하는 색 조합을 선택합니다.

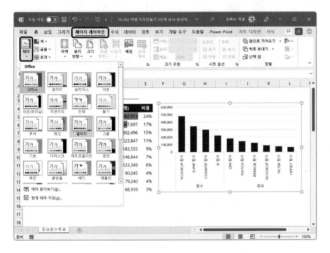

◀ 테마 색을 변경하면 통합 문서의 모든 색 조합이 변경됩니다.

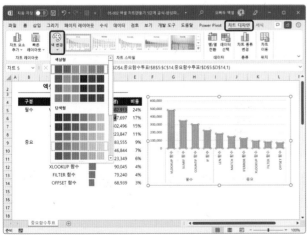

◀ 차트 스타일을 변경하면 선택 중인 차트의 색 조합만 변경됩니다.

TIP 색 변경 기능은 엑셀 2013 버전부터 제공됩니다.

4. 차트 간소화하기

사용할 차트의 종류와 색감까지 정했으면 차트로 전달하고 싶은 주제가 더욱 강조되도록 차트를 간소화해야 합니다. 차트 간소화는 다음과 같이 2단계로 진행할 수 있습니다.

데이터 항목 간소화 일반적으로 차트를 만들 때는 항목이 많아질수록 차트가 복잡해지면서 핵심 주제를 강조하기 어려워지기 때문에 데이터 항목을 7개 이하로 유지하는 것이 좋습니다.

불가피하게 모든 항목을 표시해야 한다면 다음과 같이 가로 막대형 차트를 사용하거나 나머지 중요하지 않은 항목을 '기타' 항목으로 별도 계산한 뒤, 차트에 표시합니다.

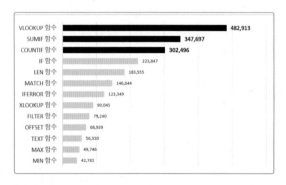 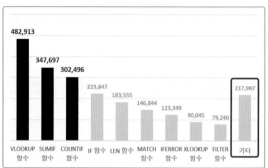

차트 항목 간소화 차트에 포함된 데이터 항목의 개수를 알맞게 조절했으면 다음으로 차트 항목을 간소화합니다. 차트 항목 간소화는 아래 5개 규칙을 적절히 적용하면 좋습니다.

• 차트 제목, 눈금선, 세로 축은 필요할 때만 사용합니다.

• 세로 축을 제거했다면 꼭 필요한 항목에 데이터 레이블을 추가합니다.

• 세로 축을 사용한다면 3~4단계로 구분하고, 5의 배수로 표시하는 것이 좋습니다.

• 눈금선을 사용한다면 최대한 흐린 색을 사용합니다.

• 중복 항목은 모아서 표기하고, 범례와 단위는 차트 한쪽 모서리에 표기합니다.

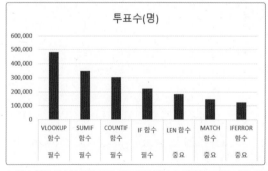 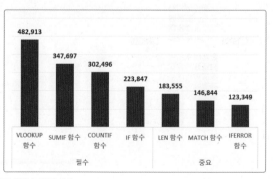

▲ 차트 항목 간소화 전후 비교. 차트에서 일부 요소만 제거해도 내용 전달력이 훨씬 높아집니다.

5. 차트 꾸미기

마지막으로 차트를 보기 좋게 꾸밉니다. 차트의 색상, 글꼴을 변경하거나 핵심 주제를 효과적으로 전달할 수 있도록 차트 위에 적절한 도형 등을 추가해서 차트를 완성합니다.

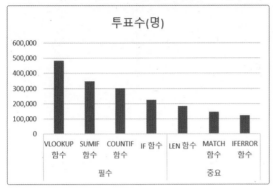 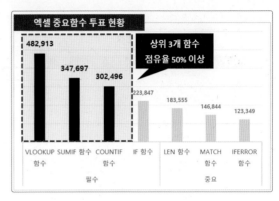

▲ 꾸미기 전후 비교

실무 활용 **5단계 과정에 따라 차트 완성하기**

앞서 소개한 5단계 과정에 따라 투표 결과를 차트로 시각화해 보겠습니다. 실무에서는 실습보다 훨씬 복잡한 데이터를 다룹니다. 따라서 차트 만들기 과정 전체를 100이라고 했을 때 주제 정하기 단계에서 최소 70~80 이상을 투자해서 정확한 분석 결과를 도출하는 것이 중요합니다.

01 **주제 정하기** 08-001.xlsx 예제 파일에서 핵심 메시지를 파악하기 위해 ❶ [D5:D17] 범위를 선택한 후 ❷ [홈] 탭-[스타일 서식] 그룹에서 [조건부 서식]-[데이터 막대]를 선택하고 원하는 스타일을 선택합니다. 선택한 범위에 데이터 막대가 추가됩니다.

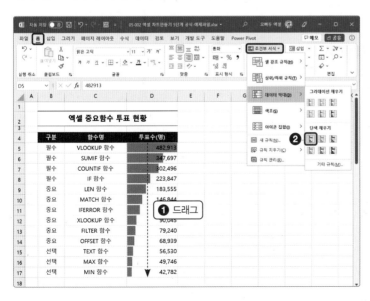

02 데이터 막대를 보니 상위 5개 항목의 투표수가 매우 높습니다. 수치화된 보고서를 작성하기 위해 투표수의 비율을 구해 보겠습니다. ❶ [E4]셀에 필드명으로 **비율**을 입력하고, ❷ [E5]셀에 =D5 / SUM($D$5:$D$17)을 입력하여 실행한 후 ❸ [E17]셀까지 자동 채우기합니다.

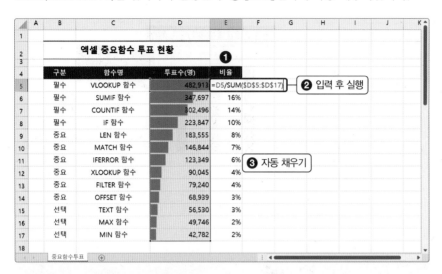

수식 이해하기 비율은 '항목 값/전체 합계' 형태로 계산합니다. 그러므로 SUM 함수로 전체 투표수 합계를 구하여 각 셀 값을 나누는 수식을 입력했습니다. 이때 전체 합계는 자동 채우기 시 항상 고정되어야 하므로 절대 참조로 입력합니다.

03 ❶ 상위 3개 항목인 [E5:E7] 범위를 드래그해서 ❷ 상태 표시줄의 합계를 보면 [52%]로 전체의 절반이 넘는 걸 알 수 있습니다. 그러므로 이번 차트의 주제는 '엑셀 중요 함수 상위 3개 비중이 50%를 넘는다.'라고 정할 수 있습니다.

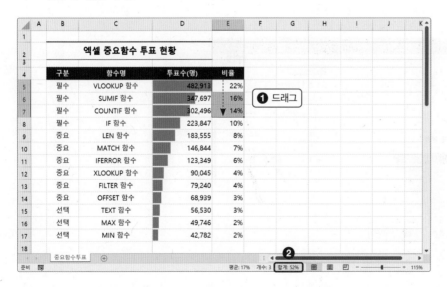

04 **차트 삽입하기** 항목별 값의 차이를 비교하기에 가장 좋은 세로 막대형 차트로 시각화를 진행하겠습니다. ❶ 데이터가 입력된 [B4:D17] 범위를 선택한 후 ❷ [삽입] 탭-[차트] 그룹에서 [추천 차트]를 클릭합니다.

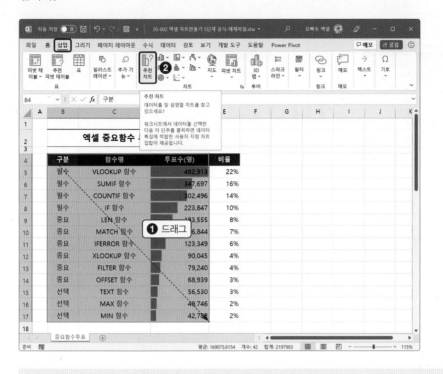

> **TIP** [차트] 그룹에서 [세로 또는 가로 차트형 막대 삽입] 📊 을 클릭한 후 [묶은 세로 막대형]을 선택해도 됩니다.

05 ❶ '차트 삽입' 대화상자가 열리면 [추천 차트] 탭에서 가장 위에 있는 [묶은 세로 막대형]을 선택하거나 [모든 차트] 탭에서 [세로 막대형]-[묶은 세로 막대형] 차트를 선택 후 ❷ [확인] 버튼을 클릭합니다.

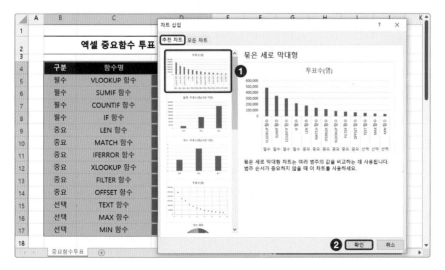

06 가장 기본적인 형태의 묶은 세로 막대형 차트가 삽입되고, 차트가 선택된 상태에서 값은 파란색, 범례는 빨간색, 가로 축은 보라색으로 표시됩니다.

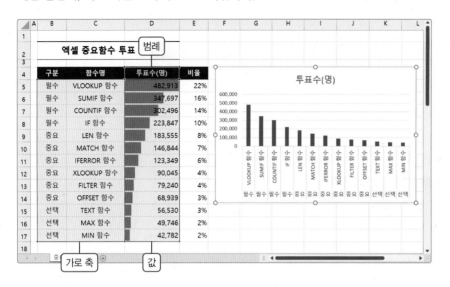

07 데이터 항목 간소화 기본 차트에서 항목을 간소화하기 위해 표에서 범위의 오른쪽 아래 핸들을 위로 드래그해서 차트의 데이터 범위가 상위 7개까지(IFERROR 함수까지) 포함하도록 변경합니다.

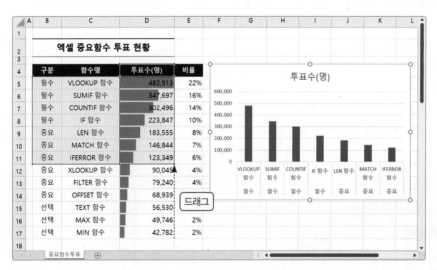

08 불필요한 요소 제거하기 이제 차트에서 불필요한 요소를 제거하기 위해 ❶ 제목과 ❷ 세로 축을 각각 클릭해서 선택한 후 Delete 를 누르거나 [마우스 우클릭] 후 [삭제]를 선택해서 제거합니다.

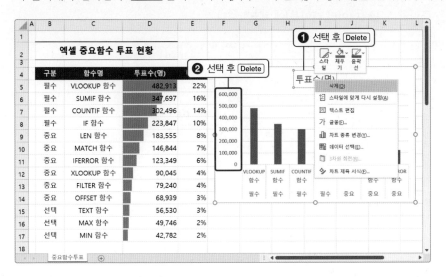

09 눈금선을 사용할 때는 흐릴수록 좋으므로, ❶ 눈금선을 [마우스 우클릭] 후 ❷ [윤곽선]을 선택해서 ❸ 흐린 회색으로 변경합니다.

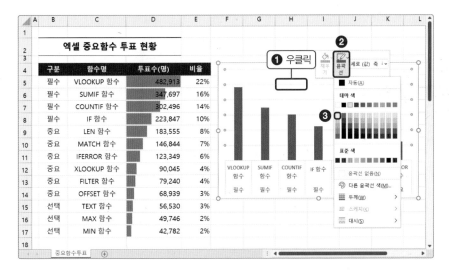

10 **데이터 레이블 추가하기** 세로 축을 제거했으므로 데이터 레이블을 추가하여 각 항목의 값을 표시해 줍니다. 차트에서 세로 막대를 [마우스 우클릭] 후 [데이터 레이블 추가]를 선택하거나 ❶ 차트 오른쪽 위에 표시되는 [+] 아이콘을 클릭한 후 ❷ [데이터 레이블]에 체크합니다.

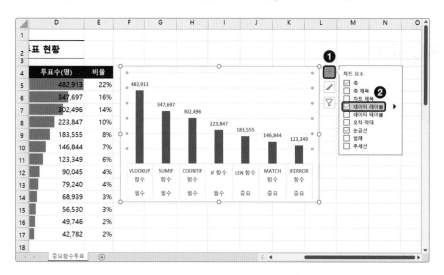

11 **중복 항목 병합하기** 차트의 가로 축에 '필수'와 '중요'가 반복해서 표시되므로 병합해 줍니다. 원본 데이터에서 [B6:B8] 범위와 [B10:B14] 범위의 값을 지우면 중복된 항목이 하나로 병합됩니다.

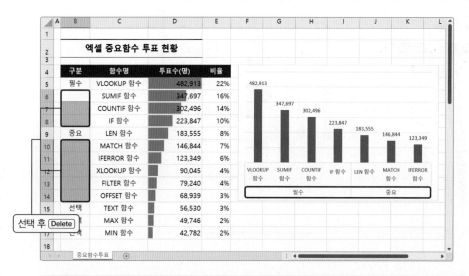

TIP 만약 중복된 항목이 가운데로 정렬되지 않고 왼쪽으로 정렬된다면 가로축을 [마우스 우클릭]한 후 [축 서식]을 선택합니다. '축 서식' 패널이 열리면 '레이블' 영역에서 [다단계 항목 레이블]을 체크합니다.

12 **색상 변경하기** 강조 색상으로 진한 파랑, 보조 색상으로 회색을 적용하겠습니다. 차트에서 ❶ 세로 막대를 [마우스 우클릭]한 후 ❷ [채우기]를 클릭하고 ❸ [회색]을 선택해서 전체 막대를 회색으로 변경합니다.

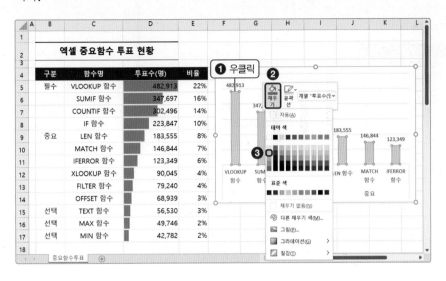

13 모든 세로 막대가 선택된 상태에서 한 번 더 클릭하면 해당 막대만 선택할 수 있습니다. 이 방법을 이용해 ❶ 상위 3개 항목의 막대를 각각 선택해서 [마우스 우클릭]한 후 ❷ [채우기]를 클릭하고 ❸ [진한 파랑]을 선택해서 변경합니다.

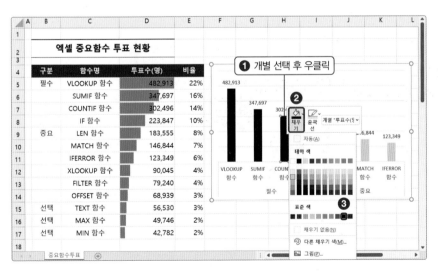

14 앞서와 같은 방법으로 데이터 레이블을 선택한 후 [홈] 탭-[글꼴] 그룹에서 [글꼴 색]을 클릭하여 회색으로 변경하고, 상위 3개 항목의 데이터 레이블만 선택해서 진한 파랑으로 변경합니다.

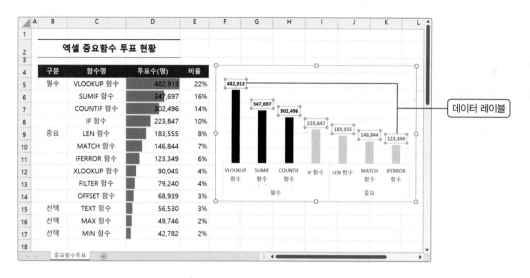

> **TIP** 데이터 레이블을 [마우스 우클릭] 후 [채우기] 혹은 [윤곽선]을 선택해서 색을 변경하면 글꼴의 색이 아닌 텍스트 상자의 색이 변경됩니다. 글꼴의 색이나 크기는 [홈] 탭의 [글꼴] 그룹에서 [글꼴 색]과 [글꼴 크기]를 이용해서 변경합니다.

15 차트 꾸미기 마지막으로 [삽입] 탭-[일러스트레이션] 그룹에서 도형 등을 이용하여 차트의 제목을 입력하고, 핵심 주제를 강조할 수 있도록 상위 3개 항목을 강조해 줍니다.

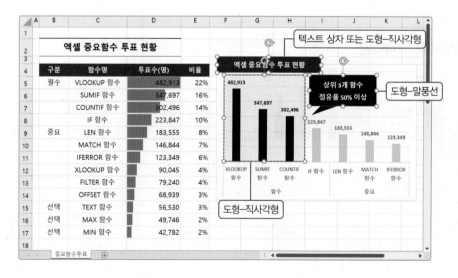

오빠두! 특강

도형 활용하여 주제 강조하기

차트에서 핵심 메시지를 강조하거나 특정 항목을 꾸밀 때 도형 기능을 사용합니다.

제목 입력: [삽입] 탭–[일러스트레이션] 그룹에서 [도형]–[직사각형]을 선택하고, 원하는 위치에서 드래그하면 직사각형이 추가됩니다. 추가한 도형을 [마우스 우클릭] 후 [텍스트 편집]을 선택하여 차트 제목을 입력하고, [홈] 탭–[글꼴] 그룹에서 글꼴의 색상과 정렬 방향, 그리고 도형의 채우기 색상과 윤곽선 색상 등을 차트와 어울리게 변경합니다.

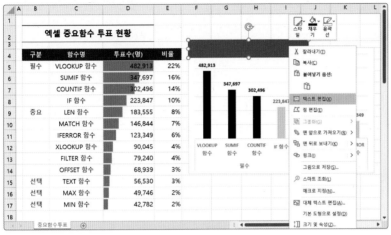

▲ 삽입한 도형에서 [마우스 우클릭] 후 [텍스트 편집]을 선택해서 내용을 입력할 수 있습니다.

> **TIP** [삽입] 탭–[텍스트] 그룹에서 [가로 텍스트 상자]를 추가해서 제목 상자를 만들 수도 있습니다.

점선 테두리: 제목과 같은 방법으로 직사각형을 추가합니다. 직사각형을 [마우스 우클릭] 후 [개체 서식]을 선택해 다음과 같은 '도형 서식' 패널이 열리면 [채우기 및 선] 탭으로 이동한 후 다음과 같이 채우기와 선 영역의 옵션 값을 조절합니다.

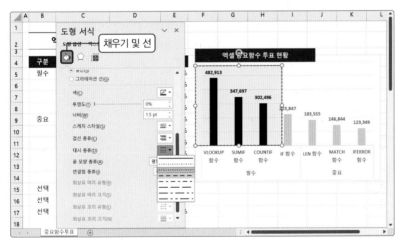

- **채우기〉색**: 빨강
- **채우기〉투명도**: 95%

- **선〉색**: 빨강
- **선〉너비**: 2pt

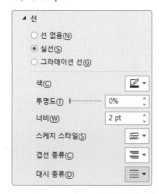

- **선〉대시 종류**: 점선

말풍선: 핵심 메시지를 확실하게 보여 줄 말풍선은 [삽입] 탭–[일러스트레이션] 그룹에서 [도형]–[말풍선]을 선택해서 추가할수 있습니다. 색상 변경 및 내용 입력 방법은 제목 입력 방법과 동일합니다.

> **TIP** 도형에 텍스트를 입력할 때 도형 내 여백으로 텍스트가 제대로 표시되지 않을 때가 있습니다. 그럴 경우, 도형을 [마우스 우클릭] 후 [크기 및 속성]을 선택하고 도형 서식 패널의 [크기 및 속성]▦ 탭에서 '텍스트 상자' 영역에 있는 모든 여백을 0cm로 설정합니다.

직장인이라면 반드시 기억해야 할 실무 차트 5가지

> **예제 파일** 08-002.xlsx 실무에서는 꺾은선형 차트, 세로 막대형 차트, 가로 막대형 차트, 누적 세로 막대형 차트, 원형 차트 5가지만 기억하면 95% 이상 대부분의 데이터를 시각화할 수 있습니다. 차트별 설명과 함께 자세한 사용 방법을 알아보겠습니다.

🏃 실무 활용 〉 시간의 흐름, 미래 데이터 예측은 꺾은선형 차트

08-002.xlsx 예제 파일을 실행한 후 [꺾은선] 시트를 보면 분기별 영업 실적이 정리되어 있습니다. 3개의 영업팀 중 실적이 도드라지게 증가한 영업2팀의 4분기 예상 판매량을 강조하기 위해 꺾은선형 차트를 활용해 보겠습니다. 실습 과정은 다음 동영상 강의에서도 확인할 수 있습니다.

https://youtu.be/lxapZZE2GrU

01 꺾은선형 차트 삽입하기 08-002.xlsx 예제 파일의 [꺾은선] 시트에서 ❶ 데이터가 입력된 [B5:F8] 범위를 선택하고 ❷ [삽입] 탭-[차트] 그룹에서 [추천 차트]를 클릭하여 '차트 삽입' 대화상자를 엽니다. ❸ [추천 차트] 탭에서 [꺾은선형 차트]를 선택하고 ❹ [확인] 버튼을 클릭합니다.

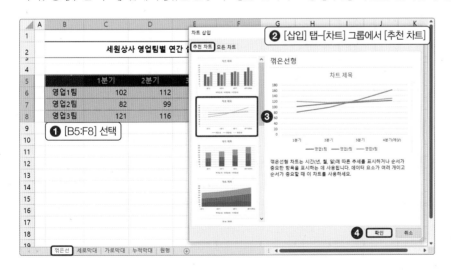

> **TIP** [삽입] 탭-[차트] 그룹에서 [꺾은선형 또는 영역형 차트 삽입] 🗠▾ 아이콘을 클릭한 후 [2차원 꺾은선형-꺾은선형]을 선택해도 됩니다.

02 차트에서 세로 축의 경계가 0~180으로 설정되어 있으나 실제 값은 82~163 범위에 분포되어 있습니다. 세로 축 경계를 변경해서 값의 변화를 확연하게 구분할 수 있습니다. ❶ 세로 축을 [마우스 우클릭] 후 ❷ [축 서식]을 선택합니다.

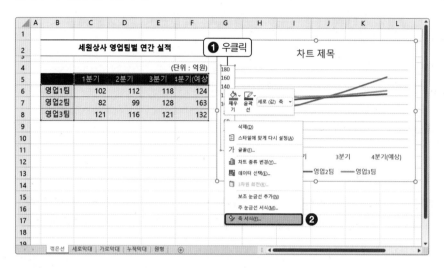

03 '축 서식' 패널이 열리면 '축 옵션' 영역에서 [최소값] 옵션을 60으로 변경합니다. 세로 축 경계가 60~180으로 변경되면서 값의 변화(꺾은선의 기울기)가 더욱 도드라지게 표현됩니다.

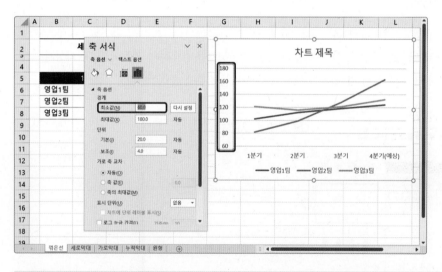

TIP 축 서식, 범례 서식과 같은 서식 패널은 엑셀 화면 오른쪽에 표시되며, 패널 위쪽을 드래그해서 위치를 변경할 수 있습니다.

04 차트 항목 간소화 ❶ 차트의 제목, 세로 축을 각각 선택한 후 Delete 를 눌러 제거하고, 눈금선을 흐린 회색으로 변경합니다. 이후 **❷** 차트의 오른쪽 위에 있는 [+] 버튼을 클릭한 후 **❸** [데이터 레이블]에 **체크**하여 추가합니다.

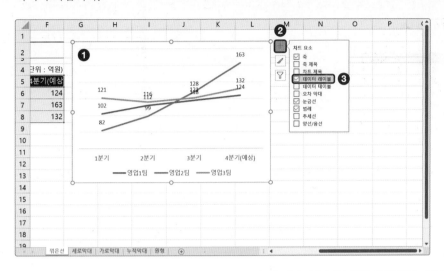

TIP 요소 제거 및 글꼴 색상 변경이 어렵다면 435쪽 실습 과정부터 진행해 보는 것을 추천합니다.

05 차트 꾸미기 이 차트의 핵심 메시지인 영업 2팀의 실적을 강조하기 위해 영업 1팀과 3팀의 꺾은선은 회색 계열로, 영업 2팀의 꺾은선은 빨간색 계열로 변경합니다.

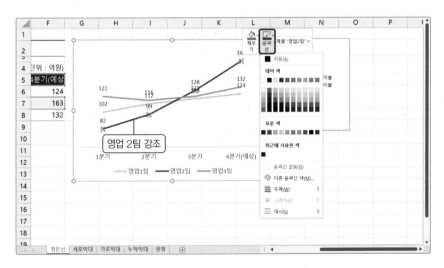

06 데이터 레이블 색상과 글꼴 크기를 적절히 변경한 후 영업 2팀의 4분기 예상 실적을 더욱 강조하기 위해 4분기 매출액의 글꼴 크기를 가장 크게 강조합니다.

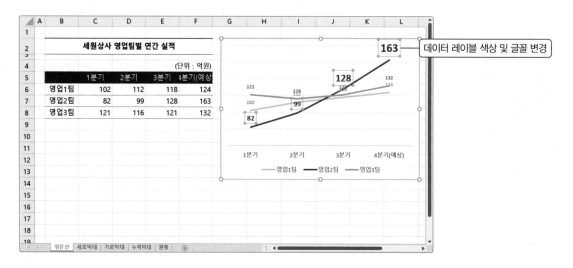

TIP 데이터 레이블이 다른 항목과 겹쳐서 제대로 표시되지 않을 때는 데이터 레이블을 [마우스 우클릭] 후 [데이터 레이블 서식]을 선택하여 레이블의 위치를 변경합니다. 데이터 레이블을 선택한 후 드래그해서 위치를 직접 변경해도 됩니다.

07 계속해서 범례를 [마우스 우클릭] 후 [범례 서식]을 선택하여 '범례 서식' 패널을 열고 [범례 위치] 옵션에서 [위쪽]을 선택합니다. 이후 범례를 오른쪽으로 드래그하여 다음과 같이 오른쪽 위에 배치합니다.

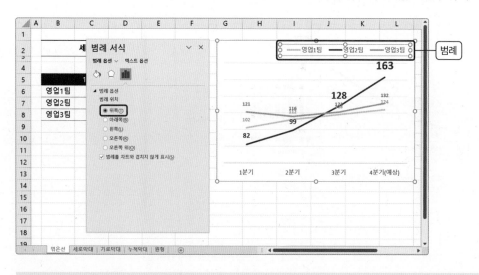

TIP 범례를 드래그해서 옮길 때 Shift 를 누른 채 드래그하면 수평/수직으로 이동할 수 있습니다.

08 핵심 데이터 강조하기 예측 데이터를 점선으로 표현하면 효과적으로 강조할 수 있습니다. 차트에서 영업2팀 항목을 클릭한 후 4분기 부분을 한 번 더 클릭해서 4분기 부분만 선택합니다. ❶ 4분기 부분에서 **[마우스 우클릭]** 후 ❷ **[데이터 요소 서식]**을 선택하여 '데이터 요소 서식' 패널을 엽니다.

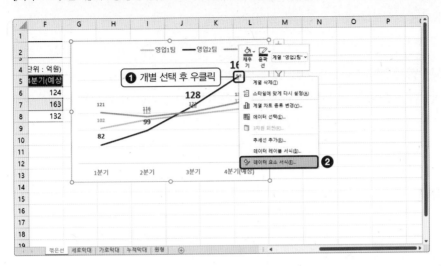

09 ❶ '데이터 요소 서식' 패널에서 **[채우기 및 선]** 탭을 클릭한 후 ❷ **[대시 종류]** 옵션을 **점선**으로 변경합니다. ❸ 같은 방법으로 나머지 팀의 4분기 매출 실적도 점선으로 변경하면 꺾은선형 차트가 완성됩니다.

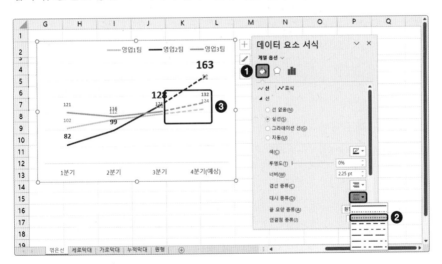

TIP [채우기 및 선] 탭의 가장 아래쪽에 있는 [완만한 선] 옵션에 **체크**하면 좀 더 유연하고 부드러운 차트를 만들 수 있습니다.

 **실무 활용** **항목별 값의 차이 파악은 세로 막대형 차트**

08-002.xlsx 예제 파일을 실행하고 [세로막대] 시트를 보면 대학 합격자 현황이 정리되어 있습니다. 특정 지역의 합격자 수가 다른 지역보다 많다는 상황을 설명하기 위해 세로 막대형 차트를 활용하겠습니다.

Link 차트 관련 앞서의 실습과 겹치는 내용은 생략했으므로 이후 실습이 어렵다면 445쪽 실습을 복습해 보세요.

01 세로 막대형 차트 삽입하기 08-002.xlsx 예제 파일의 [세로막대] 시트에서 ❶ 순위를 제외한 [C4:D9] 범위를 선택합니다. ❷ [삽입] 탭-[차트] 그룹에서 [추천 차트]를 클릭한 후 '차트 삽입' 대화상자에서 그대로 [확인] 버튼을 클릭하여 묶은 세로 막대형 차트를 삽입합니다.

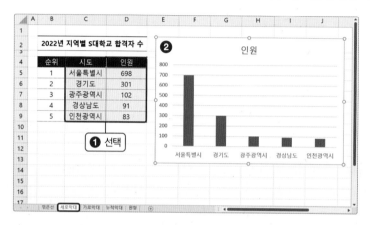

TIP 차트를 만들었지만 생각했던 것과 반대로, 세로 축과 가로 축이 표시된다면 [차트 디자인] 탭-[데이터] 그룹에서 [행/열 전환]을 클릭해 보세요.

02 차트 간소화 ❶ 차트의 제목, 세로 축을 각각 선택한 후 Delete 를 눌러 제거하고, 눈금선을 흐린 회색으로 변경합니다. ❷ 차트의 오른쪽 위에 있는 [+] 버튼을 클릭한 후 ❸ [데이터 레이블]을 **체크**하여 데이터 레이블을 추가합니다.

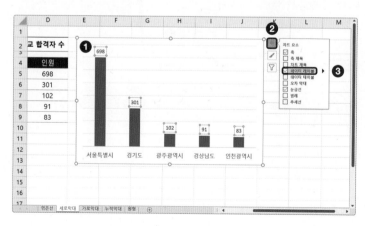

03 차트 꾸미기 세로 막대의 너비가 막대 사이의 간격보다 좁아서 다소 불안정한 느낌입니다. ❶ 차트에서 막대를 [마우스 우클릭] 후 [데이터 계열 서식]을 선택합니다. ❷ '데이터 계열 서식' 패널이 열리면 [간격 너비] 옵션을 100%로 설정합니다.

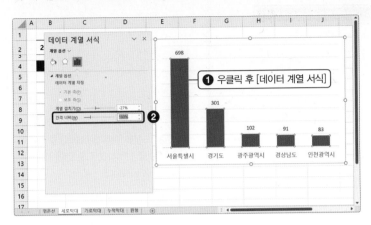

04 합격자 수가 가장 많은 서울특별시를 강조하기 위해 서울특별시는 진한 청색 계열로, 나머지는 회색 계열로 채우기 색을 변경합니다. 데이터 레이블도 막대 색에 맞춰 크기와 색상 등을 변경합니다.

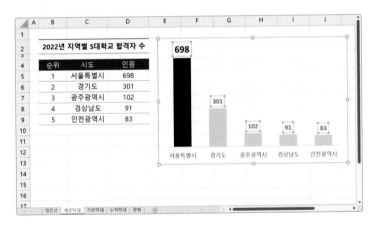

TIP 항목 막대는 [마우스 우클릭] 후 [채우기]를 클릭하여 색을 변경하고, 데이터 레이블은 [홈] 탭-[글꼴] 그룹에서 [글꼴 색], [글꼴 크기]를 변경합니다.

05 끝으로 [삽입] 탭-[일러스트레이션] 그룹에서 [도형]-[직사각형]을 선택하여 다음과 같이 직사각형을 그리고 도형의 색상 등을 변경한 후 제목을 입력하면 차트가 완성됩니다.

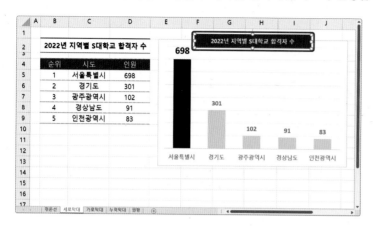

> **TIP** 도형을 [마우스 우클릭] 후 [텍스트 편집]을 선택하면 도형 안에 내용을 입력할 수 있습니다.

🏃 실무 활용   항목의 개수가 많을 때는 가로 막대형 차트

08-002.xlsx 예제 파일을 실행한 후 [가로막대] 시트를 보면 대학의 전국 합격자 현황이 정리되어 있습니다. 가로 막대형 차트를 이용하여 상위 10개 지역의 합격자 현황을 표현해 보겠습니다.

01 가로 막대형 차트 삽입 08-002.xlsx 예제 파일의 [가로막대] 시트에서 ❶ 상위 10개 지역인 [C4:D14] 범위를 선택한 후 ❷ [삽입] 탭-[차트] 그룹에서 [추천 차트]를 클릭하거나 [세로 또는 가로 막대형 차트 삽입] ▥▾ 을 클릭하여 묶은 가로 막대형 차트를 삽입합니다.

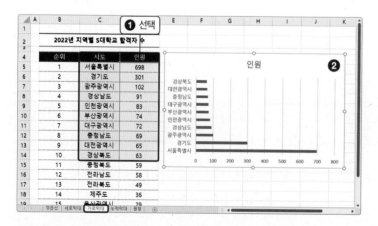

> **TIP** 가로 막대형 차트를 사용할 때 데이터가 정렬되어 있지 않으면 차트의 가독성이 현저하게 떨어질 수 있습니다. 예제에서는 인원 수 기준으로 정렬되어 있어 그대로 사용하면 됩니다.

02 가로 막대형 차트가 삽입되었으나 세로 축이 원본 데이터와 반대 방향으로 표시됩니다. 원본와 차트 막대 순서를 일치시키기 위해 ❶ 세로 축을 [마우스 우클릭] 후 ❷ [축 서식]을 선택합니다.

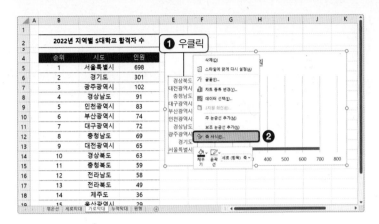

03 '축 서식' 패널이 열리면 '축 옵션' 영역에서 [항목을 거꾸로]에 **체크**합니다. 차트의 세로 축이 역순으로 바뀌면서 원본 데이터와 동일한 순서로 정렬됩니다.

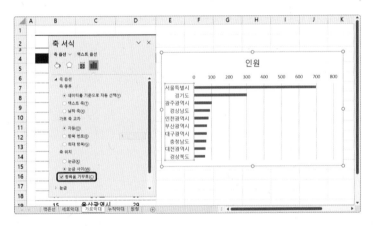

TIP 가로 막대형 차트는 항상 원본 데이터와 항목이 반대로 정렬되어 표시됩니다. 따라서 가로 막대형 차트를 삽입한 후 첫 번째 작업은 세로 축의 정렬 방향을 바꾸는 것임을 잊지 마세요!

04 차트 간소화 ❶ 차트의 제목, 가로 축을 클릭해서 선택한 후 [Delete]를 눌러 제거하고, 눈금선을 [마우스 우클릭] 후 옅은 회색으로 변경합니다. **❷** 이후 차트의 [+] 버튼을 클릭한 후 **❸** [데이터 레이블]에 체크하여 데이터 레이블을 추가합니다.

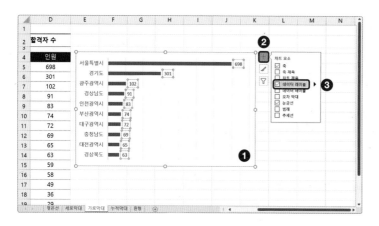

05 차트 꾸미기 세로 막대형 차트 실습과 같은 방법으로 막대 간격 너비를 80%로 변경하고, 막대의 채우기 색상과 데이터 레이블 색상을 적절히 변경하여 가로 막대형 차트를 완성합니다. **Link** 막대 간격 너비를 변경하는 자세한 방법은 **450쪽** 실습을 참고하세요.

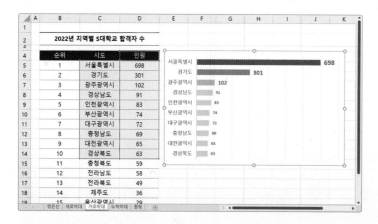

TIP 막대에서 [마우스 우클릭] 후 [채우기 색]–[사용자 지정]으로 이동하면 색의 밝기를 조절할 수 있습니다. 밝기를 조금씩 조절하면 위 차트와 같이 그라데이션 느낌의 차트를 만들 수 있습니다.

'색' 대화상자에서 오른쪽의 밝기 화살표를 위로 조금씩 올리면서 색을 선택합니다. ▶

실무 활용 특정 항목의 변화 트렌드를 강조할 수 있는 누적 세로 막대형 차트

08-002.xlsx 예제 파일을 실행한 후 [누적막대] 시트를 보면 커피 매장의 매출이 정리되어 있습니다. 메뉴별 요일 매출을 분석하기 위해 누적 세로 막대형 차트로 시각화해 보겠습니다.

01 누적 세로 막대형 차트 삽입 08-002.xlsx 예제 파일의 [누적막대] 시트에서 ❶ 합계를 제외한 [B4:I10] 범위를 선택한 후 ❷ [삽입] 탭-[차트] 그룹에서 [추천 차트]를 클릭하거나 [세로 또는 가로 막대형 차트 삽입] [▥▾]을 클릭하여 요일로 구분된 누적 세로 막대형 차트를 삽입합니다.

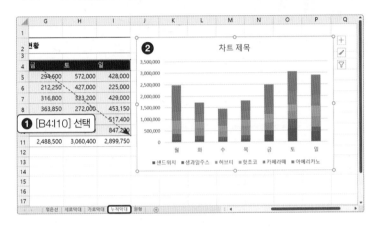

> **TIP** 누적 세로 막대형 차트 위로 합계 데이터 레이블을 표시하려면 꺾은선형 차트를 응용한 혼합 차트를 이용합니다. **Link** 꺾은선형+누적 세로 막대형 차트는 이후 462쪽 에서 자세히 소개합니다.

02 차트 간소화 ❶ 차트의 제목, 세로 축을 제거하고, 눈금선은 옅은 회색으로 변경한 후 ❷ 데이터 레이블까지 추가합니다. **Link** 차트 간소화를 위한 자세한 과정이 어렵다면 435쪽 실습을 참고하세요.

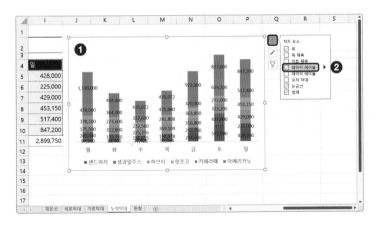

03 데이터 레이블의 단위가 커서 금액을 한눈에 파악하기 어렵기 때문에 원본 데이터에서 서식을 변경하겠습니다. ❶ 원본 데이터인 [C5:I10] 범위를 선택한 후 ❷ Ctrl + 1 을 눌러 '셀 서식' 대화상자를 엽니다. ❸ [표시 형식] 탭에서 [사용자 지정] 범주를 선택하고 ❹ [형식] 입력란에 #,##0,을 입력한 후 ❺ [확인] 버튼을 클릭합니다.

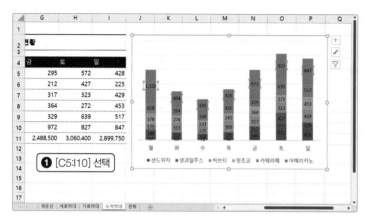 

> **TIP** 셀 표시 형식에서 마지막 기호로 쉼표(,)를 추가하면 천 단위가 절사됩니다.
>
> **Link** 셀 서식에 대한 자세한 내용은 112쪽 을 참고하세요.

원본 데이터를 유지한 채 데이터 레이블의 서식만 변경할 수도 있습니다. 데이터 레이블에서 [마우스 우클릭] 후 [데이터 레이블 서식]을 선택한 후 '표시 형식' 영역에서 [서식 코드] 옵션을 변경하면 됩니다.

04 **차트 꾸미기 ①** 데이터 레이블에서 [마우스 우클릭] 후 [데이터 레이블 서식]을 선택하여 패널을 엽니다. **②** [채우기 및 선] 탭을 클릭한 후 **③** '채우기' 영역에서 [단색 채우기]를 선택하고 **④** [색] 옵션은 **흰색**, [투명도] 옵션은 60%로 설정합니다. 데이터 레이블 상자가 반투명한 흰색으로 채워집니다. **⑤** 나머지 데이터 레이블을 선택한 후 F4를 눌러 같은 서식을 적용합니다.

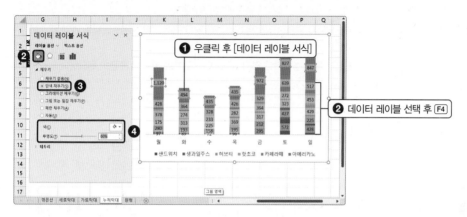

> **TIP** F4 는 이전 작업을 반복하는 단축키입니다. 그러므로 하나의 데이터 레이블 서식을 변경했다면 나머지는 F4 를 눌러 손쉽게 서식을 변경할 수 있습니다.

05 마지막으로 차트의 색상 조합을 변경하기 위해 [페이지 레이아웃] 탭 – [테마] 그룹에서 [색]을 클릭한 후 목록에서 원하는 색 조합을 선택해서 반영합니다.

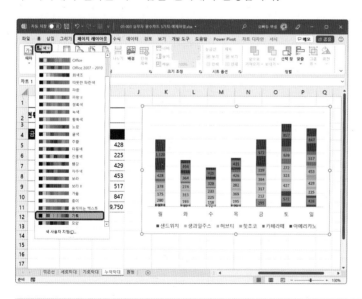

> **TIP** 선택한 차트의 색 조합만 변경하려면 [차트 디자인] 탭–[차트 스타일] 그룹에서 [색 변경]을 클릭한 후 원하는 색 조합을 선택합니다.

차트 분석하기

데이터를 차트로 시각화한 후에는 보다 쉽게 핵심 내용을 파악할 수 있습니다. 앞서의 차트를 보면 다음과 같은 사실을 확인할 수 있습니다.

· 매출의 가장 큰 비중을 차지하는 '아메리카노'는 월요일과 금요일에 특히 많이 판매된다.
· '샌드위치'는 판매가 저조한 편이지만 주말에는 판매가 급증하므로 재고 소진을 막기 위해 금요일에는 원재료 파악 및 주문이 필요하다.
· '카페라떼'는 평이한 판매를 보이지만, 주말 판매가 특히 높으므로 역시 금요일에는 원재료 파악 및 주문이 필요하다.

06 100% 기준 누적 막대형 차트로 변경 항목의 상대적인 변화량을 파악할 때는 100% 기준 누적 막대형 차트가 효과적입니다. ❶ 차트를 [마우스 우클릭] 후 [차트 종류 변경]을 선택하여 대화상자를 엽니다. ❷ [모든 차트] 탭이 열리면 [세로 막대형] 범주에서 ❸ [100% 기준 누적 세로 막대형]을 선택하고 ❹ [확인] 버튼을 클릭합니다.

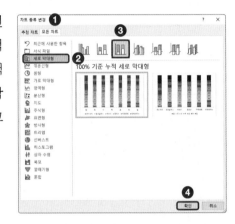

07 차트 종류가 바뀌면서 기존 누적 막대형 차트에서는 눈에 띄지 않던 '생과일 주스' 매출이 토요일에 증가하고, '핫초코' 매출은 토요일에 상대적으로 감소한다는 정보를 명확하게 확인할 수 있습니다.

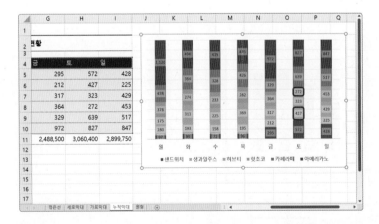

> **TIP** 위 사례처럼 100% 기준 누적 막대형 차트를 사용하면 기존 차트에서는 보이지 않던 새로운 인사이트를 얻을 때도 종종 있습니다.

실무 활용　**특정 항목의 점유율을 강조할 때는 원형 차트**

08-002.xlsx 예제 파일을 실행하고 [원형] 시트를 보면 통계청에서 제공하는 2021년 시/도별 인구 현황이 정리되어 있습니다. 경기도와 서울특별시의 인구 비율이 절대적으로 높은 현황을 강조하기 위해 원형 차트로 시각화해 보겠습니다.

01 데이터 간소화하기 08-002.xlsx 예제 파일의 [원형] 시트에서 ❶ [F5]셀에 =C5를 입력하여 실행한 후 ❷ [F8]셀까지 자동 채우기를 실행합니다. ❸ [F9]셀에는 =SUM(C9:C21)를 입력하여 나머지 지역의 인구 합계를 계산합니다.

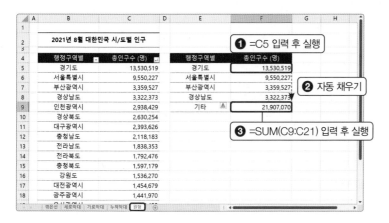

TIP 원형 차트의 항목이 많으면 핵심 주제를 한눈에 파악하기 어렵습니다. 그러므로 상위 4개 지역의 인구와 나머지 지역의 인구 합계, 총 5개의 항목으로 간소화했습니다.

02 원형 차트 삽입 ❶ 간소화한 [E4:F9] 범위를 선택한 후 ❷ [삽입] 탭-[차트] 그룹에서 [추천 차트]를 클릭하거나 [원형 또는 도넛형 차트 삽입] 🔵✓ 을 클릭하여 원형 차트를 삽입합니다.

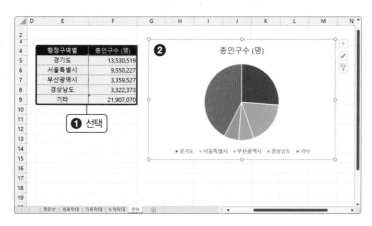

03 **차트 간소화 ①** 차트의 제목과 범례를 선택한 후 Delete 를 눌러 제거하고, **②** [+] 버튼을 클릭한 후 **③** [데이터 레이블]에 **체크**하여 데이터 레이블을 추가합니다.

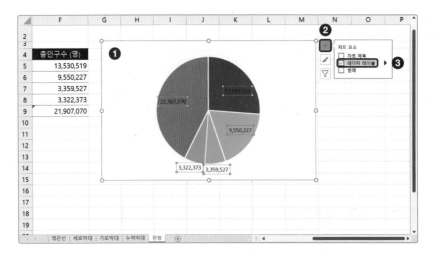

04 데이터 레이블 값을 백분율로 표시하기 위해 **①** 데이터 레이블에서 [마우스 우클릭] 후 [데이터 레이블 서식]을 선택해서 패널을 엽니다. **②** '레이블 옵션' 영역에서 [백분율]과 [항목 이름]에 **체크**하고, [값]은 **체크 해제**한 후 **③** [구분 기호] 옵션을 (줄 바꿈)으로 설정합니다.

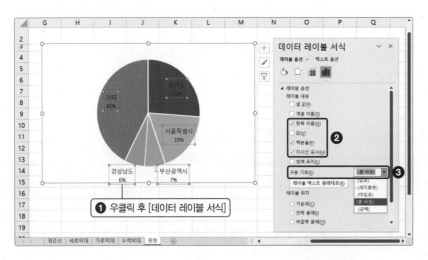

05 차트 꾸미기 차트 조각을 클릭한 후 '경기도'만 한 번 더 클릭해서 '경기도' 조각만 선택합니다. 선택한 '경기도' 조각을 바깥으로 살짝 드래그하여 구분해 줍니다. 같은 방법으로 '서울특별시' 조각도 바깥으로 살짝 드래그합니다.

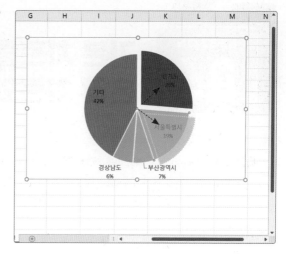

06 간격뿐만 아니라 색으로도 강조하기 위해 '경기도'와 '서울특별시' 조각은 남색 계열로, 나머지 조각은 회색 계열로 변경합니다.

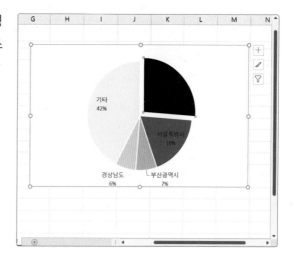

07 마지막으로 데이터 레이블의 글꼴 크기와 색상을 조절하고, 데이터 레이블을 드래그하여 위치까지 조절하면 원형 차트가 완성됩니다.

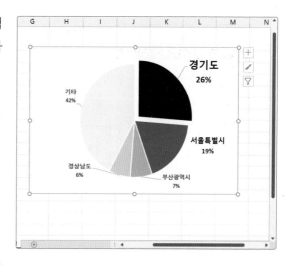

LESSON
04

기본 차트를 응용한 혼합 차트와 간트 차트 만들기

> **예제 파일** 08-003.xlsx, 08-004.xlsx, 08-005.xlsx 5가지 실무 차트만 잘 활용해도 대부분의 데이터를 시각화할 수 있습니다. 거기서 조금만 더 응용하면 항목의 변화와 함께 합계를 표시하거나 단순한 시각화 기능이 아닌 일정 관리에도 차트 기능을 활용할 수 있습니다.

실무 활용 혼합 차트 기능으로 누적 세로 막대형에 합계 레이블 표시하기

누적 세로 막대형 차트의 데이터 레이블은 각 항목에 대해서만 표시할 수 있어서 총 합계를 함께 표시하고 싶다면 꺾은선형 차트를 같이 사용해야 합니다. 매출 현황 데이터를 활용하여 누적 세로 막대형 & 꺾은선형 혼합 차트를 완성해 보겠습니다. 실습 과정은 다음 동영상 강의에서도 확인할 수 있습니다.

https://youtu.be/gwVegGxE6iU

01 **누적 세로 막대형 차트 삽입** 08-003.xlsx 예제 파일에서 ① 전체 데이터 범위인 [B4:I11]을 선택한 후 ② [삽입] 탭-[차트] 그룹에서 [추천 차트]를 클릭하거나 [세로 또는 가로 막대형 차트 삽입]을 클릭하여 요일로 구분된 누적 세로 막대형 차트를 삽입합니다.

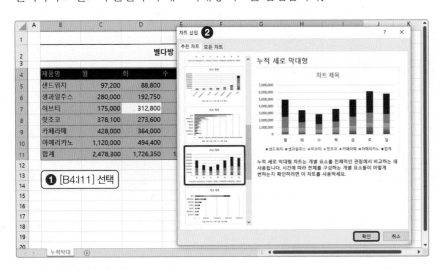

02 **혼합 차트 만들기** 누적 막대형 차트가 삽입되면 ❶ [마우스 우클릭] 후 ❷ [차트 종류 변경]을 선택합니다.

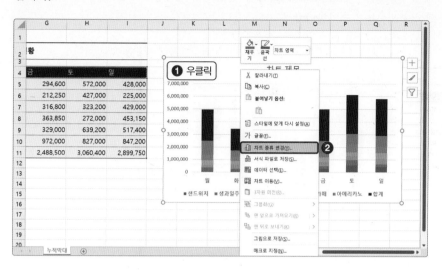

03 '차트 종류 변경' 대화상자가 열리면 ❶ [모든 차트] 탭에서 ❷ [혼합] 범주를 선택하고 ❸ '합계' 계열을 [꺾은선형], ❹ 나머지 계열은 모두 [누적 세로 막대형]으로 설정합니다. ❺ 만약 합계에 [보조 축]이 체크되어 있으면 **체크 해제**한 후 ❻ [확인] 버튼을 클릭합니다.

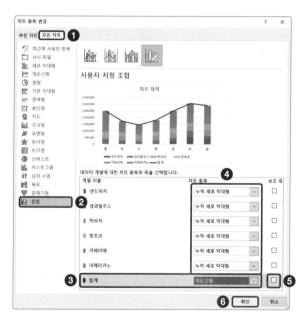

04 레이블만 표시하기 혼합 차트가 완성되면, 합계를 나타내는 꺾은선 차트의 윤곽선을 숨기고 레이블 만 남겨서 누적 막대 위에 합계가 표시되도록 합니다. ❶ 꺾은선 차트에서 [마우스 우클릭] 후 ❷ [데이터 레이블 추가]를 선택해서 데이터 레이블을 추가합니다.

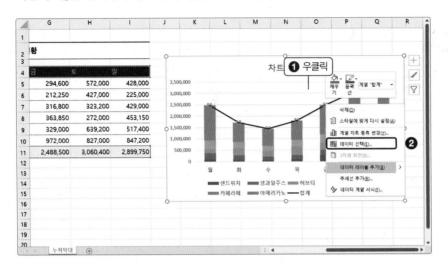

05 추가된 ❶ '합계' 데이터 레이블을 [마우스 우클릭] 후 [데이터 레이블 서식]을 선택하여 패널을 열고 ❷ [레이블 위치] 옵션을 **위쪽**으로 변경합니다.

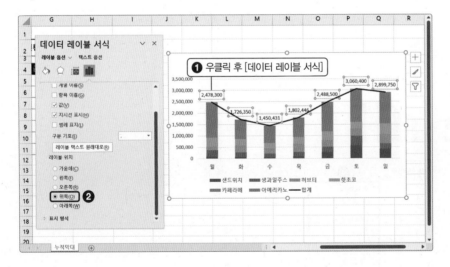

06 마지막으로 꺾은선 차트의 윤곽선을 숨겨서 혼합 차트를 완성합니다. ❶ 꺾은선 차트를 [마우스 우클릭] 후 [윤곽선]–[윤곽선 없음]을 선택해서 차트를 가립니다. ❷ 누적 세로 막대형 차트에 꺾은선 차트의 데이터 레이블(합계)만 표시된 혼합 차트가 완성됩니다.

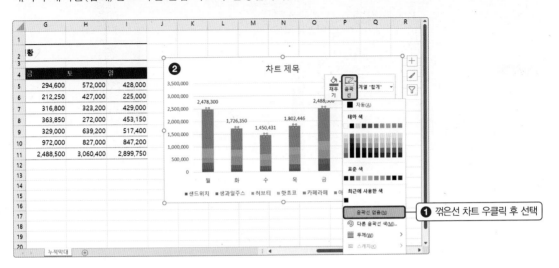

07 **차트 간소화** 차트의 제목과 세로 축을 클릭한 후 Delete 를 눌러 제거하고, 눈금선에서 [마우스 우클릭]한 후 [윤곽선]을 옅은 회색으로 변경합니다.

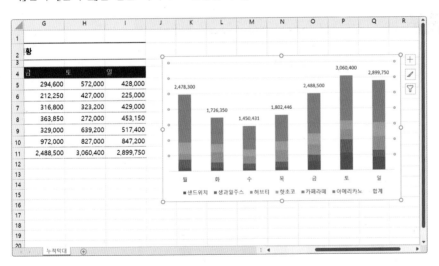

08 범례를 보면 '합계'가 포함되어 있으나 데이터 레이블을 표시하기 위해 임시로 추가한 값이므로 제거하는 것이 좋습니다. 범례를 클릭해서 선택한 후 '합계' 부분만 한 번 더 클릭하여 '합계'만 선택되면 [Delete]를 누르거나 [마우스 우클릭] 후 [삭제]를 선택합니다.

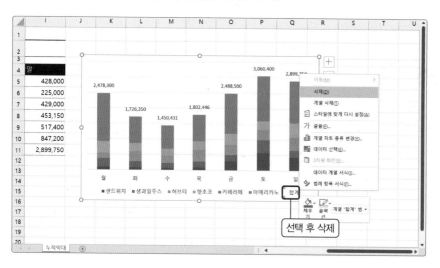

09 **차트 꾸미기** 차트를 선택한 후 [차트 디자인] 탭−[차트 스타일] 그룹에서 [색 변경]을 클릭한 후 '단색형' 영역에서 원하는 색 조합을 선택하여 변경합니다.

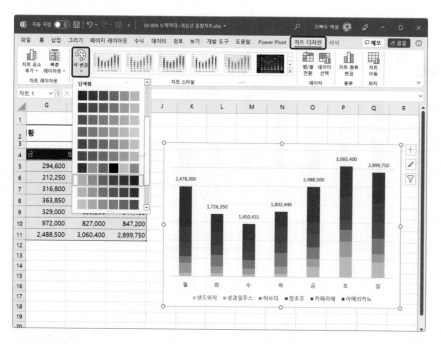

TIP 통합 문서에 사용된 모든 차트의 색 조합을 변경하려면 [페이지 레이아웃] 탭−[테마] 그룹에서 [색]을 클릭한 후 원하는 색 조합을 선택합니다.

실무 활용 **단위가 서로 다른 값을 표현할 때 혼합 차트의 보조 축 사용하기**

차트를 만들 때 단위 차이로 인해 한 차트 안에 여러 항목을 표현하는 데 어려움을 겪기도 합
니다. 이럴 때 혼합 차트를 사용하면 서로 다른 두 단위를 동시에 표현할 수 있습니다. 대한민
국 GDP와 경제 성장률로 작성된 단위가 서로 다른 두 데이터를 시각화해 보겠습니다. 실습
과정은 다음 동영상 강의에서도 확인할 수 있습니다.

https://youtu.be/LE5-0wYgy1E

01 **세로 막대형 차트 삽입** 08-004.xlsx 예제 파일에서 ❶ [B6:D12] 범위를 선택 후 ❷ [삽입]
탭-[차트] 그룹에서 [추천 차트]를 클릭합니다. 이후 '차트 삽입' 창에서 [확인] 버튼을 클릭하여 묶은 세로
막대형 차트를 삽입합니다.

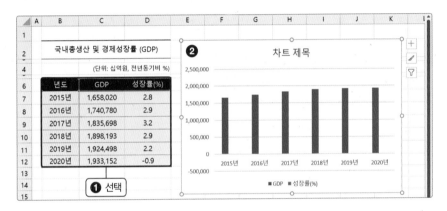

02 **혼합 차트로 변경** 삽입한 차트를 보면 GDP와 성장률의 단위 차이로 인해 성장률 항목의 막대는 거
의 보이지 않습니다. 성장률 값을 제대로 표현하기 위해 ❶ 차트에서 [마우스 우클릭] 후 ❷ [차트 종류 변
경]을 선택합니다.

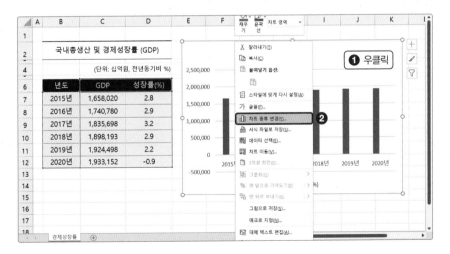

03 '차트 종류 변경' 대화상자가 열리면 ❶ [모든 차트] 탭에서 [혼합] 범주를 선택하고, ❷ 'GDP' 계열은 **묶은 세로 막대형**, [보조 축] 옵션 **체크 해제**, ❸ '성장률(%)' 계열은 **꺾은선형**, [보조 축] 옵션 **체크**로 설정한 후 ❹ [확인] 버튼을 클릭합니다.

04 차트 왼쪽에는 기본 축으로 세로 막대형 차트의 값인 GDP 금액이 표시되고, 오른쪽에는 보조 축으로 꺾은선형 차트의 성장률이 표시되는 혼합 차트가 완성됩니다.

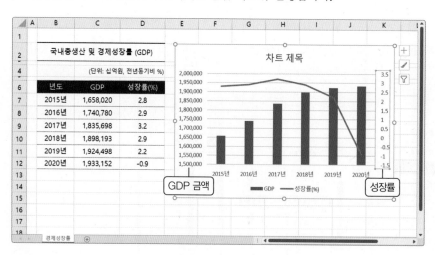

05 **차트 간소화하기** ❶ 차트 제목을 선택한 후 Delete 를 눌러 지우고, 눈금선에서 [마우스 우클릭]하여 [윤곽선]을 옅은 회색으로 변경합니다. ❷ 마지막으로 왼쪽 기본 축에서 [마우스 우클릭] 후 [축 서식]을 선택해서 패널을 열고, ❸ '레이블' 영역에서 [레이블 위치] 옵션을 **없음**으로 설정합니다.

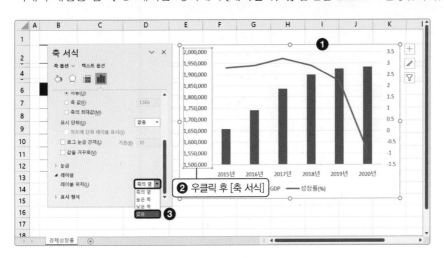

> **TIP** 보조 축을 사용한 혼합 차트에서 세로 축을 선택해서 Delete 를 누르는 방법으로 제거하면 차트의 축 설정이 기본 값으로 초기화됩니다. 그러므로 위와 같은 방법으로 기본 축을 보이지 않게 가렸습니다.

06 위와 같은 방법으로 ❶ 오른쪽 보조 축도 가립니다. 그런 다음 데이터 값을 파악할 수 있도록 ❷ 차트 오른쪽 위에 있는 [+] 버튼을 클릭한 후 ❸ [데이터 레이블]에 **체크**해서 데이터 레이블을 추가합니다.

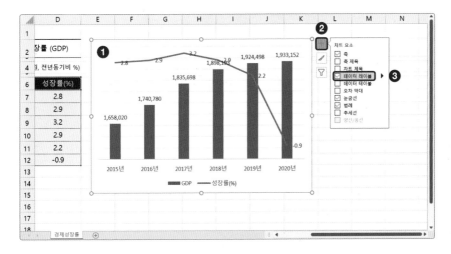

07 **차트 꾸미기** 꺾은선과 막대에서 각각 [마우스 우클릭] 후 [채우기]와 [윤곽선] 색을 주황색과 노란색으로 변경합니다.

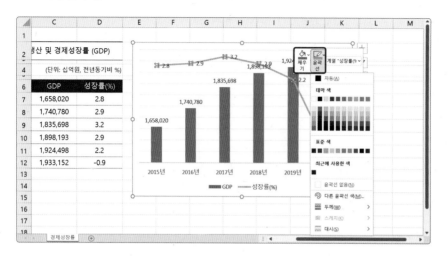

08 GDP와 성장률의 데이터 레이블 위치를 변경하여 가독성을 높이겠습니다. ❶ 성장률의 데이터 레이블을 [마우스 우클릭] 후 [데이터 레이블 서식]을 선택해서 패널을 엽니다. [레이블 위치] 옵션을 **위쪽**으로 설정합니다. 같은 방법으로 ❷ GDP는 [레이블 위치] 옵션을 **축에 가깝게**로 설정합니다.

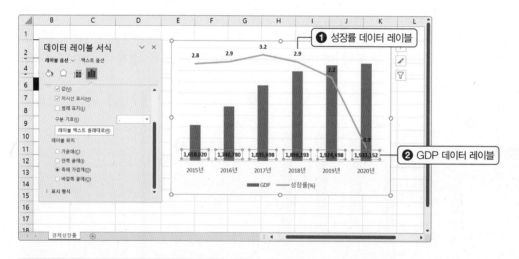

TIP 성장률이 양수일 때와 음수일 때 서로 다른 서식을 적용하려면 원본 데이터인 [D7:D12] 범위의 셀 서식을 변경합니다.

09 마지막으로 꺾은선형 차트에 원형 표식을 추가하겠습니다. ❶ 꺾은선을 [마우스 우클릭] 후 [데이터 계열 서식]을 선택합니다. ❷ 패널이 열리면 [채우기 및 선] 🔷 탭에서 [표식] ∿표식 을 클릭하고, ❸ '표식 옵션' 영역에서 [기본 제공] 선택 후 ❹ [형식]과 [크기] 옵션을 각각 **동그라미**, 7로 설정합니다.

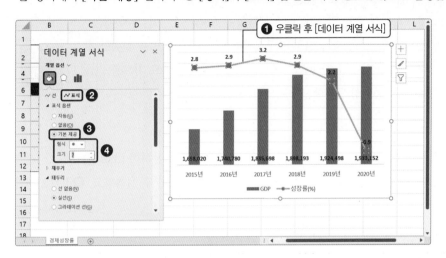

> **TIP** [형식] 옵션에서 마지막 항목인 그림 모양 아이콘을 선택하면 기본으로 제공되는 모양 이외에 다양한 표식을 사용할 수 있습니다.

10 계속해서 ❶ '채우기' 영역에서 [단색 채우기]를 선택한 후 ❷ [색] 옵션을 **흰색**으로 설정하고, ❸ '테두리' 영역에서 [실선]을 선택한 후 ❹ [색]과 [너비] 옵션을 **노란색**, 2pt로 설정하면 혼합 차트가 완성됩니다.

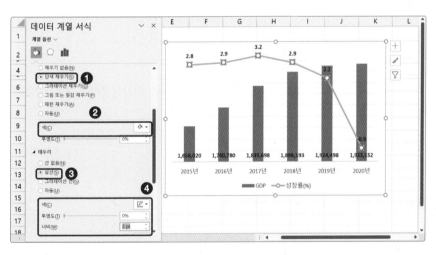

> **TIP** '채우기' 영역에서 [투명도] 옵션을 100%로 설정하면 표식에서 흰색 부분을 투명하게 처리할 수 있습니다.

 **실무 활용** **프로젝트/일정 관리를 위한 간트 차트 만들기**

엑셀 사용이 늘면서 거의 대부분의 보고서를 엑셀로 작성하고, 엑셀 사용이 익숙해질 때 한 번쯤은 '업무의 진행 상황을 엑셀로 손쉽게 시각화할 수는 없을까?'라고 생각할 수 있습니다. 지금까지 배운 차트 기능을 조금만 응용하면 충분히 가능합니다. 신규 사업 일정이 정리되어 있는 예제 파일을 실행한 후 엑셀의 기본 차트 기능을 이용해서 업무의 진행률을 실시간으로 표시하는 간트 차트를 만들어 보겠습니다. 실습 과정은 다음 동영상 강의에서도 확인할 수 있습니다.

https://youtu.be/zdQ-1Qg3w_o

01 **데이터 완성하기** 08-005.xlsx 예제 파일에서 시작일과 마감일을 활용하여 [소요일] 필드와 [진행일] 필드부터 채우겠습니다. ❶ [D7]셀에 =E7-C7(마감일-시작일)을 입력한 후 실행하고, ❷ [D12]셀까지 자동 채우기를 실행합니다.

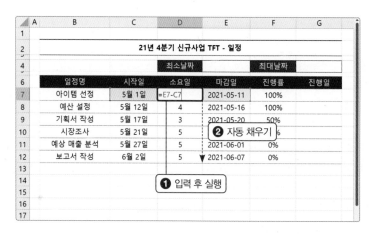

02 진행일은 '소요일 * 진행률'로 계산합니다. ❶ [G7]셀에 =F7*D7을 입력해서 실행하고, ❷ [G12]셀까지 자동 채우기를 실행합니다.

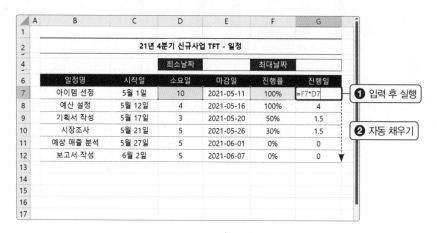

03 날짜 형식 그대로 가로 막대형 차트를 만들면 날짜가 '항목' 값으로 인식되어 차트의 세로 축으로 추가됩니다. 그러므로 차트를 만들기 전에 데이터 형식을 변경해야 합니다. ❶ [시작일] 필드 값인 [C7:C12] 범위를 선택한 후 ❷ [홈] 탭-[표시 형식] 그룹에서 [일반]으로 변경합니다(Ctrl + Shift + ~).

04 누적 가로 막대형 차트 삽입 ❶ 표에서 [일정명] ~ [소요일] 필드에 해당하는 [B6:D12] 범위를 선택한 후 [삽입] 탭-[차트] 그룹에서 [추천 차트]를 클릭해서 '차트 삽입' 대화상자를 엽니다. ❷ [추천 차트] 탭에서 [누적 가로 막대형]을 선택한 후 ❸ [확인] 버튼을 클릭해서 차트를 삽입합니다.

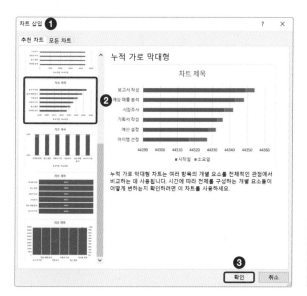

> **TIP** [삽입] 탭-[차트] 그룹에서 [가로 막대형 차트 삽입] █▾ 을 클릭하여 누적 가로 막대형 차트를 추가해도 됩니다.

05 차트 간소화 차트의 제목, 범례, 눈금선을 각각 클릭해서 선택한 후 `Delete`를 눌러 삭제하고 다음과 같이 위치를 조절합니다.

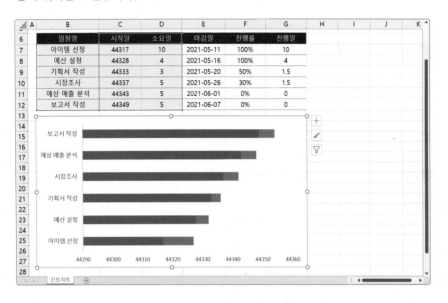

06 날짜 형식으로 변경 [시작일] 필드의 값을 다시 날짜 형식으로 되돌리기 위해 ❶ [C7:C12] 범위를 선택한 후 `Ctrl`+`1`을 눌러 '셀 서식' 대화상자를 엽니다. ❷ [표시 형식] 탭에서 [사용자 지정] 범주를 선택하고 ❸ [형식] 옵션에 m월 d일을 입력한 후 ❹ [확인] 버튼을 클릭합니다. 원본 데이터와 차트의 가로 축이 날짜 형식으로 표시됩니다.

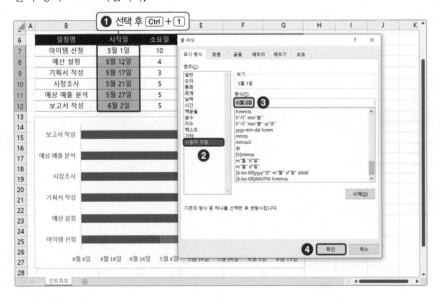

07 **간트 차트로 꾸미기** 가로 막대형 차트는 세로 축이 원본 데이터와 반대로 정렬되므로 정렬 방향을 변경하겠습니다. ❶ 세로 축에서 [마우스 우클릭] 후 [축 서식]을 선택해서 패널을 엽니다. ❷ '축 옵션' 영역에서 [항목을 거꾸로]에 체크하면 세로 축이 반대로 정렬됩니다.

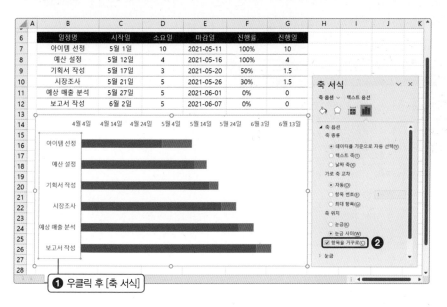

08 누적 막대에서 가장 왼쪽에 있는 ❶ '시작일' 막대에서 [마우스 우클릭] 후 ❷ [채우기] – [채우기 없음]을 선택합니다. ❸ 오른쪽에 있는 '소요일' 막대에서도 [마우스 우클릭] 후 [채우기] 색상을 회색 계열로 변경합니다.

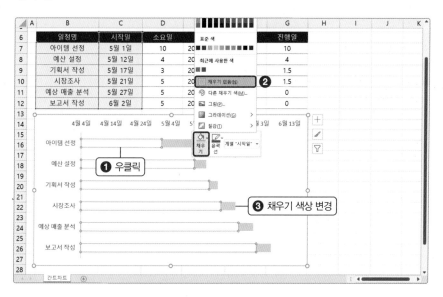

09 **가로 축 조절하기** 가로 축의 최소 날짜는 시작일 중 가장 빠른 날보다 5일 전으로 최대 날짜는 마지막 날보다 5일 후로 설정하기 위해 ❶ [E4]셀에는 =C7−5를, ❷ [G4]셀에는 =E12+5를 입력한 후 실행합니다.

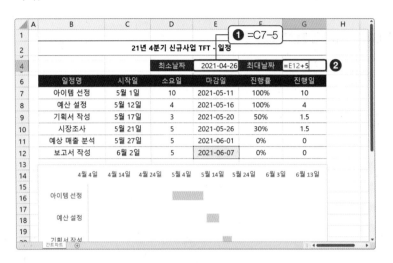

10 표시 형식을 변경하기 위해 [E4]셀과 [G4]셀을 각각 선택한 후 Ctrl + Shift + ~을 눌러 '일반' 형식으로 변경합니다.

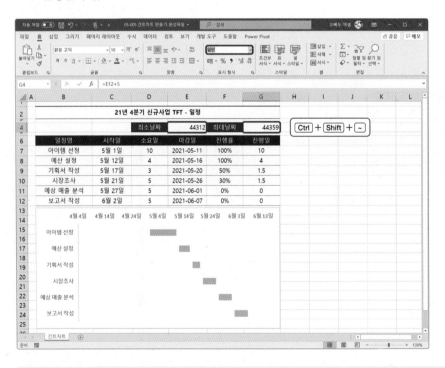

> **TIP** 엑셀은 날짜를 1900년 1월 1일부터 시작하는 연속된 숫자로 관리합니다. 2021년 4월 26일은 1900년 1월 1일 기준으로 44,312일이 지났기 때문에 44312로 계산됩니다.

11 앞서 구한 최소 기준 날짜와 최대 기준 날짜를 차트에 반영하기 위해 ❶ 가로 축을 [마우스 우클릭] 후 ❷ [축 서식]을 선택해서 패널을 엽니다. ❸ '축 옵션' 영역에서 [최소값]과 [최대값] 옵션을 각각 44312, 44359로, [E4]셀과 [G4]셀에서 구한 기준 값을 적용하면 차트의 가로 축 간격이 변경됩니다.

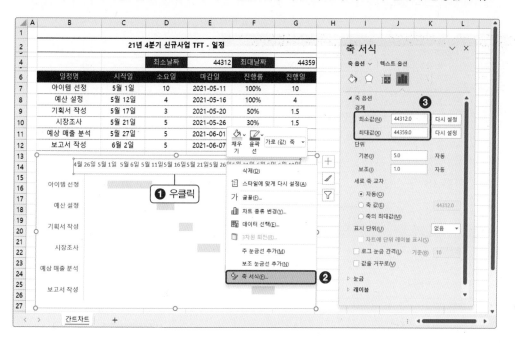

12 가로 축의 날짜 간격이 좁아 날짜가 제대로 보이지 않는 문제가 있습니다. '축 서식' 패널의 '축 옵션' 영역에서 '단위'의 [기본] 옵션을 7로 설정하여 가로 축의 날짜 간격을 1주일 단위로 변경합니다.

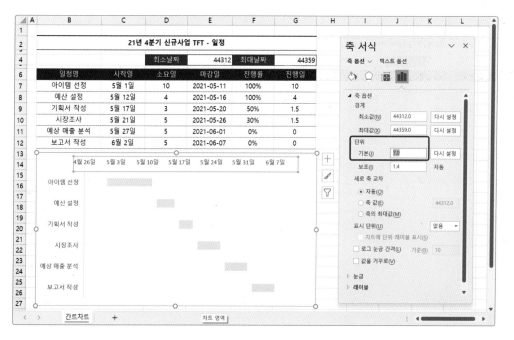

13 **진행률 막대 추가하기** 각 업무의 진행 현황을 표시하는 막대를 추가하겠습니다. 차트에서 투명하게 처리한 ❶ '시작일' 막대를 클릭해서 선택하고 차트의 ❷ [+] 버튼을 클릭한 후 ❸ [오차 막대]에 **체크**해서 오차 막대를 추가합니다.

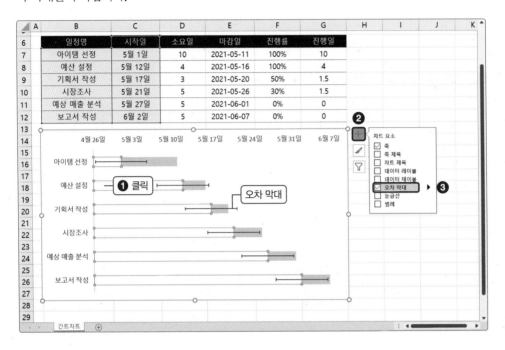

14 추가된 ❶ 오차 막대를 [마우스 우클릭] 후 [오차 막대 서식]을 선택해서 패널을 열고 ❷ [방향] 옵션은 **양의 값**, ❸ [끝 스타일] 옵션은 **끝 모양 없음**으로 설정합니다.

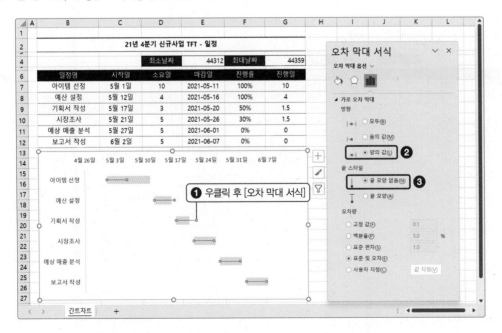

15 계속해서 ❶ [오차량] 옵션에서 **사용자 지정**을 선택하고, ❷ [값 지정] 버튼을 클릭합니다. ❸ '오차 막 대 사용자 지정' 대화상자가 열리면 [양의 오류 값] 입력란을 클릭한 후 ❹ [G7:G12] 범위를 드래그해서 지 정합니다. 입력란에 **=간트차트!$G$7:$G$12**가 표시되면 ❺ [확인] 버튼을 클릭합니다.

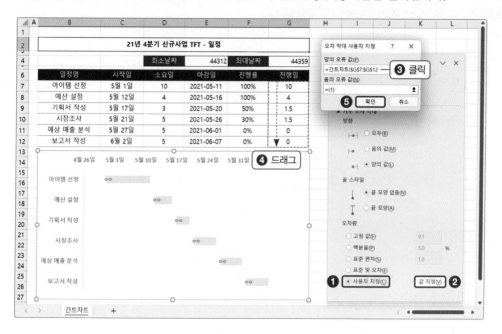

16 '오차 막대 서식' 패널에서 ❶ [채우기 및 선] 탭을 클릭한 후 ❷ '선' 영역에서 [색]과 [너비] 옵션을 각각 **주황**, 7pt로 설정하여 업무의 진행 현황 표시를 완성합니다.

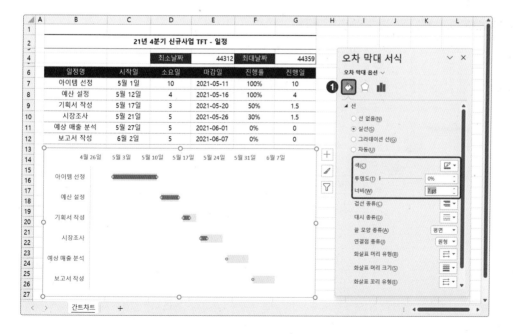

17 진행률 표시하기 마지막으로 데이터 레이블로 진행률을 표시해 보겠습니다. 차트에서 ① '소요일' 막대(회색 막대)를 [마우스 우클릭] 후 ② [데이터 레이블 추가]를 선택해서 데이터 레이블을 추가합니다.

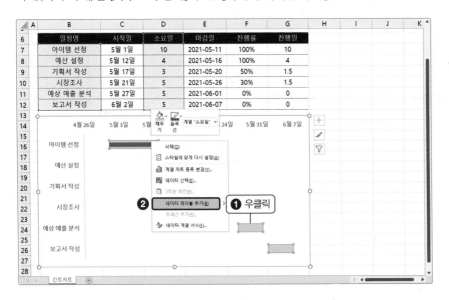

18 추가된 ① 데이터 레이블을 [마우스 우클릭] 후 [데이터 레이블 서식]을 선택해서 패널을 엽니다. ② 패널의 '레이블 옵션' 영역에서 [레이블 내용] 옵션에 있는 [셀 값]에 **체크**하면 새로운 대화상자가 열립니다. ③ 진행률이 입력된 [F7:F12] 범위를 드래그해서 **=간트차트!$F$7:$F$12**가 지정되면 ④ [확인] 버튼을 클릭합니다.

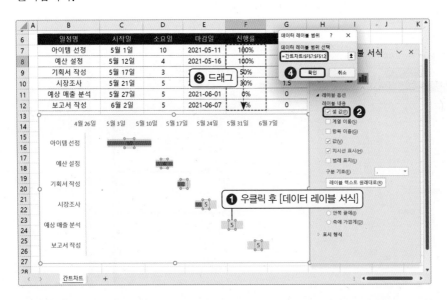

> **TIP** 데이터 레이블의 [레이블 내용] 옵션을 [셀 값]으로 설정하면 원본 데이터에 포함되지 않은 외부 값을 차트 레이블로 표시할 수 있습니다.

19 패널에서 ❶ [레이블 내용] 옵션의 [값]과 [지시선 표시]는 **체크 해제**한 후, ❷ 데이터 레이블의 채우기와 글꼴 색상을 적절히 수정하여 간트 차트를 완성합니다.

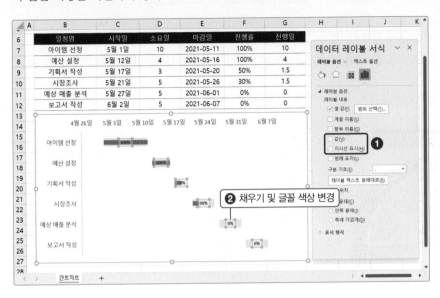

20 이제 원본 데이터에서 [시작일] 필드, [마감일] 필드, [진행률] 필드의 값을 변경하면 차트의 진행 현황이 실시간으로 업데이트되는 것을 확인할 수 있습니다.

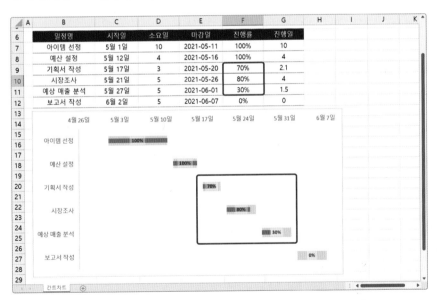

오빠두! 특강　다양한 차트 살펴보기

　　실무 활용 실습으로 알아본 기본 차트 이외에도 조금만 응용하면 다음과 같이 다양한 형태의 차트를 완성할 수 있습니다. 자세한 설명은 동영상 강의를 통해 확인해 보세요.

- 계기판 모양의 달성률 차트(난이도: 중): 원형 차트를 활용하여 계기판 모양의 달성률 차트를 만들 수 있습니다.

https://youtu.be/AUP_KKd7xK0

- 성별 그래프 차트(난이도: 중): 세로 막대형 차트와 남/녀 아이콘을 활용하여 연령대별, 성별 현황을 분석하는 차트를 제작할 수 있습니다.

https://youtu.be/2A61EOCI2vk

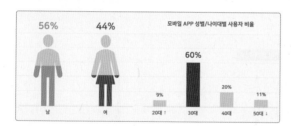

- 끝이 둥근 PPT용 차트(난이도: 하): 세로 막대형 차트를 응용하여 끝이 둥근 프레젠테이션용 차트를 제작합니다.

https://youtu.be/B-RcAtguzPM

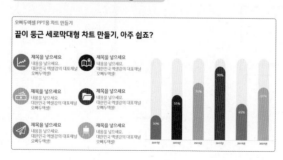

- **지도 버블 차트(난이도: 중)**: 거품형 차트를 활용하면 엑셀 2010 이후 모든 버전에서 사용할 수 있는 지도 버블 차트를 제작할 수 있습니다.

https://youtu.be/2rhKb01PQv0

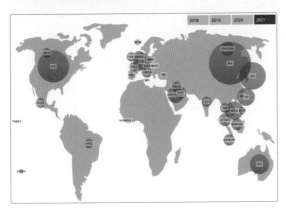

- **버튼을 클릭하면 강조되는 차트(난이도: 중)**: 엑셀 대시보드를 만들기 위한 핵심 스킬로, 피벗 테이블과 슬라이서를 차트와 같이 활용하여 버튼을 클릭했을 때 클릭한 항목만 실시간으로 강조되는 차트를 제작할 수 있습니다.

https://youtu.be/fOUF7lEvyKQ

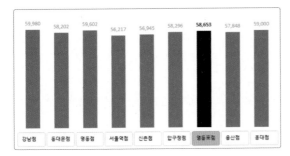

- **주식 차트 만들기(난이도: 상)**: 매크로 기능을 활용하므로 다소 난이도가 높습니다. '네이버 금융'에서 제공하는 주식 정보를 실시간으로 출력하는 주식 차트를 제작합니다.

https://youtu.be/-9LHZc5jahM

MEMO

APPENDIX

부록

한 걸음 더

APPENDIX 01

엑셀과 그림판으로
시각화 차트 완성도 높이기

예제 파일 A-001.xlsx 색감의 중요성은 알겠으나 어떤 색을 사용해야 할지 도저히 모르겠다면 인터넷 검색을 이용해 보세요. 'Chart Template' 혹은 'PPT Chart Template'이라고 검색한 후 [이미지] 카테고리로 이동하면 전문가들이 디자인한 다양한 차트의 색감을 엑셀 차트에 적용할 수 있으며, 이 색감을 엑셀 차트에 적용하면 완성도를 높일 수 있습니다.

구글 등에서 다양한 시각화 자료를 구했다면 Windows에 기본으로 제공하는 **[그림판]** 프로그램을 활용하여 색을 추출하고, 엑셀 시각화 차트에 적용합니다.

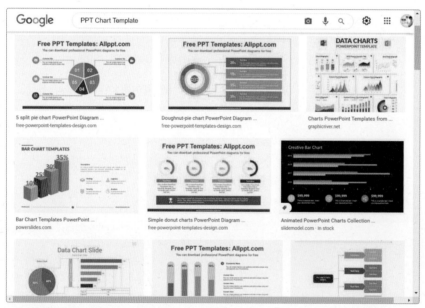

▲ 구글에서 검색한 다양한 시각화 자료 템플릿

A-001.xlsx 예제 파일을 실행해 보면 **[Sheet1]** 시트에 시각화 차트 템플릿이 그림으로 첨부되어 있습니다. 이 그림의 색감을 차트에 적용해 보겠습니다.

01 **그림판에서 색 추출하기** A-001.xlsx 예제 파일의 ❶ [Sheet1] 시트에 있는 ❷ '시각화 차트 템플릿' 그림을 선택한 후 Ctrl + C를 눌러 복사하고, ❸ [그림판]을 실행한 후 Ctrl + V를 눌러 붙여 넣습니다.

02 그림판의 ❶ [도구] 그룹에서 스포이드 모양의 [색 선택]🖊을 클릭한 후 ❷ 그림에서 추출하고자 하는 색상을 클릭합니다. ❸ 클릭한 위치의 색이 추출되어 [색] 그룹의 [색1]에 적용되면 ❹ [색] 그룹에서 가장 오른쪽에 있는 [색 편집]🎨을 클릭합니다. 여기서는 네 번째에 있는 빨간색 막대 색을 추출했습니다.

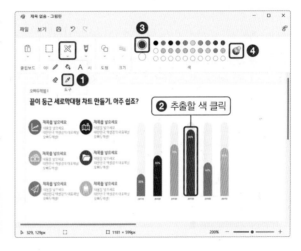

> **TIP** 오피스 2013 이후 버전을 사용 중이라면 파워포인트에서 스포이드 기능으로 색을 추출할 수도 있습니다.

03 '색 편집' 대화상자가 열리고 추출한 색의 RGB 값을 확인할 수 있습니다. 네 번째 차트에 사용된 빨간색의 RGB 값은 226, 46, 46입니다.

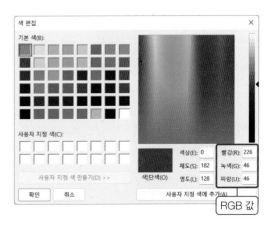

04 차트에 색 적용하기 다시 엑셀로 돌아온 뒤, [Sheet1] 시트에 배치되어 있는 세로 막대형 차트에서 ❶ 4번째 막대만 선택하고 [마우스 우클릭] 후 ❷ [채우기]−[다른 채우기 색]을 선택합니다.

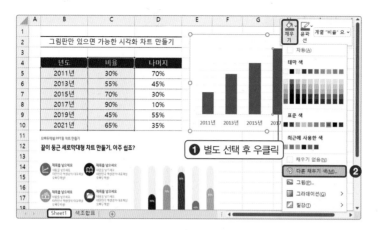

TIP 차트에서 막대를 클릭해서 전체 막대를 선택한 후 4번째 막대만 한 번 더 클릭하면 4번째 막대만 선택할 수 있습니다.

05 ❶ '색' 대화상자가 열리면 [사용자 지정] 탭에서 [빨강], [녹색], [파랑] 옵션을 그림판에서 확인한 RGB 값인 226, 46, 46으로 설정하고 ❷ [확인] 버튼을 클릭합니다. ❸ 4번째 막대의 색상이 앞서 추출한 빨간색으로 변경됩니다.

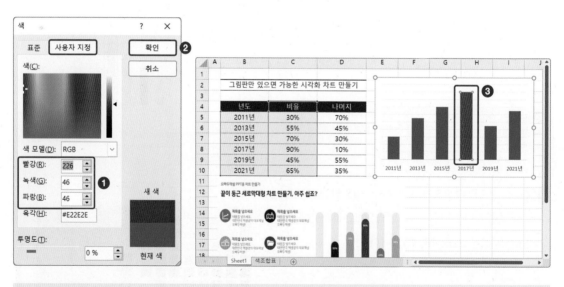

TIP 엑셀 2021과 M365 버전부터는 '색' 대화상자에서 [육각] 옵션에 6자리로 이루어진 HEX 코드를 입력하여 보다 편리하게 색상을 변경할 수 있습니다.

06 앞서와 같은 방법으로 다음 표를 참고하여 각 막대의 색상을 변경하면 시각화 차트가 완성됩니다.

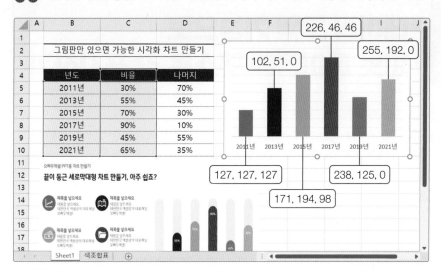

TIP A-001.xlsx 예제 파일의 [색조합표] 시트에는 16개 유명 브랜드에서 사용 중인 색 조합표를 HEX 코드와 RGB 코드로 정리해 두었습니다. 이미지 메이킹에 민감한 기업에서 실제 사용 중인 색 조합인 만큼, 실무 디자인에 적용하면 매우 효과적인 배색을 완성할 수 있을 것입니다.

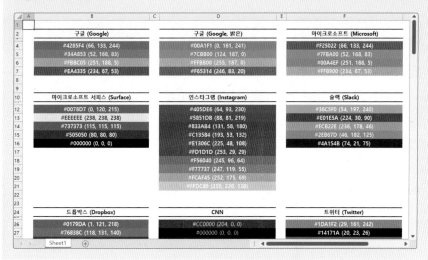

APPENDIX 02

데이터 모델 기능으로 피벗 테이블에 텍스트 값 표시하기

예제 파일 A-002.xlsx 엑셀 2016 이후 버전이라면 엑셀의 '데이터 모델' 기능을 사용할 수 있습니다. 데이터 모델 기능을 활용하면 엑셀로 관계형 데이터를 구축하거나 데이터 모델 피벗 테이블을 활용하여 다양한 고급 데이터 분석 모델을 구축할 수 있습니다.

TIP 엑셀 2016 이전 일부 버전(오피스 2016 Professional Plus, 오피스 2013 Professional Plus, 엑셀 2013/2016 독립형)에서는 파워 피벗을 사용할 수 있으며, 엑셀 2010 버전에서는 파워 피벗 추가 기능을 설치해서 사용할 수 있으나, 제한된 기능만 제공합니다. 좀 더 자세한 설명은 https://support.microsoft.com/ko-kr 에서 '파워 피벗은 어디에 있나요?'로 검색해서 확인할 수 있습니다.

 실무 상식 데이터 모델 피벗 테이블 vs. 피벗 테이블

데이터 모델 피벗 테이블을 실무에서 활용할 수 있는 대표적인 기능은 값 필드로 텍스트 출력하기입니다. 엑셀에서 피벗 테이블을 사용하는 목적은 일반적으로 데이터 집계이기 때문에 값에 문자가 포함되어 있더라도 '개수'만 셀 수 있었습니다. 하지만, 데이터 모델 피벗 테이블을 사용하면 원본 데이터에 입력된 문자를 피벗 테이블의 값으로 출력할 수도 있습니다.

▲ 피벗 테이블(좌) vs. 데이터 모델 피벗 테이블(우)

실습에 앞서 데이터 모델 피벗 테이블과 일반 피벗 테이블의 주요 차이점을 간단히 살펴보세요.

기능	데이터 모델 피벗 테이블	일반 피벗 테이블
테이블 연결	데이터 모델로 연결된 여러 데이터를 한 피벗 테이블로 동시에 집계 가능	하나의 데이터만 집계 가능
값 요약 기능	[고유 개수] 가능, [곱], [숫자 개수] 불가	–
부분합 합계	[요약에 필터링된 항목 포함]에 체크하여 필터가 적용되지 않은 총합계 표시 가능	필터링된 합계만 표시 가능
계산 필드 계산 항목	계산 필드나 계산 항목을 사용할 수 없으나 측정 값(DAX 함수)으로 다양한 집계 가능	계산 필드, 계산 항목 사용 가능
필드 설정	데이터가 있는 항목만 표시 가능	[필드 설정]–[레이아웃 및 인쇄]에서 데이터가 없는 항목도 표시 가능
더블 클릭으로 세부 항목 확인	첫 1,000개 데이터만 출력	모든 데이터 출력

 실무 활용 **데이터 모델 피벗 테이블로 원본 텍스트 값 출력하기**

A-002.xlsx 예제 파일을 실행하면 고객의 만족도 조사 결과가 정리되어 있습니다. 데이터 모델 피벗 테이블을 활용하여 고객의 만족도 항목별 어떤 비고가 작성되었는지 분석해 보겠습니다. 실습 과정은 다음 동영상 강의에서도 확인할 수 있습니다.

https://youtu.be/UViBlr-BdS4

01 **데이터 모델 피벗 테이블 삽입** A-002.xlsx 예제 파일에서 범위를 표로 변환하겠습니다. ❶ 범위 내 임의의 셀을 선택한 후 Ctrl+T를 눌러 '표 만들기' 대화상자를 엽니다. ❷ 데이터 범위는 자동으로 설정되므로 [머리글 포함]에 체크한 후 ❸ [확인] 버튼을 클릭합니다.

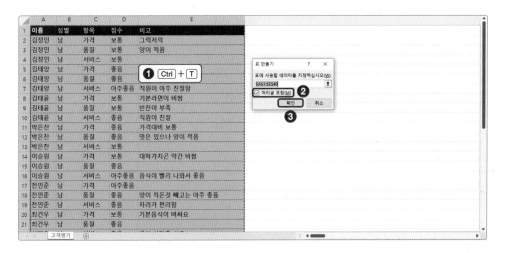

02 [테이블 디자인] 탭-[속성] 그룹에서 [표 이름]에 **tbl고객평가**를 입력하여 표 이름을 변경합니다.

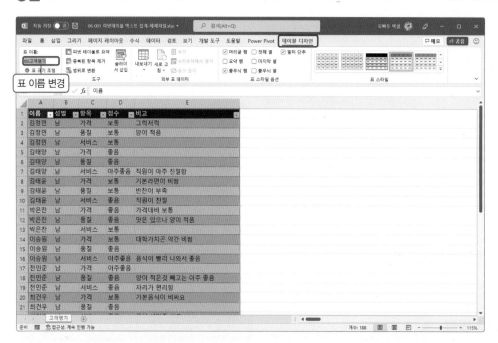

> **TIP** 표로 변환하지 않아도 피벗 테이블은 만들 수도 있습니다. 하지만, 표로 변환한 후 피벗 테이블을 만들면 이후에 새 데이터를 추가했을 때 피벗 테이블에 자동으로 반영됩니다.

03 ❶ [삽입] 탭-[표] 그룹에서 [피벗 테이블]을 클릭하여 '표 또는 피벗 테이블' 대화상자가 열리면 ❷ [새 워크시트]를 선택하고, ❸ [데이터 모델에 이 데이터 추가]에 **체크**한 후 ❹ [확인] 버튼을 클릭합니다. 데이터 모델 피벗 테이블이 새로운 시트에 생성됩니다.

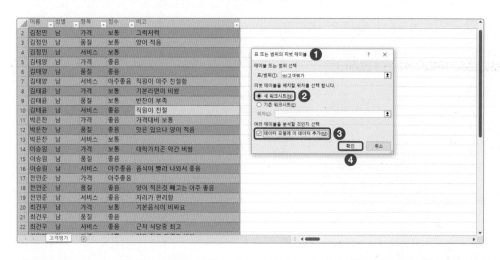

> **TIP** 피벗 테이블 보고서를 넣을 위치로 [기존 워크시트]를 선택해서 기존 시트의 원하는 위치에 추가해도 됩니다.

04 새로운 시트에 피벗 테이블이 만들어지면 '피벗 테이블 필드' 패널에서 [열] 영역에 [점수]를, [행] 영역에 [항목]을, [값] 영역에 [비고] 필드를 각각 배치해서 항목별 고객이 평가한 점수 현황 피벗 테이블을 완성합니다.

> **TIP** 원본 데이터에서 [비고] 필드에는 텍스트가 입력되어 있습니다. 그러므로 '피벗 테이블 필드' 패널에서 [값] 영역에 [비고] 필드를 배치하면 개수가 집계됩니다.

05 **측정값 추가** 이제 값 필드에 텍스트를 추가하기 위해 측정값(DAX 함수)을 사용해 필드 데이터를 보다 정교하게 집계해야 합니다. '피벗 테이블 필드' 패널의 필드 목록에서 ❶ 표 이름인 [tbl고객평가]를 [마우스 우클릭] 후 ❷ [측정값 추가]를 선택합니다.

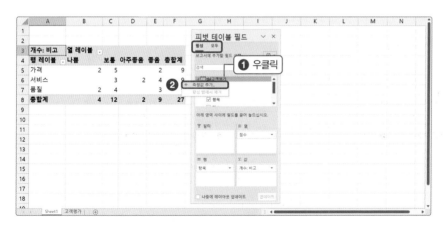

> **TIP** 데이터 모델 피벗 테이블의 '피벗 테이블 필드' 패널에는 [활성]과 [모두] 탭이 있습니다. [활성] 탭은 기존 피벗 테이블과 동일하게 활성화된 원본 데이터만 표시하며, [모두] 탭은 데이터 모델로 연결된 모든 원본 데이터와 필드를 표시합니다. 파워 피벗을 활용한 데이터 모델 생성 및 데이터 모델 피벗 테이블 활용법은 다음 동영상 강의를 참고하세요.
>
> https://youtu.be/fLBn7wygasA
>
>

06 '측정값' 대화상자가 열리면 ❶ [측정값 이름] 옵션에 **고객평가**를 입력하고 ❷ [수식] 옵션에 =CONCATENATEX(FILTER('tbl고객평가', 'tbl고객평가'[비고] 〈〉 BLANK()), 'tbl고객평가'[비고], "⌷Enter⌷")를 입력합니다. 이어서 ❸ [DAX 수식 확인] 버튼을 클릭해서 수식에 오류가 없는지 확인하고, 이상이 없으면 ❹ [확인] 버튼을 클릭합니다.

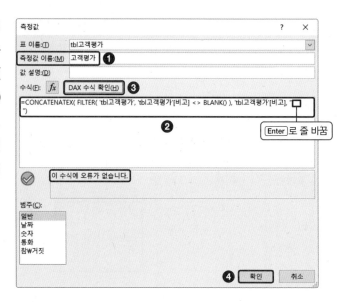

> **수식 이해하기** CONCATENATEX 함수는 **CONCATENATEX(표, 조합할 범위, 구분자)** 형태로 사용하여 '표' 인수에서 지정한 범위의 값을 구분자로 병합합니다.
>
> 위 수식에서 CONCATENATEX 함수의 표 인수는 FILTER('tbl고객평가', 'tbl고객평가'[비고] 〈〉 BLANK())로, FILTER 함수를 사용하여 'tbl고객평가' 원본 데이터에서 [비고] 필드가 비어 있지 않은 값들을 필터링하였으며, 필터링한 항목의 비고 값들만 줄 바꿈으로 합쳐서 출력합니다.

07 ❶ '피벗 테이블 필드' 패널의 목록에 측정값으로 추가한 [고객평가] 필드가 추가되었습니다. ❷ [값] 영역에 있는 [비고] 필드를 제거하고, [고객평가] 필드를 배치합니다.

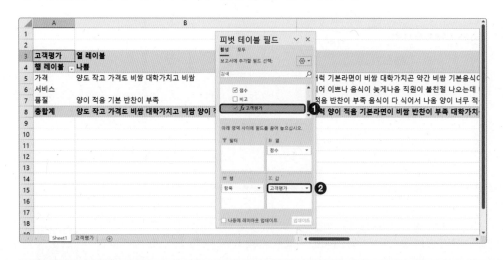

> **TIP** 측정값으로 추가된 필드에는 앞에 fx 기호가 표시됩니다.

오빠두! 특강 — 문자 수 초과 메시지 오류

셀 안에 입력된 텍스트 길이가 32,767자를 초과하면 셀에 포함될 수 있는 총 문자를 초과했다는 오류 메시지가 출력됩니다.

만약 문자 수가 초과하지 않았는데도 오류 메시지가 출력된다면 '총합계'로 인한 오류일 가능성이 큽니다. 그럴 경우 피벗 테이블을 선택한 후 [디자인] 탭─[레이아웃] 그룹에서 [총합계]─[행 및 열의 총합계 해제]를 선택한 후 다시 실행하면 해결할 수 있습니다.

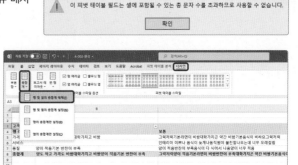

08 수식 작성 중에 줄 바꿈을 구현했으나 피벗 테이블의 값 영역을 보면 줄 바꿈이 적용되어 있지 않습니다. ❶ 피벗 테이블 내 임의의 셀을 선택한 후 Ctrl + A 를 눌러 피벗 테이블 전체 영역을 선택합니다. 이후 ❷ [홈] 탭─[맞춤] 그룹에서 [자동 줄 바꿈]을 클릭하면 줄 바꿈이 활성화합니다.

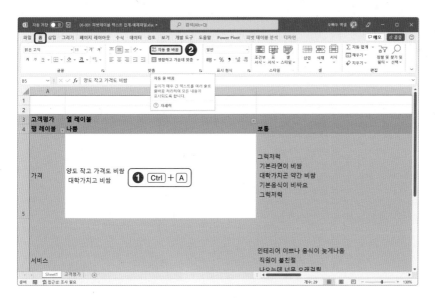

09 계속해서 [홈] 탭-[셀] 그룹에서 [서식]-[행 높이 자동 맞춤] 및 [열 높이 자동 맞춤]을 선택해서 피벗 테이블의 행과 열을 정돈합니다.

10 마지막으로 [디자인] 탭-[레이아웃] 그룹에서 [총합계]-[행 및 열의 총합계 해제]를 선택합니다. 피벗 테이블의 총합계를 해제해서 깔끔하게 정리한 피벗 테이블의 값 영역 텍스트 집계를 완성합니다.

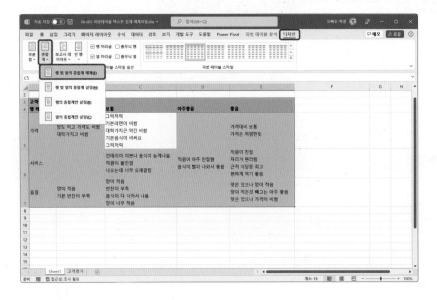

오빠두! 특강 | 피벗 테이블에서 중복된 텍스트 제거하기

피벗 테이블로 텍스트를 집계할 때에는 일반적으로 중복된 데이터는 제거하고 고유 값만 집계합니다. 범위에서 텍스트 고유 값만 집계하고 싶다면 앞서 06번 과정에서 수식을 다음과 같이 작성합니다.

=CONCATENATEX(SUMMARIZE(FILTER('tbl고객평가', 'tbl고객평가'[비고] ⟨⟩ blank()), 'tbl고객평가'[비고]), 'tbl고객평가'[비고], "⎡Enter⎤")

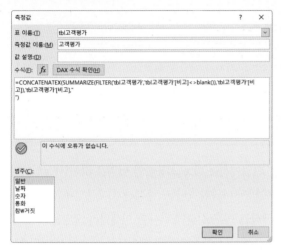

06번 과정에서는 CONCATENATEX 함수의 '표' 인수를 FILTER 함수로 작성했으나 이번에는 FILTER 함수로 얻은 결과 값을 다시 SUMMARIZE 함수로 묶어 **SUMMARIZE(FILTER('tbl고객평가', 'tbl고객평가'[비고] ⟨⟩ blank()), 'tbl고객평가'[비고])**로 작성했습니다. 이렇게 작성하면 FILTER 함수로 얻은 결과가 'tbl고객평가'[비고] 필드의 고유 값으로 그룹화되어 CONCATENATEX 함수의 표 인수로 사용됩니다. SUMMARIZE 함수는 **SUMMARIZE(표, 그룹할 필드1, 그룹할 필드2, ⋯)** 형태로 사용하여 '표' 인수를 지정한 필드의 고유 값으로 그룹화합니다.

APPENDIX 03

엑셀로 미래 데이터 예측하기, 시계열 데이터 분석

예제 파일 A-003.xlsx 시계열 데이터 분석은 업종을 막론하고 여러 분야에서 필요로 하는 데이터 분석 기법입니다. 대표적인 사례로 향후 매출 트렌드를 분석하거나 생산량을 예측하는 데 사용할 수 있습니다.

 실무 상식 시계열 데이터 분석 전 알고가기

실제로 많은 분야에서 시계열 분석을 필요로 하지만, 현업에서는 바로 적용하기 어려운 것이 사실입니다. 대부분의 시계열 데이터는 '시간의 흐름'이라는 변수 이외에 다양한 변수가 존재하기 때문인데요. 예를 들어, 주식은 정치, 경제, 사회, 문화 등 다양한 변수가 존재하고 이후 실습에서 다룰 미세먼지 오염도 시계열만으로는 확인이 어려운 '코로나19' 등의 변수가 존재하기 때문에 아주 정확한 데이터를 예측하기 어렵습니다.

> **TIP** MS에서 제공하는 AZURE(애져) 머신러닝을 활용하면 엑셀로 ARIMA 기법을 통해 시계열 데이터를 분석할 수 있습니다. 자세한 설명은 동영상 강의를 참고하세요.
>
> https://youtu.be/cVb1RwcOouQ

전문 데이터 분석가가 아닌 이상, 다양한 변수를 모두 예측하고 데이터 분석에 사용하는 것은 현실적으로 어렵습니다. 따라서 실무에서는 주기성(계절성)과 트렌드 두 가지만 기억하면 현실에서 발생하는 대부분의 경우 납득할 수 있는 시계열 데이터 분석 결과를 얻을 수 있습니다.

- **주기성(계절성):** 시계열 데이터가 일정 패턴으로 반복되는 빈도수를 의미합니다. 이후 실습에서 사용할 Forecast.ETS 함수(지수 평활법 분석)는 데이터에 주기성이 포함되어야만 올바른 값을 예측할 수 있습니다.
- **트렌드(추세):** 데이터를 장기적으로 보았을 때 예측되는 방향성입니다. 실무에서는 보통 이동 평균선이나 엑셀 차트에서 기본으로 제공하는 추세선 기능을 사용해 손쉽게 분석할 수 있습니다.

> **TIP** Forecast.ETS 함수는 엑셀 2016 이후 버전에서 제공됩니다. Forecast.ETS 함수를 제공하지 않는 버전을 사용 중이라면 MS에서 무료로 제공하는 웹용 오피스(https://www.microsoft.com/ko-kr/microsoft-365/free-office-online-for-the-web) 엑셀을 사용하면 Forecast.ETS 함수를 사용할 수 있습니다.
>
> https://bit.ly/web_excel

 **실무 활용** **과거 데이터로 미래 데이터 예측하기**

A-003.xlsx 예제 파일을 실행하면 통계청에서 제공하는 미세먼지 오염도 데이터가 정리되어 있습니다. Forecast.ETS 함수와 추세선 기능을 활용하여 과거 10년의 미세먼지 오염도 데이터를 바탕으로 미래 미세먼지 오염도와 트렌드를 예측해 보겠습니다. 실습 과정은 다음 동영상 강의에서도 확인할 수 있습니다.

https://youtu.be/XQSPC9cXdV0

01 계절성 확인 Forecast.ETS 함수를 사용하려면 계절성이 포함된 데이터여야 합니다. A-003.xslx 예제 파일에서 [H3]셀에 =FORECAST.ETS.SEASONALITY($B$3:$B$127, $A$3:$A$127)을 입력하고 Enter를 눌러 실행하면 계절성이 12(12개월)로 계산됩니다.

	A	B	C	D	E	F	G	H	I	J
1				(지역 : 종로구 , 단위 : μg/m³)						
2	날짜	미세먼지	예측치	절대오차	백분율오차			계절성		
3	2010-01-01	60		=FORECAST.ETS.SEASONALITY($B$3:$B$127, $A$3:$A$127)						
4	2010-02-01	58								
5	2010-03-01	69		입력 후 실행						
6	2010-04-01	57								
7	2010-05-01	61								
8	2010-06-01	60								
9	2010-07-01	44								
10	2010-08-01	47								
11	2010-09-01	34								
12	2010-10-01	49								
13	2010-11-01	81								
14	2010-12-01	71								
15	2011-01-01	48								
16	2011-02-01	89								
17	2011-03-01	82								
18	2011-04-01	70								
19	2011-05-01	84								

미세먼지농도(종로구) | 항공사승객수예제 | 메타정보

오빠두! 특강 **FORECAST.ETS.SEASONALITY 함수 알고가기**

FORECAST.ETS.SEASONALITY 함수: 시계열 데이터의 계절성을 계산하며, 계절성을 감지할 수 없을 경우 #NUM! 오류를 반환합니다.

=FORECAST.ETS.SEASONALITY(값 범위, 시계열 범위, [누락 데이터 처리], [중복 데이터 처리])

https://www.oppadu.com/엑셀-forecast-ets-seasonality-함수

- **누락 데이터 처리**: 1 또는 비어 있으면 주변 데이터의 평균값으로 계산합니다. 0이면 누락 데이터를 0으로 간주하여 계산합니다.
- **중복 데이터 처리**: 1 또는 비어 있으면 중복 데이터의 평균으로 계산합니다. 4이면 최댓값, 5이면 중간 값, 6은 최솟값, 7은 합계로 계산합니다.

02 **미래 데이터 예측** 우선 예측 정확도를 확인하기 위해 2010~2018년도의 데이터로 2019~2020년까지의 데이터를 예측해 보겠습니다. [C111]셀에 =FORECAST.ETS(A111, $B$3:$B$110, $A$3:$A$110)을 입력한 후 실행합니다.

	A	B	C	D	E	F	G	H	I
1		시계열 범위			(지역 : 종로구 , 단위 : μg/m³)				
2	날짜	미세먼지	예측치	절대오차	백분율오차			계절성	
108	2018-10-01	26							
109	2018-11-01	49	값 범위						
110	2018-12-01	42							
111	2019-01-01	42	=FORECAST.ETS(A111, $B$3:$B$110, $A$3:$A$110)						
112	2019-02-01	57							
113	예측할 시계열	70	입력 후 실행						
114	2019-04-01	38							
115	2019-05-01	48							
116	2019-06-01	25							
117	2019-07-01	24							
118	2019-08-01	22							
119	2019-09-01	18							
120	2019-10-01	25							
121	2019-11-01	38							
122	2019-12-01	49							
123	2020-01-01	49							
124	2020-02-01	48							

미세먼지농도(종로구) | 항공사승객수예제 | 메타정보

 TIP 기존 시계열과 값이 입력된 범위는 항상 고정되어야 하므로 $B$3:$B$110, $A$3:$A$110처럼 절대 참조로 입력합니다.

오빠두! 특강

FORECAST.ETS 함수 알고가기

FORECAST.ETS 함수: 시계열 데이터에서 특정 시계열의 값을 예측합니다.

=FORECAST.ETS(예측할 시계열, 값 범위, 시계열 범위, [계절성], [누락 데이터 처리], [중복 데이터 처리])

https://www.oppadu.com/엑셀-forecast-ets-함수/

- **계절성**: 지수 평활법 알고리즘으로 분석된 계절성이 자동으로 예측됩니다. 계절성 주기를 알고 있으면 직접 입력할 수 있습니다.
- **누락 데이터 처리와 중복 데이터 처리**: FORECAST.ETS.SEASONALITY 함수와 동일합니다.

03 2019년 1월의 미세먼지 예측치가 계산되면 채우기 핸들을 [C127]셀까지 드래그하여 자동 채우기를 실행합니다. 과거 데이터를 바탕으로 예측된 2019년~2020년의 미세먼지 예측치가 계산됩니다.

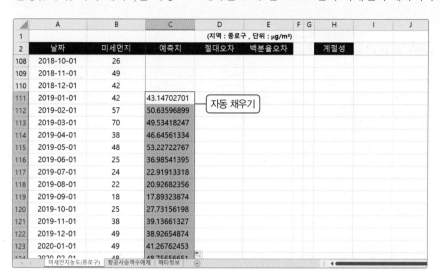

04 예측된 데이터가 얼마나 정확한지 확인하기 위해 ❶ [D111]셀에 =ABS(C111-B111)을 입력하여 실행한 후 ❷ [D127]셀까지 자동 채우기를 실행합니다. 실제 미세먼지 수치와 예측한 결과의 차이가 절댓값으로 계산됩니다.

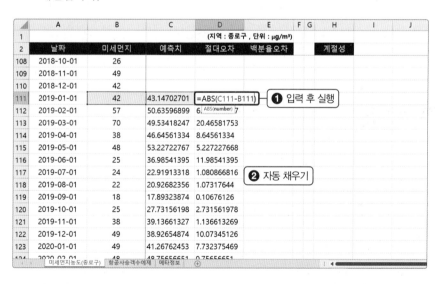

TIP ABS 함수는 인수 값을 절댓값(양수)으로 반환합니다.

05 실제 결과와 예측치의 차이가 어느 정도인지 백분율 오차를 계산하기 위해 ❶ [E111]셀에 =D111/ B111을 입력하여 실행한 후 ❷ [E127]셀까지 자동 채우기를 실행합니다.

	A	B	C	D	E	F	G	H	I	J
1				(지역 : 종로구 , 단위 : μg/m³)						
2	날짜	미세먼지	예측치	절대오차	백분율오차			계절성		
108	2018-10-01	26								
109	2018-11-01	49								
110	2018-12-01	42								
111	2019-01-01	42	43.14702701	1.147027014	=D111/B111		➡ ❶ 입력 후 실행			
112	2019-02-01	57	50.63596899	6.364031007	11%					
113	2019-03-01	70	49.53418247	20.46581753	29%					
114	2019-04-01	38	46.64561334	8.64561334	23%					
115	2019-05-01	48	53.22722767	5.227227668	11%					
116	2019-06-01	25	36.98541395	11.98541395	48%					
117	2019-07-01	24	22.91913318	1.080866816	5%		❷ 자동 채우기			
118	2019-08-01	22	20.92682356	1.07317644	5%					
119	2019-09-01	18	17.89323874	0.10676126	1%					
120	2019-10-01	25	27.73156198	2.731561978	11%					
121	2019-11-01	38	39.13661327	1.136613269	3%					
122	2019-12-01	49	38.92654874	10.07345126	21%					
123	2020-01-01	49	41.26762453	7.732375469	16%					
124	2020-02-01	48	48.75656651	0.75656651	2%					

미세먼지농도(종로구) | 항공사승객수예제 | 메타정보

> **TIP** [백분율오차] 필드의 결과 값이 소수점으로 표시되면 [E111:E127] 범위를 선택하고 [홈] 탭-[표시 형식] 그룹에서 %로 표시된 [백분율 스타일]을 클릭해서 표시 형식을 변경합니다.

06 ❶ 오차 범위가 표시된 [E112:E127] 범위를 선택한 후 ❷ 상태 표시줄에서 평균값을 확인해 보면 [14%]임을 알 수 있습니다. 따라서 Forecast.ETS 함수로 예측한 미세먼지 예측치는 '약 86%의 정확도를 갖는다.'라고 분석할 수 있습니다.

	A	B	C	D	E	F	G	H	I	J
1				(지역 : 종로구, 단위 : μg/m³)						
2	날짜	미세먼지	예측치	절대오차	백분율오차			계절성		
112	2019-02-01	57	50.63596899	6.364031007	11%					
113	2019-03-01	70	49.53418247	20.46581753	29%					
114	2019-04-01	38	46.64561334	8.64561334	23%					
115	2019-05-01	48	53.22722767	5.227227668	11%					
116	2019-06-01	25	36.98541395	11.98541395	48%					
117	2019-07-01	24	22.91913318	1.080866816	5%					
118	2019-08-01	22	20.92682356	1.07317644	5%					
119	2019-09-01	18	17.89323874	0.10676126	1%					
120	2019-10-01	25	27.73156198	2.731561978	11%		❶ 선택			
121	2019-11-01	38	39.13661327	1.136613269	3%					
122	2019-12-01	49	38.92654874	10.07345126	21%					
123	2020-01-01	49	41.26762453	7.732375469	16%					
124	2020-02-01	48	48.75656651	0.75656651	2%					
125	2020-03-01	49	47.65477999	1.345220014	3%					
126	2020-04-01	48	44.76621086	3.233789144	7%					
127	2020-05-01	37	51.34782518	14.34782518	39%					

미세먼지농도(종로구) | 항공사승객수예제 | 메타정보

준비 | 접근성: 조사 필요 | 평균: 14% 개수: 17 합계: 235%

> **TIP** 일반적으로 시계열 데이터 예측은 10% 절대오차를 기준으로 유용성 여부를 판단합니다. 14% 오차율은 기준에서 벗어난 수치지만, 실무에서 별도의 추가 작업 없이 데이터를 예측할 수 있다는 점을 고려하면 제법 준수한 예측 결과라고 할 수 있습니다.